U0746971

郘亭雜文綴餘録

梁光華
梁　茜
點校

點校説明

莫友芝於咸豐甲寅（一八五四）四十四歲時，曾自編有一本文集，名曰《郘亭雜文叕餘録》，其抄本今藏於臺北「國家圖書館」中。此本有莫友芝兩段手書題識，其一在稿本卷首：

咸豐甲寅八月，命門人輩搜家篋，尚有别稿者，録爲此册，略具十之二三，以待改正云爾。乙卯人日題。

其二在碑跋之前，又有一頁手書題記：

咸豐甲寅八月，桐梓賊起。匆匆入郡城，助守禦。郘亭文籍在湘川講舍者，并未及携。至九月末，購人檢歸，已燬其三之一，而文稿四厚册與焉。入冬，命門人輩搜家篋，尚有别稿者，録爲此册，略具十之四五，以待改正云爾。乙卯人日題。

莫友芝生前自編之文集，從未完整刊刻行世，所以極其珍貴。爲保持原貌，今謹據臺北「國家圖書館」所藏抄本整理，與《郘亭遺文》相重篇目仍依其舊。新添目録，以便於讀者閱讀研究。

梁光華

目録

跋

記

家規

附録

字說

胡長新字說

黎平胡子長新，問字於余。余字之曰「子何」，而爲之説曰：《説文》「新，取木也，从斤亲聲。」「何，儋也，从人可聲。」後人加「草」作「薪」、作「荷」者，別俗字也。「甸師」注曰：「大木曰薪。」「委人」注曰：「麤者曰薪。」麤大，必待于析。故《月令》注曰：「大者可析，謂之薪。」新蓋从斤木辛，辛亦聲，言析木之辛勤也。此「新」之本義也。自木始析之爲新，因假新爲凡始基之義。《廣雅・釋言》曰：「新，初也。」《詩・采芑》曰：「于彼新田。」《傳》及《爾雅》并云：「二歲曰新田。」《淮南・齊俗訓》曰：「而刀如新剖硎。」注云：「新，剖始製也。」是也。又假爲更故之義，《穀梁・定九年傳》曰：「言新有舊也。」又《莊二十九年傳》曰：「其言新有故也。」《詩・新臺》馬注曰：「修舊曰新。」《公羊・莊二十九年傳》注曰：「繕故曰新。」《左氏・莊二十九年經》注曰：「言新者皆以物不可用更造之辭。」是也。物之始必鮮好，故新又爲鮮好之稱。《太元・務》曰：「新鮮自求珍。」注云：「新鮮清絜之貌。」是也。物鮮好亦由撰擇，故新又爲撰擇之稱。《內則》曰：「棗曰新之。」注云：「新，擇治之名也。」是也。皆義之引伸假借也。借義行，而本義字皆加草，失其指矣。何，本訓儋。《齊語》韋注則云：「背曰負，肩曰儋，任抱也，何揭也。」其實以肩以手以背以首，皆得云儋何。故《詩・元鳥》傳曰：「何，任也。」《箋》云：「謂當擔負。」《易・大畜》虞注曰：

「何，當也。」《詩・侯人、無羊》傳并云：「何，揭也。」《廣雅・釋詁》亦曰：「何，服任也。」又曰：「何，揭擔也。」又曰：「檐，楬舉也。」蓋凡儋舉物謂之何，儋舉事亦謂之何。儋，舉物者。《無羊》之「何蓑何笠」，《候人》之「何戈與祋」，《國語》之「負任儋何」外，如《論語》「荷蕢荷篠」，《皇疏》并云：「荷擔揭也。」《鄉飲酒禮》「皆左何瑟。」《釋文》云：「何，擔也。」《公羊・宣六年傳》：「有人荷畚。」注云：「荷，負也。」《爾雅・釋天》「何鼓，謂之牽牛。」注云：「今荆楚人呼牽牛星爲擔鼓，擔者，荷也。」是也。儋，舉事者。《詩・商頌》「百禄是何」，「何天之休」，「何天之龍」，《易・大畜》「何天之衢」外，如《左氏昭三年傳》：「猶荷其禄。」注云：「何，任也。」《文選・東京賦》「荷天下之重任」，薛注云：「荷，負也。」是也。經典何、荷互見，《釋文》于「何」下每云：「何本作荷」，于「荷」下又每云：「荷本作何。」蓋皆後人所竄改也。何又别爲抲、⿰扌⿵冂可。《衆經音義》六云：「何，古文⿰扌⿵冂可。」又十四云：「荷，古文抲同。」何又假用苛、柯，元烏《釋文》云：「何本亦作苛。」《李翊碑》云：「長柯芬芳成人之行」，何又假用賀。《方言》云：「賀，儋也。自關而西、隴右以往謂之賀。」是亦猶《莊子・胠篋》、《戰國・秦策》之「擔囊」，《管子・七法》之「檐竿」，皆儋之别云爾。今但以何爲誰何字，或爲呵責字，皆聲假，非本義。又以儋何字音胡可切，餘義音胡歌切，皆後世者，古音固平上不分也。何从可，可訓肯。肯者，骨間肉肯肯箸。儋何用力，必干骨肉也。何者，或保抱之，或揭舉之，故又訓任訓揭。任保也，揭，高舉也。儋當雙聲，故又訓當。今人謂能舉事曰儋當，猶言能負何也。《左氏・昭七年傳》曰：「其父析薪，其子弗克負何。」注云：「荷，擔也。以微薄喻貴重。」析薪負何微薄也，而凡貴重無不可喻也。故夫新猶善也，新之散而生也，猶善之散而寄也。既新之善之，猶無異于散而生散而寄也。亦奚貴乎新之善之也，是誠在乎何之者也。《中庸》曰：「擇善而固執之。」又曰：「得一善則拳拳服膺而弗失之。」固執服膺，乃所以爲何也。《大誥》曰：「若考作室，既底法，厥子乃弗肯堂矧肯構，厥父菑，厥子乃弗肯播矧肯穫。」作室底法菑也者，亦析薪之謂也。堂構播穫之肯也者，亦負何之謂也。子之先，邊功在旂常，明經甲第世德照鄉里也，子之新也。子之恭敬擎奉，懇懇款款，懼隕令名者，子之何也。夫人藐然處天地之中，自飲食作息以極于天下古今，皆新也。自博學審問，以至於美大聖神，皆何也。怵難者自盡，遷歧者致迷也。鋭進者易怠，騖大者無歸也。無膏其途，無絶其原，絫收銖累，細大不捐。勿忘勿助，必有事焉。骨鏤心刻，豈惟仔肩。篤實輝光，浩乎沛然。是之謂能何，乃無負乎新之傳也。吾子勉旃。

鄭知同字説

鄭君子尹有子曰知同，當冠，命余撰字。余曰其以「伯志」，鄭君曰：「善。昔吾之舉斯子也，念吾家司農君，集漢儒之大成，通内外學，論著百餘萬言，經傳洽孰，稱純儒也。極二千年學者掔索，猶不能盡知，矧渺渺末裔，益何敢望其知？而又不敢竟聽其罔知也。則且欲稍稍知手文似司農之侍中，以進求於司農，或不終於一無所知，故命之以知同也。侍中作述無他見，惟《隋志》載《鄭志》十一卷，謂侍中撰，雖今散佚之餘，後儒時時藉以取證，固鄭學之羽翼，欲稍知吾侍中，殆舍是末由也。吾子之字之也，其亦有取爾矣乎？」余曰：「以子之説，證志之字，當矣。而余固非此謂也，謂夫聖人之於民也，非有駢首倍腹枝肱臏趹也，故聖凡絶官骸同也，古今殊倫物同也，同官骸而曠焉靡所屬也，同倫物而昧焉靡所理也，是坐於不知也。然而平旦之氣，罔克之念，盡人而有也，又非果無知也，是坐於不志也。孟子曰：「堯舜與人同耳。」孟子道性善，言必稱堯舜，欲夫人之知之也。顏淵曰：「舜何人也，予何人也？有爲者亦若是。」公明儀曰：「文王我師也，周公豈欺我哉？」欲夫人之知而志之也。故夫志也者，德業之本也。若登山，不至嵩華之顛，不足以言崇也；若積水，不極河海之量，不足以言容也。志以帥氣，氣以策功，毋見小以苟利，毋局近以自封，夫何官骸倫物之猶虛器，而古今凡聖之不可同也哉。鄭君又曰：「善。」因兩存其說。道光己酉三月。

墓誌銘　墓表　墓碣文

清故文林郎河南扶溝縣知縣降改貴州遵義縣訓導胡君墓誌銘

退思胡君既窆八年，其子長新書來曰：「先人歸葬也，遽未有銘，願得子文補諸竁。」嗚呼！君烏可以無銘？余於君家兩世好，尤有所不能已於言，固宜千里來請也。君諱秉鈞，一字統政，號理軒。嘉慶乙丑進士，兩知河南扶溝縣，有仁聲。坐某事降二級，改訓導貴州遵義縣，卒官，有傳在府志。歲貢生其仁者，曾祖考也，妣孺人鍾。歲貢生銅仁縣訓導諱世範贈文林郎者，祖考也，妣孺人鍾。增廣生贈文林郎諱瀠者，考也，妣孺人郭。上世自金谿徙桐柏至庸，明初以征白岩塘功，永樂四年，授湖廣五開衛指揮使，襲六世。國朝雍正五年，改衛置開泰縣隸貴州黎平府，遂世爲開泰人。君之來遵義，先子爲府教授，喜而曰：「吾道不孤矣！」相與反刓剟僞以造士，士罔不就陶，緝緝以雅，唯時縣耆舊復有若青圃李、春堂、藴堂兩杜，摇光劉榦，圃林諸君，或初返林下，或未係軒冕，兼一二齒德布衣，主賓文酒於犍山温水間，鬢髯奇蒼，古道照映，望若耆英中人，而猶以謂能常然，不甚豔異。獨至今日，雖遵人士莫不緬想慨歎於一時之極盛不可復也。君故同年先子戊午鄉舉，又同官舍相接，兩家子弟亦晨夕過無間。記余始入學，即頗坐不好科舉業，大爔於時，唯君數數奇轡於先子，已且縱長新相從講六書、故訓、詩、古文辭以爲樂。君之没，五君三數逸老者，并先後其間，先子積不歡，亦衰病以逝。苫塊以來，世愈齟齬，余所爲馳念往昔，瞬息未十年，老成彫摧，知已淪喪，撫重憂之餘生，咎責滿天地。長新輩厓厓同志，又各天涯絆鹽米，索居閉門，菿焉蓬蒿，無所告語，尤可哀已。君生乾隆三十二年二月十七日，年七十，卒以道光十六年正月廿五日。某月某日歸祔縣南五里胡家坪，配孺人邵，側室宋。六子：長發、長庚并廪膳生；長清，增廣生；長禄，早卒；長華，附學生，亦先卒；長新，廪膳生。三女，長壻廪膳生薛永芳，次壻徐長善，次在室。君居恒吶吶若無所短長，人皆目爲長者，每酒酣以往，抗論古今事，老吏斷獄無過也。小試牛刀，受擠不校，投老横宫以自隱，豈非其中有得之深者耶？三歲而孤，力貧助兄以養母，晚得修職封，輟以予兄，鄉之人時時稱之。爲文章淳實爾雅，不屑屑時俗優劣，如其爲人云。銘曰：

道奚有伸，亦奚有屯。唯有述於人，庶幾不泯。

皇清敕授文林郎陜西洛川縣知縣夏公墓誌銘

咸豐壬子春，自遵義走高梘會外姑氏葬。於是外舅夏公年八十五矣，語友芝曰：「余知石泉，適歲豐，蜀黍斗錢二百，而上兩歲南山州縣水旱災，斗錢千七八百，民間舊貸償者，唯計穀加五息，而貸者必計錢，至於訟以百數。余思貸穀償穀常也，而貴賤幾十倍，必以錢，則償者罄所入不足供。因情喻貸者，令償者歲倍其母，再歲再倍，償者不聽。秩之未浹旬，百訟皆解。而紫陽隣縣方以民間貸穀不得過加，三稟上游請通行，余獨不奉，且以鄉調停償荒歲法稟復。而他縣上控者已紛紛矣。即改用余議行，乃止。余知洛川，其供官日四雞二鴨，魚肉蔬薪皆有程，給官價。又當西口孔道，賓館之供不在此數。顧物力頗艱，有『魚龍鴨鳳菜靈芝』之諺，官價償十二而已。舊令日程不取者使折贏價，余家累未隨，既少取，并免折贏。在官人竊慮來往大賓客難責供，而所供乃踴躍肥美於常，且力却官價不受。二事雖小，一見民隱當求，一見民情易得。余在兩縣易爲治，即先以二事。官一分好，民之感即不止一分。奈何執成見任胥吏者，輒號於衆曰：『民悍且頑也。』果誠然哉？」友芝謹識之。謂計偕當復省公，公曰：「來歲雖兼挑試，爾静俟截取未晚。」以爲病後漫語。逮友芝仲冬出，而公先以孟秋逝矣。走奠於殯而行，至楙林果道梗還，公昔語乃若先見。明年夏，返獨山省墓，道公家，公諸孫并以銘請，乃使各道公行蹟，次叙列之。公諱鴻時，姓夏氏，字顯功，號輔堂。其先永昌，明初自南京上元，從征來都勻，授衛指揮世襲，遂居麻哈長官司之高梘堡。後以司置麻哈州，即世爲州人。永昌四子：洪、貴、榮、全。洪襲指揮，與貴率甘、羅二僕襲苗邦水，轉戰至龍場堡沙駙砦，俱陣没，唯榮、全以幼存。公，全十二世孫也，舉嘉慶戊午鄉試；道光丙戌大挑二等，選印江教諭。甲午九月，截取授陝西石泉知縣；丙申十月，調洛川知縣。明年十二月遂引疾歸。曾祖馭民，字君祚，貧而好施，以少子朝正貴封文林郎浙江餘姚知縣。祖諱朝典，字慎徽；父諱濩，字登三，州歲貢，并有隱德不仕，贈如公官。曾祖妣氏劉氏金，祖妣氏王，妣氏李氏熊，并贈太孺人。公爲登三公少子，幼敏悟過人，所讀書不斤斤章句，必求實用。公舞勺而登三公老矣，年十四，即授徒以養。弟子或長於師，人咸以爲笑。迨講授，莫不饜服。既備歷貧窘，益得以世故淬心性，遇繁劇叢脞，必得其所以理。嘗主講本州三台書院，及諭印江，造士文行交飭，舊習爲變。印去省遠，艱秋試，首節俸倡釀賓興資母，至今賴之。印典史楊乙丁祭舁轎入學宫，諸生毁其轎，乙佯狂自免去。其後典史王甲纍係武生，諸生鬨走其署出之，且釋他係。公爲斥散諸生，而甲憤不已，愬之府。知府者并前事銜公，適公俸滿，示意必黜兩庠若干人，乃予考。公不應，曰：「典史擅拘係人已非法，況及諸生乎？諸生鬨典史者當黜，而典史固無事乎？吾不考滿何害！」知府遂自詳學政，黜五人，會坐罷去，事乃解。公治石泉，辭訟送案計里限日，踰者予役杖，到案訊判不留宿，有壓不得訟若胥吏爲奸者，聽署後鳴冤，立訊直之。坐里豪、蠹役數人軍流，嚴再盗之刑，重范甲行賄罪。期月境内稱治，囹圄虚無一人。丙申五月，水壞池河村田廬無算，公捐廉賑之多，全活。蝗及境，輒去不爲害，人争異之。常以餘閒群縣秀異，躬爲師督教獎勵，士氣大奮。比洛川之調，縣舉人王毓城、拔貢吕道岸等，率耆老數十人詣省再請留，不許。皆送兼程，且曰：「吾山邑盗賊水旱之困若干歲，自公來，所苦皆若失，縣人欣欣然有起色，而公不可留也。」皆洒泣不忍别。洛川歲徵多民欠，公至，方群以秋米，歲增斗面上控，公爲核減如昔，程控皆息。又令米至倉立概納，其至或以多少留次日概者，罪倉役，未及限，經徵悉完。洛先有蝗災，而田近劉猛將軍祠者獨無患，公令遍葺而新之，歲時報祀，明年境内遂無蝗。公爲諭爲縣，唯一孫自隨。嘗曰：「古人云儉可助廉，儉非徒自奉也。以眷屬習官氣，勢將有不能儉者矣。」聞者以爲名言。配姜孺人，公授徒於外能佐孝養無缺，相莊至老，雖少錢帛，非公命不敢私取與，先公一年卒，别兆高梁山。二子：之雨，州廪生；之蘪，國子生，并先卒。六女，長嫁都匀王德純，次嫁州貢生艾嗣宗，次嫁龔，次嫁鎮遠廪生賀鳴鑾，次嫁州附生熊景星，次即嫁友芝。孫六：長春，國子生；如春、乘春，州武生；詡春、際春、陽春，俱業儒。曾孫男十二，廷燮，州廪生，其入學與公同戊申，公年已開秩，聰明矍鑠，携之釋奠，鄉里稱盛事；廷襄、廷相、廷勳、廷猷、廷楝、廷望、廷彦、廷颺、廷愷、廷弼、廷濟。曾孫女七。元孫二：爊、炘。生乾隆三十三年二月朔日，卒咸豐二年七月十一日，四年閏七月二十六日，葬州西二十里寶波山。公於先君總角交，又鄉舉同歲生，先君已未儁春官，而公報罷，罄囊資先君，爲留一月，料試卷四考諸瑣碎，其敦友誼如此。道光改元，先仲兄没，公來視先君，見友芝讀《尚書》，舉成語命屬對，稱公意，即許妻以季女。忽忽逾三十年！名行不加進，大負先友屬望。泫然銘公，益增身世之感矣！銘曰：

厥幼惠通，章句不封。實用儲胸，厥長困貧。淬心檢身，日光以新。校官縣尹，有澤隨軫。懸車恐晚，官不盡才。位不德偕，庶詒後來。

鄭母黎孺人墓誌銘

道光庚子五月，鄭君珍將葬其慈親，走狀與書來告曰：「不肖不幸至大故，棺槨邱封，在禮者靡敢忽，不深長思，以期勿之悔。唯是納竁之作，不欲乞諛名公碩儒，計與足下交久，知且最深，唯足下言爲信，願得銘。詔來許，其勿辭！」爰叙次懿媺，鑱諸石。孺人姓黎氏，考奉直大夫山東長山知縣諱安理，妣楊也。居遵義縣樂安里，生孺人，貧而女三，三日憤不乳，而活，乃乳。長，勤敏端愨，閑女事，紡織餘足自給衣食，服勞井竈，又先得父母意，乃憐喜過他女。年廿五，歸同縣天旺處士鄭翁文清。相莊若賓，婦職修備。後先慈師之，女妐叔姊妹之。逮事舅及王姑，王姑年八十，食飲眠動，非孺人不怡。舅別叔居，王姑曰：「家孫婦善我事，彼居乎我依。」孺人事益至，噦噫嚏欠，候知之先。王姑卒，時子珍生，特甚撫愛，王姑以也。自是家稍落，外侮内訌日滋。舅念冢婦賢，輒自慰。臨卒，顧而言：「婦孝，吾愧婦，唯天福婦爾！」後家益落，孺人内助補苴，米鹽常缺，盡衣飾延課子師，修必豐。獨常念互鄉非居子所，時里氛極惡，道者博飾骰，巧囮反掌，牟人鉅產；否則手畫眉、黄雀語笑，三五閭巷頭，涎前後家、東西家肥雞、老釀，醵以食。否則屬游墟市，縱飲噉，袒搏囂躍，尋干戈。少長成風，厲囂未嘗絶耳。處士翁故長者，常閉關。一黠族餌假數金，多方避償，使過約而息息。孺人曰：「我園廬涎是舊矣，奈何必殉子孫墳墓，餒先人鬼乎？」遷志遂决。嘉慶己卯，東徙依母家，居斤竹溪上。謂諸子季穉，仲當田，勢不能盡讀，長就傅耳。躬家事大小，蓬鬢椎結，汗常沘沘，率昧爽畢圃政，紡或績而炊，夜深兩女倚足鼾，棉車聲猶徹蘺牖，或達曉。常曰：「人雖窮，禮不可不富，禮不富，則真窮也。」祖宗生忌，及四仲無或忘，薦必潔。親賓來，具倉卒亦辦，咸嘖嘖：「鄭氏味多且旨。」溪東西居人咸稱鄭家三姑，咸曰：「三姑賢。」每出，婦人男子見者，咸趨進起居三姑，咸願得三姑過其家。老者親三姑，少者肅三姑。三姑者，黎稱也。溪上多戚屬黎，故皆黎稱。孺人教諸子，切近篤實，無華俗。見珍乙酉拔貢成均，謂曰：「所望女得名者，冀不墮先聲，爲科目兒，侍裙牏耳。宦險路，一行作，即我生死不見知。春秋牓命可再取，可勿圖仕。即艱食可受學給，我慣破衣粗韲，杭織海錯無取也。」珍中丁酉舉人，試禮部，勉之者未嘗得失。及珍撰《母教録》，述訓語甚備。云婦人舍言容功，無尋德處。言只柔聲下氣，容只穿飾整潔，功則鍼黹、紡績、酒漿、菹醢，終身不能盡。足括《女誡》、《女訓》之藴。他于立身、持家、涉世之道，亦邇譬曲喻。豈唯女宗，蓋有儒者風焉。珍學文勵行，爲通儒，重當世名宿，母教爲多云。孺人生以乾隆四十一年八月三日，卒以道光二十年三月八日，年六十五。子三：長即珍，次琠，次珏。女二，適馮，適龎。孫一，知同。女孫五。明年三月十有三日，窆於子午山。銘曰：

裁金爲衣而胡以著？煑玉爲飯而胡以嚼？舍言容工，婦德奚託？斯言與行，菽粟布帛。鑱詩幸來，永永無劘。

胡母宋太孺人墓誌銘

胡教授長新，奉其母宋太孺人就養於貴陽學署，未帀歲而太孺人卒。吾弟庭芝自安平舘往視其含斂，長新稽顙奉狀，且曰：「新之亟亟改此官也，以吾母也。而今已矣。先理軒公在時，常以最小寬責新，母也必嚴督之。自先公見背，新授徒養且讀十餘年，饔飧常缺，母常若怡然。蓋恐以紛新心，至丁未通籍，以江蘇知縣假歸，戚好皆爲母榮。母意乃若有不豫然者。時或對新述先公官場風波事，逮新得貴陽校官，乃色喜曰：『藉微禄生吾家，爾亦得補未讀書，人生如此已足，更何求乎？』新三兄長清没，母命新分畜其次子生超。母疾彌留時，猶以生超取婦謀業爲念。吾母之耐貧知足、曉大義類如此。今夏來，母忽思徐氏妹，鬱鬱不樂。新擬秋間畢歲試，請急省墓，即奉母錦屏視妹。未及行而母遽不起矣。新不能承母意以致大故，負罪滋深，計唯得郘亭先生銘以不朽吾母，以慰於地下。唯子爲我乞，幸先生哀而許之。」按狀：太孺人山西高平人，以歲荒從其父介山公就食於河南。嘉慶丁丑歸理軒公爲箆室。生子男二：長新，道光丙午舉人，丁未進士，即用江蘇知縣，改貴陽府教授；禮元，三歲殤。女三，唯次成人，適錦屏徐之鑣。理軒公，諱秉鈞，字退思，號理軒，嘉慶戊午舉人，乙丑進士，兩知河南扶溝縣，坐降改遵義縣訓導，卒官。當太孺人之從理軒公來遵義也，友芝先母李太孺人亦從先貞定公於郡學官署，相去不三百武，兩太孺人殆無十日不相見，則講所以教子女勤家食貧之道。至於酒漿、虀醢、蒔蓺，各有法度，善亦互授焉。壬子十一月，友芝將計偕道貴陽，拜太孺人，爲娓娓道在遵義時見先母教育友芝兄弟姊妹勞苦瑣屑事，惜吾母年不及六十，未得一日之逸且養。友芝泣，太孺人亦泣。癸丑三月，經貴陽，太孺人復道如去年時，每以羨太孺人之福、長新盡養之幸。才六閲月，而請銘之狀遽至。遂以羨長新者轉而爲長新悲，而益以悲吾母也。其何辭？太孺人生以乾隆五十□年□月□日，卒以咸豐三年八月廿有五日，年□十有□，以年月日歸葬黎平府之某山。銘曰：

有子之英英，鄉里所争豔也，而不以爲榮。庶幾乎益大爾後，以長貽之令名。

先大母張太孺人墓表

我王母張太孺人没之六年，未克表於阡，而吾父教授遵義又十八年，以終於官，貧不能歸其柩。友芝苦塊偷生，勉圖近兆。獨念吾父平生未竟，莫此爲大，十九年遵義，時時以爲言，臨没又再三言之，所恃吾母李孺人逮事久，將瞰窀穸間，以徐請懿行之詳，乃父未葬而母又卒，傷痛瞀惑，罔知所爲。闇惟吾父吾母平日訓誡子婦，所舉王母行事、語言，總不盡端委。又懼更歷歲月，記憶益茫，不亟撰次，是重吾父地下之恫於不可已矣！王母之歸於莫也，逮事曾王母周太孺人，周太孺人治家特嚴法，躬事大小罔不理，視諸婦無當意者，王母最晚事，獨能得歡。蓋曾王父之子四人，王父最少，又先取邱、蕭兩王母，無子早卒，乃取王母。時周太孺人且老矣，内政悉以委王母。已而別諸公姒居，謀周太孺人所以居且養，王父母請獨肩之。周太孺人頷曰：「嘻！惟四兒婦事我好，偏勞若，庶無辭乎？」家無婢僕，自紡織、舂爨而洒掃、擱澣，未有俄閑手，而雍容自如，不疾以敏，辨色及晡日治圃事，率爲常。疏食不足，間以山蔬，而祭祀、賓客，必及於禮。舅姑以上生卒辰，先二日奠祀具必備。晚年必先戒子婦，無或遺錯。王父友於諸兄，佳食必共，緩急必資，王母於諸姒也亦然。吾家自曾王父行，始相挈自都勻遷獨山州北三十五里兔場，族以漸蕃。其以《内則》垂族黨者，最唯周太孺人。唯王母能事事法周太孺人，姑婦媲美，翕然賢聲。而每語吾母及周太孺人，則曰：「乃真賢仁不可加，惜汝不及事，如吾者未敢望一二也。」吾父及世父始就傅，力作以供米鹽，而自摘菜邊以食。一日輟學歸，且譁索飯，王母方在圃，呼語曰：「而不見吾之治圃乎？淺鉏之則淺以茁，深鉏之則深以茁，輟一薅灌，亦輟一豐茂，積不理者，草萊宅之。夫治經亦猶是已。」皆憬然。又見王母所自具食，益悚，泣請罪，誓不復輟學，未弱冠皆知名。世父尋卒，吾父益肆力典籍，卓爲通儒，爲循吏，得王母教居多焉。吾父將試禮部，王父曰：「今之爲科舉者，率以苟求爵禄肥身家之見横于胸，故其失得悲喜之不可解。能去乎此，將有得而憂者矣。」王母曰：「識之，是猶夫豔夫富貴家婦者，羡其衣服居處之華於人，而方將爲之者。一思夫和上睦下忍詬弭争之百萃於身，且憂之不暇，則此婦者庶幾乎？」

吾父始官四川，又誡曰：「願兒念百姓疾苦，作好官以報君父，他非所求也。」明大體，淡於世榮，不以窮蹙豔人，不以貴盛加人，晚年禄養粗充，而食不兼味，終身布素，肅整無纖痕。嘗曰：「吾聞婦人不飾，不敢見舅姑，吾謂不飾，亦不可見子婦。夫飾豈必綺羅珠翠之觀美哉？潔衣帬，正襟結，斯謂飾矣。」聞者以爲深得禮意。王母姓張氏，考諱□，都勻士族。二子：長與班，未冠卒；次即友芝之父與儔，嘉慶己未進士，選庶常，改知四川鹽源縣，又改教授貴州遵義府。庶常時，即請封王母孺人，王父文林郎翰林院庶吉士。王父諱强，附學生，一女，嫁黄。孫男九：希芝；某；方芝，增廣生；秀芝；友芝，道光辛卯舉人；庭芝，附學生；瑶芝、生芝、祥芝。孫女七，五嫁士族，二在室。生以雍正十二年三月八日，卒以嘉慶二十三年三月三日，壽八十有五歲。是年十二月九日葬宅東南四里新寨之八木山。友芝之生也，王母年七十七矣，喜解襲衣舉之，曰：「亢宗繼述者，望此孫矣！」稍長，食必侍，行必從，授章句，成誦易，益憐譽異等。六七歲時，匄者予飯求益，請逐之，且勿復施匄。王母曰：「毋，益之。施匄何損我？亦儒者利物之一端。」王母坐必端，立必正，几案無點塵，室中笥匣罌盎百數，罔不井井。年八十餘，耳聰目明，才有宣髮，唯時患胃氣，臨没，朗朗若平時。此友芝彷佛記憶者。嗚呼！王母之没，今二十五年，友芝生三十一歲矣。學不加進，聞不加廣，上負王母「亢宗」之期。吾父吾母又相繼棄，中路嬰永客異鄉，言歸無期，南望兆域，松楸邈然，寸心如刓。徒有零涕，伏塊綴輯，語焉不詳，存什一於千百，愈恭敬奉持而不敢墜。待發貞石，永示後昆。凡我兄弟、子孫，毋忘明德。道光二十有二年三月八日，第五孫友芝青田山廬謹述。

先母李太孺人墓表

太孺人姓李氏，上世自三原遷成都，先君令四川鹽源，以篋室歸。善事我大母張太孺人，十四年備極勞辱，迨畢喪。先君改教授遵義，太孺人從，及前妣唐太孺人没，遂以爲繼。温仁平均，蒸蒸以人，論者比諸陳穆姜。先君姓莫氏，貴州獨山州人，諱與儔，由庶常外用，凡八子七女，太孺人出少者五子六女。先君以道光辛丑秋卒校官，貧不能歸葬，遂兆遵義縣東八十里青田山，未及窆，而太孺人明年正月病亟，命諸子曰：「如我死，唐孺人獨墓故山，必不吾祔爾父。」至月三十日遂卒。距生乾隆丙午六月七日，年五十有七，以明年六月十九日葬縣東七里五英岡。嗚呼！我曾大母周、大母張兩太孺人媲美則閭里，皆年八十而益康，而太孺人嗣徽，壽不并，天道固有不可知者耶？然而太孺人昔病瘻將歲，張太孺人撫泣曰：「斯人也，遂若此，天喪我矣！」顧不藥而愈，獨非天耶？昔張太孺人將没，執太孺人手曰：「吾死無報汝，佑汝子婦孝如汝耳。」今太孺人遽棄諸孤，使無所事，至諸婦且有不及事者，何孝之云？嗚呼，痛哉！男友芝既具狀乞銘竈，越年，復陻刻斯表，庶後昆觀焉。

仲莖兄墓碣文

兄諱方芝，字仲莖，姓莫氏，獨山州人，先君第三子也。少倜儻有大志，以世教爲己任，好飲無量，多多益善，温如也。聞不義言，直不義事，則使酒大罵，莫不憚而敬之。力學善屬文，出一篇，老宿斂手。然思絶遲，筆嘗一二日不下。每試冠曹，誦藝遍百口，而自謂場中迫限，無一佳搆也。既冠，補州附學生，旋補增廣生，卒年才二十七。友芝之受章句也，先君事以出，則兄教之，至人倫之際，幼儀之節，可以興孝弟禮讓者，必三復罕譬。能解，則譽於先君，喜若獲異寶。又手寫《儀禮》授課，期以一本朝經傳。友芝至今于敦行學文，粗有所見，固先君之訓，亦吾兄之羨掖以基之也。兄之卒也，先君哭之慟，友芝撫膝哀號，時才十一歲，亦知慟先君之慟，而不知先君之慟之所以極也；亦知慟夫所以助我訓課之無人，而不若今日之思之之慟之爲尤極也。蓋其時先君之子五人，唯兄最才。使其不死，則晚年家計皆付之，畜教諸弟，又其優爲，先君可已校官之行，頤養天和，壽且百歲。即不爾，如今之爲迭遭大故，宼穸未知所措，弟妹未知所依，兄也肩之。友芝之頑劣，直從二人於地下耳，今也忍死偷生，頳肩絶髕，天荆地棘，何道之由？兄乎兄乎，吾獨且奈何哉？兄以乾隆六十年二月十五日生，道光元年三月三日卒。越□日葬州北二十五里康朗山。子遠猷，生半月而孤，嫂池撫之成立，今年補增廣生。距兄卒二十有二年，而第五弟友芝爲文碣其墓。

培喜墓誌銘

培喜，外姑姜孺人從嫁婢也。爲擇對，貧富皆不願。固彊，則曰：「村兒婦何如士家婢？且主人恩義必報以死，顧安得能終身事主人者嫁之耶？」惷謹耽力作，外舅夏輔堂先生未通籍，常遠館，家中薪蒸蔬茗，倚培喜餘力以供。掇主人一草益人，掇他人一草益主人，皆不爲也。頗竊臧否鄉里人，無爽。自諸兄嫂以下，敬憚之。嘗遣視鎮遠賀氏姨，覆舟清江，家人傳聞培喜死，輒相對垂涕。已而培喜歸，驚問所以得活，則若陰有援就淺者，謂時無他恨，但念主人耳！道光壬辰春，余就姻夏氏，培喜年六十餘矣。外姑已致政。諸嫂門内事，非培喜指揮輒無緒。內子呼之老姊，余亦老姊之。乙巳冬，余來省舅姑，因問老姊。香浦兄愀然曰：「老姊死五年矣！自吾兄弟姊妹而子姪而諸孫，皆老姊背抱以大，不知所酬，念老姊喜冷酒，常常酹一杯，計唯得君銘永之可乎？」老姊麻哈州陳氏女，或曰本馬氏而陳育鬻，太小已不自記。年七十，亡以辛丑九月某日，葬州南十里打馬坡。銘曰：

女而不士，道匪正也。婢則何求，義已夐也。乞銘塞恩，情之稱也。

庚兒墓誌銘

道光庚子十一月庚寅，庚兒從母歸寧麻哈州高視堡，殤於外家，是日葬之堡旁小師山下黄土園。兒生時，余方購《通志堂經解》，直歉，幾不就。其母喜年叶拜經之祥，亟脱簪珥滿售，故命以庚子，單呼曰「庚」云。庚雖善啼，聞誦書聲輒止；雖善病，癬疥寒熱無三日閒；而大父母旁必破啼以笑，家人争惠之。余絆圖經，不常奉晨昏，亦賴以承歡焉。而星者謂其生日直月衝，慮童厄，殊不足信，亦漫以爲憂。豈果然耶？兒生遵義府學，以三月庚戌，在世得七月又三日。傷哉！三十得子亦已遲，既去之速，胡爲來？伻歸無以寄哀，爲銘，乞其外兄刻片石納小墳之傍，固其封，毋飽狐狸，以哀其母傷。銘曰：

未插齒，走千里，甞頭生，沅頭死。二百日，終一世。骨速朽，銘不毁。

犍爲文學傳

舍人，《經典釋文叙録》：《爾雅》「犍爲文學《注》三卷」，本卷一云：「犍爲郡文學，卒史臣舍人，漢武帝時待詔，闕中卷。」《隋書·經籍志》：「梁有漢犍爲文學《爾雅》三卷，亡。」《四川通志》引

《七録》：犍爲文學《爾雅注》三卷，蓋據《隋志》。按：前輩言《爾雅》家，皆不詳文學姓名鄉里，以《釋文》本注云「犍爲郡文學，卒史臣舍人」考之，于郡吏銜下加臣某，必其上此注時自題，則舍人其姓名也。《廣韻》云：「舍又姓。」舍姓别無所見，意其所據《姓苑》諸書，必有引注《爾雅》之「文學」爲證者。觀陸氏於注中備録其銜，亦爲備其姓名，使人有故。其大題不云《舍人》而云「犍爲文學」者，蓋當時此注通如此稱，陸雖得其舊本原題，驟改恐人難即曉，故具之注中。又諸經疏所引《爾雅》舊注，多直稱「舍人曰」，與孫炎、李巡、樊光等曰一例，愈知舍人爲姓名也。其鄉里，前余言《四川通志》以烏尤有爾雅臺，載之《嘉定》，考《漢書·衡山王傳》注曰：「如淳《漢儀注》：『吏四百石以下，自除國中。』」又《黄霸傳》注：『如淳曰：三輔郡得仕用他人，而卒史得二百石，所謂尤異者也。』《後漢·百官志》：『每郡皆置諸曹掾吏。本注曰：諸曹略如公府曹，無東西曹。』劉昭注引《漢官》云：『河南尹員吏九百二十七人，百石卒史二百五十人，文學守助掾六十人。』又『諸卿』下注：皆有文學百石。又『大尉公』下本注：漢初掾史辟皆上言之，故有秩比命士，其所不言則爲百石屬，其後皆自辟除，故通爲百石。」然則文學卒史皆百石也。洪适《隸釋》：巴郡太守張納碑陰有文學主事掾、文學主事史、文學掾、文學史四銜，繁長張禪等題名有郡文學師。《隸續》末卷無名碑陰亦有文學史。此之文學，其爲主事史與史與師未可知，其聯稱卒史，自是當時史員通稱，而其秩之爲百石，固無疑者。當時四百石下，自除國中，則文學必犍爲人可知。犍爲初治鄨，其即鄨人，或他縣人不可考矣。若《漢書·儒林傳》稱：公孫宏等議治禮掌故，以文學禮義爲官，遷留滯，請選擇其秩比百石以下，補郡太守卒史皆各二人，邊郡一人。不足，擇文學掌故補郡屬，請著功令。此之文學，既稱繫犍爲，其爲郡曹明甚，必非如《儒林傳》所云者，不得因彼致疑。至陸云「漢武帝時待詔」者，《文選》楊雄《甘泉賦序》：「召雄待詔承明之庭。」李善注：「諸以材術見知，直於承明，待詔即見，故曰待詔。」《漢書・朱買臣傳》：「詣闕上書，久不報，待詔公車。」《東方朔傳》：「上書自薦，令待詔公車。」《枚皋傳》：「上書北闕，召入見待詔。」《賈捐之傳》：「元帝即位，上書言得失，詔待詔金馬門。」《王褒傳》：「宣帝時，召高才劉向、張子僑、華龍、柳褒等，待詔金馬門。上徵褒至，詔褒爲《聖主得賢臣頌》，令褒與僑等并待詔。」文學待詔，必是上《爾雅注》後，待上詔除，與諸人等，至其後終何官，史失事實，雖陸已莫能詳也。又考《後漢・百官志》注引《漢官》曰：太史待詔五十七人，其別有治曆、龜、廬宅、日時、易筮、典禳、籍氏、許氏、典昌氏、嘉法、請雨、解事、醫等十三職。又引靈臺待詔四十二人，其別有候星、候日、候風、候氣、候晷景、候鐘律、舍人等七職。文學既上此注，必承明、金馬中人，不與諸小術家爲伍，其非靈臺太史所屬待詔明矣。或曰：舍人即文學計徵所授之官，《後漢》注靈臺待詔，其「一人舍人」，陸言「漢武帝時待詔」，即謂此。是舍人與待詔，傅會曲説，大不然也。古人注書結銜之例，其私成者則曰「某官」、「某人」其上於朝者則云「某官臣某人」，若以舍人爲官，則是「某官臣」下又云「某官」，何以解耶？盧文弨《釋文考證》云：李善注《文選・羽獵賦》，引《爾雅注》作「郭舍人」。考《漢書・東方朔傳》：武帝初，有幸倡郭舍人，常侍左右。注《爾雅》者，疑非此人，盧疑之是也。武帝建元六年，始開犍爲，文學爲郡吏必在其後，至上書待詔，尤必多歷年所，其非武帝初幸倡無疑。洪頤煊《讀書叢録》云：「《爾雅》，犍爲文學注，《文選》注引作郭舍人。《西京雜記》：郭威字文偉，茂陵人，好讀書，以謂《爾雅》「周公所制，而有張仲孝友。張仲，宣王時人，非周公之制明矣。疑即此人。」考漢茂陵右扶風縣，文學若即茂陵郭威，則與漢四百石下吏自除國中之制不合，又與陸氏所書「臣舍人」之銜大謬，且註疏家亦決不譏議本經也。此緣《選注》偶誤，致起文弨之疑，頤煊又緣誤注而別求一郭姓者以當之，則誤之又誤矣。論《爾雅》一書，郭景純稱爲九流津涉，六藝鈐鍵。今經歷代注疏，童習白茫，尚難竟業，其在豹鼠未辨以前，蓋傳授蔑如矣。文學當挾書方除，遽能當名辨物，有啟潭奧，非天授爲此經大師，能如是乎？《經義考》於《爾雅》舍人注稱爲漢儒釋經之始，今觀唐宋諸家所引上下卷遺文，其章句如菟奚、顆涷、中鳩爲一物，藺、蕈爲一物；引櫬梧、樸枹者合彙櫬、采薪，采薪即薪；及毘劉、覭髳與暴樂、茀離別句，皆視孫郭爲确，其異文如「謂」作「彙」、「騱」作「雞」、「豿」作「狗」、「鶼鶼」作「兼兼」、「跳」作「濯」，皆先秦最古之本。其訓釋如「蝮」一名「虺」，亢訓「鳥高飛」、「跟蹄」訓「溷蹄」，「茅者昧之明」、「跳者躍之間」，多合先漢相傳古義，所存雖吉光片羽，前輩多據以證注家之誤，蓋其專精之至也。當孝武通西南夷，初置犍爲、繼置牂柯、汶山諸郡，其時榛榛狉狉，風教睢盱，文學以郡人膺學史選，詣闕上書，既挺生古所未臣之地，而即注古所未訓之經，其通貫百家，學究天人，與相如、張叔輩上下馳騁，同闢一代絶詣，淑文翁之雅化，導道真之北學。南中若奠先師，斷推文學鼻祖，前人數典，皆竟忘之。故詳著爲人物傳首。錢曉徵與晦之論《爾雅》書，已引《廣韻》舍姓，謂舍人是姓名，非官稱。趙竹岡《困學紀聞》箋，亦謂舍人是文學之名。前輩讀書細密，已有先我而獲者。道光庚子編《遵志》，撰此傳時，瀏覽未到，故未及引。癸卯五月附記。

楊侍郎別傳

公諱文驄，字龍友，號山子。其先德，字克明者，自廬陵來爲貴州衛官，遂世著衛籍。後置貴陽府，而衛諸生附府學，故亦稱貴陽人。父師孔，字願之，一字泠然，號霞標，萬曆二十九年進士，有詩文名，善書，歷官浙江右參政。龍友舉四十六年鄉試，崇禎中，謁選得華亭教諭。縣西有盜起，禦却之。久之遷知青田縣，尋移永嘉。海上用兵，曾以知縣監軍。崇禎末，調知江寧縣，御史詹兆恒劾之，奪官候訊。事未竟，直李自成陷京師，莊烈帝殉國。我大清定鼎，而福王猶立於南京，乃起龍友兵部職方司主事，歷員外郎、郎中，皆監軍京口。龍友以金山踞大江中，控制南北，請築城資守禦，從之。明年，遷兵備副使，分巡常州、鎮江二府，監總兵鄭鴻逵、鄭彩軍。我大清既克揚州，移師臨江，鴻逵、彩以水師守瓜州，龍友駐金山。五月朔，福王擢龍友右僉都御史，巡撫常、鎮，兼督沿海諸軍。龍友乃還駐京口，合鴻逵等兵南岸，與大清兵隔江相持。初九日，大清兵乘霧潛濟迫岸，諸軍始知，倉皇列陣甘露寺。鐵騎衝之悉潰。龍友走蘇州，鴻逵等遁還閩。十三日，大清兵遂破南京，福王出奔，百官盡降，命鴻臚丞黃家鼒往蘇州安撫。龍友襲殺之於嘉定，遂走處州，時唐王又已自立於福州。初，唐王在鎮江，與龍友交好，至是龍友遣子鼎卿奉表稱賀，鴻逵又數薦，乃拜龍友兵部右侍郎，兼右僉都御史，提督軍務，令圖南京。加鼎卿左都督、太子太保。鼎卿，馬士英甥也。士英曾遣迎福王，遇王於淮安。王貧窶甚，鼎卿賙給之，王與定布衣交，以故寵鼎卿甚。及上謁唐王，王復以故人子遇之，獎其父子，擬以朝漢大小耿。龍友之走蘇州也，福王職方主事吴江吴日生易，方走太湖，謀舉兵屯長白蕩，龍友約爲聲援，出没旁近州縣，道路爲梗。唐王授易兵部右侍郎，兼右僉都御史，總督江南諸軍。龍友奏易斬獲多，進易兵部尚書。八月，大清兵至，敗走之。龍友至處州，大募兵，入龍泉山中。聞故人桐城孫臨挈家至台州，急以書招之，薦授職方司主事監其軍。臨字克咸，好談兵，善挽强擊刺。爲諸生不得志，更字武公，與華亭陳子龍、貴池吴應箕等糾三吴義士抗王師。兵敗，陳、吴等相繼死，走新安，依休寧金聲。新安陷，金亦死。武公兄晉方奉母避地於台，故走依之。既受命，條晰震澤狀萬餘言，龍友爲上之。唐王進龍友浙閩總督，武公福建兵備副使，監軍如故。時大清順治三年也。總督副使，據孫氏《譜》，史未之及。尋移軍龍泉，日練士卒，屯險隘，屢拒命，梗東南一隅。七月，大清兵入閩，龍友、武公急移軍衛仙霞關，家室雜隊中行。而大清兵已間道先入，二人不能禦，負重創，退至浦城，皆被執。貝勒屢諭之降，并唾駡不屈，乃斬之。武公妻方、子中岳，走匿得免。而龍友妻妾四、子女及子婦、僕從，一家同死者三十六人。死以八月二十五日。

月日據孫氏《譜》。史繫七月，不言日，蓋自七月被執，至八月屢諭不降，乃被戮。其長子鼎卿就刑時，神色自如。餘失其名，女已聘孫中岳云。吴易亦以是月在長白蕩被獲，死。龍友、武公既就義，其所居人，爲坟瘞大樹下，刳樹皮大書官爵姓名。於是武公兄子中韋字仲衍者，間關走建陽水東三百里，求得瘞處，發之。兩體敗不復辨，因并焚於東峰僧舍，分裹置衾枕中，負歸。以戊子冬抵戴沖莊，同棺分斂。逾六年甲午，乃合葬於桐城縣東三十里之楓香嶺，復爲祠三楹，奉兩木主，過者必弔。士人呼爲「雙忠墓」。龍友少負奇偉，文章劍術，兼擅其能，尤耽書畫。好短衣矢箙，馳惡馬，逐健兒射生，坐草間燒啖爲樂。意有所會，即伸紙潑墨，如風馳雨驟，不能自休。試諸生，《易》義頗失旨，提學使山陰張汝霖目爲奇才，猶置第一。鄉舉後，安邦彦叛，圍貴陽城，曾募（士）同拒守。圍解，又率所募擊其一路，克之。尋奉母移家南京，日與諸名士結社角藝。每當酒酣耳熱，抵掌時事，意氣横出，一坐盡傾。計偕時，直孫文忠公承宗罷經略，走謁談次，文忠甚壯之，贈以在邊克敵所製人頭杯。遇雅集，輒出傳飲，客或皺目縮澀，不敢遽舉，而龍友連觴引滿，旁若無人。好游覽，遇佳山水，賦咏圖畫，充牣行橐。自十歲即從其父登岱，既客白門，東南數百里佳勝，靡有不到，尤蓄意天台、雁宕。崇禎元年，其父參政浙江，駐台州。明年，乃得侍而遊焉。裒所得詩文、圖畫，題曰《山水移》。首以謁董文敏其昌。文敏大嗟異，題其上曰：「龍友生於貴竹，獨破天荒，所作台、宕等圖，有宋人之骨力，去其結；有元人之風韻，去其佻。出入巨然、惠崇之間。觀止矣！」倪文正元璐、陳眉公繼儒、李竹嬾日華、譚埽菴貞默、范長倩允臨，諸能畫家，復爲題跋、詩歌以張之。是時龍友年才三十三，畫名噪大江南北，迥在詩文之上。其後以職方監軍京口，吴梅村偉業爲《畫中九友歌》云：「阿龍北固持戈矛，披圖赤壁思曹劉。酒酣灑墨横江樓，蒜山落月空悠悠。」以龍友與董大敏、王大常時敏、王廉州鑑諸人并稱，其傾倒一世可知矣。遊台、宕後數年，刻其紀遊詩文，附以前後一二年作，爲《山水移集》四卷。崇禎末，又續刻詩文曰《洵美堂集》若干卷。龍友侈結納，耽聲伎，一歲費常鉅萬，豪士每略小檢。逮明社既屋，乃阻兵負固，屢抗六師，父子家人，膏斧鑕而不悔。大節錚錚，亦可謂烈丈夫也已！後人猶以士英故，不免揶揄，則世議之隘，豈公論哉！龍友交遊，見本集、他集，自董文敏、孫文忠而下，勳業文章彪炳之士，抱材負異不得志之人，擅一時盛名者以百數。而高淳邢昉《石臼集》與龍友游覽贈答，獨逾百篇，蓋自雲間、芝田、括蒼至監軍督師，無一歲不主龍友家。餘人待黔其突者，更不知凡幾。史稱「龍友豪俠自喜，好推奬名士，士亦以此附之。」不虛也。致命之後，黄岡杜濬至以五百青銅興歎！而昉題其畫曰：「可憐埋骨竟茫茫，四海九州無寸土。」蓋猶未知骨歸孫氏，生死之交，桑滄之感，幾不堪卒讀也。龍友當南京破，自誓必死。有妾鄀生少子鼎勳，在襁褓，使攜以逃。伏荆棘，犯兵燹，五年乃達貴陽。鼎勳頗讀書，不求仕，二子：元愷，本朝康熙己酉舉人，官雞澤知縣；元惇，諸生，其後嗣頗蕃衍。龍友又有妾方芷，武公有妾葛嫩，皆納自曲中，後與同死，亦可傳。武公死時年三十六，龍友死時年五十。

碑跋

泰山石刻十殘字拓本跋

秦泰山刻石斯篆，全碑裂佚已久。百年前，猶存明北平許氏所得廿九字殘石，嵌碧霞元君廟東壁間。至乾隆五年，復與廟同火。右十殘字，乃嘉慶中蔣伯生因培令齊河時搜獲於玉女池中，即廿九字之僅存者。既爲亭覆之東嶽廟側，復爲圖徵詩，一時鬨傳。石凡二小塊，其一塊一行四字，云「斯臣去疾」。一塊三行，行二字，云「昧死」、「臣請」、「矣臣」。《山左金石志》云：「二十九字舊拓本，首端界一線，中有裂文。」以六字一石證之，信然。此碑全文載《星鳳樓絳帖》陳繹曾云：《星鳳樓帖》，曹士冕摹刻。今就其行列質之。碑凡二十二行，行十二字，刻辭十二行，餘十行爲二世詔及斯等奏。此四字一石，即奏首行之第四、五、六、七字，六字一石，即奏二、三、四行之首二字。其後即「制曰可」一行也。聞宋大觀間，汶陽劉跂斯立親至岱頂，手拓其文。謂碑四面皆有字，凡二百二十三文。雖殘闕，不可識者無幾。作譜紀之。歐陽《集古》所録，特碑陰二世詔四十餘字，未及全文之半也。惜後迷失，遂不復完。家無《學易集》，未知所譜云何。曹《帖》當即據劉本縮臨，故其行列斷續間，四面之式猶可仿佛。其刻辭，蓋始於右側之第二行，循正面轉至左側，第二行畢，第三行即二世詔；轉至陰面第三行畢，第四行即斯等奏；至第七行畢，餘「制曰可」一行，又繞出右側爲首行。蓋前後各七行，兩側各四行。然則此十字，正當碑陰之後四行矣。接曹刻全碑，十剥二三，惟此四行三十二字中，才損「德」字。至許氏所收，又缺「丞相」二字，故存二十九。廟火以後，唯陽湖孫氏、揚州阮氏，數翻本流傳。而此十字以灰盡之餘，復出於數十年之後，非有神物護持不能。雖復殘失過半，益可寶貴也。道光丁未買歸自春明，柏容諸君欲爲題詩，故考具本末，計今秦碑存者，《繹山》、《會稽》，皆後人摹補，唯《琅邪》及此僅存元石耳。九月二日，影山草堂書。

漢右扶丞武陽李事永壽末作斜大臺刻字釋跋

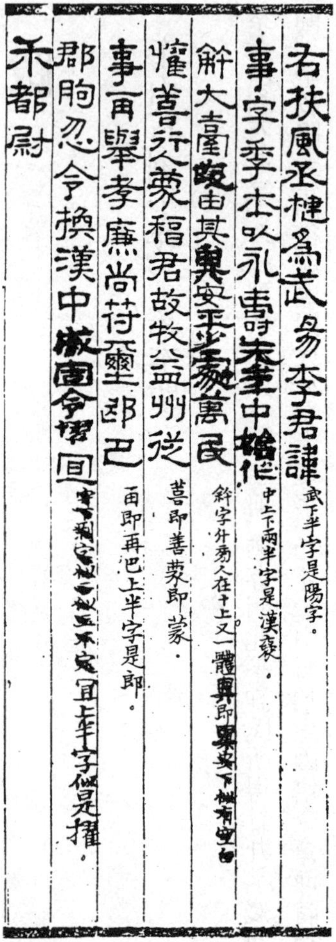

右扶風丞楗爲武昜李君諱　武下半字是陽字。

事字季孟以永壽元年中始作　中上下兩半字是漢褒。

斜大臺[illegible]由其[illegible]安[illegible][illegible]萬民　斜字外旁人在十上。又一體[illegible]即[illegible]安下[illegible]有[illegible]

懽善行之蒙稰君故牧益州從　善即善，蒙即蒙。

事再舉孝廉尚符璽郎巴　再即再，巴上半字是郎。

郡朐忍令換漢中[illegible]令[illegible]固　[illegible]宜上半字似是擢。

禾都尉

右褒中漢刻七行，歐、趙、洪、婁所未見，覃溪《兩漢》、秋帆《關中》兩金石記并不著録。道光戊戌，偕遵義鄭子尹珍在京師與《鄐君》、《石門》諸拓同購者，當亦與諸刻同爲磨崖也。本高今二尺弱，廣一尺彊，行縱横不正，均如《揚淮表記》，而上下端隱有界文，蓋磨石時略限書地耳。李君名字無可考見，《華陽國志》載犍爲人士，兩漢無李姓，而於晉則大書武陽李令伯及其諸子，他姓寥寥，可見李氏寔犍爲望族。事豈其高曾行，常氏失其行蹟耶？云：永壽末，漢中褒斜大臺圯者。漢桓帝永壽止三年丁酉，次年六月，即改元延熹，則當爲三年也。上距王稚《紀勒頌》造作石積之建和二年凡八年，所謂大臺，或即稚紀、石積，或孟文所功飭，或鄐君所造作，不可知。必當橋格之要由事復完，故少長懽善，行人蒙福也。云君故牧益州從事，再舉孝廉尚符璽即巴郡朐忍令者，追述事丞扶風前所歷之官。云換漢中太守，宜禾都尉者，蓋紀其丞扶風後所歷之官，故以換别之。褒斜谷亘數百里，北口斜在扶風武功，南口褒在漢中褒中，故兩郡皆有治道之責。事丞扶風，治臺及漢中，福被兩郡，故遂换守漢中也。通計七十許字，情事首尾完到，古人記叙可法如此。諸郡縣并見《兩漢志》。牧益州從事，謂益州牧從事，雖至建武中，復改「州牧」曰「刺史」，至靈帝中平末，始改刺史置牧。然亦得通稱。州從事，據《續漢志》云：「諸州皆有從事。」史本注曰：「員職略與司隸同，無都官從事，其功曹從事，爲治中從事，以益州又爲郡名，故以牧别之。」尚符璽郎，見《續漢志》。符節，今屬有尚符璽郎中四人。本注舊二人在中。主璽及虎符、竹符之半者，《周禮・春官》注云：典瑞，若今符璽郎。《漢書・惠紀》注：如淳曰：主天子物曰尚，有尚符璽郎是也。宜禾都尉，不見於《百官表》、《志》、《後漢書·西域傳》云：永平十六年，明帝命將帥攻北匈奴，取伊吾盧地，置宜禾都尉以屯田，是東漢始有此官。而《前書地理志》，於敦煌郡廣至下云：「宜禾都尉，治昆侖障。」蓋附載班氏時新制耳。《後漢·明帝紀》：「十六年二月，奉車都尉竇固出酒泉，伐北匈奴，破呼衍王於天山，留兵屯伊吾盧城。」亦見《固傳》。章懷注《紀》云：「既破呼衍，即其地置宜禾都尉以爲屯田，今伊州納職縣，伊吾故城是也。」注《傳》云：「伊吾，今伊州縣也。明帝置宜禾都尉以爲屯田，故地在今伊州納職縣，伊吾故小城地是。」又注《西域傳》昆侖塞，亦本《前書》云：「敦煌郡廣至縣，有昆侖障，宜禾都尉居也。」凡皆宜禾之見於史者。唐伊州即哈密地，今爲鎮西府，土地肥美，故有「宜禾」之稱。《後漢·西域傳》云：「伊吾地宜五穀、桑麻、蒲萄。其北又有柳中，皆膏腴之地。故漢常與匈奴争車師伊吾，以制西域。」是其證。然自建武至於延光，三絶三通。章帝建初二年，罷伊吾屯兵，距置時才五年。安帝元初六年，索班以千人屯伊吾招撫，旋被攻没。至順帝永建六年，以伊吾傍近西域，匈奴資之以爲鈔暴，復令開設屯田，如永平時事，置伊吾司馬一人。蓋罷屯者五十餘年，都尉當亦同罷同復。事爲都尉，在永壽後，距復屯時，又且三十年矣。楗爲，楗字從木，與《石門頌》同。《説文》無「犍」字，知漢人止用「楗」也。斜字增斗，已變《鄐君》、《孟文》兩碑之假借。斗字作人覆十，亦人持十之筆蹟小異耳。字季士，「士」字書作「朩」，頗近本末字。然士事也，名字與漢人訓詁相應。且此字直畫，首獨長，末雖微見，恐石剥耳。《唐公房碑》陰諸「士」

字，并書作「杢」，亦可證。書「璽」作「壐」，是《説文》正字，今所用从玉者，乃籀文。凡皆有資於小學者也。丁未十月。

元祐黨籍碑跋

《宋史・徽宗紀》：崇寧元年，九月己亥，「籍元祐及元符末宰相文彦博等、侍從蘇軾等、餘官秦觀等、内臣張士良等、武臣王獻可等，凡百有二十人，御書刻石端禮門。庚子，以元符末上書人鍾世美以下四十一人爲正等，悉加旌擢。范柔中以下五百餘人爲邪等，降責有差。」二年八月辛酉，「詔張商英入元祐黨籍。」三年二月己酉，「詔王珪、章惇别爲一籍，如元祐黨。」六月戊午，「詔重定元祐、元符黨人及上書邪等者，合爲一籍，通三百九人，刻石朝堂，餘并出籍，自今毋得復彈奏。」五年春正月戊戌，彗出西方，其長竟天。乙巳，以星變避殿損膳，詔求直言闕失，毁元祐黨人碑。復謫者仕籍，自今言者勿復彈糾。《姦臣傳・蔡京》：崇寧元年，代曾布爲右僕射；二年正月，進左僕射；京起於逐臣，一旦得志，陰託紹述，箝制天子。時元祐群臣，竄貶死徙略盡。京猶未愜意，命等其罪狀，首以司馬光，目曰姦黨，刻石文德殿門，又自書爲大碑，遍班郡國。初，元符末以日食求言。言者多及熙寧、紹聖之政，則又籍范柔中以下爲邪等。凡名在兩籍者三百九人，皆錮其子孫，不得官京師及近甸。五年正月，彗出西方，其長竟天，帝以言者毁黨碑，凡所建置，一切罷之。此搨乃三百九人之本，嘉定辛未，權知融州軍沈暐所重刻者，在今廣西融縣。又有慶元戊午饒祖堯刻者，在廣西臨桂。于諸賢已没者，皆注曰故，校沈本尤備。明倪元璐題《元祐黨碑》云：「諸賢自涑水、眉山數十公外，凡二百餘人，史無傳者。」其所見即三百九人之本。戚學標書《倪跋》後云：倪謂其碑自靖國五年毁碎，此或失考。按史，碑立於崇寧元年，蔡京請徽宗書，刻石端禮門，其毁以後五年星變。則劉逵之請，方靖國時，碑未立也，安得預毁？徽宗通在位二十五年，大中靖國一年耳，無五年，所刻奸黨司馬光以下大小臣百二十，而云二百餘人，不應多其一倍。由是言之，彼所見特僞本耳。林雲銘即謂其靖國五年，二百餘人之説有誤，今考倪氏，時誤崇寧爲靖國，讀史未審耳。西仲鶴泉，既未見碑本，并史之年，重定合籍，凡三百九人刻石朝堂之文，亦未之見，較倪尤疎也。碑刻以崇寧三年，京《序》云「嗣位五年」者，通靖國前一年未改元時計之耳。舍弟庭芝欲通爲考核，于史所不載者，取宋人説部求之，亦治古者所必資也。道光癸卯春三月書。

伊闕陀羅尼經跋

右洛陽《伊闕佛頂尊勝陀羅尼經》，如意元年四月八日史延福主造，磨崖高七尺二寸，廣六尺六寸，正書。五十五行，行六十八字，或多少一字不等。經末造者題識又别爲三行，字稍大，末載書經人□柱□。其書姿韻頗近褚登善，惜明隆慶戊辰，河南巡按趙岩刻其惡書「伊闕」二大字橫壓經中，其書名又侵書經人姓名，致不能全識，可恨之甚！（真殺風景也。）此經有朝散郎杜顗及罽賓沙門佛陀波利兩譯，《開元釋教録》謂出《大周録》第一譯、第二譯者也。佛陀波利自儀鳳元年從西來，却迴西國取此經，至永淳二年迴至西京。乃敕行顗等同翻譯留中，還僧梵本，復于西明寺與漢僧順貞奏共翻譯，兩本并行，語小小不同，見永昌元年八月定覺寺沙門志静序。此磨崖經即用佛陀波利本，如意上距永淳二年才十年，距永昌才四年，至開元、天寶後，此經之幢遍十道以百數，而流傳最古者，唯此伊闕一石，惜乾嘉諸老未之見也。道光丁未二月都門記。

校刊張楊園先生集序

昔者，先君子嘗訓友芝曰：「國朝兩儒宗曰潛菴、稼書。潛菴之學承之新吾、蘇門，稼書之學開之蕺山、楊園。北學踐履篤實，流弊絶少，姚江良知之學，極而爲一。三十三章見西來大意世界，得蕺山反之以實，楊園繼之而更實，孔孟道乃復明。三魚堂學術諸辨説，楊園蓋已三致意矣，稼書特極力爲善後策耳。顧諸先生緒論流傳，天下翕宗之，而楊園書絶罕覯，知者亦鮮。然他日兩廡俎豆，必不能少此一席也。余京居時假何茂軒書讀，曾一見其集，記其舉許魯齋『學者須治生』語，以爲能治生，則無求於人，無求於人，然後士品立，此最今日士林第一著子。人唯有所不爲，然後可以有爲；不能無求於人，欲其有所不爲，難矣！全書中陳事理處近而指遠，辨大道疑似處嚴而氣和，其切於人，如布帛菽粟之於饑寒也，如針石藥物之於疾病也。吾不能悉記爾。留意求其本，自得師矣。」友芝謹識者有年。道光己亥，以遵義郡乘之役，假書王氏，始得見朱刻全集本，念昔者思讀之難，謀重梓，公之同志。敬以白先君子，色喜曰：「吾向欲雕《人譜類記》、《呻吟語》等書，以其本易得，輒止，所拳拳楊園者數十年矣！好雔之，亦以畢吾志。」辛丑冬末，雕竣，而先君子以初秋見背，遂不及一見，痛哉！友芝顽鈍無志，賴小來日侍先君子，朝夕提命於諸先生之門，似稍有望見處身。細考之，已事事牴牾。自今以往，中路嬰兒，愈益貿貿。奉斯編也，其遂能徙義寡過，以不得罪於先生，不得罪於諸先生，以見先君子於地下。或遂止於是，貿貿以終，皆不敢知。今先生之集之刻之成，復何敢贅一詞！唯敬念先訓，大懼失墜，謹述諸簡端，以志無窮之痛云爾！

跋

補刻桃源山銅標銘于石跋

銘曰：皇帝二十有八年，播人不軌，天王赫怒。爰整六師，以誅不供。粤有四月，盡俘厥醜，遂瀦其宫。方三千里，始入皇封。載勒銅標，永鎮西南。臣李化龍。

右明長垣李公萬曆廿八年平播，勒銅標桃源山銘文，見《補全蜀藝文志》，及舊《府志》。《府志》不言存亡，意自勝國天啟來迄我大清康熙十七年前，水、藺、孫、吴諸役，迭經兵燹，即已失之矣。《心齋隨筆》云：「李公銅柱銘，凡二：一在龍巖山，特數字小異，『不軌』作『告訌』，『天王』作『天皇』，『粤有四月』作『百十有四日』，『厥醜』作『群醜』，『千里』下多『設吏治之』四字，餘文同。」細繹之，龍巖者爲長，疑當日同文異標，《補蜀藝文》轉寫譌奪，而舊《志》從之耳。故備著以詔來者。又舊《志》載播平後，劉將軍綎勒詩桃源洞石壁云：「仗劍飛虎穴，停軺甛洞天。幽巖可鐫石，何處不燕然。」二十字中，猶見此老英姿颯爽之概。今亦不存，以桃源掌故并及之。道光二十年夏四月，署遵義縣事八寨同知楊書魁，遵義府經歷胡祖寅重立石。

跋舊詩卷贈五岳遊侶

五岳遊侶陳君煥巖，客播將歸，惠《五岳游草》，得海岳之助，乃爾奇拔絶倫。友芝甫綵衣冠，不文之言，不足爲報，舊草詩卷，聊助歸莊。君南海在鬱江尾，我居毋斂，守鬱一源，才力大小如其山川，殆不可彊也。余尤因有慨焉。人生世上，富貴命矣！即一笻兩屐，欲盡吾量爲游覽雄，不唯其才唯其具，不唯其具唯其時。余于五岳非漫無志者，三度京塵，僅望其二，家食累歲，百感千劬。不狼、龍巖，近在几席，已非腰脚所自主。庚辛以降，海波方揚，水衡告匱，半壁東南，罔有安宇。就令天假之閑，剔奇抉勝，將復何心也？陳君乎陳君，乃汝福真勝哉！君歸過朱明，撿蓬萊舊島，爲問諸仙人，及其物禽獸盡白，而黄金銀爲宫闕者猶在乎？抑靈芝青精，稚川金匱，猶有傳者乎？乃可恃以無恐。道光癸卯歲五月。

易箋跋

安平陳定齋先生箋《易》，論象數，則駁來瞿塘錯綜其象，顛倒陰陽剛柔之實之非，明辨以晳。論筮法掛一及再扐後掛，爲前一變掛一，後二變不掛。而掛一之策，不入歸奇中，三變皆以四八爲奇偶，不用九五借象。雖異朱、郭，猶有發明於經義。二條久見於《四庫提要》所稱。道光戊戌禮闈，始得其書琉璃廠肆。觀其全而繹其旨，蓋病術數言《易》之支離破碎，故專就人事立説。以愚夫愚婦之知能，見天地鬼神之奥，以省身寡過之學問，揭盡性至命之微。更事燭理，觸物會象，不侈統同之理，使象爲虚器，不求穿鑿之象，使理無據依。欲學者於身心體驗之中，得涵泳從容之味，不徒句釋字解以爲工，强探力索而無當，持平蹈質，粹然儒者言矣。頗數暢程《傳》、朱《義》，而與傳義異者甚多，自謂如康成之箋《毛詩》，故名曰《箋》。于研《易》家，其在虚齋《蒙引》、安溪《觀象》間乎？唯其六十四卦經文，於半簡之中，横分四截，首彖辭，次彖傳，次爻辭，次爻傳，而大象別爲一條於後。《繫辭》上下，據《史》、《漢》引，改爲《大傳》上下。非鄭非王，不今不古。其于《雜卦》，謂「筮人纂便記誦，聖人存見反對之義耳。」而傳寫多誤，不必協韻，以韻正末數卦者未爲得。首乾坤三十卦而咸、恒，則首乾、坤宜終坎、離，首咸、恒宜終既、未濟，爲一一更正。按其次，顛倒瞀亂，非《序》非《雜》，且通篇反對，頤、大過獨不相連，莫解其故。又以困脱「不」字，「柔遇剛，剛决柔，君子道長，小人道憂」，皆誤添入，悉增删之。改「親寡旅」爲「旅寡親」，信意武斷，不可爲訓。其酷信宋人圖書，不服王褘、歸震川、毛際可、李穆堂之辨，所中説嫌于浮游，然固不以揜其大醇也。黔中前輩説《易》，知者清平孫山甫先生《淮海易譚》，麻哈艾鳳嵓先生《易注》，及是書而三耳。《易譚》聞有行本，未之覯；《易注》未受梓；唯是書有榕門刻本，頗行于世。維桑與梓，必恭敬止。是之恭敬奉持，益當何如耶？

書爲庭芝弟選蓮洋詩後

蓮洋詩佳處，正似南田寫生，于古來能事外，自透出一種天趣，愈覺鮮秀撲人。其出之自然，尚有漁洋所不及處，無怪其亟詑得髓也。使學更能稱才，太白、東坡一間耳，又安來藏園卷葹之不滿哉？庭弟學詩稍腐氣，計唯中條華妙對證而易服，爲檢出若干首。五言據三之二，猶不能盡其勝；七言三之一，幾不能及，始欲更去《昌化寺觀吴偉畫壁》、《陟嶺赴潭柘寺》等數篇，則愈寥寥，故亦過存焉。蓋先生五言有深功，七言徒信才耳。前輩云：「天姿國色，粗服亂頭亦好。」又謂：「動用佛典，是其一短。」皆是定評，不可不知也。道光乙巳正月廿六日。

白氏長慶集殘本跋

向讀香山詩，未見其文。道光乙巳中夏，過友人楊容光，架端閣《長慶集》，雖殘斷，而自三十二卷雜文、制誥、奏狀、策判至終篇無缺失。容光方專力歧黄書，因乞歸，裝整附單詩後。于是白氏書以義合而成完。容光曰：「嘻！今日典籍明備極矣！所謂藏書家，四部環繞，宋刻元抄抵烏鵲，常侈于目録家論著之外。通行斷本拱璧之，斤斤焉何窮措大舉動乃爾乎？」余曰：

「不然。膏粱而飽，狐狢而煖，廣厦而庇，善矣！而藜藿者、緼結者、蓬蓽者，未嘗無飽無煖無庇也。夫讀書求有字耳，完本之字，豈有異於兩合之字乎？必得完本而始讀書，則抑將枵腹倮體而野處，以冀膏粱夏屋狐狢于不可知之數乎？且今藏書如某某家，亦云富矣，主人不能名，執友不得假，典守厭于厮僕，卵育乞于鼠蠹。故有富兒極飲食衣服居處之美，而門祚苦無所承，而窶人者生子生孫，岌岌然仰事俯畜之不暇。以彼易此，孰得失必不待知者決也。」容光曰：「嘻，然哉！斯言可以勵學者，不宜不記。而吾之故紙收此塵翳且十年，一旦值子拂拭料理，遂燦然先後于魯鼎旅盂。士之沈埋人海，碌碌無表異，針芥遇合而榮枯判然，皆可以故紙觀，而無容爲之悲喜也。」

尹和靖遺書行本書後

右尹和靖先生《言行録》四卷、《文集》七卷，康熙庚子和靖二十四世孫仕殷所校刊，道光壬午二十八世孫文鳳重刊者。考陳直齋《書録解題》：載《尹和靖語録》四卷，云其門人馮忠恕、祁寬居之、吕堅中崇實所録。此《言行録》第一卷，馮忠恕録；第二、三卷，祁寬録；第四卷，吕堅中録。是與《直齋》所載一書異題耳。朱子《文集》有《尹和靖言行録序》，謂尹先生門人，馮氏、祁氏、吕氏，記其《緒言》，各爲一書，則稱《言行録》爲古。據朱子編《二程外書》及《伊洛淵源録》

引，於馮氏稱《涪陵記善録》，於祁氏稱祁寬所記《尹和靖語》，於吕氏稱吕堅中所記《尹和靖語》，其合三家爲一編之出誰手，不可考矣。和靖《集》，今《文淵閣》著録者八卷，凡《奏劄》三卷，《詩文》三卷，《壁帖》一卷，王時敏所記《師説》一卷。此本《疏劄》第一，《師説》第二，《壁帖》第三，《雜文詩》第四，《論孟解》第五，而第六爲《附録授官諸勑》，第七爲《宋史》本傳，其《疏劄》《詩文》，校閣本并少二卷，其編次先後亦不同。據《凡例》，仕殷於《言行録》諸家異同既删重修繁以類爲一條，復標條中要句爲題目，於《文集》中辭免《奏劄》數十，嫌重複僅録其五；《壁帖》不録《論孟》書句，元附《告勑》二十餘，亦謂辭意重複，官職無徵，去之。而别取《三吴文獻考》所載六篇，又謂《言行録》卷末本有《年譜》，雖詳弗信。乃於《文集》末録附《宋史》列傳，是二書大爲仕殷昔校所删亂，殊不足據。朱子序《言行録》，於諸家記録抵牾，人名事迹不同，固恐其精微之意不能無疑，而所自編録徵引，則異同兼收，不敢輕有去取。無論仕殷學行於朱子何如，第以仕殷之去和靖與朱子去和靖遠近何如，而乃毅然筆削，校以《外書》、《淵源録》所引，即已多此本所無，亦可謂無知妄作矣！今《文集》猶有舊帙，而仕殷所據之太學本《言行録》已不可見，僅留此不完本，《年譜》亦無傳，不重可惜哉！然尹子守約，意主力行，誠能好學深思，得其一二語，將有終身不能盡者，完不完姑勿計也。道光庚戌春正月廿有六日，過蔡茝谿教授丈，見案頭此本，假讀於湘川書院畢，題其後歸之。二月八日。

王守溪文集舊本書後

守溪論文以法，法以昌黎爲聖。法昌黎必取道可之、持正、文昌，習之諸家，故其序《持正集》曰：「昌黎變化無端倪，湜得其奇，翱、籍得正，翱又得態，合三子一之，乃具體爾。」其刻《可之集》曰：「讀《文粹》載持正、可之文，苦不遘其全，後獲内閣手録二本，始有絲髮見於古人立言之旨。」又曰：「昌黎，海也，不可徒涉；可之則巨筏焉。」又謂可之卒，其法中絶。後來歐、蘇天才，猶謂「於是有未暇數數然者」。其蘄向如此。故其爲文廉絜而温淳，力溯韓門而不以其貌。其序《容春堂集》曰：「韓公有言，師其意不師其詞，國賢『師韓而不必似韓』，『所謂嚴而不晦者』」，蓋亦自道也。世競知守溪開有明制藝法，詎知法法所自，固已先歸唐古文詞之聲邪？道光庚戌中夏，遵義試棚肆出此本，爲卷三十有六，題曰《王文恪公集》，與《文淵閣》著録之《震澤集》三十卷者不合，後附文恪曾孫遵考名禹聲《鵑音》、《白社詩草》各一卷，亦《四庫提要》所未言，豈别一本邪？其每卷端文恪題名，後并有「吴興朱國禎文寧訂，雲間董其昌元宰閲」二行。據元宰《序》，附遵考作，亦自元宰也。刻印精好若手寫，字有董氏臨米意思，故是明人舊帙佳者。仁懷廳張某好而售之，借讀粗過，書其後以歸。

明人中庸合註跋

右《中庸合註》一卷，未詳撰人。其所引宋元諸家説，至于史氏伯璿，其十五、六兩章，且言及《大全》。考史氏《四書管窺》，成于元末，行于明初，《四書大全》出永樂中，則撰者明永樂以後人矣。其稱「補註」稱「愚按」者，所自立説。大旨爲《書義》而作，故于章中虚實分際，篇中脈絡往來，言之頗詳，他則無所發明，僅以供科舉文之用而已。其篇首《總説》應置卷中書題之後，而冒草廬之名以爲《序》，誠如《四庫提要》所云：書賈作僞，蓋猶非著書人本然也。此舊寫本，督學中允祖庚翁公所收朱竹君氏舊弆，付舍弟庭芝持示，因書其後。咸豐壬子六月。

潘氏朗陵而下八世十三家詩集跋

貴州家世有集者曰越氏、楊氏、吴氏、潘氏。越至卓凡《屢非》，楊至龍友《洵美堂》，吴至滋大《敝帚》，并濟前美，稱一時一家之盛。而繼者，吴氏猶傳復旦《漱石》，餘則未之有聞。惟潘氏自朗陵《味淡軒》，士雅《瘦竹亭》，已足埒越、吴、楊諸家，而觀黔西潘生元炳所輯家集，始明萬曆，迄國朝道光間，由朗陵而下，凡八世，十有三家，爲詩若干卷，二百餘年，風雅相續不衰。嗚呼！尤可謂極盛者矣！朗陵之祖伯瞻，惠政在滇州，伯瞻子中池，活武定寃獄，朗陵乃以文章科第起其家，安賊圍貴陽，朗陵毁家誓死保城以完，慈惠忠貞，澤流無既，宜哉！而元炳敬奉手册，至八世二百餘年，罔有失墜。噫！亦可以風鄉里之爲子孫者矣。咸豐二年秋七月。

朗陵，名潤民。祖維嶽，字伯瞻，號抑菴，貴陽人，嘉靖丁酉舉人，知雲南永平縣，遷昆陽州，所至有惠政，卒之日，家無餘貲。思聰，字予忍，一字中池，司武定府獄，府欲寃殺武定民樂應舉，力生之，樂氏祠祀累世。朗陵，萬曆癸卯解元，丁未進士，改庶吉士，官至雲南左布政使，字用霖，號朗陵，著有《味淡軒詩集》，子馴、驤。馴字士雅，號韻人，一號純菴，崇禎己卯舉人，國朝順治末，知雲南蒙自縣，著有《瘦竹亭集》、《出岫草》；驤字子襄，崇禎中選貢，考授桂王時雲南羅次知縣，升四川崇慶知州，著《淡遠亭集》。馴子德徵，號亦韻，字道子，康熙己酉舉人，官至武定知府，著《玉樹亭集》。德徵子奕、快。奕字允大，康熙中監生，著《滇遊草》；快字旡悶，康熙壬午舉人，著《留餘堂集》。奕子文芮、文苞。文芮字右質，一字彬也，貴陽優廩生，雍正中教授黔西州翠屏山，因家焉。自號翠屏寄客，著《翠屏寄客詩文集》；文苞字羣也，乾隆庚午舉人，官福建鹽大使，江西朴城知縣，著《瑑雲軒詩草》。以上五世，并貴陽人。文芮子曉，字東白，黔西州學生，著《斷續亭集》。曉子以澂、以溶。以澂字静川，黔西州學生，著《寧愚堂集》；以溶，字巨川，又字蒼巖，大定府學生，著《思敬堂集》。以澂子桐、檭。桐字鍾嶧，監生，著《客留草》。檭字雲表，黔西州學生，著《菽蘭軒集》。祥芝附注。

遺山詩集跋

右《遺山詩》通行本，毛子晉據元至元戊辰曹輗所刊單詩本傳刻者。《遺山全集》凡四十卷，交城張德輝所類次，中統壬戌嚴忠傑刻之。在曹刻前六年，其詩居十四卷，凡千二百七十八篇。曹本次叙悉同，唯卷析十四爲二十，又增多五言古十二篇，七言古四篇，雜言三篇，樂府二篇，五言長律一篇，五言律七篇，七言律三十四篇，凡增八十二篇，分續各體之末，合千三百六十篇，爲不同耳。據五言律卷中當增出之首篇題下有注云：「以下係《續編》。」意必輗因忠傑本而摭遺逸附之，故析卷增其六，復係此注以相別識，各體皆然，而毛刻奪去。《四庫提要》謂毛本爲從《全集》摘詩别行，殆未審勘也。郝經志遺山墓，謂其詩至五千五百餘篇，爲古樂府不用古題，特出新意者又百餘篇，用今題爲樂府揄揚新聲者又數十百篇，校此本篇數乃溢出四之三。而忠傑刻《全集》，有李冶、徐世隆、杜仁傑、王鶚四《序》，并謂忠傑就其家求得完帙。而遺山自題絶句云「千首新詩百首文」，蓋即晚年定集所作，特舉成數，與今傳者未爲縣殊。然則郝《志》兩「五」字當是「一」、「二」等字之譌。曹本即是元詩足本，不必援郝《志》誤文致疑也。詩道自李、杜、韓淩暴三唐，東坡、涪翁雄視兩宋，後有作者，誰敢望其項背？而遺山崛起幽、并，才情横逸，絶去依傍，渾浩流轉，如長江大河，駸駸乎欲與之抗。在李、杜、韓、蘇後，固未必遽增四家而五，其于山谷老人分道揚鑣，庶幾勁敵。其先後間之放翁、石湖、道園、淵穎皆莫能反也。又精九數、天元之學，曾因劉汝諧撰《如積釋鎖》爲之細草，以明天元，見祖頤序朱世傑《四元玉鑑》。蓋遺山自弱冠受知楊雲翼、趙秉文，晚又善李冶、張德輝，號「龍山三友」。楊、李皆曆算宗工，故亦能兼通之，尤古來文章家所未有，惜其書不傳，史傳亦不載。咸豐甲寅夏五，讀單詩本一過，復假得《全集》詩略爲校勘，識數語卷末以示子弟。

吕氏家塾讀詩記宋刻殘本跋

《群書拾補》云：《吕氏讀書記》，明御史傅應臺刻於南昌，有嘉靖辛卯鄞陸釴《序》，從宋本出，字多從古，今其本頗不易得。世所通行者，乃神廟癸丑南都所刻本爾。余曾借得嘉靖本以相參校，始知神廟本脱去兩葉，其他亦有遺脱。卷一《詩樂》「《禮記》，天子五年一巡狩」之前，脱一段；卷二十七《烝民》第六章，「鄭氏曰：衮職者，不敢斥王之言也，王之職有闕，能」此下，嘉靖本後印者脱去兩葉，神廟本遂無從補完；嘉靖本係每葉二十八行，每行十九字，今鈔補於後云云。卷二十八第八葉謂神廟本，下同「自彼成、康，奄有四方」下，脱誤十四字，今補之云云。第十二葉後三行「牟大麥也」，下多訛脱，今補正之云云。友芝家藏是書後半，自卷二十一起至三十二，其行款及從古字悉同盧氏所舉嘉靖本，盧氏所記缺脱，此本一皆完好，字墨精雅，印用羅紋緜紙，舊裝古色，香撲眉宇，恐尚是嘉靖祖本也。道光癸巳，二千錢買之京師，雖非完帙，已足寶貴矣。道光戊戌復買一上半殘本，版稍大，行欵亦不同，癸巳本反切及注中附注皆用單行側書，戊戌本則悉易雙行；癸巳本概用小篆古體作楷書，雖不盡精貫，亦留意小學人所爲。戊戌本則十改六七，如常書，以校盧氏所舉「詩樂」一條，即在脱中，蓋即神廟本也。癸巳本有潘雲龍印，未詳其人。

跋平越峰臨争坐帖

魯公與郭僕射書時，志方大有爲，故草稾雖平淡，天真殊饒奮厲直前之概。退翁年六十，臨此荒江冷署中，道德無權，官情索莫，故到恬淡至處，幾於聲臭俱泯，此意雖深于書者未易知也。道光甲辰六月。

楊龍友先生山水移集跋

右楊龍友先生《山水移集》四卷，《附録》一卷。崇禎己巳七月，先生奉其父霞標參政爲天台、雁宕之遊，裒其詩文圖畫以歸，謂之《山水移》，既而刻《遊集》，附以前後一二年作，遂仍其名。集中有《立春》七律，蓋即遊台、宕年詩，其起句云：「三十三年雷光走」，然則此集僅先生三十後數年作也。其詩骨挺勁岸異，已有不可一世之概，未到者渾融耳。崇禎末，先生又刻《洵美堂集》，見《明詩綜》，引邢昉曰：「《洵美》詩，紆徐以導遠，篤摯以達情。」史元曰：「《洵美》詩，沉澹淵遠，有正始之音。」杜濬有《懷龍友諸君詩》云：「黔蜀波瀾老」，所論皆與此集不契，知後此所造，必更有深焉者。屢訪未得其本。先生值遺明殘局，猶螳臂搘撐，妄思恢復，膏斧鉞而不回，其志節侹侹至今有生氣。詩文流傳，正因人重，《洵美集》既不可見，而此《山水移》舊册，又歷千百劫，僅存於塵堆鼠窟中，而乃今出之，若有陰爲呵護然者，亦愈足珍惜矣。《集》以詩百三十九首爲一卷，《赤城山賦》并張岱賦序爲一卷，《台宕日記》及《江行十二畫記》爲一卷，《腐侯傳》爲一卷，附録諸社長送游贈言一卷，則夏允彝《送行詩序》，及陳則梁、宋存楠、張堯翼、張明弼、繆時英、陳元綸、宋珏七人《送行詩》，而雜以陳煒、支如增兩序，朱隗、朗道人顥、蔡如蘅、臧煦如四人詩，沈鉉、賀懋修二人跋，皆爲集題者。又有陳煒答詩五首，錢旃、魏學濂題畫詩，潘一桂畫贊，周祚新、張澤、李肇亨、錢棻、秦懋德、何白六人畫跋，凡二十五人之作。首載其舅越其杰、其師鄒嘉生兩序，并其杰四詩，而又以董其昌、陳繼儒、倪元璐、李日華、譚貞默五人題畫册引，范允臨題畫詩，李思聰送游詩，謝上選題集詩，并雜置卷端，以張結納之盛。杜濬有云：「昔年龍友請余爲其季子作傳，肅衣冠，以五十金潤筆。而茅止生來索觀余文，猶嗤曰『龍友小樣，不知文章痛癢』！止生之譏，殆緣此類。」然今去先生二百餘年，不惟藉見一時交遊，而謝文若、周又新、蔡湘渚，皆黔竹文人，著作盡逸，越自興雖有詩，而文亦未見，并得留吉光片羽，所補爲不少矣。咸豐壬子，黎柏容學博從定番張氏假得相示，亟録副，待好事傳之。因書其後。

記

桃溪遊歸記

遵義府治西十里，有溪曰桃溪，寺曰桃溪寺，與治北十五里之栗溪寺大覺者，并林壑窈窕，富有鯉鮎蝦蜆之美，爲近郊遊屐所甲選。吟盞酒盞，流連光景，頗時時有之，而未聞能實究二水古何水者。唯段若膺《説文解字》「鼈」字注，謂「牂柯郡鼈縣」今遵義府西有鼈縣故城是也。則必以桃溪爲鼈水。洪稚存《乾隆府廳州縣圖志》及《貴州水道考》，亦謂遵義爲漢鼈縣，不狼山即龍巖山，鼈水即湘江，栗溪湘江上流。是又以栗溪爲鼈水。考《前漢·地理志》鼈縣云：「不狼山，鼈水所出，東入延。」本作沅，誤。依《水經注》正。又《漢陽》云：「漢水東至鼈入延。」符縣云：「温水南至鼈入黚水，黚水亦南至鼈入延。」本作江，誤，依《水經注》正。延江即今烏江，其尾爲涪陵江，自《元和郡縣志》謂黔州西有延江水，一名涪陵江，由牂柯北歷播、費、思、黔等州，北注岷江，是後皆無異説。而烏江大勢東北流，其所受水之東流南流者，唯遵義府屬之遵義、綏陽兩縣，正安一州，諸水爲然。則漢鼈縣，居遵義一府之大半無疑。《通鑑輯覽》注亦有鼈即遵義縣之説。乾隆諸老指證確矣。唯即以二溪當鼈水，則未是。桃溪出治西八十里夏家溝，栗溪出治北微西四十里龍巖山，并於治東五里會爲湘江，又東南五十五里會洪江，又百十五里至黄灘合口，入烏江。二溪若果鼈水，雖有二源，亦無不可，而《漢志》又云：鼈水過郡二，行七百三十里。遍驗遵義諸水，唯三江水，齊次風《水道提綱》謂之渡頭河者，源綏陽縣之分水嶺，挾綏陽、正安諸小水，至四川縣之江口鎮入烏江，源流約七百里，且彭水正漢涪陵縣地，由鼈而涪陵，適過牂柯、巴二郡，并與《漢志》應。則鼈水非三江不足以當之，洪氏蓋見《貴州通志》言湘江合桃溪紆四五百餘里入烏江，遂以爲境内至大之水，取以實之。夫果五百餘里，於《漢志》里數雖未甚懸絶，而已與過郡二有礙。況又《通志》駁文，湘江、桃溪，源流尚未及三百里乎？然則二溪於古何名？曰桃溪即《漢志》之温水，自《潛溪集》楊氏家傳，載元播州宣撫使楊漢英著《桃溪内外集》六十四卷，始見桃溪之名，其改稱之自唐自宋不可知，是後《明史·土司傳》載平播時安疆臣奪落濛關至大水田焚桃溪莊，孫敏政《志》載治西五十里有桃溪山，至今溪無二稱，其出之二三十里間，猶有桃溪上下莊二壩，栗溪名與桃類，而明末閔相詩刻以前無考。其下流經府治東者，宋謂穆家川，《潛溪集》載：楊軫病白錦舊堡隘陋，樂堡北二十里穆家川山水之佳，徙治之，即今府治。又《方輿紀要》引《四裔傳》，遷遵義軍於穆家川，并其證。《明統志》始出湘江之名，今悉從之。唯東岸半里許地名穆家廟，近舊稱，而穆家川則無有知者矣。然則何以知桃溪爲温水也？曰：漢符縣治安樂水會，即今四川合江縣，而貴州之仁懷縣廳，并其東南境，其水皆東北入江，無有南行者，唯桃溪源近仁懷，而東南流以入烏江，與《漢志》南至鼈入黚、入延合。《説文解字》亦云：温水出楗爲符，南入黔水。符本多作涪，誤。依段氏。黔、黚同字。則桃溪所出，即符之東南極境，故桃溪爲温水無疑。而温水所入之黚，則舍出府治北九十里悠遠屯及婁山南麓行百三十餘里，至猪槽塘合湘江以入烏江之洪江，更無他津也。温水亦曰煖水，黚水，鬬騆謂之鬬水，見《水經》延江水注。而酈氏又謂：黚亦出符。蓋由《漢志》載在符下，推想增之。其實黚自於鳖縣出入，無不可通。又謂温、黚俱南入鳖水，亦由《漢志》至鳖，以意聯之。又謂鳖水於其縣東注延江，則尤舛謬。鳖水過郡二，明載《漢志》，安得即於其縣注延？酈亭叙述南中諸水，牽就大率類此，不得指爲實據。唯并以三水入延江篇中，可訂今本《漢志》鳖入沅、温、黚入江之誤耳。至《漢志》入延之漢水，今地理家多以漢漢陽爲今四川長寧地，長寧於烏江，中有赤水之隔，殆未可信。《志》既云至鳖入延，則漢陽之境，必有與鳖相近者。今驗入延之水，唯出黔西州西南境，行百餘里，至遵義縣西境鼓樓大橋，又二百餘里，東南入烏江之底水河，差相近。則自黔西、大定之接永寧一邊，當爲漢陽舊境，而底水即漢水，較爲可通。至《華陽國志》謂漢陽有漢水延江，漢陽更不能及延江之邊，則延上奪入字耳。班《志》凡水源流短者，即不言過郡及里數，漢、温并其例也。道光庚子正月，遊桃溪歸書。

遊天池記

人有甚美之物，欲致之事，則必縈紆中腸，棖觸寤寐，循隙候計，以冀一遇。然而遇之者，或取諸目前，或需之遲久，或遲之久，可一遇而仍不遇，或遲之久已不意其遇而忽遇，而既遇者，淺深憂樂，又各不以相儷。得也適然，失也欻然，天下萬有不齊之境，亦胡弗然？而吾得之天池之遊。池在遵義府治東三十里。蓋楊氏時陂以灌田，水蓄洩有定度，瀕池數千頃無澇溢慮，即寺其旁，爲遊觀場。遵之人嘗豔其吐納宏肆，足以盪滌心魄，陶寫襟抱，以自雄異，轉相競告。是必宋元名宦規畫，福農功，壯觀美，兩舉其利，經始甚偉。遵人復罪之逆龍罷民窮欲，則下流之歸，而不可爲實録也。於是豔遵人之豔者，或三四年，或一二年，或一二月，或一二日，相率而成遊。而豔最久者，或十五六年。余且十八年，枝事牽迕，數往數不必。積興未已，亦遊始今日。去城廿五里遥，得池口，雙溪別流，沙石瑩浄，溪源二橋，絶山東鎖，沿洄西行，塵函左開，疇浪若涌，山曲若極，轉更瀲闊。荷花白紅，蓋池競長，周望而不可以諦，思棹乎中央，小山西嵯，似由人爲。昔亭今蕪，爲鷗鷺之家，旁闢洞天，狀如半囷，顛仙昔止，遺題尚存。有石碎擲晶胦，隱見道膚，下則怪石骨出，峆岈蹇迤，與池脣齒，不可以徑步。審襭以疾達於趾，得池二源，迤山兩谷，南孕石炭，其北獨無，間不盈丈，地氣迴殊焉。木多楓、柏、女貞、柘、樠、樣、栗，草有莎、菖、荻、菰、蘆、竹、葵、茇，其他紫蕊纂實，黃花青條，雜荊棘中者。復有花葉婉娜，若菊若百合者，相與菉薵蓊葧，掩暎池側，時聞異香，莫可名字。午暑既盛，憩於寺間。片雲黑西，俄然半天，驟風疾雷，雨如彈丸，濺珠亂迸，白波連山，穹谷罷篏，冥晦荒忽，疑有神物出没，心駭目震，莫可質訊。須臾，風定雨止，天水溶沇，存身若空，上下無際；佳月徐吐，清光滿衣，荷香逐烟，草樹若洗。煮魚剥菱，舉酒臨池，行坐偃仰，間以嘯歌，同遊諸人，莫不各適其適而止。歸而不果遊者靳之曰：「聞諸君壯斯池盛斯遊也。斯池周里不過十，廣袤不過三五，若在水國，直蹄涔視耳，何遊足云？」余曰：「不然。曩嘗經行齊魯燕趙，平衍動千里，得部婁盛密，輒方壺蓬嶠之不啻；南中去山無地，得潢汙陂潦，亦宜番陽、洞庭之不啻。居山者珍魴鯉，居澤者珍鹿豕。廟廊者思林泉，巖阿者慕青紫。物尚其罕，美惡頓反，是可以觀同世異好之情狀，亦奚足爲斯游病哉！」

上巳遊勝龍山記

來青閣朝食，天放晴，除薄裘，徙倚欄楹間，耳姜丹輪、孫梅史商祓禊所，余始憶其上巳也。躍然曰：「竹𨞹溪水石佳，且去城近。」丹輪曰：「勝龍山冠林帶溪，巖壑森秀，前竹𨞹又不三里，曷以若爲竟，中間勝處，亦供去來觀乎？」梅史興不可遏，命酒肴趨行。而舒衡峰至，丹輪季弟春圃亦至。道劉次言司馬寓，茶而同行。蓋商遊者二人，益余而三，出門而得六人焉。至郭，雜市蒸薯若梧實、葵子。度北門橋，溪山弄春，士女殷盈。遵之俗，前後清明十日上冢，戚好内外咸集。郭之外，龍山、鳳山又其北邙。風晴日麗，青鞋黄帽，華妝袨服，參差掩映於雜花芳草間，固一歲之盛觀也。沿溪下爲洗馬灘，急湍活活，疊石磊砢，徑稍迮，疾趨過，得坦處小憩。復前行，則溪水澄碧，夾以古柳。回曲二里許，對岸原田平衍，林木翳如，人家在花竹中，書聲、機聲、舂聲、叱犢聲、小兒嬉笑聲，與時鳥弄晴聲，烟水相答，隨風去來，倏近而倏遠。笑謂諸君曰：「吾他日稍贏餘，當結宫於此，更置三板船，讀書之暇，携子弟輩，蒔蔬課耕、樵高釣深，復結一二同志，時時招邀，酌酒舵頭，煮茗林下，惟意所適，徜徉而忘老，於願足矣！」各延佇者久之，不數武，即普濟橋，橋之跨竹騮溪也。橋南迤左折山麓，一洞深二丈許，廣丈許，口容一人梯下，鍾乳纍纍然垂，狀不一。五年前，土陷洞出，有婦人病乳，試禱而適愈，遠近相譁以神。香火相屬一年所，官禁莫能止，尋自寂然。去年一過之，土石封焉，而陳香楮望封拜者乃百數，則皆數年前病禱而今愈以償神者也。今則封復開，香火復屬矣。世俗之尚鬼，好淫祀，大類此。取小徑踏石矼渡溪，徑欹而茀，諸人皆莫從，返故道而橋焉。畢渡，招共觀白飛霞遺迹，舊《志》八景一石壁仙題者也。左旁有《溪山青》一詩，似元明間刻者，字近顛仙《桃源洞詩》，轉折復小異，署款似一字，似二三字，經此必細目之，不能識。今審其上爲草書「此木」二字，筆勢相聯，下作「存」，則八分省書存字也，姑定爲「柴存」云。自是而北，日亭午，天無片雲，囂氣愈遠，溪壑愈姝媚。道旁戎菽蕓薹盡花，香氣匝路不斷，五色蝶深穿旅翔，望若舒錦。惟小熱，皆脱帽揮汗。衡峰、梅史故持筵，獨收其利，殊令人妒。談且行，達勝龍脚，諸君方問勝龍間此幾許，蓋六人中，四人皆未嘗至，聽余與丹輪指揮，流連風物，了不覺遠，余二人亦忘其已至也。循石階而登，蒼官數千，屈曲夾蔭，盤旋而造顛。得平臺而群休焉。茶罷而酒，點以蒸薯、桐葵子，半酣而撤之。憑石闌下視，深百丈不見溪，水聲鞺鞳，若出九地，皆股栗。退選石磴倚而坐，品鈌林山色。梅史獨乞僧玉簪掘之，余則呼紙筆索勝國舊碑。舊碑者，嘉慶間，張斯未先生，得之山下溪底。所記崇禎五年，歐萬貴重建勝龍菴事。故知山勝龍昔址，今祠文昌，山猶稱勝龍，據此碑也。碑語殊俚惡，以其及天啓水蘭，可考見當時事而録之。日已蹉，諸君皆下山，余旋亦追及，負手行歌，先後不次。復共憩竹䶉畔，聽兒童誦謡諺，娓娓有音節，令三復焉。至北闌下坐觀漁人弄舟急浪中，三入三出，負之而趨，亦妙乎哉！坐旁石隙，泉絶甘洌，余謂諸君：「此第一泉也！」遵義郭外佳泉三，一北闕下石罅，二雙薦山下白沙，三中營溝小井。一二三者，余目之，以烹茶，不讓中泠一斛也。諸君思即泉上人家試之，而東山夕陽，墦間歸者肩駢而踵相接也。懼入城晚，不果，于是劉次言獨返寓，五人者復會食于來青閣，而譙樓二更矣。

登小龍山得左邱記

遊境之佳者二，曰藴之身，曰借之人。藴者，遁林隱壑，峭折鬱邃，使人眩遻錯迕而茫其所往。借者，憑雄踞高，四洞八開，使人曠心適神，而莫知其所以然。遵義近郭可遊者，若桃源、湘山、迴龍十數，皆藴勝，借者無聞焉。三月壬辰，過小龍山，因及登其左邱而始得之。呼尊命儕，箕踞環眄，矗者、迤者、壁者、穴者、叢者、縟者、帶者、疊者、噴者、渟者，逞妍貢奇，欻忽奔湊。雜花連天，佳禽四飛，雕甍繡闉，錯落煙杪，偃仰嘯歌，與大化俱。澹焉忘日之將夕，視桃源、湘山諸佳遊，未有樂于兹邱也。夫獨行之士，不願乎其外，其所就以視人，亦如其量而止。休休有容之君子，囂囂未有能，無非取於人者，而其所就以視人，浩乎其無倪，淵淵乎其不可窮，境之藴之借猶是已。雖然，斯邱之棄北郭外不知其幾何年，塊焉寂焉，匿其所以勝，以與樵夫牧豎者遊息。而今乃以牽連出之，且將駕乎習貴者之上，得毋有駭而却走者乎？是固聽之矣！噫！世之遇合遲速，又豈獨斯邱哉！故歸而記之。是歲道光二十一年。

記周景王大泉

巢經巢收大泉一枚，圜徑□寸□分，重□兩□錢□分，肉好皆周郭，正赤色澤甚古。文曰「大泉五十」。以謂莽錢，以權其徑寸二分重十二銖之大泉五十者。此泉之一，直彼五十，彼泉之五十，直此泉一，故皆以「大泉五十」爲文。所謂子母相權。以余考之，殆周錢，非莽錢也。《漢書·食貨志》：「王莽居攝，變漢制，以周錢有子母相權，於是更造大錢，徑寸二分，重十二銖，文曰『大錢當依泉五十』。」「又造契刀」，文曰「契刀五百」；錯刀，文曰「一刀直五千」；與五銖錢凡四品，并行。《莽傳》同云：居攝二年五月，更造貨。《志》又曰：「莽即真，更作金、銀、龜、貝、錢、布之品，名曰『寶貨』。小錢徑六分，重一銖，文曰『小錢直一』。次七分，三銖，曰『幺錢一十』。次八分，五銖，曰『幼錢二十』。次九分，七銖，曰『中錢三十』。次一寸，九銖，曰『壯錢四十』。因前『大錢五十』，上六錢字并當作泉。是爲錢貨六品。直各如其文。」又曰：「天鳳元年，復申下金銀龜貝之貨，增減其賈直，而罷大小錢，改作貨布，長二寸五分，廣一寸，首長八分有奇，廣八分，其圜好徑二分半，足枝長八分，間廣二分，其文右曰『貨』，左曰『布』，重二十五銖，直貨泉二十五。貨泉徑一寸，重五銖，文右曰『貨』，左曰『泉』，枚直一，與貨布二品并行。又以大錢行久，罷之。恐民挾不止，乃令民且獨行大錢，與新貨泉并枚直一，并行，盡六年，毋得復挾大錢矣。」據此，則莽所作大泉，始以權五銖，繼以權其小幺等泉，繼以雜貨泉權貨布用而廢之，皆徑寸二分，重十二銖之一品，其以權大泉者錯刀、契刀耳。未嘗更有權大泉之大泉，其非莽物明矣。是後歷代錢貨，惟五銖有因鑄，絶無因鑄「大泉五十」者，且其色澤、文字，亦决非後世物也。其知爲周錢者，《國語·周語》：「景王二十一年，將鑄大錢，單穆公曰：『不可。古者天降災戾，于是乎量資幣，權輕重，以振救民。民患輕，則爲之作重幣以行，于是乎有母權子而行，民皆得焉。若不堪重，則多作輕而行之，亦不廢重，于是乎有子權母而行，小大利之。今王廢輕而作重，民失其資，能無匱乎？』王弗聽，卒鑄大錢。」韋注引賈侍中云：「大錢者，大於舊，其賈重也。」唐尚書云：「大錢重十二銖，文曰『大泉五十』。」後鄭司農説《周禮》云：「錢始蓋一品，周景王鑄大錢而有二品。二錢字，《周禮》外府注作泉。後數變易，不識本制。至漢惟五銖久行。王莽時，錢乃有十品。今存于民，多者有貨布大泉、貨泉大泉，徑寸二分，重十二銖，文曰『大泉五十』。《周禮》注作文曰：大泉直十五。貨泉疏云：注誤，當從五十而正。則唐君所謂大泉者，乃莽時泉，非景王所鑄明矣。」又景王至赧王十三世而周亡，後有戰國秦漢幣物改轉不相因，先師所不能紀。或曰：大錢文曰「寶貨」，皆非事實。又單穆公云：「古者有母平子子權母而行，然則二品之來，古爲然矣。」鄭君云：「錢始一品，至景王有二品。省之不孰耳。」《漢書·食貨志》，亦用《國語》文云：「景王卒鑄卒大錢，文曰『寶貨』，肉好，皆有周郭，以勸農澹不足，百姓蒙利焉。」《注》孟康曰：「重爲母，輕爲子，若市八十錢物，以母當五十，以子三十續之。」臣瓚曰：「但是不聽不鑄大錢耳，猶自從其不廢輕，此言母子周錢并用，故蒙其利也。」按：唐尚書説景王大錢文曰「大泉五十」，必先師傳授，非鑿空而言。周錢今存者，唯時見寶貨一品，意即是其輕錢，而此乃其重錢矣。唐又云「重十二銖」者，則偶誤以寶貨之輕重，爲大錢之輕重，致與莽錢混，故韋氏謂非事實耳。孟康謂「母當五十，子三十續之」爲八十錢，乃言周制，亦周有大泉五十之一徵，不獨唐説矣。洪氏《泉志》于周景王錢云：「顧烜《錢譜》、金光襲《錢寶録》、李孝美《錢譜》，以大泉與寶貨兩存之。董逌《錢譜》去大泉，余謂以錢，當以班、史爲正，董説得之。蓋顧、金、李諸人，皆緣唐氏重十二銖之誤，以莽錢爲周錢，董、洪又不知景王自有，大泉五十」也。

聽鶯軒花木記

山陰孫君海潮，應聘黄愛廬太守，安硯郡署之聽鶯軒。慨花藥草樹之不蕃，無以融怡心神，滌盪塵坋，汲汲焉，搜他山，乞名園，時移而法蒔，盡力所及致未止。殆學子之勤于課，急耕之農人，慈母之護嬰兒也。五年于兹，日敷月舒，影蹊環階，葱蒨參錯，觴詠偃仰，天機盎然。軒始乾隆間劉研莊太守，倚山面池，其《八景詩》「軒窻聽鶯」、「荷池疎雨」者也。道光戊戌，罷禮部歸，平越峰太守以郡乘招舘其間，已就寥落，然而桑柳槐棠蔆蓮之屬，猶一二存者。明年春，移榻來青，假守者圉人以居，泥芻馬通，不可嚮邇。比受代，舁夫豎子竭池而饕盤菹，絶根而薪喬柯，聽鶯風物，益掃地盡矣。孫君丁極敝日來，以朝夕培養，以反佳觀於未有艾。吾不知視始軒盛時何如，而大造於兹軒則僉乎孫君歸之。夫植物猶植民然。今舉天下極彫敝郡縣，其曩昔名宦循治遺經，皆未必就泯泯。守令者傳舍其官，漠焉若無已與，甚者乃益之疾而速其憊，方且囂囂然號盡心于衆，以大咎民氣之不易振。迨賢者爲之，無暫謝，無功期，肫肫翼來，使之自得，廢修而墜興，因俗以成化。于兹軒也，可以鑑矣。孫君既功兹軒，慮來孤厥意不復愛惜，屢乞予記榜軒楣，而屢未之有應。癸卯三月，黄太守晉觀察浙江杭嘉湖，孫君將偕往便歸省，計日成别，不容默然。唯是沿海郡縣，經嘆逆蹂躪，其民物衰耗，有待休養喣嫗，當百倍天下，孫君識之哉！願所以佐治，勿稍忘兹軒也。

娱萱臺記

張其詔于其舍之北圃，壘小石爲崇四尺之臺，廣四其崇而袤五之，短垣上周，闕前容階，階五等，植四時草木花竹，瓦盆甓甃，參差高下，掩暎成趣。鮮繹之山，清泠之泉，烟雲罨靄，畢趨臺端，争姸獻奇。日奉其孀母薛，遊息爲樂，命之曰娱萱之臺。夫娱親不一道也，有世榮者，有性命者，有朝夕者。掇巍科，登美仕，奉八座而列百珍，頤使目驅，應志而趨，閭里豔望，殆於天人，世榮之娱也。不一出言忘親，不一舉足行殆，先民爲徒，夷險一經，蓄道德而能文章，貽令名以施後世，性命之娱也。無形以爲視，無聲以爲聽，導和引怡，融融愉愉，隨其力之所能，當之者亦忘其所以然，朝夕之娱也。世榮之娱，有道有命，君子聽之。性命之娱，全生全歸，君子勉之。唯朝夕之娱，見乎性命之中，大行不能加，窮居不能損，聖賢無所餘，庸衆無所歉。故曾之養，萊之啼弄，香之扇，猛之蚊，□□之□□胥此物此志也。夫女也者，天下之鬱人也，孀也者，鬱人之無告也。不出門、不踰閾之人，益無告之境，雖有克家之子，承顔之婦，百思千慮，未易一當。而張生奉承庭闈間，課婦弄孫，評雲説山，身縶而意閒，事勞而神逸，若將忘其女也孀者。若夫張生之爲娱，于朝夕之間，其亦有窺也乎？昔者楊園少孤，其母教曰：「孔子孟子亦無父之子，唯以好學，大聖大賢。」楊園守之，卓爲儒宗。推斯臺之意，深求性命之娱，繼楊園而學孔孟，將非迷其途者，張生勖之哉！道光丙午閏月。

重修培英書院記 代

遵義三書院，培英、育才并先建，溯縣文教所以開必首及焉。自乾隆中以培英肄業生坿育才，而培英少衰。後又别建湘川書院縣學左，居諸生成人者。而培英、育才居童蒙而已。尋以湘川舍雖廣，肄業者不能悉容，道光初，别置童蒙義學。又增兩山長束修，三院聽生徒所止。師分課之，官合課之，于是兩院人士蔚然與湘川埒。然而培英傾以漏，育才隘以囂，師生講業常岌岌。二十五年春，某來權縣篆，有事于兩院送學，即竊思策之善。傾漏者更之已耳，隘以囂，殆非徙不爲功。徙較更難，故先節廉圖其易。屬董事于學博李君蹇臣、茂才晉君廷棨、韓君道藩，講堂剥落者塗塈之，廳事半圮者拓而易之，兩廡久廢者復之，舊材無用者撤以屋守役。十月經始，明年二月蕆功。唯堅無華，粗還舊觀，獨所謂射圃臺觀在舊記者，已湮民居，其址不可復省耳。來視畢事，諸君固乞記歲月鑴諸石。某于遵既閱歲，愧無他善可言，是戔戔者其又奚言？雖然，早盛先落者，盈虛之道也，敝極必反者，中興之理也。我遵人文其自此益昌矣乎？夫治身亦治舍也，破一瓦，折一榱，一舍之顛以之；一口羞，一足失，一身之敗由之。因循不察，將盛美不可長恃。而能自力于治，雖甚朽阤，積狂愚，未嘗不日新又新，漸底于有成無難。故學不可以已也，舍其寓焉耳。此某得諸是役自以勵者，願共多士勖之也。書院舊名湘江，或曰湘川，以後建者占湘川者名，改今名云。

魚梁江源流記

魚梁江源都匀府麻哈州西七十里壩忙砦山中，涌石穴出如三斗盎，謂之水頭，去都匀邦水河、劍河源處不遠，東北流十餘里，經壩忙場東，又東十餘里經蔣崗塘西，過擦耳巖下。又東北十里經樂平司西，得樂平橋。又東北三里爲大箐小箐，裂壁筍立，高可十尋，危累百丸，了不欹墮。墮七里許，馬家坉水自北來會。會又東北十餘里入平越州界，經姊妹巖下，兩巖并峙，高五六丈，參差若人。又東五里，經黃絲塘西，谷洞河自西南來會，又折南行東屈二十餘里，經酉陽驛南，乾溪茶園北。又東七入里經谷頂呰側，又東七八里經老虎巖下，爲黑塘。又東三里爲魚梁江，得萬善橋，驛傳之通道也。幽泉碎墮，琴韻清泠，昔人謂之響琴峽。又東北五里得吳家橋。又東北二十里得葛鏡橋。橋在平越州東南五里，舟渡多艱，明萬曆中，鄉人葛鏡再建再圮，鏡絶復甦，毁家誓死，鑿空壘石，崇乃益堅。又東北諸梁江龍潭河，復有卡龍河自州北牛場來會，會處皆未得確所。各挾州西北諸小水來會，謂之三江口。有石崇數丈，矗立中流，謂之將軍石。又東北十里，經鴨爪壩。又東十五里經三郎鋪北。又東二十里經羊場北。又二里經新橋營南。又東十里經楊老驛北之登田壩，麻哈江挾麻哈境諸小水自南來會，自大箐小箐至會麻哈江處，皆重崖疊峽，對岸如削。路之所經，自東視西，間若尋丈，蟻緣上下，俯入無地，仰即登天。又東北流折而東六十里，經清平縣北境之大風洞北。又東三十里經香爐山北重安驛西，入黃平州界曰重安江，有重安渡。碧潭澄净，竹絙橫江，扶絙進舟，無事篙槳，亦驛傳通渡也。又東六十里經巖門司南，又東會于都勻河爲清水江。道光丙午冬十一月既望，發酉陽驛行度魚梁江，轎夫王甲爲道其水源，多圖經家所未及者，因記。

待歸草堂後記

唐子方先生之布政湖北也，寄聲其家，爲搆宅一區於貴陽城，顔曰待歸草堂。是時，成廟方嚮用先生，江漢災民待澤孔亟，非先生當言歸之時，特以謂人臣奉職事，必其升沈去就，罔所濡回牽制，然後得行其志，以盡其所當爲，故取待歸之名，以益自激勵，且以愧乎實有可歸之道，而貪位苟容不忍遽舍者云爾。咸豐壬子春，友芝走都匀省墓，得道謁先生於兹堂。於是先生引疾已三年優游矣！其冬計偕將行，先生又此命歛，因觀王子壽所爲記，屬有所思。先生曰：「子疑我今者待歸名堂之不實乎？吾猶有説焉。夫懷憂千歲者，拙士之胸也；隨化修短者，通人之識也。古人亦謂死爲歸，吾今退閒無事，待此而已。子其爲我作後記。」友芝曰：「善哉！不能輕進退者，不能盡臣職；不能了死生者，不能輕進退。先生之言，不與向者名堂之意，益相發明矣乎？然而友芝之愚，則猶以謂，先生非宜久歸之人，今日亦非先生聽久歸之時，則夫待歸之説，不如仍持前説之爲得也。」先生又曰：「人當三四十壯盛時，志力强猛，視天下事無足以難我者，褎舉所嘗學問，期次第盡諸設施，惟其勝任故愉快也。逮五十而氣少衰矣，矧余今年更六十邪？念自筮仕來，膺成皇帝特達之知，驟躋价藩，何敢自惜犬馬之勞，貪餘年以自逸？誠幸清時多才，群策競力，昔者在楚在甘，猶不失官方，不至貽先陽曲、陽山之羞於地下。今之歸而待歸，庶可以全吾歸，而復何求邪？」友芝曰：「不然。如先生之説，知止知足，特可以無事時言也。自庚戌、辛亥，粤賊據永安，偪桂林，擾衡、永、長沙，勢將漏湖湘而出，勞師糜餉，已閲三年。而先生杖履遊覽，矍鑠猶少壯，抵掌時事，須髯戟張。設一旦天子簡在告人，命先生運籌當一面，先生猶得以達觀待死不復出爲辭乎？抑將聞詔攬轡，不敢宿留而行乎？」友芝故曰：「名堂之意，不如仍持前説之爲得也。」先生笑而頷焉。遂書而揭諸壁。十一月既望。

重建魁星閣記

獨山州北三十五里，與城户編甲爲第一曰兔場上下街。南舊有魁星閣，北向，當兩街門户，形家謂有助於興文富民也。其建自康熙某年，東倚民舍，入州道出其西。形家又謂：若遷閣西倚而道東出，尤於形勢宜。嘉慶末，先貞定公家居，率鄉人老少以孝友仁讓，罔不循循遵唯謹，即欲因衆意遷閣易道，藉益興化美俗，尋教授遵義不果。今又三十餘年，棟宇漸不支，余從子繼芳、猶子大猷、遠猷輩亟謀移而新之，以竟貞定公夙志。取資閣中舊醵存，及生息銀若干兩，不足乃更募增。咸豐三年三月，方庀材鳩工，而余以謁伯莖兄新墓自遵義歸，繼芳因以記請。夫形勢之説吾不知，魁星之祀亦不詳所由起，唯計自解事來，今昔聞見鄉里人家，其講孝友懋仁讓者，其子若孫率能讀書取科名，次之亦不失田廬足衣食。其不孝不弟倚勢力横行者，其子若孫率游手犯刑罰，或斬弗嗣焉。夫形勢之美星精之神之能福人豈有厚薄，而數十年轉轂興替之不齊，而綜核之，則又未嘗非其所自取也。斯工之蕆，繼芳輩其勤以此意導鄉里，使之敦本厚俗，悉循循如貞定公在家時，於以因篤栽培，大啟未振之秀於靡既，庶幾乎真能竟貞定公志也夫。

八月十三日。

豐樂橋記 代

遵義府治南五里，跨桃溪尾，建橋曰豐樂。崇四丈有八尺，廣半之，袤五其崇，兩翼石闌如其袤，釃水五道，開南北廣路百有若干丈，用功十一萬四千人，筍鐵四萬三千斤，架木千五百段，石灰萬二千石，桐油二萬五千斤，費白金九千六百四十兩。上游不十丈，舊有下蹋水橋，即元建之巨濟，卑才半尋，仰承斗溜，薄漲噴面，即有線湍，游漾中橋，儵忽起伏，不可輒度，歲常溺人，暑潦之際，行旅愁恐，郡人更崇，懷匪朝夕。長白某某來守郡越歲，亟與郡縣僚佐倡慫斯舉，施者響臻，屬職事於縣人李教諭蹇臣，義民張朝輔等。咸豐元年辛亥正月十日丁酉伐石，十一月廿二日癸酉竣功。舍舊登降，梁空而行，平遠兩山坳。雖有盛漲，永永無患。朝輔精算營造，逾於巧工，在胸之橋，先事已具，採石既近，必手度量，務收兼材，以植橋壽，蚤作晚食，不輟指撝，與橋終始。職事諸君操縱有方，一心一力，是以費半功倍，成速且堅。厥初相基，慮南兩道趾當駛溜，沙深糜功，斛錨過尺，地設二石棱，乃適稱趾。逮合尖頃，某某率僚吏郡士耆老來落橋成，歌飲既酣，時雪應瑞，觀者隘谷，歡聲若潮，天心隨人，了於告語。自今以始，險阻既除，疵癘不生，年豐民樂，左券斯在。某某幸與其美，用述本末，勒諸岸端，以諗來者。

遵義府知府題名碑記代

官署有題名，所以詒後來考得失也。遵義自明萬曆中平播置府，入本朝又二百餘年，隸蜀隸黔，并稱大郡，繁劇不易治。然而膺守土之責者，雖極地廣事繁，其遺愛在民口，嘖嘖不衰者，未嘗不絡繹相望。而在地狹事簡，乃寂寂徒具姓名，甚或遺議焉者，反時時有之。嗚呼！豈不視乎爲之者哉？長白佛爾國春知遵義三年，於曩昔守土諸公，稽之志乘，核之輿論，其由前説者，必心嚮往焉不敢忘；其由後説者，未嘗不引以爲懼。道光庚戌冬，既舉郡署新其十之八，見堂左舊碑隆然，特前明孫公學易所爲《遵義兵巡道題名》。自我朝康熙七年裁道，二十年後以道署爲府署，繕葺非一，而題名之石至今闕如。適郡南建豐樂橋，得善碑材，因市其一，具書置府以來知府籍貫出身任年，選工刻之。古語云：「不習爲吏，視已成事。」又云：「前事不忘，後事之師，凡在茲録，皆我多師，後之君子，幸勿徒視爲太守簿也。」咸豐元年十一月。

記王少伯龍標詩

唐王少伯自江寧丞貶龍標尉，史稱其詩，緒密而思清，時謂「王江寧」，而自唐以後稱之者皆曰「王龍標」。貴州黎平倚北半府爲唐龍標縣南境，方志録其二詩以志流寓。一則《龍標野宴》云：「沅溪夏晚足凉風，春酒相携就竹叢。莫道絃歌愁遠謫，青山明月不曾空。」一則《送崔參軍往龍溪》云：「龍溪只在龍標上，秋月孤山兩相向。譴謫離心是丈夫，洪恩共待春江漲。」蓋緣其謫後諸詩不似太白西上篇題「流夜郎」字，唯此二絶及龍標，故録之耳。今就所傳詩遍求之，其自謫後道中及在貶所作者猶不少。《留别伊闕張少府郭大都尉》云：「遷客就一醉，主人空金罍。江湖青山底，欲去仍徘徊。」《九江口作》云：「水與五溪合，心期萬里遊。明時無棄才，謫去隨孤舟。」《江上聞笛》云：「遷人悲越吟。」《至南陵别皇甫岳》云：「昨夜宣城别故人，長江還共五溪濱。」《西江寄越弟》云：「南浦逢君嶺外還，沅溪更遠洞庭山。」《岳陽别李十一越賓》云：「譴黜同所安，風土共所適。」《送薛大赴《安陸》云：「津頭雲南暗湘山，遷客離憂楚地顔。」《留别武陵丞》云：「皇恩暫遷謫，待罪逢知己。從此武陵溪，孤舟三千里。」又《武陵田太守席送司馬盧谿》云：「山水清輝遠，俱憐一逐臣。」《留别司馬太守》云：「辰陽太守念王孫，遠謫沅溪何可論。」《盧溪别人》云：「武陵溪口駐扁舟，溪水隨君向北流。」《箜篌引》云：「盧溪郡南夜泊舟，有一遷客登高樓。不言不寐彈箜篌。」《別皇甫五》云：「溆浦潭陽隔楚山。」又云：「天澤俱從此路還。」上諸篇，蓋自江寧泝江入沅作也。其《聽沅人水調子》云：「孤舟微月對楓林，分付鳴箏與客心。嶺色千重萬重雨，斷絃收與淚痕深。」《送程六》云：「冬夜傷離在五溪，青魚雪落鱠橙齏。武岡前路看斜月，片片舟中雲向西。」《送柴侍御》云：「沅水通波接武岡，送君不覺有離傷。青山一道同雲雨，明月何曾是兩鄉。」《送吴十九往沅陵》云：「沅江流水到辰陽，谿口逢君驛路長。遠謫唯知望雷雨，明年春水共還鄉。」《寄穆侍御出幽州》云：「一從恩譴度瀟湘，塞北江南萬里長。莫道薊門書信少，雁飛猶得過衡陽。」《李四倉曹宅夜飲》云：「霜天留飲故情歡，銀燭金爐夜不寒。欲問吴江別來意，青山明月夢中看。」《送任五之桂林》云：「楚客辭孤舟，越水將引棹。山爲兩鄉別，月帶千里貌。羈譴同繒綸，僻幽聞虎豹。桂林寒色在，苦節知能效。」《行路難》云：「雙絲作綆繫銀瓶，百尺寒泉轆轤上。懸絲一絶不可望，似妾傾心在君掌。人生意氣好遷捐，只重狂花不重賢。宴罷調箏奏離鶴，迴嬌轉盼泣君前。君不見，眼前事，豈保須臾心勿易。西山日下雨足稀，側有浮雲無所寄。但願莫忘前者言，剉骨黄塵亦無媿。行路難，勸君酒，莫辭煩，美酒千鐘猶可盡，心中片愧一作恨何可論。一聞漢主思故劍，使妾長嗟萬里魂。」凡八篇，以語意求之，則皆在龍標作也。其《九江口末章》云：「摯鳥立寒木，丈夫佩吴鈎。何當報君恩，却繫單于頭。」經武陵復有《答田太守》絶句云：「仗劍行千里，微軀感一言。曾爲大梁客，不負信陵恩。」皆意興豪邁，了不以遠謫干懷。逮夷居久之，鴻恩不來，春江自漲，于是感懸綆之一絶，傷萬里之羈魂，遂不免有遷謫意矣。蓋少伯性任俠，喜談兵，故邊塞諸作，尤爲一時之冠。其《箜篌引》又云：「僕本東山爲國憂。明光殿前論九疇，麄讀兵書盡冥搜。爲君掌上施權謀，洞曉山川無與儔。紫宸詔發遠懷柔，摇筆飛霜如奪鈎。鬼神不得知其由，憐愛蒼生比蚍蜉。朔河屯兵須漸抽，盡遣降來拜御溝。便令海内休戈矛，何用班超定遠侯。」合《九江口作》觀之，其志趣大概可見。其失題詩云：「姦雄乃得志，遂使群心揺。赤風蕩中原，烈火無遺巢。一人計不用，萬里空蕭條。」殆其世亂還里所作。所謂「計不用」者，豈禄山未反以前，亦曾策除之耶？是不可知矣。《送程六》及《柴侍御》兩詩，皆及「武岡」，知「武岡」正接龍標東境，而自潭陽往長沙，武岡亦其一道。其《留别張少府郭大都尉》又云：「幸隨板輿遠，負譴何憂哉。唯有仗忠信，音書報雲雷。」則其之龍標，蓋奉母泝流而行，至還鄉被害，其母猶在，故張鎬誅閭邱曉，猶有「王昌齡母當誰養」之語也。《舊唐書》謂少伯京兆人，登開元十五年進士第，補祕書郎，二十二年中宏詞科，調汜水尉，遷江寧丞，晚節不護細行，貶龍標尉。《新書》則以爲江寧人，又删其江寧丞一官。據本集《贈馮二元六詩》云：「家本藍田下，幽居與君近。」《茶集天宫寺詩》云：「舊居太行北，則作京兆人。」爲是，《新書》殊舛謬。

記王少伯墓

黎平府西北六十里之龍里司，與開泰縣之龍里所相錯，有龍標山，山有唐龍標尉王昌齡墓，其地亦名龍標寨。《舊志》謂即廢龍標縣也。唐承隋置縣，本以龍標山爲名，初縣廣闊，後又析置朗溪、潭陽諸縣，而奬州龍溪郡，《通典》謂之業州龍標郡，并領峩山、渭溪，正與領龍標之叙州東西境接，疑皆隋龍標地而唐析之。《元和郡縣志》言叙州潭陽郡，至道云：「西泝流至奬州八百里。」「南踰嶺至融州水陸千五百里。」又謂諸縣皆在舞水東岸。今地理家率以湖南黔陽縣爲唐龍標，今自黔陽泝清水江而南取東道至黎平才四百餘里，龍標境接融州，融又在黎平南。龍里之山，其爲田名縣者與否不可知，要自黔陽南至黎平皆得有龍標故地也。至唐龍標舊治，據少伯《送崔參軍往龍溪詩》云：「龍溪只在龍標上。」唐奬州龍溪郡，當今鎮遠思州兩府間，而在其上，則當在黔陽境内，不得在黎平。殆與少伯之墓同一附會。史稱少伯謫龍標尉，後以世亂還鄉里，爲閭邱曉所寃殺，張鎬以會師後至誅曉，即爲少伯。則少伯實不死於貶所，安得有墓在黎平乎？

龍友楊公有後記

始讀余澹心《雜記》云：「楊中丞文驄父子三人同日殉難。」又云：「龍友父子殉難閩嶠，無遺種也，唯老女匄歸金陵，依家僕以終天年。」每歎錚錚義烈如楊公，竟斬焉弗嗣，揜卷不怡者久之。意仙霞忠魂，欲求梅花嶺之衣冠一抔，益不可得矣！道光末，桐城孫心筠觀察起瑞來巡貴州糧儲，得讀其《家譜》，乃知龍友骨歸孫氏，與觀察高祖之父武公副使合葬，又附見楊氏後裔。於是鄉積不能釋者，一旦涣然于懷，不覺狂喜累日。《譜》云：「仙霞之役，楊公及四子一家三十六人駢死，唯長子忠貞將軍都督同知鼎卿遺一子，寄育其中軍江南李茂芬家，存亡猶不可知。而乾隆十七年楊卓所具楊公世系，謂楊公尚有少子鼎勳，生未周歲，楊公令其生母郗從以婢子蓮花，負歸里，犯兵燹，伏荆棘，間關五歲，乃達貴陽。勳頗讀書，自以萬死得生，不復求仕。二子：元愷字仁溢，號誠軒，康熙己酉舉人，雍正四年，選直隸雞澤知縣。元惇字仁沛，邑諸生。又記愷、惇子孫十九人。然則楊公信有後無疑，澹心傳聞之詞，不足據也。唯孫《譜》云四子同死；澹心云父子三人，則僅二子。無他紀載，疑莫能質。楊公又曾乞杜于皇爲其季子作傳，則當有季子先歿，并同死四子及鼎勳而六矣。邢孟貞《石臼集》、《屢連見楊愛生貞生》，又有《送楊愛生由白下往黔中應試》，及《題楊貞生攬霞閣詩》、《杜于皇燕磯感舊詩序》，數辛巳餞送諸人，中亦有貴竹楊愛生，愛生當即鼎卿之字，貞生必愛生弟。與父兄同死者，惜失其名。自二人外，他更無可見。然則澹心父子三人同殉之説，或近是也。澹心謂猶存老女，又謂有妾馬嬌，不知所終，豈并在三十六人之外邪？其歸骨合葬始末，已摭入别傳。

盧橘説

望山堂有果焉，枝葉花實皆橘類，唯實小，花作茉莉香，花實不間四時，沿呼公孫橘。細考之，蓋即古之盧橘，一名給客橙，一名金橙。知是給客橙者，《華陽國志·巴志》「其果實之珍者」，園有「給客橙」。又劉淵林注《蜀都賦》云：「蜀有給客橙，冬夏花實相繼。」又《太平御覽》引《廣志》云：「給客橙自夏至冬，且花且實。」據所述事狀，正此果也。知爲本盧橘者，《上林賦》「盧橘夏熟。」《漢書·相如傳》注引應劭曰：「伊尹書曰，箕山之東，青鳥之所，有盧橘夏熟。」《御覽》引郭璞《上林賦》注云：「蜀中有給客橙。」即此也，冬夏華實相繼。又引魏王《花木志》，亦云「蜀王有給客橙，似橘而非，若柚而香，冬夏華實相繼，或如彈丸，或如拳，通歲食之，亦名盧橘也。」云如拳不合，《齊民要術》引郭璞語與此《志》同，「如拳」作「如手指」，蓋確據目見。魏王本之，意改爲「如拳」，後人不究所本，見《志》文不合，又改「拳」爲「櫻桃」，《本草綱目》引云：「或如櫻桃。」蓋沿之。是漢晉間人，并以給客爲盧橘。故李尤《七歎》云：「梁土青黎，盧橘是生。白華緑葉，扶疎冬榮。與時代序，孰不墮零。黄景炫炫，眩林曜封。金衣素裏，斑白内充。滋味偉異，淫樂無窮。」稱其殊異常橘，所云「冬榮」，指冬花，非榮枯之謂。通觀前載，盧橘實巴蜀珍産。漢之上林致方異異物，如蒲萄、石榴見史傳者甚多，盧橘更非難致，太冲譏相如爲虚誇，過矣！據盧橘名始伊尹書，《吕氏春秋本味篇》載伊尹語：「果之美者，箕山之東，青鳥之所，有甘櫨焉。」盧櫨古今字，《説文》「櫨」字下引伊尹語，作「有盧橘焉，夏熟也。」與應氏引正同。知本書正作櫨橘，稱甘櫨異文，然則盧橘名自三代矣。諸書言夏熟者，橘之常夏花冬熟，早熟有及秋者，遲橘有及初春，善藏有及莫春者，至夏則絶無矣。故舉夏以顯之。其又名金橙者，《御覽》引《博物志》云：「成都、廣都、（本誤作成，今校改。）郫、繁、江原、臨邛，六縣生金橙，似橘而非，若柚而芬香，夏秋冬或華或實，大者如櫻桃，小者如彈丸，或有年，春秋冬夏花實竟歲。」都與「給客」形性無異，故知又名「金橙」也。後人或以枇杷當盧橘，或以廣南江西之夏花冬實名金橙者當給客橙，皆誤也。至安仁賦再熟之異，羅浮有夏熟之種，特時地異氣，難冒斯名。廣州壺橘，秋赤實而經春轉青。建安庭橘，冬覆裏而來夏尤美。《齊民術》遠引記録，并有盧橘之稱，《索隱》書兩摭其文，以釀相如傳注，然循名責實，究與古説不契。今詳推之，不嫌辭繁云。道光丁未仲冬

家規

甲辰家規

嗚呼，吾家之不治，未有甚於今日者也。人各異心，事惟多口，好逸者抽身以自便，習勞者縮手而傚尤，僮僕無所措其手足，雞犬已默象其囂争。吁可懼也！其病惟在於無法無統，非無法也，非無統也，不法於法，不統於統，自與無等。夫堂上猶存，居高而理，其勢常順；永感之後，各不相下，其勢常逆。每見親肉未寒，遂析爨以便私者，竊怪其薄，然析之而能自存，即析之可以免鬩，因時爲宜，得失尚略相抵。今吾家盡計所入，僅支半年，加以人事頻迫，悉待每歲不可必之謀，則析之一字，斷無可説，計惟極勤於無可勤，極儉於無可儉，同心協力，各盡所能，庶冀稍免飢寒耳。故自壬寅春夏，我即於飲食日用，粗定章程，乃今日定之，明日已譁然而亂之。一國三公，何去何從？於是傭奴賃婢，犯令者有功，且盛氣以淩上；守法者得罪，惟涕泣以求去。師牛宏之含容，則大快今日，將來依於胡底；師繆彤之自責，又茫不知省，即事且以增嫌。五夜不寐，自訟過端，哀從中來，淚續衾枕，耿耿在疚，首尾三年。近來細察諸人，似皆有思善之意，則又不容默然。夫家無論富貴貧賤，無主必亂，夫人而知之，故此時即有萬金之産，千倉之積，我既多長幾歲，多懂幾件事，自當聽我調度，大家學箇作家作人樣子，也不枉一張人皮，兩頓米飯，何況稻粱之謀，朝不及夕，而只是飯硬飯軟、鹽鹹鹽淡，鬧箇不了。是皆由未嘗閲歷，全不自知身在何等，世有何事。昔貞定公家居時，諸兄自耕以食，一切艱難困苦，我所目擊。與夫從前尤困之境，得諸教訓者，皆能記憶。故隨事看去，都覺切身。庭弟從來遵義，小時已不能悉，幸其天性淳厚，時能近思，無聊之極，賴相慰藉，而其看事已有不到十分親切處。瑶、生兩弟，以襁褓來；祥弟至遵始生，學署雖比他官清苦，然而俸薪束脩，較之農家者流，自然兩樣。昔貞定公不肯作州縣，即謂恐習壞子弟，而諸弟猶不免此，甚矣，習之不可不慎也！今且將日用瑣碎，略爲規條，并説其所以應如此之故，使大家平心竭力，各有遵循。須知僅能如此，較之祖父當日已是十分安逸了。周公曰：「相小人，厥父母勤勞稼穡，厥子乃不知稼穡之艱難，乃逸乃諺既誕，否則侮厥父母曰，昔之人無聞知。」成王爲天子，而周公詔之以此，矧在貧士。昔者，貞定公常舉此語諸弟，亦聞識之否？安可不深長思也。道光甲辰冬仲月既望，友芝書。

一曰務職業。職業無一定，各盡力於見在所居之位便是。總持家事，必教書以助用，我之職也。庭弟有館則就，無則勤課諸弟，偷閒讀書，是其職也。瑶弟浪習弓馬，不上不下，又終日閒蕩，將來作何結果？不如學學小貿易，尚是生涯，否則家中用度，我總其成，而零星買辦，皆爾任之，亦習勞之一端，猶爲不失職也。生弟無端要教書，大是異事，始聽其自説在蔡六丈處，可以就便請益不至曠功。我亦以爲兩得，既而察之，但有餘閒，無非三朋四友，醵飲群諧，於自己切要事，仍是今日更待來日，今年更待來年，館中所得，既不能却，更不關白，盡付諸不可知之用，乃知其教書之意，只圖背却兄長，恣情逞欲而已。今不必與爾深言，爾既心豔名場，即當埋頭雞窗，揣摩利器，是爾職也。胡亦不知自厲若此！祥弟之職，惟勤隨諸兄讀書，勿驕勿惰。凡我兄弟，各稱所能，不以異物遷其心，便是素位而行，不願乎其外。

婦人之職，中饋、絲布盡之矣。見在築里四人，吾擬修饋有二法：一法，四人各主門内事一月，周而復始；一法，一人總其成，三人者分執炊爨五日，或十日一更。前法頗多零星授受之煩，且數易主，則難畫一，誠不如後法良。特四人者分均，一旦相統，恐或未甘，然未有無統而能理之家也。故使慈幃尚在，共有所屬，亦不宜更以家事縈老人心，即當行此一總三分之法。況在今日，諸弟能皆知此，必相安矣。吾婦薄德，元不足長諸娣，然以其先來，逮事兩老人，奉教者十年，故令爲油鹽薪米之總。三弟婦輪執爨事，若祭祀賓客則吾婦尸之，未執爨者，皆來相助。總者似稍逸，然歲無一日之閑，分者似稍勞，然歲有八月之逸，且試思一人作家，不將并自爲之乎？如此庶兩均耳。絲布之業，四人者皆尚待於學，至於裁衷製履，以衣其夫，并爲祥弟各製一雙韈或履，必非所不能也。或曰：治内事得諸内人通力合作，尤爲大佳。然不聞俗語云：一箇和尚挑水吃，兩箇和尚擡水吃，三箇和尚没水吃乎？避勞就逸，將不至吃生米不止，事無專責，愈衆愈不成，正不如前二説之勞逸分明也。

以上所説，内外人職事，皆比先人安逸得多。昔貞定公兄弟師徒伯父讀書於翁奇砦，樵薪汲爨，以奉先生，其在家則兼耕牧諸事，稱是；先大母張太孺人，躬紡織紝浣舂爨釀圃，且要几案無點塵。先妣唐太孺人、李太孺人，莫不承教唯謹。降而諸嫂，不墜其風。今不耕而食，不汲而飲，不織而衣，犁耙井臼，不知爲何物，蓺穫舂簸，不知爲何事，機車筳篗，不識爲何用，止是安享現成。若尚以爲勞，則雖飯熱而人餵諸口，猶苦吞嚼之難，衣成而人披諸身，猶厭結束之煩也。生世爲人，而見同頑石，豈不哀哉！

二曰戒晏起。明炮畢起，二炮畢寢，若五六月長日，雖不及二炮寢可也。惟孺子晏起聽之。試觀常晏起人，偶以事一早起，雖冬日亦詫其長，故常能早起者，一日幾當晏起人二日，安有不辦之事？且僕隸作奸，率因主人晏起，恣其所爲；常能早起，則奸盜不嚴自息。吾家自大母張太孺人，降而貞定公、李太孺人，非疾病未嘗輒晏起也。早起又必稍早息，不爾則精神不繼，雖勵精圖之，亦難持久。故出作入必息，方順人情，亦省膏火，有彊力更能夜作者聽。至於無事夜遊，二鼓三鼓，談諧忘歸，家人必久坐以待，恐妨次日之工，不能待而留門以候，或付之下人，則百弊叢生，必有不可言者。故自初昏閉門户，非甚急要，不得擅開。

三曰親勞辱。掃地添爐，捧盤拭桌，一切皆宜子弟身親，不得推諉。夫子教弟子「行有餘力，則以學文」，家庭諸瑣屑，即在孝弟謹信中，皆所謂行也。《曲禮》、《少儀》、《内則》、《弟子職》諸書，最爲詳悉，故朱子以洒掃應對進退爲小學，作聖之基，實在於此。今日禮教不明，習於侈惰，一切以爲僕隸之事，尚有一二能講者，必相與陋之。此風甚惡，不可效也。陸桴亭過姚文初，見其次公執役，稱其高風，善夫！即以現今諸友中論，侯貫三家阿大，終日奔忙於家事細碎中，必至上燈始能讀書，盡三更率爲常，此即城中第一等子弟，然猶謂其更無可貸，末如之何。至黎伯庸、鄭子尹家，皆其諸弟執役。伯庸家兩世作官，豈無僕隸，而勞勞爲此，亦曰禮在則然耳。至於吾家，則亦無可貸時也。昔貞定公家居時，客至皆子孫執役。夏輔堂外舅家亦然。諸弟雖未見，亦記在學署時，客至斟茶引火，但呼諸子耶？生弟既聞此言，作而曰：「貞定公在學署時，閒來手除階草，莫是以身教否？」曰：「然。爾知此，可教也。」貞定公除草，即是士行運甓之意，況少年子弟，可謝勞辱以長驕乎？

女子在父母家，不能治絲麻紡織，而專事刻繡以爲巧，不令學爨饎飪釀，以爲女終是客，當逸之，皆惡習也。故小妹不可不使知之。詩曰：「爲絺爲綌，服之無斁。」即周之所以王；「婦無公事，休其蠶織。」即周之所以衰；又曰：「無非無儀，維酒食是議，無父母貽罹」，三詩者，婦道備矣。古天子諸侯尚如此，況齊民乎？婦人職主中饋，而各衣其夫，未有在室不習而遂能者，錦繡纂組，徒害女紅，反其所當務，則將來教訓之不率，家政之放失，即莫不由之。貞定公云：「服之無斁。服字，鄭君説最長。女子不甚明理，惟令習勞以柔服之，則傲惰邪僻之心不戚自消。歸寧父母，即無貽罹之謂，謂在父母家習勞既慣，歸其夫家，可以安父母也。」吾家世傳織作，先妣唐太孺人，既老而失明，猶紡績不綴。李太孺人，且以雇繡資市棉花紡織，衣諸子。諸嫂皆精斯業，已適人諸姊妹亦然，且并習饋事，是不可墜也。

四曰惜物力。今日衣粗食淡，在他人看去，安有不惜物力之事，而其實在衣食外者，其浪費乃倍之。如一爐火，一盞燈，三五人共之，不覺其費；一人一爐一燈，則費不貲矣。他可類推。又凡食用物，有檢點不到，致成棄物者，皆失愛惜之道，故一切傢伙，必有定所，毋使之危，定則易尋，安則能壽，用畢復歸其所，自無浪擲，即省多購。昔貞定公未來遵義時，家中衣食粗具，非如今日之半年無食也。而其時讀書者，止我一人，欲買一《禮記集註》及《四書集註》，曰：「此二斗米直也，大不易辦。」已而搜敝書篋，得伯兄所曾讀《集註》，又於紫泉書院字簏中，拾得他人所棄《集說》，遂不復買。每年用筆不過三四枝，墨不過一二塊，紙不過百許張，當時自覺得之甚難，故筆甚秃而未棄，紙無縫而猶書。逮至遵義，貞定公以我粗似解事，書籍紙墨，皆常使之有餘，以拓其意，二十年來此費過當時何啻十倍，今日實難繼矣。而諸弟自始讀書來，即習見其如此，每視爲不甚愛惜之物，書未讀而已汙，筆方利而旋擲，甚且牆陰屋角，枕藉縱橫。試觀我所讀過之書，丹黄數過，而插架如新，筆墨無不盡之才，故此費雖自我增之，亦云無負。庭弟獨能法我，無論何時，皆諸弟所宜師也，況在今日不繼之時乎？嗚呼！貧士思讀一未見書，有一二十年夢想始一見者，有千萬里外購求而始一獲者。有矣而不能讀，讀矣而不能作好人作好文，與有好紙筆而不能作好字，其爲浪費尤甚，尤不可不勖也。

五曰戒專制。子弟即事事大賢，有父兄在，未有不當禀白而行者，未有禀白而行，不愈彰其賢而反失其賢者，唯父兄他出而事在必不得已，先行而後白亦可。蓋少年性氣未定，任意妄爲，既失子弟之分，亦長邪僻之端。譬如留一客，應一招，用一錢物，遣一僕走，此并小事，然用錢物不白，即難免無益之費，且主者未悉，僕婢之冒竊皆起諸此。年來頗有不食自盡之鹽，不燒自完之炭，非其由耶？遣人不白，若彼方有更急於所遣之事，既不敢不應，而急者反廢，何以責之？留客應招，稍不檢點，比匪之傷，即乘之以入。他可類推。惟有益於身心德業之事，則不妨聞斯行之，以諸弟自庭芝外，皆世紛兼人，而求道反退故也。

六曰別内外。男女之别，古人嚴之又嚴。故雖同一家，而嫂叔至不通問，不相爲服，爲其褻推而遠之也。且女子許嫁纓，非有大故，不入其門。教子七年男女不同席，不共食，姑姊妹女子已嫁而反，兄弟弗與同席而坐，同器而食，同生者尚如此，況其他乎？後世於嫂叔漫不閑别，惟兄公弟婦猶小有界限。蓋自唐初議以嫂曾字叔者服報小功，而今且爲兄弟之妻、妻爲夫之兄弟皆小功，蓋禮之變，非一日矣。欲更講古之授受不親，即太驚俗，且貧家亦窒礙難行，若有必相授受，當竊取喪祭授器以篚之意，莫於几案，或器物中，或置於地，呼自取之，猶不至大倍於禮。惟男僕及外親男子，不得擅入中門，則雖無深宫固門閽寺之守，自内外截然矣。若僕走買持菜物，須納之廚中者，止令將置中堂，呼内作人自取去。

七曰嚴薦祀。木欲静而風不休，子欲養而親不在。中路皇皇，祭而豐，何如養之薄也。況貧家不能備物，惟此雞酒之薦，四時俗節，生日忌辰，其與先人之精神相通者亦僅矣。若非内外恪恭將事，使誠敬有餘於物，薦雖不薄，祖考其來格乎？是惟平時日邁月征，夙興夜寐，常常相勵以忝所生爲憂，庶幾當事之敬，不作自至矣。

八曰敦睦讓。不睦多生於不讓，未有能讓而不睦者。故一事也，已就其逸，誰當獨勞；一物也，已擇其美，誰當受惡，斯計較生矣。讓者禮之實，一部《禮記》，止講得箇「讓」字。

九曰寬奴僕。奴僕須使之職事有常，課其勤惰足矣。陶靖節遺力給子儼等曰：「此亦人子也，可善遇之。」先妣李太孺人嚴於子女而寬於婢僕，遺忘過失，聞子婦鞭喝，每曰：「爾試省亦遂免此否，彼能免此，也不婢僕矣。」仁義之言，藹然可思也。蓋彼徒以無依而食力於我，彼所極力奔走，無非代我所應勞，念此則苛責之心消矣。而尤戒夫使不以道者之，茫無端緒之愈勞勞，而愈少成事也。

十曰謹交遊。人之立身，有父兄所不及糾者，則賴師友。然師之分尊，亦尚有未及盡言處，惟友之切磋，可以無微不到。故必資於直諒多聞也，若惡直好諛，賢者安肯與友？則便僻善柔便佞之居遊，即有日流於小人之歸而不自知者，烏可不慎！至於酒肉朋友，恣意飲博，小有不厭，豆觴戈矛，尚其顯焉者也。

十一曰嚴取予。傷廉傷惠，不必在大，一錢一飯皆有之。寧人忘我，無我忘人。貧士之取，尤不可以不慎。

十二曰慎飲食。飲食不以道得，即非慎，浪醵私造，皆不慎之類也。又吾家自祖父來，皆不飲，故最不喜子弟飲酒。仲兄好飲，年未三十而死，雖曰壽命，亦酒促之。今生弟尋常未見其能飲，而交遊中，皆盛稱大量，遠而青田、五英，皆播飲名。去年東門之近，且至舁以入室。噫！酒於天下，無之不關民命，吾欲去之久矣，奈何不念先人若此乎？

十三曰勉虛受。芻蕘有得，先民詢之，集思廣益之道也。我雖不德，既較諸弟多入世幾年，多讀過幾本書，多走過幾里路，或者一言半語，不盡漫然。若聽者任其矜惰之氣，聞法語不惟不改，即已不從，聞巽語不維不繹，即已不説，以此讀書涉世，必終身作門外漢，孟浪行去，不至於犯上作亂不止也。凡人能不受人憐，方能立品，此傲骨也。然用傲於死生義利之交則善，用傲於父兄長者之前，則凶德矣。故丹朱只一傲，象亦只一傲，同爲千古罪人，可爲炯戒。用傲於父兄長者，即所傲大是，亦已非矣，而況其不是乎。

十四曰勤改過。人孰能無過，過能自見自訟，期於必改。過既寡，猶無過也；過而不改，或且餙以遂之，是鐵鑄一錯矣。《書》曰：「改過不吝。」《語》曰：「過則勿憚改。」吝之與憚，便是遂過之根，不可不隨時點檢，痛自拔鉏，相期共立於無過之地也。

嗚呼！先貞定公以名德照映遠邇，十九年校官，徒以貧故，使吾兄弟浮游永客，皆不能歸，然貧吾家故物，豈其横來千人？且疾風乃知勁草，歲寒乃見松栢。人不從艱困中將此窮骨頭十分磨鍊，雖有美材，終是不成大器，則貧又豈害人之具乎？我兄弟幸而值此，各當上念祖宗，中念自己，下念兒孫，整頓家聲，大家撑出箇錚錚烈烈底漢子，方不負父母養我一片苦心，上蒼磨我一番厚意。安忘危者危立至，矧其未安；存忘亡者亡可待，矧其難存。吾家若只如前日所爲，不復改弦易轍，不到十年，必至一敗塗地，我輩何輕何重，成敗何關，獨安可使他人道及貞定公乃有辱先之子孫也。興言及此，而猶不痛自刻責，回心向道，天地安有是人乎？父母安有是子乎？況我所説諸條，只是庸庸易易，并無一毫高遠難行，勤力其中，尚何疑阻？惟是十分説話，只到三分，其待於自己隨事推想引伸者，不知凡幾。慎勿囫圇聽過，説東看東，指西走西也。自今以往，諸弟守而行之，若時有可爲，不妨自試。事不得意，更莫尤人。在我嚴吾操舍，在外聽之天命，名教中樂地，必非他物所能易也。惟是競逸辭勞，薄人私己，婦人尤甚，雖章程了了，而理難驟明，必且横生嫌怨，可使由之，不可使知之，猝無如之何也。有不順軌，各坐其夫，庶久而自協耳。天下無不相好之兄弟，其隙生於婦人者常十而九，念哉念哉！諸弟可將此稿，各寫一通，細心看看，若有不妥，便不妨説我改去。若有不明白，不妨向我細問，但願諸弟從此争自濯磨，日新其德，希賢希聖，作去不差，後來便將文字收入家牒，使子孫觀覽，知其祖父弟兄相勉以不墜先緒者如此，豈非平生一大快事哉！廿有三日，友芝又書。

附録

題識一

咸豐甲寅八月，命門人輩搜家篋，尚有別稿者，録爲此册，略具十之二三，以待改正云爾。乙卯人日題。

題識二

咸豐甲寅八月，桐梓賊起。匆匆入郡城，助守禦。郘亭文籍在湘川講舍者，并未及携。至九月末，購人檢歸，已燬其三之一，而文稿四厚册與焉。入冬，命門人輩搜家篋，尚有別稿者，録爲此册，略具十之四五，以待改正云爾。乙卯人日題。

郘亭遺文

梁光華
蒙耀遠
點校

點校説明

莫友芝于清同治辛未年（一八七一）辭世後，其子莫繩孫收羅乃父各類序跋書文六十八篇，于清光緒元年（一八七五）集結爲《郘亭遺文》一書刊刻面世。此次點校即以該本爲底本，儘量找到相應的原文手稿或原刻本，或早期刊印本進行對校，如《送鄭子尹署古州廳訓導序》以國家圖書館所藏手稿對校；《葑煙亭詞草序》《學宫圖考序》以貴州省圖書館藏手稿對校；《上李中堂書》以臺北「國家圖書館」藏《莫友芝書札稿》對校；《胡長新字説》亦以該館藏《郘亭雜文爨餘録》對校等；《中庸集解序》《中庸集解後序》以道光己酉仲秋莫氏影山草堂原刻本《中庸集解》對校；《説文逸字後序》以上海圖書館藏莫友芝《説文逸字後序》手稿以及咸豐十八年鄭子尹《説文逸字》原刻本對校；《雪鴻堂詩蒐逸序》《龍友楊公有後記》以同治十二年金陵刻本《黔詩紀略》所收謝三秀、楊龍友詩文序記對校；《鄭子尹巢經巢詩鈔序》以鄭子尹庚辰刻本《巢經巢詩鈔》對校；《唐寫本説文木部箋異識後》以民國初年貴陽文通書局依莫氏家刻本而鉛印的《黔南叢書》本《説文解字木部箋異》對校；等等。若無莫氏手稿或原刻本，或早期刊印本對校者，則一仍其舊。

梁光華　蒙耀遠

二〇一四年元月于黔南民族師範學院

目録

郘亭遺文卷第一

郘亭遺文卷第二

邵亭遺文卷第三

邵亭遺文卷第四

邵亭遺文卷第五

邵亭遺文卷第六

邵亭遺文卷第七

郘亭遺文卷第八

郘亭遺文卷第一

周易屬辭序

《易》自漢晉來，兩派六宗之書盈箱累棟，後人極研，殆無出其範圍者矣。吾友吉堂蕭君獨謂六宗中，切人事者前賢已明，不切者又非本旨，作《易》起象數，而讀之乃至韋編三絶，鐵撾三折，漆書三滅，必非漢諸家義例所能括也。

當吉堂始治此經，亦僅集衆家爲解，既疑彖、爻、翼字句何以不厭相襲，即分條甄比，帖壁鱗鱗然。又計卦名八十字，不同字七十有二；彖不同卦名字百六十有四；爻不同卦、彖字，翼不同卦、彖、爻字各五百有五十，亦昔人未言。遂屏去舊説，取全經千三百三十有六字，依《説文》求其故訓。析其偏旁，龤其聲紐，一切從本經比例索解。開卷茫無入處，日有《乾》爻五龍往來胸中，忽觸「亢龍」字，以四龍爻變《小過》，見「飛鳥」象，而得仰觀例。睡中若有告經中字數非苟然者，亟起坐，取卦、爻、天地、大衍、筮策諸數乘除，按之皆應，大雷雨集潦入室不覺也。以漸得凡例若干條，旁推交通，妙義環起，乃著《屬辭》十二卷，别爲《通例》五卷、《通説》二卷先後之。其據《繫辭》所舉二十二卦、十九爻，準天地數爲《大有圖》，以綱領全《易》。又於二十二卦中三陳之《履》九卦，就《序卦》、《雜卦》次序以通《明夷》之藴，與《大有》相發明。又於十九爻中以《中孚》七爻七乘之應大衍用數，證「大衍」章古本所以直接七爻，尤大義卓卓，能闡不盡言不盡意之秘。唯其逐字求象，及于助語，逐卦、爻字求數，頗疑簡易之道當不爾。然而持之有故，言之成理。古人言象數，亦各就條例伸己説。吉堂沈思獨往，竭十六年，忘食忘寢，十易稿以成此書，專精極矣！《易》道廣大，亦烏足爲病乎？

友芝始見吉堂《大有圖》，嘗擬以陳希夷；見其別四聖取象，嘗擬以胡雙湖；見其比例經文字句，嘗擬以焦里堂。然龍圖緣「三陳九卦」自悟位數，論者以爲《易》外別傳《卦象圖》略爲表識，未及推闡。吉堂因經求義，不襲前人，與里堂《通例》、《章句》專比異同以通古義者，分道揚鑣，庶幾匹敵。而其用心之苦，成功之難，殆過之無不及也。今年夏，其門人輩醵錢梓行，吉堂命爲序，因述其致功之始終，與成書大旨如此。咸豐三年秋九月。

校刊中庸集解序

《中庸集解》者，宋新昌石氏子重集録周子、二程子、張子及程子門人呂、謝、游、楊、侯、尹十家之説。《宋志》又謂《十先生中庸集解》[一]，書成於乾道癸巳，朱子爲講訂而序其篇目，極稱其謹密詳審。越十年，淳熙癸卯，删爲《輯略》，仍以原《序》冠之，後又爲《或問》，以明諸家之淳駁。

淳熙己酉，《中庸章句》成，乃以《輯略》、《或問》并附諸後。故《中庸序》并舉三書也。《輯略》行，《集解》遂微，自鐵峰趙氏《中庸箋義》，數所集十家，遺尹氏而妄增司馬温公、王荆公二家。臨川詹氏《中庸纂箋》、訥菴景氏《中庸集説啓蒙》所記亦爾。蓋元時已罕覯本書，不至唐荆川序《輯略》、謝鳴治志《赤城》始歎佚亡矣！

戊申秋，課彝兒讀《戴記》，時檢閲衛氏《集説》，則十家之説具在，喜遺緒之可尋，亟爲鈔出。復取《輯略》及真氏《集編》、趙氏《纂疏》所引，校其文句，補脱存異，以還石氏之舊。夫《章句》者，《中庸》之指歸；《集解》者，《章句》之尋原。未有《章句》，既緣《集解》以觀會通；已有《章句》，宜溯《集解》以明取舍。夫治獄者，不審爰書，不知用律之曲當；治醫者，不析證變，不識處藥之至精。《集解》之於《章句》、《或問》，亦猶是而已矣！特是述朱子者，謹守一先生之説，小有同異，即束棄不觀。故黄東發氏論衛氏《禮記》，必斥其備載石本及增入諸家之非。門户在胸，雖大路椎輪，浸鮮有過而問焉者。逮科舉學盛，凡非《章句》、《集註》之義，又皆在所擯。於是并《輯略》、《精義》亦置之若存若亡間〔二〕。嗚呼！是豈朱子意哉？且《輯略》之成，已不盡出朱子手。《章句》序云：「一二同志，取石氏書，删其繁亂，名以《輯略》。」而今世流傳，又唯吕信卿所刊唐荆川本，其中《或問》所駁先儒諸説多所删節，有竟削不存者〔三〕，《四庫全書提要》已謂其故不可得詳，因細考之，尚有《章句》引用而亦删棄者，有《或問》并出可否而存此删彼者，有曰張、楊語爲程子語者，有遺脱語句其義不完者，顛倒瞀亂，殆于不可卒讀。恐朱子門人〔四〕，不應率漏至是，意必唐、吕私有增損，苟且就雕〔五〕，致懵學者踰三百年，非得石氏本書，亦誰從覺其非哉？又考真氏所引《輯略》，在今本外者尚四十餘條，言皆大醇，非應删者。私意真氏未引爲唐、吕刊落者，必猶有若干條。《輯略》既非完本，則《集解》愈足珍惜矣。

校既竣，同人趣付之梓，以廣其傳。因復舉《輯略》所删，及删而《集編》引爲《輯略》者，各注當條之下，欲使學者讀一書而得二書之益云爾。朱氏《經義考》載是書有石氏裔孫珮玉新昌家塾刻本。僻處未見〔六〕，他日獲之，當更校諸别紙。道光己酉夏五月書。

中庸集解後序

友芝始校録石氏《集解》，見南軒跋有「子重編此書，嘗從吾友朱元晦講訂分章」語，又以《輯略》出於《集解》，其分章處并倒題右第若干章，《朱子文集》又有《書中庸後》一篇，詳言分章之意，因謂三十三章是朱子定説。石氏分章既從朱子講訂，當不應有異，遂據爲章題者三十三，行付雕矣。既而思朱子元《序》言「分章雖因衆説，然去取不失其當」，又特舉「哀公問政」以下六章以從諸家不能復合，則與《輯略》章題及南軒語顯相牴牾。走書質疑於鄭子尹〔七〕，子尹再三檢覈，躍然曰〔八〕：「子自誤讀南軒語耳。南軒語當以『講訂』斷句，以『分章去取，皆有條次』爲句，此不與朱子序言言章者語異意同也乎？」於是鄉者牽引《輯略》分章作《集解》分章之爲誤，的然無疑。乃亟削去三十三題，以《輯略》所增諸題註改入校語，使不與石氏本書相亂。蓋石氏分章既因衆説，衆説所不合，石氏自不能合，乃必欲彊以章句之説合之，豈不傎哉？

今案衛氏録石氏書分四十段，《輯略》删石氏書亦四十段，朱子以「哀公問政」下六段爲六章，吕氏解「天命之謂性」下三段并稱此章，然則石氏書分四十章矣。分章録解，而諸家之解尚有通上下章者，故悉不用章題，使貫串如一章。其與《章句》異者，「哀公」章增其五，「天命」章增其二，而朱子但舉「哀公」六章，不及「天命」三章者，三章文義各足，三與一皆通，非如六章有《家語》據知爲「一時問答之言」然。但章後録解，概不加題，則雖分之，而文意接續，故朱子又謂「不害於其脈理之貫通也」。因思《輯略》既與《章句》并行，章題總註不應複載，載之又與本書不契。私意朱子元本必仍《集解》，其後二書别行，淺人乃取《章句》題註益之，又於各章中值朱子分節處悉加圈間隔，皆非朱子之舊，惜元本不可見耳！

北風凝寒，覆校《集解》新刻本一通，因箸刊改之由，以識吾過，亦冀來者勿復滋誤云。道光己酉大雪節，書於遵義經歷舊署之寓。

説文逸字後序

據許君記十四篇字數，以徐鉉本核之，文多於九千三百五十三者七十八，重文多於一千一百六十三者百一十六，解説少於十三萬三千四百四十一者萬七百四十二，是解説脱漏而正文有羼坿矣。然鼎臣校定，已就本書偏旁、敘例、注、義增十九文〔九〕，而偏旁逸者尚三十七。近段若膺氏《注》亦頗補逸，取鼎臣五文，又取楚金本、晁記唐本，合佗引別增三十六。而自宋《集韻》、《類篇》，溯唐已前書〔一〇〕，引在今本外猶夥。是正文脱漏與解説等，豈都數傳本誤一二字歟？而本朝老輩言《説文》，共株守鼎臣者，不敢一字溢出，雖唐已前明白引據，輒以鉉無不信，寧依聲取佗代；其傅會私造者，又騁一時肊見，穿鑿不經〔一一〕。夫二者之病，株守爲輕，然其回護牽就，去傅會私造幾何矣！

子尹卅年前從程春海侍郎問故，誓通許學。見段、錢諸老書，證義雖備，而補正譌脱未有專力爲者。瀏覽條記，分別審録，得凡百六十五文，謂之《説文逸字》。係以解説討論，分爲二卷。偏旁所逸，本書可定，猶取佗徵，外百二十餘文，益有憑證。復有傳本譌旁，楚金竄衍，鼎臣誤增，諸家引佗籍冒許君〔一二〕，與引者譌改，不應今本；今本譌改，不應所引；今行《韻譜》闌入俗書，且三百文，不苟一字溷入。其子知同懼觀者謂本書疏漏，執爲議端，又述其説爲《坿録》一卷。此其致勤極慎，既未由蹈穿鑿不根，亦無失於株守曲護，其功於南閣鉅矣哉〔一三〕！

夫許君取諸經傳古文、史籀、大篆、郡國鼎彝，合《倉頡》下十四篇，采通人、依秦篆、傅漢制，以爲此書。主明字例之條，匪鄉壁虛造不可知，不謬於史籀、孔氏，非舉漢、秦前文字，一皆備録。亦猶謂群書所載，略存云爾。其謂《易》孟氏、《書》孔氏、《詩》毛氏、《禮》、《周官》、《春秋》左氏、《論語》、《孝經》皆古文者，核之往往不具。長卿、子國經無傳，偶一二見《釋文》、《正義》，即許所漏。《易》如「懲忿窒欲」，《釋文》引孟「窒」作「恎」；《書》如《堯典》、《疏》偁《呂刑》「劓、刖、劅、剠」是鄭本；《盤庚》、《疏》偁壁内書「治」皆作「乿」，「乿」亦見《隸續》，載《魏石經》。古文《石經》出邯鄲淳，鄭、邯鄲皆傳古文學，「劅」、「剠」、「乿」等字即是壁本，而許君不載。《詩》專取毛而略三家，故收三家字少。即毛本古字，亦不盡收。如「零露瀼瀼」、「姣人僚兮」，「有蒲與蕑」，「來獻其琛」，「瀼」、「僚」、「蕑」、「琛」，必毛公原文，而許未録。三家如前人引《韓詩》「于以鬺之」、「飲餞于坭」、「室人交偏讁我」、「青揚畹兮」、「駜駜駃駃」、「皋門有閌」，「鬺」、「坭」、「讁」、「畹」、「駜」、「閌」之類許皆不取。齊、魯字無可徵，意亦當然。《禮》古今文，率收古遺今，收今遺古。如《士昏》「當庋」；《既夕》「兩枠」、「坅坎」、「輁軸」、「革靾」；《士虞》「脰膉」，許君收其古文「阿、杅、掘、拱、殺、嗌」，而遺「庋、枠、坅、輁、靾、膉」。及《聘禮》「羹臉」，《士喪》「銘旌」、「俠于堂」、「樿棘」，《既夕》「木錧」，《特牲》「酳尸」，許君收其今文「飪、名、夷、澤、鍇、酌」，而遺「臉、銘、俠、樿、錧、酳」之類皆是。《周官》，頗有舍故書而收杜子春改讀者。如《染人》「⿱穴纁元」；《夏采》「建禯」；《司服》「絣經」；《巾車》「有⿰馬毛⿰車蔵車」、「軟飾」；《輈人》「⿰糸叟其半後」。許君不取「⿱穴纁、禯、絣、⿰馬毛、⿰車蔵、軟、⿰糸叟」，而從改讀之「纁、綏、弁、翣、藻、桼、緇」之類皆是。《春秋》，古本不可知，魏《石經》遺字略見一二，甚合於古，而許闕如。如「齊」，古作「[illegible]」，惟象麥穗上齊，而少象地之「二」；「來」作「[illegible]」，「來往，用來辨」，說本假借，加「辵」乃其專字；「率」作「[illegible]」，从行从止，率省聲，與《說文》「衛」、「逵」字可并一行。「季」作「[illegible]」，以禾在土上，會意。此必皆古字，許并不收。《倉頡》、《凡將》，時見佗引散句，亦尚遺落。如《玉篇》引《倉頡》「瞶，極視也」，「嫳，大皐，在馮翊池陽縣北」；《廣韻》引「衕，通道」，「嵌，開張山皃」。《衆經音義》引「鼽，鼻疾也」，「瘋，秃也」；《華嚴音義》引「駛，速疾也」，字从史聲；《晉書音義》引「䂪，音結」之類，皆不見許書本書。口部「嗙」下偁司馬相如說淮南、宋、蔡舞《嗙喻》，即《凡將篇》之一句，而録「嗙」遺「喻」。其佗末由舉核，計亦當然。故自經師異文，先秦諸子、傳記百家之書，降及史遷、班固、子雲、相如，能識古文奇字，通儒所爲文筆詞賦，有裨文字足記録者，知無不入網羅，亦不能無放失。

段若膺撰《尚書異文》，謂許君一人之書，不能盡天下之字，誠通論也。故許、鄭兩大儒，鄭君説字，多與許異，而不得謂其非古。《周禮·封人》「置其絼」注：「絼」字當以「豸」爲聲。按，「絼」即《禮記》「牛則執紖」之「紖」，鄭意古字當以「絼」爲正，而《説文》有「紖」無「絼」。《媒氏》「純帛」注：「『純』，實『緇』字也，古『緇』作『紂』，以『才』爲聲。」蓋謂古「紂」，隸作「紂」，與隸「純」相似致譌，而《説文》有「緇」無「紂」。故使鄭君操筆記字與許并驅，必多異同出入。故張揖之《雅》、吕忱之《林》、葛洪之《苑》、野王之《篇》，不乏代興，并以羅逸文、廣字路，惜半無存，存又蕪釀。故程侍郎見子尹初稿，即言欲稡《説文》逸收漢已上字不謬六書者，別自爲篇，以輔許作。迄未成書，遽歸道山。今子尹書畢功，鉤稽掇拾，僅完許有〔一四〕。上説諸事既不容及，而本書文字羼溢，解説脱漏，刊除補綴，又尟憑據，姑從蓋闕。然持此誶通人曉學者，已絶作希遺矣。

子尹邇歲益通貫鄭學，又夙出程門，傳業有人，先緒不隕。巢中多暇，陰鳴能和。佗日推司農之引端，踵侍郎之遺例，別成《説文逸收》之編，與此《逸字》并存，爲許君羽翼，尤於六蓺非小補也。咸豐戊午大雪節。

唐寫本説文木部箋異引

同治改元初夏，舍弟祥芝自祁門來安慶，言黟縣宰張廉臣有唐人寫《説文解字·木部》之半。篆體似《美原神泉詩碑》，楷書似《唐寫佛經小銘誌》。「括」、「桰」諱闕，而「柳」、「卬」不省，例以開成《石經》，不避當王之「昂」，蓋在穆宗後人書矣。紙堅絜逾宋藏經，蓋所謂硬黄者。在皖見前代名蹟近百，直無以右之。余則以謂果李唐手蹟，雖斷簡，決資訂勘，不争字畫工拙。特慮珍弆靳遠假，命其還，必録副以來。廉臣見祥芝分豪摹似，倉卒不得就，慨然歸我。明年正月將至，檢對一二，劇訖精奇。莫春寒雨，浹旬不出門户，乃取大、小徐本通讎異同，其足補正夥至數十事。前輩見戴侗引《鼂記唐本許書》，雖剌謬，猶貴重；近人獲《蜀石經》殘拓，寶過宋槧元鈔。矧此千歲秘帙〔二五〕，絶無副迻，徑須冠海内經籍傳本，何僅僅壓皖中名蹟也。

廉臣，名仁法，陝西山陽進士。權黟未一年，撫綏凋黎，守死禦軼寇，威惠最皖南北。貧瘁卒官，黟人言之零涕。珍詒僅在，摩挲黯然。其授受久近，末從質詰。莊池草拙，絶非彊有力盛交游人，賞真抉異，寂焉未顯。校成，亟思流傳，與海内學者共，庶以不孤循吏之惠。立夏日引。

唐寫本説文木部箋異識後

唐寫許君書百八十有八文，與兩徐本篆體不同者五，説解增損殊别百三十有奇，衍誤漏落所不能無，而取資存逸訂譌十常七八〔一六〕。「相、栚、椎、檄、樰」篆，《唐本》作「杞、栿、榫、槩、槖」。「栿」，省聲不省。「槩、槖」，下上易左右。形聲展轉小岐，古書恒有。「杞、相」、「榫、椎」，截然兩體，聲義各足，直是互漏。「杶、杻」、「杘、梶」，蓋其比矣。其説解殊别之善：「楗，歫門」，與李善引合。今本「歫」作「限」。「柵，編豎木」，與《玉篇》合。今本「豎」作「樹」。「栿，關西謂之栿」，與《方言》合。今本「栿」作「檏」。「梲，大杖」，與李賢、玄應引合。「柷，樂木椌」，與《詩毛傳》合。「柿，削木朴」，與玄應引合。「槱，積木燎之」，與《玉篇》、《五經文字》合。今本大誤。「木椌」誤「空」，「朴」誤「札樸」，「木」誤「火」。段玉裁《注》、嚴可均《校議》博徵精訂，上舉諸端，多與闇契〔一七〕。其於今本「槅，大車梶」，「楫，舟櫂」，并謂「梶」當作「軛」，「櫂」當作「擢」。於「櫪，椑指」，改「椑」爲「柙」。於「楬，楬桀」，改「桀」爲「櫫」。《唐本》又正作「軛」、作「擢」、作「柙」、作「櫫」。於「棋，博棋」，段改「簙棋」。《唐本》作「簙棋」。於「槽，畜獸之食器」，段改「嘼之食器」。《唐本》作「獸食器」。偏傍小舛，因以鉤稽，其違易見，猶勝今本泯去誤形，轉忘旁核也。其增字之善：「樂，象鼓鼙之形，木其虡也。」校二徐多「之形、其」三字。「閑，從木歫門。」校小徐多「歫」字。其減字之善：「櫑，刻木爲雲雷，象施不窮。」校二徐省「象、也」字。「杠，牀前横也。」校二徐省「木」字。其次字之善：「柃」訓「木也」，《唐本》不載，知次前木名中，不用「柃椴」别義，而二徐移次「椴」下。「槍」訓「歫」也，《唐本》與「閑」爲類，次「櫪、㯕」下[一八]，必因許舊，二徐乃移「柤、楗」間。「棐」訓「輔也」，二徐在部尾，蓋由寫落補收，段氏謂是弓檄之類而不敢移。《唐本》正在「榜、檄、橜、栝」下。數事略舉，可見大凡。又，「槎」下引《春秋國語》曰：「山不槎枿。」「楬」下引《周禮》曰：「楬而書之。」二徐「國語」誤「傳」，衍「木」，遺「枿」；「《周禮》」誤《春秋傳》。段注不敢輒改[一九]，使見此卷，復何依違？更有二徐遺落，他引不及者：「杞，讀若駭」；「桴，讀若丑」；「杍，一曰柧削木」；「柮，一曰絡」：凡四條。比諸「梏，所以告天」，「桎，所以質地」，雖二徐不備，尚有《周禮》、《釋文》、《太平御覽》引證者，尤希世之珍，千金一字者也。凡斯奥秘[二〇]，昔人鉤稽闇合，略載條下。以表專門所未及言[二一]，或鄙見偶異，亦摭拾憑據，補綴證明，不免詞費，俟通學裁之。

至其每字音紐，一再或三。《隋經籍志》有《説文音隱》四卷，次吕忱《字林》，無撰人時代。唐以前稱引《説文》音，或即其書。此之音紐，不知即《音隱》否？而今行《繫傳》音，出朱翺《五音韻譜》，楚金所加，鼎臣校定，自取《唐韻》，皆出唐後，不若此音之古。其「柤」云「莊余」，溢大徐「側加」外，正叶「從且」古音。「杝」云「力支」，與大徐「池尒」異，正得杝、籬古今字正讀。若斯之流，隨手皆寶。故既用鉉書音切比其溢，異於傳注家引《説文》音，亦入校勘云。

唐科目有明字、有書學。生隸國子監，又隸蘭臺。其課《説文》，限二歲，先口試，通乃墨試，二十條通十八爲第。當時官私善本宜衆，故此偶存斷篇，於全書僅五十有五分之一，猶奇勝稠疊乃爾。若盛宋校定時，能廣求民間，會萃綜覈，以成精完，良甚易事。乃使雍熙官書罅漏百出，不能不咎鼎臣之疏也，四月既望，再校易稿識後。

學宮圖考序 代〔二二〕

渠縣寇萬川教諭榮昌〔二三〕，以桂制軍《黌宮敬事録》、余丙捷《學宮輯略》〔二四〕、莫瑞堂《文廟史典》，增損漏複，會編爲《學宮圖考》三卷，附《闕里聖蹟圖》一卷〔二五〕，刊之學官，郵本命序。

謹案〔二六〕：吾蜀自漢景、武間，文翁守郡，起學宫成都市，石室傳焉，爲天下郡國立學之倡。後漢興平之元，太守高公眹作周公禮殿于石室東，圖畫邃古以來君臣聖賢。齊永明中，刺史劉公悛，益以禮家器服制度。《唐志》有益州文翁《學堂圖》一卷。至宋嘉祐知府王公素，摹寫《禮殿聖賢圖》爲七卷。紹興中，知府席公益又摹禮殿圖像于石經堂〔二七〕。歷代以來〔二八〕，稱蜀士常冠天下，蹟其所以服習生徒、興化齊魯，豈有他哉？用此道耳！

欽維我國家文教誕敷，盡天下府、廳、州、縣立之學。聖祖仁皇帝，御製太學中和韶樂，頒新品闕里，詣魯禮成，宸書牓殿。世宗憲皇帝，詔避孔子諱，追王先世五代，增進從祀先儒，復漢經師退祀鄉者，頒學宫禮樂器圖，益郡縣春秋上丁太牢。高宗純皇帝，重定從祀位次，增譜直省釋奠樂章。作述相承，嘉與庠序，造士之法，超軼前古。二百年來，殊荒絶徼，下縣子弟，罔不被服儒雅，蔚然周楨。其在文獻舊邦，承學向風，益彬彬焉。惟然，則尤有司者之責矣！

夫禮樂雖明備，而因陋就簡，則陶淑無功；殿廡雖尊嚴，而高山景行之不衆於喻，則觀感不切[二九]。鄉校生員，舉業爲事，其于欽定《會典》、《通禮》、《律吕正義》、《禮器圖》諸鉅編，既不能悉覩天府之藏，仰窺列聖之制作，從祀諸賢，傳經明道，蹟在正史者，又不能家置其書，遍觀而盡識。校官師長諸生，經藝、詩策而外，非考課所知[三〇]，廟廷德業，春秋典章，百爾茫如，了不以怪。如萬川者[三一]，可謂能識其大哉！所據《敬事録》于國家禮典度數最詳，《輯略》、《史典》二書，尤備儒先德言行蹟。《聖蹟》雖出明代[三二]，證以經子史籍，要非鑿空，或猶可仿佛當時車服禮器也。

是編之行，人争游夏之徒，家美絃歌之俗，黼黻文治，將駕漢、宋而上[三三]，豈惟榮昌？豈惟吾蜀？達之天下，所欣望焉。道光癸卯仲春[三四]。

校刊張楊園先生集敘

昔者先君子嘗訓友芝曰：「國朝兩儒宗，曰潛庵、稼書。潛庵之學，承之新吾、蘇門；稼書之學，開之蕺山、楊園。北方踐履篤實，流弊絶少；東南曼衍空肆，極而爲盡。三十三章見西來大意世界，得蕺山反之以實，楊園繼之而更實，孔孟道乃復明。三魚堂學術諸辨説，楊園蓋已三致意焉，稼書特極力爲善後策耳。顧諸先生緒論流傳，天下翕宗，而楊園書絶罕覯，知者亦鮮。然他日兩廡俎豆，必不能少此一席也。余京居時，假何茂軒書讀，曾一見其集，記其舉許魯齋『學者須治生』語，以爲能治生，則無求於人。無求於人，然後士品立，此最今日士林第一著子。人唯有所不爲，然後可以有爲。不能無求於人，欲其有所不爲，難矣！全書中陳事理近而指遠，辨大道疑似嚴而氣和。其切於人，如布帛菽粟之於饑寒也，如鍼石藥物之於疾病也。吾不能悉記爾。留意求其本，自得師矣。」友芝謹識者有年。

道光己亥，以遵義《郡乘》之役，假書王氏，始得見朱刻《全集》本，念昔者思讀之難。謀重梓，公同志。以白先君子，色喜曰：「吾向欲雕《人譜》、《呻吟語》等書，以其本易得，輒止。所拳拳楊園數十年矣！好雠之，亦以畢吾志。」辛丑冬末，雕竣，而先君子以初秋見背，遂不及一見，痛哉！

友芝頑鈍無志，賴小來日侍先君子，朝夕提命於諸先生之門，似稍有望見處身。細考之，已事事牴牾。自今以往，中路嬰兒，愈益貿貿。奉斯編也，其遂能徙義寡過，以不得罪於先生，不得罪於諸先生，以見先君子於地下。或遂止於是，貿貿以終，皆不敢知。今先生之集之刻之成，復何敢置一詞。唯敬念先訓，大懼失墜，謹識諸簡端，以志無窮之痛云爾。

樗繭譜序

貴州府十二、直隸廳州四，屬州、縣四十八，而遵義縣爲大縣，疆域廣袤三四百里，户口二十餘萬[三五]，賦稅幾敵全省半，歲科鄉會人士亦居十二。烏虖，盛矣！而其先廣袤者如故也，户口租賦十無四五也，歲科鄉會如故也，人士十無二三也。何今之美，昔之陋歟？抑其致此者皆有自來歟[三六]？

夫遵義之地，岡巒峰阜相攢簮，無一里原，無五里陸，依山爲田，皆如梯桄，其土瘠石瘦不可田又不可勝計也。以二十萬户人褎然耕鑿其中，我知各餬口之不給，而何有以輸納租賦，而何暇於陶冶詩書也？而後乃今知陳省菴舊守之詒澤遠矣！夫子之言曰「富之教之」，又曰「不患寡而患不均，不患貧而患不安」，盡縣而山則難均，難均則多貧，多貧則難安，難安則民皆思去而至於寡，此理勢之必然者[三七]。而遵義自有槲繭來，寡者日以衆，貧者日以富，二十萬户罔不含哺鼓腹〔三八〕，怡然於槲陰絲竈之間，而其秀者亦得所憑籍，以優游乎文林義府，争閑雅都麗，以與吴、越、齊、秦人士相軒輊，均無貧，和無寡，既富乃可加教，意在斯乎？

陳公去遵幾百年矣。仁聲惠政，猶幸嘖嘖人口，而志乘闕如。因陋就簡，再數十年，遺老向盡，一邑之衣而食之，社而稷之者，恐至不能道其姓字。摘果而忘柎，飲羹而忘水，君子有世道人心之患。鄭君《槲繭譜》之作，蓋大懼乎此也！故首之以誌惠也，定樹以辨物也，定繭以正名也，别時地、析利病，詳其烘覵眠食、居守移下之方，箸其炕煮、繅浄、導牽之事，白紬品之良否，明易且要之器用形狀，然後以種槲終焉。蠶始即食槲也，終於始始之義也，凡皆陳公以庶富遵民之遺法也。且夫四十八州縣，其十九皆山，猶遵義也；山之宜槲，猶遵義也；而户口獨少於遵義，賦税獨少於遵義，歲科鄉會人士獨少于遵義。論者以疆域之廣狹、土地之肥磽、習俗之文野，不可彊而同，吾獨謂無有若以槲繭福民之陳公也。不爾，則三四百里之州縣，貴州所常有，而遵義一縣能幾膏腴，能幾材俊哉？守土者盡能依其法而行之，則不必陳公而山國盡可遵義也歟！道光乙未夏。

【校勘記】

〔一〕莫友芝道光己酉仲秋影山草堂刻本《中庸集解·序》（以下簡稱道光本《中庸集解·序》）此句之下有雙行注語：「朱子《論孟精義》，每卷標題皆冠以國朝諸老先生字。則云十先生者，疑爲元題。」

〔二〕亦置之：道光本《中庸集解・序》作「等書亦付之」。

〔三〕道光本《中庸集解・序》此下有「亦有《或問》斥其記録失真，而仍載書中者」。

〔四〕恐：道光本《中庸集解・序》作「意雖」。

〔五〕道光本《中庸集解・序》「必」上無「意」字；「苟且」上有「抑或」二字。

〔六〕道光本《中庸集解・序》「處」下有「訪求」二字。

〔七〕走書質疑於鄭子尹：道光本《中庸集解・序》無「疑於」二字。

〔八〕道光本《中庸集解・序》「子尹」下有「兄」字，無「再三檢覈躍然」六字。

〔九〕上海圖書館藏莫友芝《説文逸字後序》手稿無「注、義」二字，民國三十七年《續遵義府志・藝文志中》所載莫序「義增」作「意增」。又，莫友芝手稿、咸豐本《説文逸字》莫序和民國《續遵義府志》載莫序「文」下有「固瑕瑜參半」五字。

〔一〇〕上海圖書館藏莫友芝《説文逸字後序》手稿以及咸豐本《説文逸字》莫序「溯」上有「上」字。

〔一一〕上海圖書館藏莫友芝《説文逸字後序》手稿以及咸豐本《説文逸字》莫序「穿鑿」上有「説或」二字。

〔一二〕莫友芝手稿「諸家」前有「及」字；「許君」作「許書」。

〔一三〕莫友芝手稿和咸豐本「閣」下有「甚」字。

〔一四〕許有：民國三十七年《續遵義府志・藝文志》所載莫友芝《説文逸字・後序》作「僅有」。上海圖書館藏莫友芝《説文逸字後序》手稿作「僅許本有之逸」。

〔一五〕秘帙：貴陽文通書局民國鉛印《黔南叢書》本《説文木部箋異》作「秘笈」。

〔一六〕七八：貴陽文通書局民國鉛印《黔南叢書》本作「六七」。

〔一七〕闇契：貴陽文通書局《黔南叢書》本作「闇合」。

〔一八〕此句下《黔南叢書》本有「《玉篇》亦在『槲』下」一句。

〔一九〕段注：《黔南叢書》本作「段君」。

〔二〇〕奥秘：《黔南叢書》本作「精秘」。

〔二一〕以表專門：《黔南叢書》本無。

〔二二〕「代」字之下，貴州省圖書館藏《莫友芝先生存真集·學宫圖考序》手稿有「遵義縣甘明府」諸字，明言此序係莫友芝代遵義縣令甘雨施所作。

〔二三〕此句《莫友芝先生存真集》手稿作「渠縣同年寇君萬川教諭棨昌」。

〔二四〕《莫友芝先生存真集》手稿「余丙捷」之上圈去「中州」二字。

〔二五〕《莫友芝先生存真集》手稿此句作「附以《闕里聖蹟圖》，爲四卷」。

〔二六〕「謹案」，《莫友芝先生存真集》手稿作「雨施謹案」。雨施，即遵義縣令甘雨施，莫友芝所代筆者。

〔二七〕《莫友芝先生存真集》手稿此上天頭有三注云：「《唐志》益州文翁《學堂圖》一卷。高眹所畫尚有《禮器瑞物》，見任豫《益州記》。劉悛益以禮家器服制度，本席益《府學石經堂圖籍記》。」

〔二八〕《莫友芝先生存真集》手稿此句之上尚有「是故」二字。

〔二九〕《莫友芝先生存真集》手稿此句之下尚有「昔范文正公掌學南京，從游文學，聲名于朝廷；胡安定公教授蘇湖，詞賦之習，盡變于經義時務，豈不以其人哉？」

〔三〇〕《莫友芝先生存真集》手稿此句下尚有「勤事其中，即稱舉職，詢之」諸字。

〔三一〕如萬川者：《莫友芝先生存真集》手稿作「如寇君者」。
〔三二〕聖蹟：《莫友芝先生存真集》手稿作「《聖蹟圖》」。
〔三三〕而上：《莫友芝先生存真集》手稿作「而上之」。
〔三四〕《莫友芝先生存真集》手稿此下尚有「知遵義縣事滎昌甘雨施謹序」諸字，并鈐朱文方印「子偲」。
〔三五〕二十餘萬：光緒辛巳瀘州刻本《樗繭譜·莫友芝書後》此句作「二十萬零」。
〔三六〕光緒辛巳刻本「有」下有「所」字。
〔三七〕理勢：原作「地勢」，光緒辛巳本《樗繭譜·莫友芝書後》作「理勢」，據改。
〔三八〕二十萬户：光緒辛巳本《樗繭譜·莫友芝書後》作「數十萬户」。

郘亭遺文卷第二

一切經音義寫本序

《漢・志》小學十家，附《孝經》者又三家。《爾雅》、《小爾雅》、《古今字》。今存《爾雅》、《小爾雅》、《急就篇》，或以《方言》當十三篇之別字，尚未然也。《隋・志》小學一百八部，《唐・志》小學六十九家一百三部，失姓名二十三家。存者三家外，《方言》、郭璞《爾雅》、《方言注》、《釋名》、《廣雅》、《説文》、《玉篇》，十之一耳。釋玄應在唐貞觀末，援據群籍，爲釋家《一切經音義》，以該洽稱。今按所引小學家，自見存十部外，有舍人、孫炎、李巡、某氏《爾雅注》，郭璞《音義》、《圖贊》、《倉頡篇》、《倉頡訓詁》、《倉頡解詁》、《三倉》、《三倉解詁》、《古文官書》、《古文奇字》、《郭訓古文奇字》、《字指》、《通俗文》、《勸學篇》、《小學篇》、《埤倉》、《廣倉》、《字林》、《字略》、《字詁》、《字苑》、《字統》、《字書》、《雜字》、《難字》、《文字集略》、《纂文》、《説文音隱》、《聲類》、《韻集》、《韻略》，凡三十四種。又引劉瓛易、鄭康成、王肅、范寧《尚書》、《韓詩》，服虔《左傳》，劉昌宗《周禮音》，孔、馬、鄭《論語石經》等又數十種，今并亡逸。可謂藝海艄航，學山林藪者矣！

乾隆以前，淹在彼教，不過梵典視之。《四庫》釋家僅取内府之儲，不搜釋藏，故尚未與《弘明》、《法苑》著録文淵。後此諸儒益盛小學，廣求唐以前書，爲疏通證明，始偕慧苑《華嚴》大顯於世，自玉林、子田、二雲、若膺、懷祖諸家徵引後重之，殆中允《釋文》、崇賢《選注》等。太史公曰「禮失而求諸野」，不信然歟？

道光庚子秋，假觀西來寺正統北藏本。癸卯夏，主者趣歸，乃命寫官迻録。復假禹門寺萬曆南藏本，諸弟分校一通，箋異文於旁。蓋北本疏於南本，南本異者佳處十八九，北本異者佳處十一二，又不過可推而知之譌衍字。其大謬戾者十四卷，南十三。「相干」條云「字從一，從入」，徐曰「一者，守一也；入者，干之也」。十九卷南十八。「不革」條云：「《廣韻》：改也。熟曰韋，生曰革。」玄應初唐人，不應能見小徐《繫傳》、雍熙《廣韻》。南宋「相干」條則云：「一，正也，到入爲干字意。」「不革」條則云：「字從三十，從口，口爲國邑。國三十年而法更別，取別異之義也。口音韋。」并用《説文》舊訓，且「革」義與本書廿三南廿二「變革」條正同，無知妄改，可笑如此。又南本十二卷北十三「一匱」條云：「《論語》：『未成一匱』，包咸曰『匱，土籠也』，『匱』亦『匣』也。」北本「匱」并作「蕢」，末四字作「亦作簣」。考《漢書·禮樂志》引孔子曰「未成一匱」，師古曰：「匱者，織草爲器，所以盛土也。」《王莽傳》「成在一匱」。師古又全引《論語》此章，并作匱，亦云「匱者，織草爲器，所以盛土」。《後漢·班固傳·典引》「并開迹于一匱」，注引《論語》「雖覆一匱」；又引注云「盛土籠也」。《文選》注引《論語》亦作「匱」作簣者誤改本。《説文》無「簣」字，古止通用「匱」。「蕢」，玄應引作「匱」，與《兩漢》、《選》注并合，實《論語》最古本「匱」。「匣」則《説文》本訓：并確然無誤。人見「匱」與今《論語》懸絶，遂改爲「蕢」，使相近，又改「匱」亦「匡」也。爲亦作「簣」，以合今本，不知唐以前人引經與今異甚多，未可以臆易也。雖《漢書》何武、王嘉、師丹傳贊「以一蕢障江河」，師古亦曰「蕢，織草爲器，以盛土也」。音「匱」、「蕢」本可通。然古書無引《論語》作「一蕢」者，「匱」爲長矣！南本第三卷，北本析爲二，故北本二十六卷，南本二十五卷。乾嘉諸老，引證記卷，悉是南本，益知北本之不足據也。聞貴筑黔靈山更有支那本，遠不能借校，俟異日補之。九月七日莊完書。

雪鴻堂詩蒐逸序

黔自明始有詩，萌芽於宣、正，條衍於景、成以來，而桐豫於隆、萬。自武略而止菴，而用章、廷潤、竹泉、汝錫，而時中、西園，而唐山、子昇、宗魯、伯元，而道父、吉甫、徐川、元淑，百有餘年。榛莽遞開，略具涂軌。山甫、湜之、内江諸老，又一意儒學[一]，特餘事及之[二]。洎乎用霖《味澹》，卓凡《屢非》，炳麟鏗訇，道乃大啟。一時方麓、鄧州、泠然、瑞明、心易、循陔、美若、無近、少崔、小范，旗鼓響應。延、温、沅、漁間，幾於人握靈珠，家抱荆璧。而其咀嚼六代，步驟三唐，清雄宕逸，風格儁遠，尤以君采謝先生稱首。故吴滋大序其詩，謂「爾時士夫風雅之味，若農夫菽麥高下蚤晚，童習長熟以使之然」。特推美郭開府、韓督學諸公之折節誘掖，與夫湯義仍、王百轂，何無咎諸君子交游切磋，然亦豈非鄉里多賢，夙有以成之也。而其沖和之音，恬憺之味，蒼潤之色，初若易至，索而愈遥。則天工人事，并有獨到不關師友者。故其時公安、竟陵先後提唱，詩道荆棘，而先生踽起萬山中，擺脱習染，逌然高舉，非其中有得之深者而能然邪？桑梓同輩，科第仕績，皆有可稱，而先生并棄去校官，名乃在諸公上，豈苟然邪？

友芝少讀竹垞《詩綜》，始知有《雪鴻堂集》，讀滋大文，又知有陳伯璣七十四首之選。而滋大復約爲五十六，惜諸本俱不可見。道光甲辰，遵義鄭子尹教諭乃於貴陽傅雨亭孝廉許，得先生《遠條堂稿》二卷，留余影山。蓋即傅竹莊大令據録入《黔風》之本。雖于全集千餘篇僅當什一，而萬曆己酉前後間數年作〔三〕，尚首尾粗具。因鈔先生詩他見者，除複重别附，通爲三卷，題曰《雪鴻堂詩蒐逸》，藏匣笥八年矣。今歲初夏，山陰王个峰上舍過余湘川講舍，論黔詩及此本，个峰資促上板，余以非完未遽應。个峰曰：「安知《雪鴻全集》不藉此引以出乎？其終不出，則是刻遂可已乎？」因舉而授之〔四〕。昔《遠條堂稿》以萬曆丙辰校刊於先生門人台郡高存恕子言、林承軒良軸，今重刊又得吾个峰，浙人好事，洵可尚也。咸豐元年六月既望書〔五〕。

鄭子尹巢經巢詩鈔序

聖門以詩教，而後儒者多不言，遂起嚴羽别材、别趣，非關書、理之論，由之而弊竟出於浮薄不根，而流僻邪散之音作，而詩道荒矣。夫儒者力有不暇，性有不近，則有矣。古今所稱聖於詩〔六〕、大家於詩，有不儒行絶特、破萬卷、理萬物而能者邪？

吾友鄭君子尹，自弱冠後即一意文字聲詁，守本朝大師家法以治經。於前輩述作，愛其補苴昔人罅漏者多，又病其不免雜博横決，乃復遍綜洛閩遺言，精研身考，以求此心之安。静涵以天地時物變化之妙，證諸世態古今升降之故〔七〕，久之，涣然於中，乃有確乎不可拔者。其於諸經疑義，抉摘󰁁通，及小學家書經發明者，已成若干編。而才力贍裕，溢而爲詩，對客揮毫，雋偉宏肆，見者詫爲講學家所未有；而要其横驅側出，卒於大道無所牴牾，則又非真講學人不能爲。彼持「别材别趣」，取一字一句較工拙者，安足以語此哉！

子尹長友芝五歲，兄事之。自廿年前，友芝侍先君遵義郡學，子尹居東八十里樂安溪上，數以秘册互假寫勘往還〔八〕。丁酉後，春官奔走，郡乘牽絆，兩人共晨夕尤夥。至辛丑，先君見背，即卜兆樂安溪上青田山，復結廬其間，以近吾子尹也。計訂交至今且三十年，中間饑驅離索，不常合併，靡不以學行文章相礲砥。而子尹事事精鋭，對之使人氣餒。即如爲詩，若非所甚留意，良晨酒朋，常不自揣，力操旗鼓而與之角，往往脈張筋急，不能自如；而子尹率然應之，其要害曲折，轉益洞快。人之學問才力，真不可彊乃如此！

友芝嘗漫謂曰〔九〕：「論吾子生平箸述，經訓第一，文筆第二，歌詩第三。而惟詩爲易見才，將恐他日流傳，轉壓兩端耳。」子尹固漫頷之，而不肯以詩人自居。當其興到，頃刻千言；無所感觸，輒經時不作一字。又脱稿不自收拾，子弟抄存十之三四而已。而其盤盤之氣，熊熊之光，瀏灕頓挫，不主故常，以視近世日程月課、楦釀篇牘、自張風雅者，其貴賤何如也？今歲春初，友芝過望山作上元，乃把酒慨然曰：「吾輩俱老大，所學既不見於用，計無復長進，而數十年心力所寄，不忍棄置，將次第厄棃棗，取當世通人是非焉。憶吾子昔者漫有右小詩語，姑以先之，唯吾子爲我序。」輒書其學術根柢所以能昌此詩者，以諗觀者，他不具論也。咸豐二年夏五月。

重刊桐埜詩集序

貴陽周漁璜先生《桐埜詩集》，其弟起濂始刻於都中者曰「北本」；其同年友汪千波再刻於吴下者曰「南本」，并先生所自定。始康熙丁丑冬迄於没，凡十八年之詩，北本爲篇三百五十有二，南本溢出一篇而已。

乾隆、嘉慶間，貴陽謝太令庭薰以先生未刻稿與南北本錯雜編之，不體不年，似類非類，是爲「謝本」。其中已改定入《集》元稿、及贋作、及漫酬代倩一概闌入，蕪穢羼亂，友芝每讀而病之。而耳食震於先生，重其本爲備，競轉鈔秘弆不已。

道光丙午冬，在貴陽志局見先生後人所録已刻、未刻諸稿本。其未刻題曰《迴青山房集》，爲詩三百九十有五篇，則丁丑以前上至壬申歲數年作，先生未及改定者。其題曰《桐埜山人遺詩》，六十有七篇〔一〇〕，題曰《稼雨軒近詩》，二十有九篇；并丁丑以後作，先生定集時删去者。又有方志所録十有二篇，上三編并失其稿者。凡四種，通五百有三篇，謝本一一有之，知即其所據也。

就諸稿論之，《迴青》則風格已騫，《遺詩》、《稼雨》風華寖勝，究不若所自定之鷹揚虎視，天骨森張，爲平生詣力所極。自先生没，到今百四十年〔一一〕，遺稿廑傳，後生何敢輕棄？而以推先生删定之意，如沈尚書《别裁集》載古詩之《武陵爲人題北窗高卧圖》；律詩之《南隄踏青》《山陰舟中》等，其佳句口相傳以熟者，并在《遺詩》卷中，他可知矣！而無以解於時人買菜之見與謝本羼亂之非，因據北本，析其繁重之一卷作四卷，爲《正集》；其未刻稿，略師李彤取山谷所删四百餘篇附入《外集》之意，别爲《集外詩》六卷，各識以原題續其後，藏篋衍示子弟。

先生負經世才，詩文特其緒餘。澤州相國在直廬，聖祖仁皇帝問今詩人，既舉先生名對，及予告陛辭，復以「將來可大用」薦。先生在翰林，掌院揆公亦時於奏對言其才。曾不十年，自檢討晉詹事。先生所以信友獲上，必有大過人者。乃宫相方膺，巫陽遽召，不惟不得盡其用，而傳業無人，末從諗其行蹟。雖典試兩浙、督學順天之甄拔得人；閲兵江淮之賞罰不阿，猶在鄉里稱説，即又不能覼縷。差幸詩卷長留，後生小子得從興寄之餘稍窺襟抱所在。摩挲遺文，未嘗不掩卷太息也！

今南北刻板已無存，舊印亦罕覯。山陰陳燿亭上舍，閔學者求本不易，見友芝所編録，力任剞劂，以《正集》先之。咸豐壬子九秋竣功，乃述緣起於簡首。

石鏡齋詩略序

伯庸尹過庭之教，於儕輩中最先有詩聲。少作千餘篇無留存稿。既自風騷漢魏，逮乎近代名家制作，靡不含咀熟爛，徹其正變源流，窅焉得所以置我。乃摭壯艾以來迄開泰校官，爲《侍雪堂詩集》若干卷；之鶴峰州判後，别題曰《石鏡齋》，以江夏寓廬負高冠山，昔曾掘出石鏡，放翁《入蜀記》所謂「鄂州訪黄鶴樓故址，在石鏡亭南樓之間，出漢陽門仙洞少南，即石鏡山麓」者也〔一二〕。

咸豐庚申秋杪，余自京師還，道鄂，尊酒話舊，流連浹辰，皆頹然老境，無復昔年豪縱。亟促付梓其詩，而《侍雪》舊編半不存篋中，因先以《石鏡遊集》而爲之引其端。十月五日書于石鏡齋。

葑煙亭詞草序

余少長遵義，交鄭子尹，既冠言詩，乃因以交其内兄黎柏容，歲率唱和，三四往來，而填詞亦旁及焉。顧子尹詞舊兼工，七八年前已自編集，曰《經巢瘝語》，曾爲《序》之以存。柏容與余，則皆未涉其藩，卤莽嘗試云爾〔一三〕。既柏容秋試累躓，余亦春官數擯，牽迮人事，幽憂無聊，乃復相與上下五季、兩宋，逮本朝鉅公之製，準玉田緒論以相切劘。余雖稍窺門徑，而才不副意，寥寥成篇；而柏容所詣，駸駸軼南渡而上汴京〔一四〕，即兼工之子尹已瞠其後。

竊論近日海内言詞，率有三病：質獷於藏園，氣實於穀人，骨孱於頻伽。其偶然不囿習氣，而泝流正宗者，又有三病：專淮海而廓，師清真而靡，服梅溪而佻。故非堯章騷雅，劃斷衆流，未有不摭粗遺精，隨波忘返者也。柏容少近辛、劉，繙然自嫌，嚴芟痛改，低首秦、周諸老，而引出以白石空凉之音，所謂前後三病，已無從闌入，顧猶不自信〔一五〕，見面必出所得相質證。余每持苛論，即一字清濁小戾於古，必疵乙之，而柏容常以爲不謬，日鍛月鍊，不盡善不已。近則每變愈上，雖子建好人譏談，人亦何所置喙？昔吴尺鳧爲詞，在中年以後，故寓深而攬擷富，宋牧仲虚懷討論，其詞可上擬北宋。柏容兼之，宜其幽宕緜邈，使人意移〔一六〕，爲之不已，於長水、烏絲，珂雪間參一坐，豈有愧哉？

今年夏，編其《葑煙亭詞》爲二卷，將付雕，而屬予序。余不文，又不深此，唯柏容爲之之甘苦不可不述，而又竊歎柏容詩十倍詞功，而顧遁以自見。與子尹遂於經，而行將假詩以鳴〔一七〕，皆士不得志於時無可如何之變計。然而吾黔自君采、滋大破詩之荒，漁璜、鹿遊、白雲、端雲諸老繼之大昌，獨未有爲開先倚聲者。今使柏容挾其所爲，掉臂海内歌場酒隊間〔一八〕，諒未肯遽作三舍避。則他日後進，數南中樂章別子，必將曰柏容先生，則雖長才短馭，或亦可無憾與！道光丙午中夏〔一九〕。

播川詩鈔序

詩卷所以長留天地間者，骨與韻而已。非是，雖工弗貴。風泠雲上，讀之悠然穆然，深遠無際，而不知情之何以移者，韻勝也；冰棱鐵矯，讀之眉宇軒昂，投袂欲起，而不知神之何以王者，骨深也〔二〇〕。吾友趙君曉峰之詩，其庶幾以骨勝者乎？

曉峰少遊學齊、魯、三吴間，多接其韻人畸士譚款，盛氣不可一世。好讀史，口析古今成敗事，洋洋灑灑，豁心露肝，而持論務出新意，不爲苟同，視世之褒衣博帶，竊聲華，取富貴，蔑如也。頗不能降心銜椽、工書義以就有司。歲己卯科試〔二一〕，試古學，冠其列而又置卑等。遂試拔萃，既受卷，忽左右顧盼：「是烏知我者！」還其卷。學使者疑其病，婉慰之，行且應曰：「今日興不佳！」遽出。則相與泝清流，跨層巖，有所會，嘯詠忘返。其率傲如此。故其爲詩，不屑作經人道語。當其得意，如萬山之顛，一峰孤起，四無憑藉，神眩目驚，自謂登仙羽化無此樂也。年逾四十，猶潦倒諸生中，曩者豪情銷鑠且盡，然酒酣耳熱，抵掌談藝，狂奴故態，未嘗不欲碎唾壺。余曰：「曉峰休矣，寒不可衣，饑不可食，百年鼎鼎，持此何成？」曉峰掉頭不顧也。今年秋，以其詩命余審勘〔二二〕。

嗚呼！以吾曉峰之才，使其泯去棱角，脂韋隨俗，苟一時之榮遇，夫何所難？胡沾沾然耽此無用之詩，乃若寢食性命之不可離者〔二三〕？而余固知後之人之讀吾曉峰之詩，其一往耿峭不可磨滅之勁骨，猶當撐在紙上，以得其爲人。而世之脂韋徇俗，苟一時榮譽者〔二四〕，其烜華詎長在？而謂吾曉峰肯以彼易此哉！咸豐三年九月，書於湘川講舍。

陳息凡依隱齋詩集序

息凡鄉解之歲，贄所爲古今詩謁澈翁師，即許其天才亮拔〔二五〕。始至京師，一時名公卿翕然有珠零錦瓌之譽。暫從申文定晉陽幕，尋以教習還都下。三四年間，日與海内能事酬唱切劘，格律益精嚴，風骨益遒緊，其《題謝文節卜卦硯》〔二六〕、《查氏列女編》諸篇出，雄定超詣〔二七〕，真可自建旗鼓。香蘇南中弟子雖多，殆未有或之先者〔二八〕。顧連不得志於春官〔二九〕。歲癸卯，以節母太夫人亟養，就籤發直隸令，改近四川，非其好也。歷權劇邑，吟詠且減。乃有察木多之役，往返三時，悉取烏斯山川風土入奚囊曰《康郵草》。異境偉筆，欲與火山、雪海争勝嘉州，遂爲平生箸述之冠。詩人之得興亦奇矣哉！比出蜀畢喪，當就令元籤畿省。粤寇已踞金陵，阻南北道，攜家航海乃得達。遽檄赴河北軍，旋令高平、攝滄守趙，皆殘破之餘，煦存卹亡，補罅葺廢。

又數以島夷窺伺，奔走從事津、沽間。艱難盤錯，十年無一刻暇豫。而息凡身閲手理，處之裕如。舉凡可喜可愕，耳目意計之外，百變不齊之數，事觸興生，一一寄之於詩，又得成編若干卷。計後此之一官一集，且未有艾也。

憶與息凡同公車時，意氣傲兀〔三〇〕，視華資要路摘頷下髭耳。豈知風塵奔走，東西南北萬餘里，罷精竭慮於簿書催科，投老驟不得脱守刺，何才命不相副若是？然使息凡早稱意於有司，縱羽木天，養優中秘，日逐應官文字，季有遷，歲有調，不旋踵至公卿。然而西海之奇闢，東瀛之鉅觀，戎馬之倥偬，黎庶之災傷，其足以發吾哀樂，攄吾懷抱，以昌吾詩者，必不能泰然安坐而得。故知天以彼之拂鬱吾者練經世之才，即以此之成就吾者吐英多之氣。試持以較衮衮諸公，其遇不遇何如也〔三一〕？咸豐十年春正月，序於趙州試院西廳。

陳息凡香草詞序

詞自皋聞選論出，其品第乃躋詩而上，逌然國風、樂府之遺，海内學人始不以歌筵小技相疵褻。嘉、道以來，斯道大暢，幾於人金荃而户浣花。然或意隨言竭，則淺而寡蘊；音逐情靡，又蕩而不歸。其貯興也風舒，其審味也水别，其引喻不出乎美人香草，而古今升降、事物變態，罔不可以掇諸意言之表，盪堙鬱而理性情。

同歲息凡子，夙擅詩筆，年餘四十，始涉爲詞，即洞其奥，亦既更歷世故，牽掣宦場，屬時多事鞅掌，尠有居息。溷怵耳目，棖柱懷抱，默之不甘，言之不可，憂從中來，輒假閨闈顰笑，倚聲而寫之。如集中無題諸令、引，讀之迷離惝怳，使人無端哀樂，一往而深。非真有妙會於風舒、水別之微旨，決不能道其一字。其近、慢諸製，亦復揉才於律，翕然雅音。

嘗與息凡尊酒細論，當其超詣，每欲取右詩文，息凡未嘗不首肯，平生得力《飲水》，自知豈虛語哉？咸豐庚申，將舉十年所得授梓以存，命友芝序其端。因念鄉里詞人，自辰六《春蕪》、鹿遊《明日悔》兩集後罕有聞者，近則黎柏庸、鄭子尹、黄子壽、章子和、張半塘諸君子，頗復講求。伯庸尤自信，已有初集問世，然當以慢、近擅場，引、令一道，不能不爲息凡避舍。他日兩君相遇，宫吕互興，于喁間作，倘不議吾漫軒輊也。正月立春日，書於趙州試院西廳。

播雅序

鄭子尹學博選輯遵義一郡本朝二百年耆舊詩，略溯諸有明改流以來〔三二〕，爲《播雅》二十四卷，唐子方方伯爲之刊成〔三三〕。友芝覆勘一過而序之曰：

於戲！我國家文治誕敷，雖僻遠山郡，而風雅鏗異若此邪？然亦豈不賴乎萃之者邪？遵義自漢鼇爲犍、牂著縣，道真尹公經術教授；長通盛公詩賦先導。遺蹟猶時時仿佛，何隻士單語無聞者？歷晉、五代迄唐，播、珍、溱等州縣猶見諸史。而劉夢得謫播州，柳子厚至謂「非人所居」，願以柳州易〔三四〕，便其將母，劉、柳又不果來。李太白坐流珍夜郎，亦已半道放還。及唐末楊氏據有其地，閱八百餘年，累代羈縻，不畔而已。雖宋自軾、粲、文、价相繼好文，興學養士，以得冉氏璡、璞兄弟文武才，又請得歲貢士，比腹裏州縣。元漢英益急教化，能詩文，尚體要，著《桃谿內外集》六十四卷；而其後裔在明中葉乃至禁學愚民，驕蹇不受節制，以取覆滅。往昔大編短述，亦遂蕩無一存。改流未久，兵革相仍。我大清平定西南，剷蘖桂、誅逆璠，民得休息。乃申講教法，增學解額，大惠遠省。於是邊郡人士，行義文章，彬彬與中原爭雄長。按以茲集，著録多至二百餘人，詩二千餘篇。

夫犍、不狼、降珍之山，延、鼇、黚、温、漢、鰼之水，其靈光清氣，非必增益於曩時也。士生右文承平之朝，得涵濡汪濊，争磨淬以自見，亦何幸歟！唯是南中風氣樸質，其文士雅不以聲華標榜，其後生又不以耆舊張詡。鄉者，友芝嘗欲略取貴州自明以來名能詩家之製爲一帙，於遵義尤措意李卓菴先立、羅鹿遊兆甡、李知山專、李冀一晉四先生。最先得知山《白雲集》於尹文學良稷〔三五〕，中間遺闕尚十餘年，零章逸句，時別拾諸他弆；卓菴《筆峰詩文鈔》，數以訪其裔孫，數枝梧不肯出，僅見年譜、郡乘所及數十篇；鹿遊得趙明經商齡持示一册，僅《明日悔》、《覆瓿》、《北上》、《問石》等小集，冀一《伴鐸吟》、《萃奇堂》兩草，近乃先後得之趙文學旭，亦非完本〔三六〕。

聞鹿遊《集》之全在其後人者，竟胠散於不解事人，至今不能釋然。夫諸老最著者，而友芝蒐求已難如此，而吾子尹二十餘年不遺餘力以成此編也，可知矣！

昔胡道南譏世之選家，坐取諸集，録其擅名及子孫方貴盛者爲冠冕，單門逸響附載一二，略去取，已裒然大集，至問《集》中風格高下〔三七〕，詩學源流，闢草萊、主壇坫、相羽翼各幾人，選者、讀者皆茫如也。若吾子尹之爲此編，存人存詩，一用裕之《中州》法。人不得詩，牽連旁附，淵源流别，絲穿繩引，郡之山川風土，疆里沿革，舊城殘壘，有所鉤核，亦參他例，并藉書之。蒐訂之勤，别裁之審，一展卷而曩昔若存若亡之文獻，爛然表暴於後人之耳目。道南之譏，庶幾免夫！獨惜尹、盛之後〔三八〕，楊氏興文之時，乃無一人薈萃當時人物、文字以爲玆集先河〔三九〕，則使太白能來、子厚果易，而復有造就，亦將與《桃谿内外》同泯泯於頑茜積薉中也。後之覽者，能勿鄭重於斯編？咸豐三年秋八月。

【校勘記】

〔一〕莫友芝《黔詩紀略》（同治十二年金陵刻本）作「儒術」。

〔二〕特餘事及之：同治十二年金陵刻本《黔詩紀略》原文爲：「《學孔》一編，横厲獨僻，然亦餘事及之，寥焉寡和。」

〔三〕前後間數年：同治十二年《黔詩紀略》此句作「前後三數年」。

〔四〕舉而授之：同治十二年《黔詩紀略》及臺北「國家圖書館」藏《雪鴻堂詩蒐逸序》均作「序而授之」。

〔五〕《黔詩紀略》「既望」後作「獨山後學莫友芝書」。民國《貴州通志·藝文志十四》引莫友芝此序，無《黔詩紀略》所引末句，但引有《莫友芝〈答鄭子尹論遠條堂詩編年書略〉》一文，各本均無莫氏答鄭子尹之文，今點校收入《郘亭散見著述彙編》之中，可參。臺北「國家圖書館」藏《雪鴻堂詩蒐逸序》此下附有莫祥芝關於王訓、詹英等人生平小注，此略。

〔六〕庚辰本鄭子尹九卷本《巢經巢詩鈔》莫友芝序（以下簡稱「庚辰本《巢經巢詩鈔·莫序》」）句首有「而」字。

〔七〕庚辰本《巢經巢詩鈔·莫序》「證諸」前有「切」字。

〔八〕庚辰本《巢經巢詩鈔·莫序》作「時常往來」。

〔九〕嘗漫：庚辰本《巢經巢詩鈔·莫序》作「即自」。

〔一〇〕六十有七：原作「六百有七」，民國三十七年《貴州通志·藝文志》亦同。據清咸豐壬子世恩堂《桐埜詩集》校改。

〔一一〕百四十年：原作「改四十年」，民國三十七年《貴州通志·藝文志》亦同。據清咸豐壬子世恩堂《桐埜詩集》校改。

〔一二〕「在石鏡」下，民國三十七年《續遵義府志·藝文志下》無「亭南樓之間出漢陽門仙洞少南即石鏡」十六字。

〔一三〕貴州省圖書館所藏莫友芝《葑煙亭詞草序》手稿此句作「而鹵莽嘗試」。

〔一四〕南渡：民國三十七年《續遵義府志·藝文志下》所載莫友芝《序》作「南海」。

〔一五〕貴州省圖書館所藏莫子偲先生《葑煙亭詞草序》手稿此二句作「既無從闌入，顧不自信」。

〔一六〕意移：貴州省圖書館所藏莫友芝手稿作「意消」。

〔一七〕行將：貴州省圖書館所藏莫友芝手稿作「將」，無「行」字。

〔一八〕掉臂：原作「掉背」，據貴州省圖書館所藏莫友芝手稿改。

〔一九〕《郘亭詩鈔》卷二有《次韻答柏容，時挾〈詞草〉相視》一詩，可參見。

〔二〇〕骨深：民國三十七年《續遵義府志》作「骨勝」。

〔二一〕歲己卯：民國三十七年《續遵義府志》作「己卯歲」。

〔二二〕余：民國三十七年《續遵義府志》作「予」。

〔二三〕寢食：民國三十七年《續遵義府志》作「飲食」。

〔二四〕榮譽：民國三十七年《續遵義府志》作「榮遇」。

〔二五〕民國《貴州通志·藝文志十六》「即許」作「即以」，「亮拔」下有「許之」二字。

〔二六〕民國《貴州通志·藝文志十六》此篇「硯」下有「及」。

〔二七〕民國《貴州通志·藝文志十六》此句作「雄宕超詣」。

〔二八〕殆：民國《貴州通志·藝文志十六》句首無「殆」字。

〔二九〕顧連：民國《貴州通志·藝文志十六》作「頗迺道」。

〔三〇〕意氣傲兀：民國《貴州通志·藝文志十六》作「意氣殆不可一世」。

〔三一〕民國《貴州通志·藝文志十六》此句句首無「其」字；全文至此結束，無《郘亭遺文》後兩句。

〔三二〕宣統三年貴陽文通書局刻本《巢經巢全集·播雅莫友芝序》「略」前有「而」字。

〔三三〕爲之：宣統三年貴陽文通書局刻本《巢經巢全集·播雅莫友芝序》作「資之」。

〔三四〕柳州：原作「柳」，據宣統三年貴陽文通書局刻本《巢經巢全集·播雅莫友芝序》補。

〔三五〕宣統三年貴陽文通書局刻本《巢經巢全集·播雅莫友芝序》此句下有「爲其先世師知山没後掇録本」一句。

〔三六〕亦非完本：宣統三年貴陽文通書局刻本《巢經巢全集·播雅莫友芝序》作「并止數歲之筆」。

〔三七〕宣統三年貴陽文通書局刻本《巢經巢全集·播雅莫友芝序》「風格」上有「諸公」二字。

〔三八〕宣統三年貴陽文通書局刻本《巢經巢全集·播雅莫友芝序》「獨惜」上有「而吾」二字。

〔三九〕乃無：宣統三年貴陽文通書局刻本《巢經巢全集·播雅莫友芝序》本作「獨無」。

郘亭遺文卷第三

跋彭文勤公讀本群經音辨贈高伯足

右南昌彭文勤公讀本《群經音辨》，識卷首云：「讀一字於未注者，記出何經何句，亦温書一法。芸楣自課誦之，令人神悚汗下。」末署嘉慶戊午。時入相已久，猶好學專精乃爾，直令我輩疏慵後生無處生活。一時擅博洽，彭、紀并稱，豈苟然哉？咸豐己未冬，新獲此册，湖口高伯足適過我視，將出都，遂留識別。文勤，又高君國故也，夙聞歙程侍郎恩澤有言：元朗《釋文》非經義專書，而無無來歷之義；文元《音辨》非經音專書，而無無來歷之音。極是二書确論。讀者宜與文勤法并求之。十二月癸卯，識于貴州老館。

資治通鑑後識

右司馬文正公《資治通鑑》，胡身之氏註二百九十四卷，附《釋文辨誤》十二卷。其二百有八卷以下暨《辨誤》，同治戊辰江蘇局刊；以上二百有七卷，則購鄱陽胡氏嘉慶丙子覆元興文署舊槧，合之者也。

文正書在宋元祐杭州、紹興浙東茶鹽司兩官刊外，諸路私家大中小字若廣都龍爪類，蓋又四、五本，今皆不可見。惟興文本間入藏弆家，興文爲胡註祖刊，明新安吴氏、長洲陳氏兩傳，不免增誤；鄱陽本雖後出，得顧文學廣圻校理，幾還元舊，劇爲當世所珍。顧自道光壬午後，不復印行。東南亂定，行本益消落，好學致用之士益務此書。率頻歲求不遇，遇又徵數倍囊直，縱有力充架者往往而然。

丙寅之歲，合肥協相權督兩江，議覆而新之。已爲致一鄱陽善印矣，尋提師征捻北去。戊辰初春，豐順中丞奏開書局江蘇，命友芝董斯役。議治史部，則挾是編以請，中吴士大夫僉然之。議授工何始，則以最末一帙層累而上。既若干卷就，友芝有事於秣陵。伏暑中，方縣令濬益、何太守栻、桂觀察嵩慶，一日之間先後來告曰："「鄱陽《通鑑》板猶八九在，曷致諸蘇局補綴以行，必事半功倍。」友芝亟馳書告中丞，再旬再往返，則已檄劉郡丞履芬行，先得郵實存亡卷數。則其後三之一，道光乙未前樓火，并《文選》板燼焉，前之太平在後樓，即今板也。冬十月，郡丞航以至，而局刻適完所闕卷，泯然相接湊，異矣哉！更一月以校譌補脱易漫，萬葉鉅編，首尾斠斠，距肇功之初夏，九閲月爾。當儲本議刊，豈知鄱陽板在？逮經始考工，更安知何闕漏而豫彌縫？而率然巧合如此！天之趣成人事，恒若待其時而一興，何也？十有二月立春日。識于經訓堂。

修補畢氏續資治通鑑刊板跋

同治丙寅春，李肅毅伯開書局金陵，刊六經註成，且及《史》、《漢》。問繼者何亟？友芝以《通鑑》對，《續》宋元則取鎮洋畢氏。即承命求胡果泉仿元本，備覆刊。聞畢書板在嘉興馮氏者，軍興，取供炊薪，僅損未百塊，其鄰遽倍薪材易去。亂定，又不能綴完。戴禮庭秀才爲議售，且就，而禮庭亡。肅毅提師赴河濟，應敏齋觀察亟爲購致，刊補亡失以行。江浙四部鉅編板刻燹燬幾盡，惟此碩果摇摇，將不自存，遂得拔出塵蠹，爲士林嘉會，觀察之爲政可思矣！

按宋元編年書，明王氏宗沐、薛氏應旂既無足觀，陳氏桱、胡氏粹中各完一代者差勝，亦未善，且大書分註，意不主續温公。本朝康熙中，徐健庵相國乃萃一時淹洽鉅手，比正史集諸散記，成後編百八十四卷，未上而卒。乾隆中録其稿本入《四庫全書》。然健庵時，宋熊氏克《中興小記》、李氏心傳《建炎以來繫年要録》出《永樂大典》者未行于世，其所據李氏燾《續通鑑長編》亦僅殘帙，宋元人資考訂别集小記逸未顯者又若干家，故猶未能酌繁簡之當。逮秋帆尚書際《四庫》告成明備之餘，得因徐氏舊編，羅放失，翦榛蕪，又有史家宿學王西莊、錢竹汀、邵二雲諸老輩爲之質證往復，以成定本。雖紀四百年事，較温公紀千數百年者，卷帙遂有三之二，猶啟後來議端。續温公書誠不易易，然其縝密詳贍，在二代編年家固未能或之先也。同治丁卯初冬來滬上，觀察饟新印本，因附識緣起，使來者有考焉。胥門舟次書。

跋皇元征緬録招捕總録

《皇元征緬録》一卷、《招捕總録》一卷，《四庫總目》不載，《揅經室外集》有進書提要，金山錢錫之刻入《守山閣叢書》中，并謂足補元史所未備，惜不得撰人名氏。以今考之，蓋元官書中虞道園筆也。據蘇伯脩《國朝文類》載《經世大典敘録》三卷，此《征緬》一卷即其《政典》二十類中「征伐類」十條之一，《招捕》一卷即《政典》中「招捕類」之全，是二書并從《元文類》鈔出并見第四十卷。其《大典》總敘云：「執筆纂修，則命奎章閣大學士、中書平章政事、臣趙世延而貳，以臣虞集與學士院藝文監官屬分局修撰，悉取有司掌故修飾潤色之。」是趙、虞總裁此官書。歐陽圭齋進此書《表》，又謂其亦綜纂修此二篇，固不知定出誰手？而以《征緬》條有「臣作政典」之云，合總敘稱「臣虞集」而不係官，皆似道園一人語。則此《政典》當以道園長於敘事，一手爲之，蓋無疑矣！道園以至順元年被命修《大典》，成書以二年三月，凡八百八十卷，目録十二卷，見圭齋《表》。《表》云：「體會要之遺意，發掌故之舊章；仿周禮之六官，作皇朝之大典。」則其書當若今《會典》，其《政典》則兵部所掌也。覈蘇氏載「征伐」諸條，并足與元史相參益，不僅《征緬》、《招捕》史志草率而《大典》不存爲可惜也。阮氏不知《政典》是《大典》中子目，直謂是元典章，亦誤。同治甲子四月。

作邑自箴跋

右宋李持國氏《作邑自箴》十卷，不載《宋史·藝文志》，而《直齋書録解題》、《文獻通考》、焦竑《國史經籍志》、錢曾《述古堂書目》皆有之，《四庫全書提要》不著於録，蓋採進所遺也。其書前四卷述論爲政要語，分「正己」、「治家」、「處事」三目，凡百三十餘説；後六卷則舉當官應行，自縣令戒約、民庶條教、店鋪驛舍牓諭，諸在公人要束事宜，至判版、身牌諸瑣屑，一一著成規槼，附以「登途須知」、「備急藥方」凡十七子目，百有餘事，精粗本末，慎重周詳，易遵易守。長才因之愈以拓美利于無窮，中下循之亦不失爲奉職寡過。

夫天下者，州縣之積，平天下必自州縣得人。始爲州縣，盡能如持國之用心，治道亦庶幾矣！惜其仁蹟、里居不詳，據自序署「政和丁酉」，知爲北宋末人。又云「待次廣陵」，知成書在揚州屬縣。賴孤帙未亡，尚得稱述名字，想像其人，差爲幸耳！此本蓋明長洲錢穀以南宋刊本過録，後歸虞山毛晉父子，陸貽典、張蓉鏡遞藏。穀謂曾假趙氏宋刊覆校，而卷中仍漫行闕字，豈趙本亦正爾同耶？豐順丁禹生觀察得之滬肆，重其有禆吏道，惜將泯没，亟以活字印行，命再讎覈過，輒考論大略書卷尾，闕逸字無他本補綴，約準格數爲方空，善讀者可意得之。同治四年夏五月。

歷官信讞録跋

親民之官，將以布德惠、安百姓。苟無才以運之，德惠亦不能下究，所謂徒善不足爲政也。有其才矣，而負恃意氣，遇事卤莽滅裂，剽而不留，迨其蹉失，益以飾非遂過，其患有不僅惠不下究者。故又非才之難，才而沈幾遠見，倉卒無游移，精神貫終始，乃真難耳。

貴筑高青書丈，以名解元起皖省倅丞，歷粤東西劇郡，所至結疑積件千百計，公局會讞平反數十事，弭患雪冤，翕然頌聲，庶乎沈幾遠見，精神周密，無倉猝無終始者歟！昔吾先君子論鄉里知舊吏才，必以青書丈舉首，數數道其檄察懷遠，釋誤指婚喪轎頭爲會匪教頭數百人之繫，讞靈璧盜而雪鳳陽招盜十三人之誣，以爲真神明；尤服其六安開塘、盜葬諸事，不肯執初斷以遂非爲，不失儒者舉動。友芝熟聞竊識，儲他日先友傳事案久矣！咸豐乙卯秋，客省會，獲交令子心泉、秀東兩君，示《歷官信讞録》，益得吾丈官蹟之詳，了然夙聞首尾曲折，曾乞弆其副。己未冬，秀東將令蜀，晤京師，復持本使校，將刊以傳，因記數語於後。願秀東此行，拳拳無忘治譜。十二月幾望。

泰山石刻十殘字拓本跋〔一〕

泰山石刻斯篆全碑，裂佚已久。百年前猶存明北平許氏所得廿九字殘石，嵌碧霞元君廟東壁間。乾隆五年，復與廟同火。右十殘字，乃嘉慶中蔣伯生因培令齊河時搜獲於玉女池中，即廿九字之僅存者。既爲亭東嶽廟側覆之，復爲圖徵詩，一時鬨傳。石凡二小塊，一塊一行四字，云「斯臣去疾」。一塊三行，行二字，云「昧死」、「臣請」、「矣臣」。《山左金石志》云：「二十九字舊拓本，首端界一線，中有裂文。」驗六字一石，信然。此碑全文載《汝帖》及金刻十二卷本《絳帖》，今就其行列質之。碑凡二十二行，行十二字，刻辭十二行，餘十行爲二世詔及斯等奏。此四字一石，即奏首行之第四五六七字。六字一石，即奏二三四行之首二字。其後即「制曰可」一行也。聞宋大觀間，汶陽劉跂斯立親至岱頂，手拓其文。謂碑不正方，四面皆有字，凡二百二十二文，可讀者百四十有六，漫滅不可識者七十有六，以《史記》足之，作譜以記。歐陽《集古》所録，特碑陰二世《詔》四十餘字，未及全文之半也。惜後迷失，遂不復完。家無《學易集》，未知所譜云何？兩帖當即據劉本縮臨，故其行列斷續間，四面之式猶可仿佛。其始一面蓋六行，其刻辭居五行。又左轉一面三行；又左轉一面六行；其四行完刻辭，二行爲二世《詔》；又左轉一面七行，其三行畢《詔》辭，餘四行即斯等奏其「制曰可」一行。又繞連始一面之五行，爲首行蓋依石勢廣狹劖刻，故行多寡不均。此十字，則當末一面之後四行矣。

按兩帖載全碑十剥二三，唯此四行三十二字中，才損「德」字；至許氏所收，又缺「丞相」二字，故存二十九。廟火以後，唯陽湖孫氏、儀徵阮氏翻本流傳。而此十字以灰燼之餘，復出於數十年之後，非有神物護持不能。雖更殘失過半，益可寶貴矣。道光丁未買歸自春明，柏容諸君欲爲題詩，先考具本末。計今秦碑存者，《繹山》、《會稽》，皆後人摹補，唯《瑯琊》及此僅存元石耳。九月二日影山草堂書。

漢李事改斜大臺刻記跋[二]

右褒城漢刻七行，記武陽李事丞右扶風改作斜大臺者，歐、趙、洪、婁所未見，覃谿、秋帆、淵如金石書亦未著録。吴荷屋《筠清堂碑目》題作「李喬」，翟文泉《隸篇》又作「李禹」，皆誤也。本高今二尺弱，廣一尺彊，行縱横不正，均如《揚淮表記》，上下端隱有界文限書，地額横書三字不可識，中一字作「衺」，疑「表」字。李君名字無可考也。見《華陽國志》載楗爲人士，兩漢無李姓，而於晉則大書武陽李令伯及其諸子，他姓寥寥，可見李實楗爲望族，事豈其高曾行，常氏失其行蹟耶？云：永壽元年中，始□斜大臺，改由卑者。褒斜谷亘數百里，南口。褒在漢中褒中，北口，斜在扶風武功，故扶風丞亦有治谷道責。大臺之舊必當橋格要處，經鄐君開道，孟文功飾，稺紀造作，猶崎險難行。事又改高由阜，故得安平省劇，萬民懽善，行人蒙福也。「劇」與「遽」通，有畏懼義。《易·涣》注「不在危遽」，《釋文》本又作「劇」，《後漢·列女傳》注「劇猶難也」，是也。云君「故牧益州從事，再舉孝廉、尚符璽郎、巴郡朐忍令、换漢中成固令」者，追述丞扶風前所歷官；云「擢宜禾都尉」者，則其丞扶風後所遷。通計七十許字，情事首尾完到，古人記敘可法如此。諸郡縣并見兩《漢》志。牧益州從事，謂益州牧從事。雖至建武中，復改州牧曰刺史，至靈帝中平末，始改刺史置牧。然亦得通稱。益州又郡名，故以牧别之。諸州皆有從事史。符節令，屬有尚符璽郎中。并見《續漢》志。唯宜禾都尉，《百官表》、《志》不載。《後漢書·西域傳》云：永平十六年，明帝命將帥攻北匈奴，取伊吾盧地，置宜禾都尉以屯田，是東漢始有此官。而《前書·地理志》，於敦煌郡廣至下云：「宜禾都尉，治崑崙障。」蓋附載班氏時新制耳。《後漢·明帝紀》，十六年二月，奉車都尉竇固出酒泉，伐北匈奴，「破呼衍王於天山，留兵屯伊吾盧城」。亦見《固傳》。章懷注《紀》云：「既破呼衍，即其地置宜禾都尉以爲屯田，今伊州納職縣，伊吾故城是也。」注《傳》云：「伊吾，今伊州縣也。明帝置宜禾都尉以爲屯田，故地在今伊州納職縣，伊吾故小城地是。」又注《西域傳》崑崙塞，亦本《前書》，云「敦煌郡廣至縣，有崑崙障，宜禾都尉居也」。凡皆宜禾見於史者。唐伊州即哈密地，今爲鎮西府，土地肥美，故有宜禾之稱。《後漢·西域傳》云：「伊吾地宜五穀，桑麻蒲萄，其北又有柳中，皆膏腴之地。故漢常與匈奴争車師、伊吾，以制西域。」然自建武至於延光，三絶三通。章帝建初二年，罷伊吾屯兵，距置時才五年。安帝元初六年，索班以千人屯伊吾招撫，旋被攻没。至順帝永建六年，以伊吾傍近西域，匈奴資之以爲鈔暴，復令開設屯田。如永平時事，置伊吾司馬一人。蓋罷屯者五十餘年，都尉當亦同罷同復。事爲都尉，在永壽後，距復屯時，又且三十年矣。楗爲，楗字从木，與《石門頌》同。《説文》無犍字，知漢人只用楗字。斜字增斗，已變《鄐君》、《孟文》兩碑之假借。斗字作人覆十，亦人持十之筆蹟小異耳。字季士，「士」，字書作「木」，頗近本末字。然士事也，名字與漢人訓詁相應。且此字直畫，首獨長，末雖微見，恐石剥耳。《唐公房碑》陰諸「士」字并書作「木」，亦可證。書「壐」作「壐」，是《説文》正字，今所用从玉者乃籀文。丁未十月。

丘穆陵亮造像記跋

右後魏太和十九年，使持節司空公、長樂王丘穆陵亮，及夫人尉遲，爲其亡息牛橛造彌勒像碑，蓋洛陽新出故蘭泉、淵如金石書未載。《魏書·官氏志》丘穆陵氏後改爲穆氏，《元和姓纂》載穆氏「河南」，一望云「代人」，本姓丘目陵氏。「目」，《永樂大典》本作「穆」，依《金石録》引。「代爲部落大人，爲北人八族之首，後魏以穆、陸、奚、于比漢金、張、許、史，孝文遷洛陽，改爲穆氏」，而碑猶稱「丘穆陵」者，改氏在立碑後。《金石録》所謂自穆崇至亮皆姓丘穆陵氏，史但云姓穆者，乃其闕誤是也。《孝文弔比干墓碑》先此一年，其陰題名亦有「丘目陵亮」，結銜云「司空、太子太傅、長樂公」，蓋越歲，亮已致宫傳、晉王爵矣！同姓復有純、惠二人字，皆作「目」，與《姓纂》合。此作「穆」，與《官氏》合，當此爲正。故改氏省爲「穆」，其作「目」，僅取同音耳！咸豐乙卯開歲五日。

伊闕陀羅尼經跋

右洛陽《伊闕佛頂尊勝陀羅尼經》，如意元年四月八日史延福主造，磨崖，高七尺二寸，廣六尺六寸，正書，五十五行，行六十八字，或多少一字不等。經末造者題識又别爲三行，字稍大，末載書經人□柱□。其書姿韻頗近褚發善，惜明隆慶戊辰，河南巡撫趙巖刻其惡書「伊闕」二大字横壓經中，其書名又復書經人姓名，至不能全識，真佛頭著糞矣！此經有朝散郎杜顗及罽賓沙門佛陀波利兩譯，《開元釋教録》謂出《大周録》第一譯、第二譯者也。佛陀波利自儀鳳元年從西來，却迴西國取此經，至永淳二年迴至西京。乃敕行顗等同翻譯留中，還僧梵本，復於西明寺與漢僧順貞奏共翻譯，兩本并行，語小小不同，見永昌元年八月定覺寺沙門志静序。此磨崖經即用佛陀波利本，如意上距永淳才十年，距永昌才四年，至開元、天寶後，此經之幢遍十道以百數，而流傳最古者，唯此伊闕一石，惜乾嘉諸老未之見也。道光丁未二月都門記。

跋舊詩卷贈五岳游侶

五嶽游侶陳君焕巖，客播將歸，惠《五岳遊草》，得海岳之助乃爾，奇拔絶倫。友芝甫練衣冠，不文之言，不足爲報，舊詩一卷，聊助歸裝。君南海在鬱江尾，我居毋斂，守鬱一源，才力大小如其山川，殆不可彊也。余尤因有慨焉！人生世上，富貴命矣！即一筇兩屐，欲盡吾量爲游覽雄，不惟其才惟其具，不惟其具惟其時。余於五岳非漫無志者，三度京塵，僅望其二，家食累歲，百感千劬。指楗、不狼，近在几席，已非腰脚所自主，庚辛以降，海波方揚，水衡告匱，半壁東南，罔有安宇？就令天假之閑，劚奇抉勝，將復何心也。陳君乎陳君，乃汝福真勝哉！君歸過朱明。檢蓬萊舊島，爲問諸仙人，及其物禽獸盡白，而黄金銀爲宫闕者，猶在乎？抑靈芝真精，稚川金匱，猶有傳者乎？乃可恃以無恐。道光癸卯歲五月。

白氏長慶集殘本跋

向讀香山詩，未見其文。道光乙巳中夏，過友人楊容光，架端閣《長慶集》，雖殘斷，而自三十二卷雜文、制誥、奏狀、策判至終篇無缺失。容光方專力岐黄書，因乞歸，裝整附單詩後，於是白氏書以義合而成完。容光曰：「嘻，今日典籍明備極矣！所謂藏書家，四部環繞，宋刻元鈔抵烏鵲，常侈於目録家論著之外。通行斷本拱璧之，斤斤焉何窮措大舉動乃爾乎？」余曰：「不然。膏粱而飽，狐貉而燠，廣廈而庇，善矣！而藜藿者、緼結者、蓬蓽者，未嘗無飽、無燠、無庇也。夫讀書貴有字耳。完本之字，豈有異於兩合之字乎？必得完本而始讀書，則抑將枵腹裸體而野處，以冀膏粱夏屋狐貉於不可知之數乎？且今藏書如某某家，亦云富矣，主人不能名，執友不得假，典守厭於厮僕，卵育乞於鼠蠹。故有富兒極服食起居之美，而門祚苦無所承；而窶人者生子生孫，岌岌然仰事俯畜之不暇。以彼易此，孰得失必不待智者決也。」容光曰：「嘻，然哉！斯言可以勵學者，不宜不記。而吾之故紙收此塵翳且十年，一旦得子拂拭料理，遂燦然先後於魯鼎旅盂。士之沈埋人海，碌碌無表異，鍼芥遇合而榮枯判然，皆可以故紙觀，而無容爲之悲喜也。」

遺山詩集跋[三]

右《遺山詩》通行本，毛子晉據元至元戊辰曹輗所刊單詩本傳刻者。《遺山全集》凡四十卷，交城張德輝所類次，中統壬戌嚴忠傑刻之，在書刻前六年，其詩居十四卷，凡千二百七十八篇。曹本次敘悉同，唯卷析十四爲二十，又增多五言古詩十二篇，七言古詩四篇，雜言三篇，樂府二篇，五言長律一篇，五言律七篇，七言律三十四篇，凡增八十四篇，分續各體之末，合千三百六十篇，爲不同耳。據五言律卷當增出首篇題下注云：「以下係《續編》。」必毓因忠傑本摭遺附入，故析卷增其六，復係此注以相别識，各體皆然，而毛刻奪去。紀文達謂毛本爲從全集摘詩别行，殆未審勘也。郝經志遺山墓，謂其詩至五千五百餘篇，爲古樂府不用古題特出新意者又百餘篇，用今題爲樂府揄揚新聲者又數十百篇，校此本篇數乃溢出四之三。而忠傑刻全集，有李冶、徐世隆、杜仁傑、王鶚四序，并謂忠傑就其家求得完帙。而遺山自題絶句云：「千首新詩百首文」，蓋即晚年定集所作，特舉成數，與今傳者未爲懸殊。然則郝《志》兩五字蓋一二字之譌，曹本即是元詩足本，不必援祁《志》誤文見疑也。詩道自李、杜、韓凌暴三唐，東坡、涪翁雄視兩宋，後有作者，誰敢望其項背？遺山崛起幽、并，才情横逸，絶去依傍，渾浩流轉，如長江大河，駸駸乎欲與之抗。在李、杜、韓、蘇後，固未必遽增四家而五，其于山谷老人分道揚鑣，庶幾勁敵。其先後間之放翁、石湖、道園、淵穎皆莫能及也。又精九數、天元之學，曾因劉汝諧撰《如積釋鎖》，爲之細草以明天元，見祖頤序朱世傑《四元玉鑑》。蓋遺山自弱冠受知楊雲翼、趙秉文，晚又善李冶、張德輝，號「龍山三友」。楊、李皆曆算宗工，故亦能兼通之，尤古來文章家所未有，惜其書不傳，史傳亦不載。咸豐四年夏五月，讀單詩本，復假《全集》略爲校勘，識卷末以示子弟。

【校勘記】

〔一〕此文見臺北「國家圖書館」藏《郘亭雜文叕餘録》，正文與此無異。又可參見莫友芝《郘亭詩鈔》卷四《以泰山石刻殘字拓本寄柏容二首》。

〔二〕國家圖書館藏《莫友芝詩文稿書跋》莫友芝手稿中，發現莫氏所跋之拓片，碑刻文字七行：「右扶風丞，楗爲武陽李君諱曰事，字季杰。以永壽元年中始作解大臺，改由其由光安平省處。萬民懽喜，行人蒙稿。君故牧益州從事，再舉孝廉，尚符璽郎，巴郡朐忍令，換漢中成固令，遷宜禾都尉。」又有「元年，又似延熹，又似末漢，漢又似朱褒」等校語。本書所收臺圖藏《郘亭雜文叕餘録》該文附録有此拓片，可參見。

〔三〕臺北「國家圖書館」藏《郘亭雜文叕餘録》有此文，有異文，可參看。莫友芝《宋元舊本書經眼録》附録卷一《書衣筆識》載有《元遺山詩集》一文，云：「明末毛子晉刻《元人十家詩》，其遺山一家，即用曹編，大書疏行，改寫上木，此之細行密字，蓋猶元式也。同治戊辰暮春，收於闤肆中，重裝記。」莫文另有詳考，可與此跋互參。

郘亭遺文卷第四

書彭氏赴狀後

咸豐五年春，台拱廳苗變圍城，署古州同知彭汝琸、龍里知縣彭毓書等奉檄馳救，至勝秉，禽數十人，因撫降，苗遂解台拱圍，而清平縣凱棠、凱少苗復起焚三寨。五月十一日，汝琸、毓書馳救，次黄平州之崖門司。十五日，苗攻司城，擊退去。廿九日，復大至，城僅數百户，無宿糧，又乏水，汝琸等所將兵練半撥回勝秉援鎮遠，戰守皆不足恃。四乞師於鎮遠總兵，所遣三百人亦移之勝秉十五〔一〕告急於省會，尚未應，漢民范八者與苗通，汝琸等雖知其叵測，姑羈縻以待援。六月三日，食盡，援不至，急馳入衛千總署，索范八，則已偕千總邢連科之子舉人士義逸去，城遂陷。連科闔門自裁，汝琸、毓書皆遇害。汝琸、毓書當道光末，曾從鎮遠知府胡林翼、黄平知州徐豐玉勦鎮遠革夷，爲群夷所畏惡，至是皆醢之，士義亦自殺。八月，汝琸之弟湖南候補知府汝琮至黔，爲其兄以衣冠招魂斂。爲其猶子具哀狀遍訃同官。時貴撫未實奏苗亂，但謂漢夷争鬥，汝琸等往治，不得下落。此狀出，撫軍不自安。署貴筑知縣及麻哈知州某某等亟詣汝琮，責收歸所赴狀，會城士庶以將收彭氏狀爲異聞，争求彭氏狀，一二日傳觀遍窮巷，狀益不可收。

其後彭氏舉喪，貴撫、藩臬、糧道、貴陽守及貴筑、麻哈皆不至。嗚呼！多事之時，以英偉才人，膏血原野，而當道者處之如此，故知黔亂之未艾也。

汝瑋字貢父，江夏人，年才三十二。

姚端恪公手蹟跋二則

右桐城姚端恪公訓子士堅語一篇，在京朝寄諸子小札十三件，《虚直軒文集》不收，其裔孫按察使瑩掇拾莊潢爲卷，以存手澤者也。中一札云：「汝輩在家萬分謙謹，持家十分節儉，我所拳拳丁寧者兩言而已。」通卷蓋不出此意。訓語以士堅食罷置箸有聲爲肆慢，爲之反復極諭。札中又舉聯社、結盟、飲食、徵逐爲大戒，以五兒下第爲可喜，并是謙謹闡義。諸札于贍族恤鄰，下至子錢、典租諸瑣屑一一有處置，則皆本之節儉，以裕推及者。世禄子弟，匪驕即奢，不期而至，能令常檢飭于恭儉，未有不加人一等。繹卷中雜訓，即知平日畜教嚴密，罔不在是。宜其後嗣學行文章，二百年不墜也。

端恪諱文然，字若侯，當國家初造，再爲給事，於大利弊知無不言，章數十上事，皆施行，蘆差其一也。晚以刑部侍郎晉總憲，轉刑部尚書，有《白雲語録》六卷。貴陽門人蘇瑋韋玉甫校。述其經手事案，酌定條例，冠以律心律意論，誦之藹如。札中一及刑律，謂其義甚精，皆本好生之德，夜常攬閱不倦，可見《語録》所由著兩及蘆差，極憂工部把持熒聽，驟不能停止蘆差者。瀕江湖諸省蘆課，舊由工部請差，京官督理收解，公私病之。康熙三年，已議改令户部飭各省藩司收解，乃悉稱便。至八年三月，工部仍請差官，已有員，端恪力陳其不合，有旨詰工部。作二札時，蓋仍停之，諭猶未下也。端恪仕蹟詳在國史、方志、家集，此卷落落數十語，而家法之善、服官之隨事盡職，隱載以傳。古之善觀人者，于尋常語得平生，于瑣屑事見全體，吾三復斯卷而益信。同治改元，按察之子濬昌屬爲題識。三年六月，濬昌將之湖口令，乃述所見歸之，即以贈行。濬昌謹厚有家法，而任事不苟，庶幾恭敬奉持，益以求盡職，益永先緒也。軍安慶次書。

右姚端恪公手蹟一卷，蓋讀書有會，雜録以備遺忘，亦其裔孫按察掇拾莊弆者。余平生論書，不盡右書家，以書本心畫，可以觀人，書家但筆墨專精取勝，而昔人道德、文章、政事、風節著者，雖書不名家，而一種真氣流溢，每每在書家上。國初同時諸老，魏敏果書近元常而快，魏文毅書近信本而舒，端恪此卷，近登善而質，皆不以書名家而氣韻勝者。

知佾齋牓子卷書後

寶山毛生甫氏以《説文》無舞「佾」字，唯見鼎臣《新附》，因取「八」部，从重八之「癶」當之。祁壽陽相國道光己亥提學江蘇，遂以「知佾」名其齋，且爲書牓，而附載其説。經亂以後，此牓歸生甫邑子蔣劒人氏，重裝爲卷。同治丙寅夏，友芝客滬，晤劒人，屬題識。鄙見所及不敢苟同，述諸左方，俟小學家是正之。

謹按：舞「佾」之字，許君書蓋用「𠔁」，漢人或假「溢」字。《郊祀歌》「天地八千童，羅舞成八溢」，師古曰：「溢與佾同。佾，列也」是也。「肉」部。「𠔁」訓「振𠔁」，小徐作「振肸」，《玉篇》：𠔁，「振眸也」，「眸」蓋「肸」譌。从肉，八聲，序在「肖、胤、冑」下，并以从肉。象人，以聲明意。「小」明其似，「幺」象重累，「由」明其所本，「八」著其成列之數，四字自爲一類，故相接次。「振」之訓，一曰「奮振」，「𠔁」者，振動其舞列也，其形聲義曉然可見。其从「𠔁」之字「屑」，从尸，𠔁聲，訓「動作切切」。「肸」从十从𠔁，訓肸響布動作與肸響布，皆於振動行列義近，亦可以爲旁證。自鼎臣不識「𠔁」爲「佾」正字，不以「質部」佾切之夷質爲音，而取「迄部」肸切之許訖，又別附「佾」篆於人部，而「𠔁」乃廢矣。重八之字，錢曉徵氏謂即《尚書》「分北三苗」之「北」，即本鄭氏《書》注，「北猶別也」。虞氏注《易》，「北，古別字」，爲說於形聲義皆确然無疑。段若膺氏創爲「兆」字之說，且謂《說文》「卜部」本無「𠧞」，「兆」則武斷已甚，生甫又持以爲「佾」，無乃若膺武斷之續乎？其謂「八人爲列，八佾爲六十四人，重八則六十四」云云，即有未安。既曰「八人爲列」，唯用「𠔁」乃形義皆得，若用重八，固合八佾完數，而於六、於四、於二，將何以解乎？又謂自「八」以下遞降則有別，故許君復引《孝經》說云云，蓋亦不自安其說，而彊爲之辭云耳。許書引上下有別者，「八」本訓別上下，乃訓重八，唯識爲「分」、「北」字，乃的當分明也。此牓之作已廿八年，生甫氏早歸道山，他日儻質之壽陽公，或不以小子多言見斥乎？七月既望識。

漢竟寧雁足鐙考略[一]

右漢竟寧雁足鐙，高建初尺六寸一分，盤高九分弱，徑五寸二分彊；中空，徑二寸二分，所以盛膏之地，環周於空，蓋徑一寸。款識刻盤底，方折篆文，爲二行。外一行云：「竟寧元年，寺工工護爲内者造銅雁足鐙，重三斤十二兩。護武、嗇夫霸、掾廣漢、主右丞賞、守令尊、護工卒史不禁省。」内一行云：「中宫内者第廿五。」下少空，又云：「受内者。」凡五十三字，重文一。重今庫平二十五兩六錢七分。

此器乾隆中在維揚馬半槎家，即厲樊榭詩、翁覃谿《金石記》所述，皆不能了析。後歸歙巴予籍，汪容甫爲釋文，乃差可讀。既而爲陳木盦、范壽盦遞藏，今歸吴縣潘季玉布政養閑草堂。款識第五字汪釋「考」者，今寔作「寺」。道光中釋達受在木盦家拓此全形，手剔漫塞，作《剔鐙圖》以記。然則此字經達受始爲「寺」也。「竟寧元年」者，漢元帝即位之十六年，建昭六年正月改也。「寺工工護」，猶建昭鐙之「考工工輔」、公主家鬲之「左工工賀咸」。鬲，戒兆枏讓木上舍藏。「寺工」言管領之所，「工護」謂工人名護。漢器多有造工姓名，如永始首山宫鐙、耿氏延光鐙、上林鼎、太宫壺之屬。亦或名而不姓，工上係一字，如甘泉上林宫行鐙「山工誼」、上林榮宫鐙「民工李常」、湯宫壺「塗工乳」之類，并可見古人勒名考，誠法度也。「寺」當依容甫作「考」。細審此字上半下横亦微上曲，寔與「考」無異；其下半篆寸與本器尊下隸寸迥然不同，蓋緣「考」字下半銅質縮爛近「寺」，達受因誤剔成之，不若舊釋爲可據也。《漢書·百官表》少府屬官有考工室令丞，武帝太初元年更名考工室爲考工，臣瓚曰：「冬官爲考工，主作器械也。」《後漢書·百官志》考工令一人，主作兵器弓弩刀鎧之屬，及主織綬諸雜工，左右承各一人。此器即出作器械諸雜工手，工護即雜工之一也。釋「寺工」者，有謂猶言司工，亦曰官工者。「寺，司也」，見《後漢·本紀》引《風俗通》。「寺，官也」，見《廣雅·釋室》。「寺，官舍也」，見《衆經音義》引《三蒼》。俞樾蔭甫説如此。有讀寺如詩，《春秋傳》寺人謂寺奄者，寺工，主奄寺工作之所。又有以「寺互都船獄」爲比者。見《百官表》如淳注引《漢舊儀》。按皆望文生義，義亦可通。然於漢制皆無實證，故不從也。此下曰「護」、曰「嗇夫」、曰「掾」、曰「主右丞」、曰「守令」、曰「護工卒史」，皆考工監造官屬。曰「武」、曰「霸」、曰「廣漢」、曰「賞」、曰「尊」、曰「不禁」，其名也。曰「省」者，監察之謂。工護造之，此六人監察之。建昭鐙、考成廟鼎、湯官壺、太官壺，皆云某某官、某某省，其例同也。曰「爲内者」，《後漢·梁商傳》注引《漢官儀》「内者，署名，令一人屬少府」，《百官表》少府屬有内者，《百官志》「内者，掌中布張諸衣物」，《後漢·皇后紀》注引《漢官儀》「内者，主帷帳」是也。此内者掌中宫，故曰「中宫内者」，與「建昭鐙」文同，猶甘泉内者則掌甘泉也。《漢舊儀》「皇后稱中宫」，《漢官儀》「掖庭後宫所處，中宫謂之中人。」《後漢書·宦者傳論》注引。容甫謂蓋水定宫者，得之。

曰「第廿五」者，漢器多紀次第，如建昭鐙第五，汾陰宮鼎廿三，孝成鼎第一，齊安盧第一百卅一之比。又曰「受内者」，謂中宮給侍中人，受之内者令署。建昭鐙無此文，偶詳略耳。「嗇夫」、「掾」、「令」、「卒史」、《百官志》及注引漢官皆散見，惟「護」無文。而漢器湯官壺有「護級」，「杜陵東園壺」有「護昌」，「元康鐎斗」有「護萬年」，與建昭鐙「護建」，并可以爲證。此器「護」字三見而義各别，上「護」人名，次「護」官屬名，下「護」爲護攝義，驟不易分曉也。「嗇夫」，則甘泉上林宮行鐙有「嗇夫山」，齊安公廬有「曲宮嗇夫忠」，陽泉使者熏廬有「傳舍嗇夫充」，元康鐎斗有「繕作嗇夫建」。餘四者，漢器亦多有，不具引。右丞曰「主」，令曰「守」者，建成廟鼎、湯官壺并有守令，元康鐎斗有「主令湯官」，又有「主守右丞」，杜陵東園壺有「主守左丞」。建昭鐙亦有「主右丞」，太宮壺有「主太僕監掾」，是其例。容甫以「行」、「領」、「護」、「守」，謂非真拜者，義亦當然。然則此「護工卒史」亦得用容甫非真義。而容甫以釋「武、嗇夫」上之「護」則，未安也。至諸器所書主守官，或單言，或備言，蓋「主」亦猶「守」矣。護、嗇夫、掾、丞、令，大較先卑後尊，與建昭鐙同，而「卒史」在「令」後爲獨異，容甫謂專「護工」，特别之，則未然。此器「考工」之官，更安所别？意此「卒史」本他署人暫來護洽工事耳，故附之於末，觀其「護卒史」中特系「工」字可知矣。同治丁卯中冬，養閑主人招審定此器，并示新拓，因就鄙見所及，拉雜書之，質主人取正焉。至日丙子。

送潘稺青明府歸桐城序

貴州役隸之盛冠天下，而遵義役隸之盛冠貴州。其級，有鄉總、里總、小總、散、五。縣鄉四，里十三，總各一或二。鄉視之，皆大總也；里常小總十，各屬散常百人，以遞稟令於總上總。如是者鄉一班各半月直於縣。復有四鄉總，尤異數，不可必得。其進之途，非世即效。世，取子弟族人；效，城若鄉游手無賴敢死者。率易官時竄散籍，洊升至總極不易。縣人稱散視父，總視祖，大總視曾祖，其類相引進稱師徒，徒視子，徒之徒視孫，徒孫之徒視曾孫。

號總者，莫不擁腴田華屋，鮮衣大馬，長喙利爪而擇肥，行者避道，坐者竦聽，喑嗚市閭，奴隸邨落，鄉豪仰睫稱義子，賤士承頤呼契兄，巨釁片紙而即和，久争一語而咸聽。所至張請李速，惟恐不臨，主婦亂於廚，輿夫大於常客。總謂里皆其百姓，里畏總甚於長官。官易則一年不知，總死則十甲俱詫。其自贊云：「舉人進士，一差不易。」以此，至散者雖襤縷短後，泥傴塵帽，如賊如鬼，稱奉師遣，猶復三三五五，得雞索豚，畢茶督酒，師不去口，人皆頫首。例三八訟期，一票下，五等者必有名，名率十以上，訟者發腳有錢，上道有贐，饘宿有糗，送案有規，僻地有私彎。若被訟、若株連者，費亦與之等。私彎者，乞爲地賄大總，取予必邃密地，故名。或欲私彎十金，附耳語，目相眨，指相示，其好者曰：「人不皆爾我若也，若我豈豪釐爾者？」即驟倍之。

否則曰：「敬大神敢如此？況若何案，使若告我賄。」即侯間倍之，仍不得領，又倍之，蓋數乞哀始得獻。如是，本事在票否勿問也。故一訟起，常二三家破。一歲之訟以數千計，破家飽斯役者可勝計哉？然衣租食税者熟視若無覩也。不順者皆莠民，敢議者即劣士。萬不可捹，間於大府，則爲之更姓名，詐生死，百計營護，惟恐或傷。間自負循能，實鑒其弊，始亦奮精淬神，思盡懲創之，而挾以要者已環起而侯。大徭猝興，千輿萬夫，供帳束手，一人付之，理也井井然。劫奪殺人，元凶在逃。黜陟繫俄頃，彼四出其黨，罪人立得。維正不供，右詘左支，召而詢方，即多寡猝辨。數端者，皆其擅長，足以分主者憂，闟口而奪之氣。我方詡詡然索其瘢，彼已竊竊然發難難我。若猶不可得，則又多方揣摩，投喜以售。敏決者示之能，慈祥者示之懦，廉儉者示之陋，誠樸者示之愚，剛柔擇施，奇正互用。迨久而相融，忽不致疑，吾倚腹心，彼肆觜距，執訊則滿堂皆官，定讞則先入爲主，出入罪目，變易黑白，唯其所欲，無不如志。若是，其勢安得不張，其權安得不固哉！亦嘗籌所以治之之法矣。將比而誅之乎？則不可勝誅。將比而去之乎？則不能以獨理。將散之四境，則無業，或轉而亂群，或盜也。將擇而用之，則其類維均。將教而使之，則未有官如傳舍，化及頑梗者。然則法如之何？曰：絶其欲，不授以握；慎其儀，不予以闟；少其遺，其羽亦翦；速其結，其技亦裂；寬其連，其毒易殫；嚴以束其横，懇以導之正，雖跖蹻亦可彊以爲善。然未見其人也。乃今於潘公得之。潘公票遺總不總勿問，率一人至三人止，期不至，治勿貸。一牘入，集兩造立判，常朝日至四下漏。公始至，若輩見所爲，皆譁然。私與語，姑聽之，無三月教不轉，已而皆帖然。蓋公循循溫雅，若無能爲，理在必行，不可枉撓。一大總倚老且諸總尊，試攙言堂上，命杖，各面相覷，莫敢應，卒杖黜之。他約束若輩皆此類。又思所以嘗制公者不得，故帖然也。居半年，遵士若民莫不舉手加額曰：遵病今其有瘳乎？未周歲，而公以肺疾引去，惜哉！將行，遵人士思公德，作爲詩歌集篋笥。偶縱論役隸事，遂書以爲送行序，亦備來者採焉。道光辛丑四月。

送黄愛廬年丈升任杭嘉湖兵備道序

國家立分巡兵備道，雖不必專營衛。而付防邊整伍之寄。浙江半面瀕海，飛雲、横陽、館頭於温州，松門、海門於台州，定海、大浹、湖頭渡於寧波，三江、沙門於紹興，杭州赭、龕二山，嘉興乍浦、澉浦，并其門户。城守水師，材官宿將，砦臺屯候，海陸旁連，島嶼交錯，故杭、嘉、湖、寧、紹、台、温處諸兵備道尤爲重員。

海宇承平二百年所，士馬恬嬉，不知戰鬬。自道光庚子，島夷以市舶之醜，結連亡命，沿海網利，掊廣州，撼厦門，掇舟山，披寧波以逼乍浦，漏金焦溯揚子窺江寧。飽則暫颺，飢而復集，鳥檣風柁，唯所突瞰，不敢誰何，東南震動。天子不忍塗炭其民，徇當事請，擲内庫白金千以鉅萬，以殺其欲，靖復我邦土，乃益修我武，嚴爲之防，盡取失機將吏如法論。於是海疆益重用人，非知大體有文武威風可倚信者，不在選。

二十三年春，杭嘉湖兵備道員闕，以遵義知府順德黄公升踐其任。蓋嘗竊觀宦場風氣，封疆鉅荷係安危天下者，率太平飾朝廷爲務，其親民之屬，遷調劑易，月更歲不同，又計課迫僚佐牽之。故雖昭然有大利害，罔不姑韜聰黜明、緘口隱忍以倖無事。無所塞職，則躊躇審顧，擇可以衒晃俗目，朝謀而名成者，囂然爲之。大官持以倡，小吏承以效，一時循規治楷，此張彼耀，非不烜煌可觀。然而士不足以一道，民不足以同俗，兵不足以作氣。一旦有故，束手相視，莫知所爲，巡徼籍口紛紛逃遁，其尤薾瑣，至買坐落職以脱於事。嗚呼！是滔滔者，非苟則阿之積之爲之也。而黄公獨不然，公自部郎登侍御，轉給諫，皆以果慤健職膺主知。爲遵義五年，樹大利，剔大病，無難怵，無勢回，有所見期在必就。不貪赫赫之功，而百世將食其德。又留意邊備，于古人攻守制勝之具，天下之水陸阨塞要害，博講精究，要若觀掌。故自海氛形動，之官東南者，往往有懜憧可憐之色。獨公聞是命，慨然義形。語友芝曰：「島夷饕貪無厭，若遂格天子威德，長此引去，天下之福也，少翻覆吾亦有以待之。」

公慈祥温抑，言若不出諸口，至決大議、臨大任，毅然有餘。噫！其可謂仁必有勇也已。此行也，宵旰之南顧憂其紓矣乎？代至，遵人士相率道名德，爲詩歌，大篇短章，盈卷累笥。友芝既客久于遵郡乘院講，始終事公，又同年公子伯垂鄉舉誼，不容無言，故㔶深且大者以爲序。

送鄭子尹署古州廳訓導序

嗚呼！學校是也，而其實非也，西南其尤者也〔三〕。師弟子所罣求，科舉利禄也。高頭講章外，皆雜書也；八股八韻外，皆雜學也。故雖有四子五經〔四〕，問以考躬制事，茫如也。然而尤其良者也〔五〕。課藝之不知，而束脩之計也，舉業之不事，而訐訟之資也，滔滔者皆是也。矧古州之漢夷雜也。然而君子無陋居也〔六〕，然其學新立也，新又易以動也。王江者，剛水也；毋斂之東南陬，尹公之鄉縣也。吾子以南中北學歸淵源於鄉人〔七〕，宜也。如其久也，荆州可再出也。然而其端可引也，其成功則天也〔八〕。願吾子之勉之也！君子不以一日忘百年。道光乙巳正月穀日〔九〕。

【校勘記】

〔一〕「十五」：疑此下有脱字。

〔二〕貴州省博物館藏有莫友芝考釋之「漢竟寧雁足鐙」圖及考釋文字，可見本《全集》影印圖。

〔三〕國家圖書館藏莫友芝《送鄭子尹署古州廳訓導序》手稿此句作「貴州其尤者也」。

〔四〕國家圖書館藏莫友芝《送鄭子尹署古州廳訓導序》手稿此句作「勤力數十年」。

〔五〕良：國家圖書館藏莫友芝《送鄭子尹署古州廳訓導序》作「選」。

〔六〕國家圖書館藏莫友芝《送鄭子尹署古州廳訓導序》手稿此句作「尤未易以齊也」。

〔七〕以：原無，據國家圖書館藏莫友芝《送鄭子尹署古州廳訓導序》手稿補。

〔八〕其成功則天也：國家圖書館藏莫友芝《送鄭子尹署古州廳訓導序》手稿無此句。

〔九〕穀日：國家圖書館藏莫友芝《送鄭子尹署古州廳訓導序》手稿作「草」。

郘亭遺文卷第五

答萬錦之全心書〔一〕

友芝白：承賜書，以《遵乘》嚚嚚之口，唯恐友芝有不自見過之處。且慮以此芥蒂愈與世忤，勉其和同俛仰，以求取容。切偲道廢，重蒙箴誡，拳懇敢不敬謝？然而區區之忱，蓄之未敢出者，亦欲以籍達於左右，惟昭察焉。

《遵乘》非議，始事時即意其難免，特不意其出於此耳。夫以文獻最闕之鄉，挹古一辭，動徹數編；鉤今一事，動稽數月。有徵必窮，有聞必覈，專心致志，首尾四年。友芝與巢經靡不智盡力竭，計無復增，始付寫官，墨諸梨棗。其粗底於成，亦倖耳！中間遺落舛錯，必所常有，誰爲後來差易爲力，指漏摘瑕，待之衆論，如彼箴石，不益多師耶？

乃今之非議者，了不在是。一則曰：地方有蠻夷，最爲大辱，書之者爲故鄙視。一則曰：祭祀昏喪之不中禮，何在蔑有？何不可獨爲諱而著之也。否則曰：某傳或遺其子孫，某傳至詳其姻婭，軒輊非允。如是而止矣。夫「夷」之云者，猶是耕田鑿井，横目之民，古風時存，求野可證，非有敗俗亂常，窮凶極奸，干當世大僇也。昔載種别，因仍便書，即所未審，尚爲闕然。且夷不夷，何常之有？孔子作《春秋》，諸侯用夷禮則夷之，進於中國則中國之，若不求去夷之實，而第爲他人諱夫夷之名，其亦未達於禮矣！禮教不明，匪伊朝夕，沿違踵失，茫不致思。前輩若李丹吾諸老，篤式古訓，卓焉不惑，閔兹俗敝，大聲疾呼，誠將闢荆棘於康莊，發聰明於盲聵，厥意甚偉。所以《風俗》一篇，謹録其言，猶惜未備，待諸旁推。後生愚蒙，不盡祛解，而反以爲病，不亦異乎？

至於《人物》一門，表前哲以樹風聲，非狥子孫以私憎愛。詳者上溯淵源，下及餘慶；不能詳者至莫考其字履，徒從殘鈔斷記拾一二遺事，珍之惟恐脱落。而爲其子孫者，竟茫乎祖父遺德何以存，逮見其名，乃沾沾焉議己名之不與。亦有祖父若師友聲稱在邦邑，欲案名蹟孅行，而爲子孫在門下者，秘之惟恐人知，亦竊竊然繼議其後，誠不知所議何等也？一人倡之，衆人和之；以耳爲目，舉國若狂。不云合圍而劫之家，即擬群聚而毆之市。兩書生之雞肋，亦安足以當衆拳？而客之所爲，毋乃近於市井無賴，徒使一二有識，旁視竊笑。豈惟笑之，方且哀之，而不一自覺悟。嗚呼！若此者，而謂友芝遂以芥蒂，其相去幾何哉？

且夫友芝所以不諧于世，則猶有故。昔先君之教人也，必舉閻徵君「六經宗伏鄭，百行法程朱」之牓以樹依歸。老兄及門時，當亦所熟聞矣！故友芝雖賦性惷愚，猶幸少承先訓，若粗有見于讀書明道、治古澤躬之要。所以同輩講習、後生問難，罔不敬述所聞，竭其一得，亦謂人之欲善，誰不如我，趨庭之學，非有異聞云爾。無何，而平昔之好隱相指目，門牆之徒畔而他去。朋簪廣坐，方洽縱談，友芝所至，寂焉星散。行道相遭，頫首若浼，猝不及避，彊爲寒暄，多方抽身，如不得已。始焉值此，以爲偶然，所遇既多，乃復自省，莫得其由。竊以質之不見鄙棄一二故交，乃知所以招怪取怨之深也。蓋舉世所趨，八股八韻，自兹而外，即爲異端。高頭講章，房行墨藝，枕中鴻寶，良莫過斯。求其取士，經訓略尋句讀，宋元儒者粗識姓名，已象犀之侶豕，鵬鵠之群雞矣！乃猶妄冀其博綜古訓，銓斠雅言，收放失之解，求先聖之真。爲之而難成，得之而罔售，賞罰之所不加，益肄業之所不屑已，故即四子五經，亦皆謂古人之作此語，特備發題取科第、博爵禄云爾，於吾身心性命，非真有關繫也。而乃必引人之身切切然納之，以自取拘攣，而所汲汲求之科第、爵禄，反置之身之外可有可無之中，不愈鑿枘之不入乎？所以來從遊者，其真號求益，千不得一二，其覬覦干私爲試資者，蓋十八九也。而接之者方懵懵然，彊以所大不欲，而其所大欲乃若遏火之結塞，煙鬱而不得燄，繼且旁著曲引，横來淬人，亦勢之所必然者矣。不然，友芝之於人也，言不敢不下，氣不敢不卑，不獨同輩然也，即生徒來學，悉處以友道，未嘗稍貌慢之，而乃召鬧如是。或者遂咎郡乘之役，不自韜晦，誤爲當事所知，而欲籍爲利者，又輒見擯於當事〔二〕，指爲致此之繇。嗚乎！豈其不然邪？抑豈其然邪？

昔者戊戌春官，嘗與巢經逆旅對牀，閉門賞析，未及帀月，外議沸起，「厭物」之號徧於京師，識與不識，指目而唾。計吾兩人，初未嘗一毫敢忤於人。惟是語言拙訥，應對疏野，其於伺候權貴，奔走要津，爲性所不近，不能效時賢之所爲耳。夫京師群彦之萃，而是非且如是，其他又何説焉？昔鄭高密集漢經師大成，師模九州，沾匄萬祀，而鄉里邴原獨與異趣，口有微詞，此自所志不同，各行其是。程朱講明孔孟，後世仰泰山北斗，而當時謗伊川者至謂汙下無鄉行，市井目爲五鬼之魁，而涪陵之擠，且出於門人。邢恕毀紫陽者，指爲僞學，從遊依阿輩遂更名他師，過門不入；而劾其剽竊張、程，寓以喫菜祀魔之術，收召無行義立黨伍，如鬼如蜮，不忠不孝等十罪者，乃即曾以《語孟説》自售之沈繼祖，則尤蜚語横出，不可思議。今所直特小小齒舌，既非根槩之各行其志；又未至程、朱之横被其誣，而遂欲自棄生平，苟合流俗，恐足下聞之，亦必重相責也，而尚相勸乎？謹守吾素，不與世争，風波之興，任其自起自息而已。獨念伊川尚於故人情厚不敢疑，紫陽患來學真僞難辨，黨禁以後，謂却似大開鑪鞴，使混淆夾雜，不須大段比勘，而已無遁情。今此囂囂，不值一噱，何用疑故人？乃亦若籍分別於鑪鞴鍛鍊也者，徒撫此人心世道而屢驚也。深秋道履如何，臨書浩歎，不盡。道光癸卯九月。

答鄒叔勣書丙午九月

友芝頓首叔勣鄒君足下：黎柏容歸自貴陽，持示大著《轉注考》、《屈子生卒年月考》；舍弟歸，又得《寶慶志圖説》，并往來詞翰，知足下於本朝三絶學墜緒，欲直尋乾、嘉老輩而益精之，恨不得即奉身左右，發名山藏，爲一日快。友芝向見湘皋、虎癡著述，詫絶爲當世所未有，而足下兼長之。天地生才有數，何楚人所得獨贏邪？邇以郡乘，屈迹來黔，所以爲小邦光寵甚大，所以進退載籍、斧藻耆舊，如持牛刀割雞，如輿薪燎一毛，而江湖擧方舟也。顧承殷殷寄詢，不肯舍涓泉匊壤以有高深，故敢獻愚衷，以塵左右。

方志重沿革，而沿革莫難於貴州，貴州沿革莫難於烏江以南貴陽諸府。其地自於越而象郡，而牂柯、夜郎，周秦微有影響，漢迄南齊漸得梗概，曾于《遵志》「年紀」小引其端，下此直至八番順元，貴州行省始可覼縷，而中間自梁迄宋，皆若存若亡，卒不得依據。當梁武破牂柯，必有析置，惜臺城淪陷，記注無遺。陳西亡巴蜀，周又不能遥制南中，於是前代郡縣，遂汩没不可收拾。凡茲三朝，蓋闕可也。隋開牂柯，才領二縣，初收故地，猶可約略爲言。唐以趙、謝首領所獻建牂、剡、莊、充、應、矩等州，後雖遞降羈縻，而其始則皆下州。莊州且經置都督府，而隸黔中都督府之諸蠻州，六州外尚四十五，意必有若干州參錯其間。今按《唐書·諸蠻傳》粗究方里，《元和郡縣志》費、夷、播、奬等州四至八到，旁考邊隅，雖六州大半可求，而已有不能備識者。至宋而牂、充、莊、剡盡付化外，史傳所及，舍馬、殷八姓無聞焉。蓋隋之郡縣，既非承漢晉以來；唐之州郡，不盡承隋；宋之諸蕃，不承於唐。地舊置新，各自爲始。所以前載荒略將近千年，言地里者及此，未有不智盡能竭，掩卷三歎者也。

謀始之際，前貴陽守鄧雲谷先生，實屬友芝主之。私計首郡事重他郡，非備鳩唐宋以來輿記雜史、稗官瑣言、通行之集、佚藏之編、荒壟之斷石、土酋之世譜，博采精貫，未易以彌正史之鏄，而刷方書之謬。又適以《遵志》招致齒舌，念首郡益多持橈，見寡力劣，辭不敢爲。今得足下博聞强識，又無所持橈，爲之爬羅疏𢀛，必有大破積難者。鄙意甚不願簡略桑梓，嘗欲私爲黔之一書，僭厠《益部傳》、《襄陽記》之列，家食累歲，蔑由網羅放失舊聞。亟望足下書成，假矇瞶以視聽也。附呈《遵義府志》廿册，并舍弟所録唐宋以來小文字可備采者一册。聞柏容言足下頗有楗山鼈水之興，當日開徑以待。

答鄭子尹論儀禮喪服大功章誤衍注文二十一字書

承命檢録唐石經《儀禮·喪服》大功章「大夫之妾爲君之庶子。女子子嫁者未嫁者，爲世父母、叔父母、姑姊妹」經傳之文，當爲傳中「下言爲世父母、叔父母、姑姊妹者，謂妾自服其私親也」二十一字，欲明其有無爾。

友芝按：石經此處，一與賈疏本無異，雖其「之庶子女」四字，元刻僅「之庶子」三字，明係寫漏，非他處别本校改比。故磨去，擠刻增「女」字，字畫猶是一手，即知唐以來傳本盡然也。惟傳中「下言」以下二十一字，則實是注述舊讀而推其意之辭，緣寫者誤置爲傳文，遂因析其上下文分屬經、傳、注。蓋承自唐以前矣。賈疏已覺其非，而言之未暢，學者驟不得其指。故説此經者，即朱子始，亦謂傳釋文意似不誤，又謂舊讀正得傳意，但於經例不合；鄭注與經例合，但所改傳文似亦牽强。既答門人，乃云此段自鄭注時已疑傳文之誤，今考「女子子適人者爲父母及昆弟之爲父後者」，已見於不杖期章；「爲衆兄弟」，又見於此大功章。唯「伯叔父母、姑姊妹」無文，而獨見於此，則當從鄭注之説無疑。是朱子於鄭注及舊讀之是非，固已就經文比校而得，而猶未暇細繹疏文，知二十一字爲注文誤入也。李寶之《集釋》於鄭注及舊讀分别引伸，既謂鄭義於經爲順，又謂舊讀於義自通，是朱子所考已未見及，且未思「大夫之妾爲庶子適人者」，小功章經有明文，而此舊讀於「女子子嫁者」，猶以大夫之妾爲之，何以處彼經也？敖君善《集説》謂：傳「得與女君同」，但「可以釋爲君之庶子」，若并「女子子未嫁者」言之，則不合於經。經初無「女子子未嫁者」之禮，又謂爲「世父母」以下皆妾爲私親之服，亦不合於經，此乃適人者之通禮，經必不爲此妾發之；且此妾爲私親大功者，亦不止於是，傳者蓋失於分句之不審。是敖氏之意與注大同，而乃斥傳爲誤解，則亦未及詳注疏，但依傳爲説，詎知傳中尚衍注文也？後來申舊讀者非一，亦但就今本經傳讀之，了無左證。即國朝張稷若先生撰《句讀》，吴中林先生撰《章句》，并稱專門，猶以舊讀爲是，而斥注逆降及爛脱之非，亦是未能細究注疏。至乾隆中，戴東原先生校四庫本《集釋》，乃退傳中「下言」二十一字於注，屬於「此不辭」之上，又移此經「女子子」至「姑姊妹注舊讀」以下三十二字，屬於「下言」二十一字之上，併爲一條置傳後，而爲之按曰：「考其文義，上云『言大夫之妾爲此三人之服也』，下云『謂妾自服其私親也』，一『言』字、一『謂』字，皆指舊讀者之意如是，自『舊讀』至『此不辭』，凡五十六字，一氣聯貫，不可截斷。」其説極爲明晰，此傳此注，乃無不文從字順。從此阮芸臺先生校勘記亦同斯說。

蓋讀此經者，但就今本經傳連二十一字讀之，舊讀元自可通，然女子子爲世叔父母、姑、姊妹之服，本經尚無文，已知必非專爲此妾發例。況又無以處小功章「大夫之妾爲庶子適人者」之經乎？且傳果有二十一字，則舊讀允矣，鄭君何以謂其不辭？若謂傳誤，鄭又何以不斥傳而斥舊讀？然二十一字，決爲注文益無疑也。唯戴氏此校，特依賈疏而申明之，非別有補於疏外。疏云：「『下言』二字，及『者謂妾自服其私親也』九字，總十一字，既非子夏自著，又非舊讀者自安，是誰置之也？今以義必是鄭君置之，鄭君分別舊讀者如此意趣，然後以注破之。」

友芝按：賈君之意，即是如東原所移，正合經傳之注與誤衍入傳之二十一字爲一條讀之，故得知爲「鄭君分別舊讀者」意趣也。若非以二十一字連上爲文，則二十一字中，并無舊讀字樣，安所得意趣而分別乎？觀上疏釋注「舊讀」三十二字云，鄭以此爲非，故此下注破之也。此疏又云「然後以注破之」，并指「此不辭」以下云，然後愈見相屬爲文，其特舉十一字爲鄭君所置，而中間「爲世父母」等十字，不明爲述經文者可知也。而戴校復引疏此語，謂賈氏以「爲世父」等十字爲傳文，以「下言」及「者謂」等十一字爲鄭加，經既見「爲世父」等十字，傳不應重見而絕不釋其意，是戴氏猶不審疏意，反斥賈氏不知二十一字通爲鄭注，而誤以十字屬傳文。果爾，賈君必當更疏傳有此十字之意，何以又絕無一字？知其意直謂鄭君述經十字，特加十一字以分別舊讀者意趣耳。觀後疏釋注引齊衰三月章謂「足以明之。」明是二人爲此七人，不得以『嫁者未嫁者』上同『君之庶子』，下文「爲世父」以下『謂妾自服其私親也。』」益足相證明矣。若如戴讀，十一字爲注，尚可强通，十字爲傳，當作何解？賈君顧若是疏乎？昔人謂賈疏艱澀，此亦一端。故精核如東原，猶不免於失。然此經自上傳爛脱在下，致舊讀者緣文生義，罔會全經。鄭君以經例覺之，明正其失，又爲竄注入傳者所亂，轉似舊讀甚是而鄭注不契者。至賈君覺之，而語又不直截。學者倦於推究，若隱若顯，千有餘年，東原之功亦何可没也。阮氏又怪所删「下言」二十一字爲後來復校石經者增入，與東原之徑迻二十一字歸注中。友芝則謂此等雖無可疑，猶不若仍唐以來相承之本，單經則指出衍文，連注則别其注文，但校明而已，尤爲至慎也。

又此傳「嫁者其嫁於大夫者也，未嫁者成人而未嫁者也」，文與齊衰三月章「女子子嫁者，未嫁者爲曾祖父母」傳同。此注及疏但釋成人未嫁逆降之意，而不及「嫁於大夫」，豈以彼傳「嫁于大夫」明雖尊猶不降，舉例此傳「嫁於大夫」，即明雖尊亦僅與常同降大功邪？抑此傳之本無「嫁者其嫁於大夫者也」九字，緣上齊衰三月章誤衍，故注疏皆不言邪？月來課兒，適畢此篇，故輒附質所見，幸垂正焉。咸豐元年閏八月二日。

致唐子方書

子方方伯年四丈閣下：八月望後，得胡子何録寄七月五日及十八日黄安行營所寄兩札，敬悉我四丈自六月下旬至七月初旬，督厲兵勇，防堵應山、三關一路，部署嚴密，在麻城、宋埠三戰三捷，斬將搴旗，一日夜馳追百餘里，擒戮數百人，餘賊皆解散遠遁，幃幄運籌，動中機要，滔滔南紀，共倚長城，真大快事！江西賊亦窮蹙，江寧賊又糧盡，而僞王等各不相下，顯有蕩平之機，紓主憂而蘇民困。唯四丈竭力爲之耳。

聞署楚臬命下，而適以濕恙請假，鄉里無識，遂謂四丈曾藩撫其地，楚督彊以署臬入奏，軒輊非人情，請假蓋不能無芥蒂。友芝則力辯其不然。夫人臣事君，求有濟於國家升沈，死生皆已置之度外。矧在多事之秋，尤爲勠力報效時乎！楚北并缺道員，楚督自不得不籍助爲理，吾知防堵事重，但有員可委，豈有久羈驥足？邇來尊體想已全愈，暫陳臬事，自當重整師旅，净埽妖氛，江漢凱歌，行可計日而待。由此畫紫光、列通侯，亦書生分内事，而吾固知吾四丈則唯知報國而已，必非所計也。何區區軒輊之説，乃以小人之腹，度君子之心邪？

所言信賞必罰，整齊嚴肅，懦兵皆可稱雄，此誠古來名將第一要著。蓋唯賞無不信，而後罰無不必，唯賞信罰必，而後整齊嚴肅，士皆用命。整齊嚴肅，士皆用命，其士氣未有不十倍者。士氣十倍，而戰不勝、攻不取，未之有也。唯是軍興累歲，度支漸以不給，議籌饟可用者，勸捐而外，大概不出開冶、行鈔二端。四丈必更有籌策之，良非他人所能及見者。不審已條陳一二否？開冶一事，旺否尚屬虛懸，縱地不愛寶，而抽課之入不過十之一二。且利之所在，人所必争冶場，聚集都非善類，無事時尚易爲治，方今多故，因以釀成事端，轉致得不償失者，當亦不免也。行鈔一事，誠裕國權宜之善術，只須朝廷示民以信，收發一律，使人重鈔過於銀錢，自然善不可言。聞江蘇候補道胡君調元刊有《鈔帑稟稿》，於此中利病最爲明悉，而主議諸公獨嫌其鈔上銀數統限一兩，爲畸零難行，謂不如整散兼製。每萬兩之鈔，五十兩者居其五千，一兩者才及五百，且議以二成搭放搭收。誠不知國家官俸采買之出，常捐常課之入，其可以五十兩搭二成者幾何？迄今試行，未聞有無效否？私恐將來滯礙，即由整數過多，安得主議者更能通容改散，乃實於國計有裨乎？拘迂之見，非位之慮，知不免見斥於長者，亦幸有以教之也。承命編訂黔中耆舊詩，擬盡今歲畢有明一代，舊録新采，通計已逾二百家。須幸按堵，冬末春初可以開雕。其本朝諸老詩，當竭來一二歲力成之。不具。

上李中堂書

友芝謹上書合肥中堂爵帥鈞座〔三〕：金陵客舍中，奉正月二十日手教，以鄂中新開文昌書院，虛講席以見待〔四〕。又示及征黔將發，期友芝早晚趨鄂，得諮黔地情形。此講席爲鄭重肇端，客歲得張薌濤提學書問，自顧荒落衰病，即以不能勝任答之。既於邸鈔中恭讀以中堂督師征黔諭旨〔五〕，慶幸不寐者連夕。黔疆糜爛已久，朝廷以髮、捻、回諸逆數道興師，不遑兼顧。今髮、捻賴中堂力征經營，以次底定，回逆又有他帥專辦，乃重以上相乘勝之聲威，臨荒陬負固之小醜。

諸葛之開南中，西林之清雲貴，其豐功偉績，旦夕可以復見。正月之末，即束泝鄂之裝，冀及大纛未發，趨叩台端，稍達區區桑梓致亂委曲，并陳不任講席之私衷。而賜書適至，遂依輪扁以行。行舟無事，輒疏鄙見所及，贅呈鈞覽。

黔省自咸豐甲寅楊元保倡亂於省南，楊漋喜肆逆於省北，雖不久即就殲除，而苗匪、教匪、土匪，所在蜂起。三數年間，通十二府一直隸州，其城守未失，僅貴陽、遵義、安順、黎平、思州五府，其廳州縣四十餘亦稱是。其民則逃亡轉徙，百里無煙；其官則遥領虚署，十無一實。兵饟兩空，寸籌莫展，待斃而已。近歲以來，稍得川、湖兩鄰省助其援剿，西北、東北諸府漸有起色，惟東南一邊，未能得手。蓋西北、東北滋擾，多係教匪、土匪，本由烏合，盛聚衰散，差易爲力。至東南之台拱、清江、都江、下江、丹江五廳，爲百年前鄂文端公部署張廣泗、哈元生所開置，其地界在都匀、鎮遠、黎平三府之間，即分轄於三府，今皆盡爲苗據。其都鎮府衛城，及附近之八寨、平越、麻哈、黄平、清平、施秉等廳州縣七八城，苗概拆毁，耕成田地。重山複嶺中，縱横盤踞七八百里，安居樂業，以抗官兵。官兵往往失利。

先是五廳之中，有革夷一種，與九股生苗相鄰比，常四出剽略，恣其荼毒，莫敢誰何。胡文忠公守黎平、鎮遠時，力籌剿捕，暫爲斂迹，而惡黨伏覗，未能盡除。逮楊逆既平，撫貴者粉飾肅清，不肯因乘勝師旅，拔其根株，一二年間，遂蔓延不可究詰。今黔人士餘殘喘者，未嘗不歎惜痛恨黔撫之害人家國也。邇來跳梁陰險抗官兵者，仍是革夷九股爲亂首。抑更分出多股以相雄長，俱不可知。稍幸苗性別無遠圖，僅以拓産劫財盡其能事。若得痛勦一番，乘其驟不及防，奪其險要，搗其巢穴，殲虜一二最著頭目，使群苗無端驚畏，疑我師自天而下，則破竹之勢成矣。昔聞有夷目九松，頗饒勇智，韓撫軍超以清江通判提兵力與之角，以爲好將才，恨不能招而用之，今不知存否？又不知其黨中如九松比尚幾人？則皆勁敵也。夫制勝在兵，聚兵在饟，向惟饟無所出，遂以無兵。今中堂兼督數省，且得分兩江之儲以爲接濟，饟源裕而兵力厚矣。惟黔地層峰疊箐，絶澗危崖，鳥道盤廻，崎嶇萬狀。非得生長荒山，習矯捷如猿鳥之不可羈勒，即不能深入險阻，以争奇而決勝。故堪斯選者，莫如調正筸屯兵，及募上湖南三廳之人。次則辰、沅、寶慶諸府山居之人。在昔淮湘勝軍，極有法度。但得三分之一，因以教練新軍，取張聲勢而已。又稱此兵以求堪將之將，勁兵驍將，一力一心，自然投之所向，無不如意。兵將既定，其轉饟軍械，當于湖南常德府設總臺，以收兩省之運。乃換麻陽船泝上辰、沅兩府，以達貴州之鎮遠。自武昌府至常德有兩道，一自岳州過洞庭湖，一取荆州南岸虎渡口入裏河〔六〕，其江路并輪船可達。自岳至荆則須換船。岳道稍近，然渡湖須待風；荆路稍遠，然裏河可資人力，其遲速亦略相等。若岳路得順風，又便捷多矣。自常德上辰、沅，即皆石河，惟麻陽船樑底堅韌，弄舟者能用苦力，時有至荆岳者，然不多，而皆會萃于常德。其食米當師行時，且就常、辰、沅境節次近買，若進勦以後，更可因求鎮遠、黄平、平越一帶積儲之便。貴州各府皆食稻，不待外求。特亂後荒廢，有無難料，待臨機規畫耳。自常德至鎮遠，是通雲貴驛道，陸路十六驛，水路亦相附近。下水則水陸皆可行，爲日亦略相等。水稍盛，則水路尤較速。其上水則重灘疊險，牽輓迂遲，或資重水行而人就陸。蓋沅水兩大源，皆自貴州出，鎮遠河出平越、黄平境，下沅州者，古之潕水，其北源也。都勻河下流爲清水江者，古之旁溝水，其南源也。此水即經台拱、清江之境，所謂新置五廳，皆在其南。又南即大嶺，接黎平境，古所謂鐔城嶺者。此水又下經靖州會同縣境，至沅州之黔陽縣，與鎮遠河會。平時此水亦可行舟，自黔陽下流數十里之洪江顧載，上至都勻府城外，惟溪湍淺狹，所容之船又小于鎮遠河船，此道現可不問。若得手深入，當有籍資轉運，故附記。既兵精糧足以議進取，或盡鋭以壓之，或分道以逼之，有隙即乘，有惰必擊，出奇無窮，必中要害。至于悍者奪氣，黠者輸心，不出數月，而横亘七八百里之苗疆，不勞多殺，皆可撫而定也。特苗性狡詐，每官兵初至，常示弱以誘其深入，前後皆伏悍苗以迎敵而斷歸路，故兵單者不可輕進。若前茅後勁，節節靈通，彼亦無能爲也。其長技在劫營，其利器在鳥槍，蓋其聚落多依巖傍穴，不履不冠，脚板如鐵，走嶔崎若坦途，其鳥槍挾于掖下，四面俛仰，隨所指發以擊飛走，無不中，其精妙殆有過索倫、吉林馬射者，亦在臨事善爲之防而已。凡夷俗生子，群以精鉠爲賀，積二三百觔，鍊至二三十觔以成一槍，幼弄長習，行立坐卧無輒離，故能專精如此。其槍子用鉠沙，如豌豆大，惟身著輭甲者，常不能入。輭甲者，以頭髪十之七八，絲緜十之二三，裝小襖褲。其鉠子中髪必融，每每能緩其力，故尚不及營槍鉛子之利。黔省用兵，凡將領必有輭甲一稱，雖盛夏不脱亦時可禦營槍。其餘教匪，猶竄發未靖者，或即飭川師專勦，而我分兵爲之救應。或我兵、川兵分道搜勦。但苗匪之大憝既除去，此零瑣惡孽，直如以石投卵，以湯沃雪，而不盪滌盡凈，未之有也。平定之後，善後切要，更有數端：曰修城池以資治守。凡城爲苗毁必繕完，不爾雖收復無以守。曰儲吏才以資委任。新復苗疆，馭黠夷，招流民，并需有守有爲之吏，恐黔省需次人不足，冀行幕中豫儲此才。曰因閑田以置屯衛。收復之地，或有造逆遺産，或逃徙無主荒田，似可增置一二屯衛，養府兵以資扞禦。又苗疆既復流官，其群苗中必有素爲種人畏服者，恐其别生事端，即增設爲一二武職土官，使充其選，即以苗中此項閑田充其俸料，亦以夷治夷之一道也，不得不預計之。曰表殉義以彰忠節。黔自甲寅軍興，迄今十有七年，其死事之人，在官者時有奏報，而士民婦女，則皆寂焉罕聞。即如友芝胞姪候選訓導遠猷、姪孫秋薇，咸豐庚申秋，毛賊石大開股陷獨山城，遠猷、秋薇同巷戰死，遠猷孀母池氏亦被害〔七〕，屢以書言之，故鄉當事皆漫置之。若以兩江，忠義有局，凡扞賊身殉，雖走卒村婦，亦得甄録上聞，寔教忠敦俗一大端，而黔官吏皆忽視不講，未必非政教之缺也。并乞中堂于成功稍暇時，悉爲經畫，提其大綱，庶使將來承辦，有遵守而不謬。積年之亂，戡以崇朝，長治之規，垂諸永久。凡吾黔人，罔不荷再造恩施，家尸户祝，一如諸葛、西林，永永無極矣。友芝避地飄泊已十三年，鄉里情形，不能盡識。昔見今聞，無敢或隱，未審有當與否？伏冀裁察爲幸。二月十九日〔八〕。

與韓南溪太守簡 丙辰五月十九日

五月初，聞大旆移駐鎮遠，即持節專理下游軍務，欣慶不可言。自去春三月，楊逆授首葛章，淮陰將略，名震西南。當此之時，雖百有苗蠢動蠭起，若以明公乘勝之師，隨宜埽蕩，直是摧枯拉朽，而當事者乃必故掣其肘，使坐困不肯一援，特唯恐明公更得志，若曹不能見功云爾。逮其屢進屢却，縻饟喪師，都鎮之間，賊勢蔓延無隙地，然後急而相求，較之當時，其難何翅十倍？可恨可歎！天下旦夕即了之事，每每以忌媢偏徇，釀至於不可收拾，豈獨一貴州然哉？在明公拯民爲心，決不以此芥蒂。而友芝之愚，則尤冀推廣和衷，融去畛域，行見雷霆所加，妖氛頓息，雨露在手，草木皆蘇。陳少遷之誅輿恥，馬庲降之平豪冑，今日豈相讓邪？

友芝奉截取，當北上都勻，道阻不能往取文書，仍籍授經以俟計時。月間明公奏凱至勻，友芝得南來銘山石，馳露布，猶能操筆爲助。舍弟祥芝去夏辭麾下還遵續絃〔九〕，即以黃施未通，不能遽馳聽驅遣。今復令其出大塘小路，之獨山視兄姪，如無大料理，可取徑出潕水趨幕府也。

【校勘記】

〔一〕莫友芝子偲《郘亭詩鈔》卷一有《寄答萬丙照全心表兄》詩，可參看。

〔二〕當事：民國十四年《都勻縣志稿·藝文志·外篇》所載莫友芝《答萬錦之全心書》作「當世」。

〔三〕臺北「國家圖書館」藏《莫友芝書札稿》中有此信，句首作：「候選內閣中書莫友芝」。

〔四〕臺北「國家圖書館」藏此信此句作「當以講席見委」。

〔五〕臺北「國家圖書館」藏此信此句作「讀郘鈔，見以中堂督師征黔之諭旨」。

〔六〕民國十四年《都勻縣志稿·藝文志·外篇》所載莫友芝《上李中堂書》此句「一」字之下有「道」字。

〔七〕孀母：民國十四年《都勻縣志稿·藝文志·外篇》所載莫友芝《上李中堂書》作「孀婦」。

〔八〕臺北「國家圖書館」藏《莫友芝書札稿》此下尚有莫氏推薦貴州官員人才的若干文字，參見《郘亭信札》。

〔九〕貴州省博物館藏莫友芝《致六弟庭芝信》手稿言：「九弟去臘尾從韓南溪別駕帶勇，將由黃沙、陸廣進攻黔西、大定。」證實莫友芝九弟祥芝咸豐五年（一八五五）乙卯在韓南溪麾下帶兵勇作戰。

郘亭遺文卷第六

盧橘説

望山堂有果焉，枝葉花實皆橘類，唯實小，花作茉莉香，花實不閒四時，沿呼公孫橘。細考之，蓋即古之盧橘，一名給客橙，一名金橙。知是給客橙者，《華陽國志·巴志》「其果實之珍者」，園有「給客橙」。劉淵林注《蜀都賦》云：「蜀有給客橙，冬夏花實相繼。」《太平御覽》引《廣志》云：「給客橙自夏至冬，且花且實。」據所述事狀，正此果也。知爲本盧橘者，《上林賦》「盧橘夏熟」。《漢書·相如傳》引應劭曰：「伊尹書曰：箕山之東，青鳥之所，有盧橘夏熟。」《御覽》引郭璞《上林賦》注云：「蜀中有給客橙」，即此也，冬夏華實相繼。又引魏王《花木志》，亦云「蜀土有給客橙，似橘而非，若柚而香，冬夏華實相繼，或如彈丸，或如拳，通歲食之，亦名盧橘也」。云如拳不合，《齊民要術》引郭璞語與此《志》同，「如拳」作「如手指」，蓋確據目見，魏王本之，意改爲「如拳」，後人不究所本，見《志》又不合〔二〕，又改「拳」爲「櫻桃」，《本草綱目》引云「或如櫻桃」，蓋沿之。是漢晉間人，并以給客爲盧橘。故李尤《七歎》云：「梁土青黎，盧橘是生。白華緑葉，扶疏冬榮。與時代序，熟不墮零。黃景炫炫，眩林曜封。金衣素裏，斑白內充。滋味偉異，淫樂無窮。」極稱其殊異常橘，所云冬榮，指冬花，非榮枯之謂。

通觀前載，盧橘實巴蜀珍産。漢上林致殊方異物，如蒲萄、石榴，見史傳者甚多，盧橘更非難致，太沖譏相如爲虚誇，過矣！盧橘始見伊尹書，《吕氏春秋·本味篇》載其語：果之美者，「箕山之東，青鳥之所，有甘櫨焉」〔二〕。《説文》櫨下引伊尹語作「有櫨橘焉，夏熟也。」又與應氏引同，知本書正作「櫨橘」，盧、櫨，古今字，稱「甘櫨」異文，然則「盧橘」名自三代矣！諸書言夏熟者，橘之常夏花冬熟，早熟有及秋者，遲有及初春〔三〕，善藏有及暮春者，至夏則絶無矣！故舉夏以顯之。其又名金橙者，《御覽》引《博物志》云：「成都、廣都〔四〕、郫、繁、江原、臨邛六縣生金橙，似橘而非，若柚而芬香，夏秋冬或花或實，大者如櫻桃，小者如彈丸，或有年，春秋冬夏花實竟歲。」按與「給客」形性無異〔五〕，故知又名「金橙」，後人或以枇杷當盧橘，或以廣南江西之夏花冬實名「金橙」者當「給客橙」，皆誤也。至安仁賦再熟之異，羅浮有夏熟之種，特時地異氣，難冒斯名。廣州壺橘，秋赤實而經春轉青；建安庭橘，冬覆裹而來夏尤美，《齊民術》遠引記録，并有盧橘之稱，《索隱》書兩摭其文，以釀相如傳注，然循名責實，究與古説不契。今詳推之，不嫌辭繁云。道光丁未仲冬。

胡長新字説

黎平胡子長新，問字於余。余字之曰「子何」，而説之曰〔六〕：《説文》「新，取木也，从斤，亲聲。」「何，儋也，从人可聲。」後人加草作荷者，別俗字也。「匔師」注曰：「大木曰薪。」「委人」注曰：「麤者曰薪。」麤大者必待於析，故《月令》注曰：「大者可析謂之薪。」新蓋從斤木辛，辛亦聲，言析木之辛勤也。此「新」之本義也，自木始析之爲新，因假新爲凡始基之義。《廣雅·釋言》曰：「新，初也。」《詩·采芑》曰：「于彼新田。」《傳》及《爾雅》并云：「二歲曰新田。」《淮南·齊俗訓》曰：「而刀如新剖硎。」注云：「新，剖始製也。」是也。又假爲更故之義。《穀梁·定九年傳》曰：「言新有舊也。」又《莊二十九年傳》曰：「其言新有故也。」《詩·新臺》馬注曰：「修舊曰新。」《公羊·莊二十九年傳》注曰：「繕故曰新。」《左氏·莊二十九年經》注曰：「言新者皆以物不可用更造之辭。」是也。物之始必鮮好，故新又爲鮮好之稱。《太元·務》曰：「新鮮自求珍。」注云：「新鮮清絜之貌。」是也。物鮮好亦由撰擇故，新又爲撰擇之稱。《内則》曰：「棗曰新之。」注云：「新，擇治之名也。」是也。皆義之引申假借也。借義行，而本義皆加艸艸〔七〕，失其指矣。何，本訓儋，《齊語》韋注則云：「背曰負，肩曰儋。任，抱也；何，揭也。」其實以肩以手以背以首，皆得云儋何。故《詩·玄鳥》傳曰：「何，任也。」《箋》曰：「謂當擔負。」《易·大畜》虞注曰：「何，當也。」《詩·候人、無羊》傳并云：「何，揭也。」《廣雅·釋詁》亦曰：「何，服任也。」又曰：「何，揭，擔也。」又曰：「擔、揭，舉也。」蓋凡儋舉物謂之何，儋舉事亦謂之何。儋舉物者，《無羊》之「何蓑何笠」、《候人》之「何戈與祋」、《國語》之「負任儋何」外，如《論語》「荷蕢」、「荷篠」，皇疏并云：「荷，擔揭也。」《鄉飲酒禮》：「皆左何瑟。」《釋文》云：「何，擔也。」《公羊·宣六年傳》：「有人荷畚。」注云：「荷，負也。」《爾雅·釋天》：「何鼓謂之牽牛。」注云：「今荆楚人呼牽牛星爲擔鼓，擔者，荷也。」是也。儋，舉事者，《詩·商頌》：「百禄是何」、「何天之休」、「何天之寵」。《易·大畜》：「何天之衢」外，如《左氏·昭三年傳》：「猶荷其禄。」注云：「何，任也。」《文選·東京賦》：「荷天下之重任。」薛注云：「荷，負也。」是也。經典何、荷互見，《釋文》於「何」下每云「何本作荷」，於「荷」下又每云「荷本作何」，蓋皆後人所竄改也。何又別爲抲、𢫦。《衆經音義》六云：「何，古文抲。」又十四云：「荷，古文抲同。」何又假用苛、柯。元朗《釋文》云：「何本亦作苛。」《李翊碑》云：「長柯芬芳成人之行。」何又假用賀。《方言》云：「賀，儋也，自關而西、隴右以往謂之賀。」是亦猶《莊子・胠篋》、《戰國・秦策》之「擔囊」，《管子・七法》之「檐竿」，皆儋之別云爾。今但以何爲誰何字，或爲呵責字，皆聲假，非本義。又以儋、何字音胡可切，餘義音胡歌切，皆後世音，古音固平、上不分也。 何从可，可訓肯。肯者，骨間肉肯肯箸。儋何用力，必干骨肉也。何者，或保抱之，或揭舉之，故又訓任訓揭。任，保也；揭，高舉也。儋、當雙聲，故又訓當。今人謂能舉事曰儋當，猶言能負何也。《左氏》昭七年傳曰：「其父析薪，其子弗克負何。」注云：「何，擔也。以微薄喻貴重。」析薪負何，微薄也，而凡貴重無不可喻也。故夫新猶善也，新之散而生也，猶善之散而寄也。既新之善之，猶無異於散而生散而寄也，亦奚貴乎新之善之也，是誠在乎何之者也。《中庸》曰：「擇善而固執之。」又曰：「得一善則拳拳服膺而弗失之。」固執服膺，乃所爲何也〔八〕？《大誥》曰：「若考作室，既底法，厥子乃弗肯堂，矧肯構，厥父菑，厥子乃弗肯播，矧肯穫。」作室底法菑也者，亦析薪之謂也。堂構播穫之肯也者，亦負何之謂也。子之先，邊功在旂常，明經甲第世德照鄉里也，子之新也。子之恭敬擎奉，懇懇款款，懼隕令名者，子之何也。夫人藐然處天地之中，自飲食作息以極於天下古今，皆新也。自博學審問，以至於美大聖神，皆何也。怵難者自畫，遷岐者自迷也〔九〕。鋭進者易怠，鶩大者無歸也。無曹其途，無絶其源。絲收銖累，細大不捐。勿忘勿助，必有事焉。骨鏤心刻，豈惟仔肩。篤實輝光，浩乎沛然。是之謂能何，乃無負乎新之傳也。吾子勉旃。

桃谿遊歸記

遵義府治西十里，有谿曰桃谿，寺曰桃谿寺，與治北十五里之栗谿寺大覺者，并林壑窕窈，有鯉鮎蝦蜆之饒，爲近效詩酒遊屐甲選，而未聞實究二水古何水者。段若膺《説文解字》注謂：牂柯郡鄨縣，「今遵義府西有鄨縣故城是也」，則必以桃谿爲鄨水。洪稚存《乾隆府廳州縣志》：「遵義漢鄨縣鄨水即湘江」，又見其《貴州水 道考》，謂不狼山即龍巖山。栗谿湘江上流，是又以栗谿爲鄨水。考《前漢・地理志》鄨縣：「不狼山，鄨水所出，東入延。」本作沅，誤，依《水經注》正。漢陽：漢水「東至鄨入延」。符縣：「温水南至鄨入黚水，黚水亦南至鄨入延。」本作江，誤，依《水經注》正。延江載《水經》，即今烏江，其尾爲涪陵江，自《元和郡縣志》，謂黔州西有延江水，一名涪陵江，由牂柯北歷播、費、思、黔等州北注岷江，是後無異詞。而烏江大勢東北流，其所受水之東流南流者，唯遵義府轄遵義、綏陽兩縣、正安一州，諸水爲然。則漢鄨寔居遵義府境之大半，以遵義縣爲鄨，允矣。唯即以二谿當鄨水。則未是。桃谿出治西八十里夏家溝，栗谿出治北微西四十里龍巖山，并於治東五里會爲湘江，又東南五十五里會洪江，又百十五里至黄灘合口入烏江，二谿若果鄨水，雖有二源，亦無不可。而《漢・志》又云：鄨水「過郡二，行七百三十里」。遍驗遵義諸水，唯三江水，齊次風《水道提綱》謂之渡頭河者，源綏陽縣之分水嶺，挾綏陽、正安諸小水，至四川彭水縣之江口鎮入烏江，源流約七百里，且彭水正漢涪陵縣地，由鼈而涪陵，適過牂柯、巴二郡，與《漢・志》應。則鼈水非三江不足以當之，洪氏蓋見《貴州通志》言湘江合桃谿紆回五百餘里入烏江，遂以爲境内大水，取以實之。夫果五百餘里，於《漢・志》里數雖未甚懸，而已與過郡二有礙。況又《通志》駁文，湘江、桃谿，源流尚未及三百里乎？然則二谿於古何名？曰桃谿即《漢・志》之温水，自《清容集・楊忠宣碑》載忠宣著《桃谿内外集》，始見桃谿之名，其改稱之自唐自宋不可知。是後《明史・土司傳》載平播時安疆臣焚桃谿莊，孫敏政《志》載治西五十里有桃谿山，至今谿無二稱。其出之二三十里間，猶有桃谿上下莊二垻，栗谿名與桃類，而明末閔相詩刻以前無考。其下流經府治東者，宋謂穆家川，《潛谿集・楊氏家傳》載：楊軫病白錦舊堡隘陋，樂堡北二十里穆家川山水之佳，徙治之，即今府治。《方輿紀要》引《四裔傳》，遷遵義軍於穆家川，并其證。《明一統志》始出湘江之名，今悉從之。唯東岸半里許有地曰穆家廟，存舊稱，而穆家川則無有知者矣。

然則何以知桃谿爲温水也？曰：漢符縣治安樂水會，即今四川合江縣，而貴州之仁懷縣廳，并其東南境，其水皆東北入江，無有南行者，唯桃谿源近仁懷，而東南流以入烏江，與《漢・志》南至鼈入黚、入延合。《説文解字》亦云：温水出犍爲符，南入黔水。符本多作涪，誤。依段氏。黔、黚同字。易黔喙，鄭本作黚喙，是其證。則桃谿所出，即符之東南徼，其爲温水無疑。而温水所入之黚，則舍出府治北九十里悠遠屯行百三十餘里，至豬槽塘合湘江以入烏江之洪江，更無他津也。

温水亦曰煖水，䵣水闞駰謂之闞水，見《水經》延江水注。而酈氏又謂：䵣亦出符，蓋由《漢·志》載在符下，想像增之。其實䵣自鄨縣出入，無不可通。又謂温、䵣俱南入鄨水，亦由《漢·志》至鄨，以意聯絡。又謂鄨水於其縣東注延江，則尤舛謬。鄨水過郡二，明載《漢·志》，安得即於其縣注延？酈亭敘述南中諸水，多率略無卓據。唯并以三水入延江篇，可訂今本《漢·志》鄨入沅、温、䵣入江之誤，則大善耳。《漢·志》入延之漢水，今地理家多以漢漢陽爲今四川長寧地，長寧於烏江，中有赤水之隔，殆未可信。《志》既云至鄨入延，則漢陽之境，必有與鄨相近者。今驗入延之水，惟出黔西州西南境百餘里，至遵義縣西鼓樓大橋，又二百餘里，東南入烏江之底水河，差相近。則自黔西大定之接永寧一邊，當爲漢陽舊境，而底水即漢水。《華陽國志》謂漢陽有漢水延江，漢陽更不能及延江之邊，則「延」上奪「入」字耳。班《志》凡水源流短者，即不言過郡及里數，漢、温其類也。道光庚子正月遊桃谿歸書。

登小龍山得左丘記

遊境之佳者二，曰蘊，曰借。蘊者，遁林隱壑，峭折鬱邃，使人眩愕錯迕而茫其所往。借者，憑雄踞高，四洞八開，使人曠心適神，而莫知其所以然。遵義近郭可遊者，若桃源、湘山、迴龍十數，皆蘊勝，借者無聞焉。三月壬辰，過小龍山，因及登其左丘而始得之。呼尊命儕，箕踞環眄，矗者、迤者、壁者、穴者、叢者、縟者、帶者、疊者、噴者、渟者，逞妍貢奇，欻忽奔湊。雜花連天，佳禽四飛，雕甍繡闥，錯落煙杪，偃仰嘯歌，與大化俱。澹焉忘日之將夕，視桃源、湘水諸佳遊，未有樂於兹丘也。夫獨行之士，不願乎其外，其所就以視人，亦如其量而止。休休有容之君子，鬻鬻未有能，無非取於人者，而其所就以視人，浩乎其無倪，淵乎其不可窮，境之藴之借猶是已。雖然，斯丘之棄北郭外不知其幾何年，塊焉寂焉，若其所以勝，以與樵夫牧豎者游息。而今乃以牽連出之，且將駕乎習貴者之上，得毋有駭而却走者乎？是固聽之矣！噫！世之遇合遲速，又豈獨斯丘哉？故歸而記之，是歲道光二十一年。

娱萱臺記

張其詔于其舍之北圃，壘小石爲崇四尺之臺，廣四其崇而衺五之，短垣上周，闕前容階，階五等，植四時草木花竹，瓦盆甓甃，參差高下，掩映成趣。鮮繹之山，清泠之泉，烟雲罨靄，畢趨臺端，争妍獻奇。日奉其孀母薛，遊息爲樂，命之娱萱之臺。

夫娱親不一道矣！有世榮者，有性命者，有朝夕者。掇巍科，登美仕，奉八座而列百珍，頤使目驅，應志而趨，閭里豔望，殆於天人，世榮之娱也。不一出言忘親，不一舉足行殆，先民爲徒，夷險一經，蓄道德而能文章，貽令名以施後世，性命之娱也。無形以爲視，無聲以爲聽，導和引怡，融融愉愉，隨其力之所能，當之者亦忘其所以然，朝夕之娱也。世榮之娱，有道有命，君子聽之。性命之娱，全生全歸，君子勉之。唯朝夕之娱，見乎性命之中，大行不能加，窮居不能損，聖賢無所餘，庸衆無所歉。夫女也者，天下之轚人也，孀也者，轚人之無告也。不出門、不踰閾之人，無益告之境，雖有克家之子，承顔之婦，百思千慮，未易一當。而其詔奉承庭圍間，課婦弄孫，評雲説山，身縶而意閑，事勞而神逸，若將忘其女也孀者。夫其詔之爲娱，于朝夕之間，其亦有窺也乎？

昔者楊園少孤，其母教曰：「孔子孟子，亦無父之子，唯以好學，大聖大賢。」楊園守之，爲儒宗。推斯臺之意，深求性命之娱，道楊園而學孔孟，將非迷其途者，其詔勖之哉！道光丙午閏月。

魚梁江源流記

魚梁江源都匀府麻哈州西七十里埧忙砦山中，涌石穴如三斗盎，謂之水頭，與清水江源都匀邦水河者同山南北出，東北流十餘里經埧忙場東。又東十餘里經蔣岡塘西，過擦耳巖下，又東北十里經樂平司西，得樂平橋。又東北三里爲大箐小箐，裂壁筍立，高可十尋，危累百丸，竟不敧墮。七里許，馬家𡍼水自北來會。又東北十餘里入平越州界，經姊妹巖下，兩巖并峙，高五六丈，參差若人。又東五里，經黄絲塘西，谷洞河自西南來會，又折南行東屈二十餘里，經西陽驛南，乾谿茶園北。又東七八里經谷頂砦側，又東七八里經老虎巖下爲黑塘。又東三里爲魚梁江，得萬善橋，驛傳之通道也。幽泉碎墮，琴韻清泠，昔人謂之響琴峽。又東北五里得吴家橋。又東北二十里得葛鏡橋，橋在平越州東南五里，舟渡多艱，明萬曆中，鄉人葛鏡再建再圮，鏡慟絶復蘇，毁家誓死，鑿空壘石，崇乃益堅。又東北諸梁江龍潭河，復有卡龍河自州北牛場來會，會處皆未得確所。各挾州西北諸小水來會，謂之三江口。有石崇數丈，矗立中流，謂之將軍石，又東北十里，經鴨爪壩，又東十五里經三郎鋪北，又東二十里經羊場北，又二里經新橋營南，又東十里經揚老驛之登田壩，麻哈江挾麻哈境諸小水自南來會，自大箐、小箐至會麻哈江處，皆重崖疊峽，對岸如削，路之所經，自東至西，間若尋丈，蟻緣上下，俯入無地，仰即登天。又東北流折而東六十里，經清平縣北境之大風洞北。又東三十里經香鑪山北重安驛西，入黄平州界曰重安江，有重安渡，碧潭澄净，竹絚横江，扶絚進舟，無事篙槳，亦驛傳通渡也。又東六十里經巖門司南，又東會于都匀河爲清水江。道光丙午年十一月既望，發西陽驛行渡魚梁江，因記。

龍友楊公有後記

始讀余澹心《雜記》云〔一〇〕：「楊中丞文驄父子三人同日殉難。」又云：「龍友父子殉難閩嶠，無遺種也，唯老女匄歸金陵，依家僕以終天年。」錚錚義烈〔一一〕，竟斬焉弗嗣，掩卷不怡久之〔一二〕。意仙霞忠魂，欲求梅花嶺衣冠一抔，益不可得矣！

道光末年〔一三〕，桐城孫心筠起瑞來巡貴州糧儲，得讀其《家譜》，乃知龍友骨歸孫氏，與心筠高祖之父武公副使合葬〔一四〕，又備見楊氏後裔〔一五〕。龍友好推獎名士，士亦附之，獨不幸爲士英戚，予人議端。當福藩時，大獄疊興，大鋮羅織〔一六〕，善類必致死者，龍友必委曲調護保全，蓋數十計，固宜其有後也。

《譜》曰：仙霞之役，楊公及四子一家三十六人駢死〔一七〕，唯長子忠貞將軍都督同知鼎卿遺一子，寄育中軍江南李茂芬家〔一八〕，存亡不可知〔一九〕。而乾隆十七年楊卓所具世系，則謂楊公尚有少子鼎勳，生未周歲，令其生母郗從以婢子蓮花，負歸里，犯兵燹，伏荆棘，間關五歲，乃達貴陽。勳頗讀書，自以萬死得生，不復求仕。二子，元愷字仁溢，康熙己酉舉人〔二〇〕，選直隸雞澤知縣；元惇字仁沛，諸生。又記愷惇子孫十九人〔二一〕。然則楊公信有後無疑，澹心傳聞未確耳。唯孫《譜》云四子同死，澹心云父子三人，則僅二子，疑莫能質。龍友又曾乞杜于皇爲其季子作傳〔二二〕，則當有季子先殁，并同殁四子及鼎勳而六矣。邢孟貞《石臼集》《屢連見楊愛生貞生》，又有《送楊愛生由白下往黔中應試》及《題楊貞生攬霞閣詩》、《于皇燕磯感舊詩敘》〔二三〕，數辛巳餞送諸人中，亦有貴筑楊愛生，愛生當即鼎卿字〔二四〕，貞生必愛生弟，與父兄同死者，惜失其名。自二一人外，他更無可見。然則澹心父子三人同殉之説，或近是也〔二五〕。澹心所謂老女，又謂有妾馬嬌，不知所終，豈并在三十六人外邪？其歸骨合葬始末，已摭入別傳。

待歸草堂後記

唐子方先生之布政湖北也，寄聲其家，爲構宅一區于貴陽城，顔曰「待歸草堂」。是時成廟方嚮用先生，江漢災民待澤孔亟，非先生言歸之時，特以謂人臣奉職事，必其升沈去就，罔所濡回牽制，然後得行其志，以盡其所當爲，故取「待歸」之名，以益自激勵，且以愧乎實有可歸之道而貪位苟容不忍遽舍者云爾。

咸豐壬子春，友芝走都匀省墓，得道謁先生于兹堂。于是先生引疾已優游三年矣！其冬計偕將行，先生又此命飲，因觀王子壽比部所爲記，屬有所思。先生曰：「子疑我今者『待歸』名堂之不實乎？吾猶有説焉：夫懷憂千載者，拙士之胸也；隨化修短者，通人之識也。古人亦謂死爲歸，吾今退閑無事，待此而已。子其爲我作後記。」友芝曰：「善哉！不能輕進退者，不能盡臣職；不能了生死者，不能輕進退，先生之言，不與向者名堂之意，益相發明矣乎？然而友芝之愚，則猶以謂先生非宜久歸之人，今日亦非聽先生久歸之時，則夫待歸之説，不如仍持前説之爲得也。」先生又曰：「人當三四十壯盛時，志力强猛，視天下事無足以難我者，褎舉所嘗學問，期次第盡諸設施，惟其勝任故愉快也。逮五十而氣少衰矣！矧余今年更六十邪？念自筮仕來，膺成皇帝特達之知，驟躋价藩，何敢自惜犬馬之勞，貪餘年以自逸。誠幸清時多才，群策競力，昔者在楚在甘，猶不失官方，不致貽先陽曲陽山之羞於地下。今之歸而待歸，庶可以全吾歸，而復何求邪？」友芝曰：「不然，如先生之説，知止知足，特可以無事時言也。自庚戌辛亥，粤賊據永安，偪桂林，擾衡、永、長沙，將漏湖湘而出，勞師縻饟，已閲三年。而先生杖履游覽，矍鑠猶少壯，抵掌時事，須髯戟張。設一旦天子簡在告人，命先生運籌當一面，先生猶得以達觀待死不出爲辭乎？抑將聞詔攬轡，不敢留宿而行乎？友芝故曰：名堂之意，不如仍持前説之爲得也。」先生笑而頷焉，遂書而揭諸壁。十一月既望。

重建魁星閣記

獨山州北三十五里，與城户編甲爲第一曰兔場上下街。南舊有魁星閣，北向，當兩街門户，形家謂有助於興文富民也。其建自康熙某年，東倚民舍，入州道出其西。形家又謂：若遷閣西倚而道東出，尤於形勢宜。

嘉慶末，先貞定公家居，率鄉人老少以孝友仁讓，藹藹循循遵唯謹，即欲因衆意遷閣易道，尋教授遵義不果。今又三十餘年，棟宇漸不支。余從子繼芳，猶子大猷、遠猷輩，急謀移而新之，以竟貞定公夙志。取資閣中舊醵存，及生息銀若干兩，不足乃更募增。咸豐三年三月，庀材鳩工，而余以謁伯莖兄新墓，自遵義歸，繼芳因以記請。

夫形勢之説吾不知，魁星之祀亦不詳所由起，唯計自解事來，今昔聞見鄉里人家，其講孝友懋仁讓者，其子若孫率能讀書取科名，次之亦不失田廬足衣食。其不孝不弟倚勢力横行者，其子孫率游手犯刑罰，或斬弗祀焉。夫形勢之美星精之神之能福人豈有厚薄，而數十年轉轂興替之不齊，而綜核之，又未嘗非其所自取也。斯工之蕆，繼芳輩其勤以此意導鄉里，使之敦本厚俗，藹藹循循悉如貞定公在家時，於以因篤栽培，啟未振之秀於靡既，庶幾乎真能竟貞定公志也夫。八月十三日。

影山草堂本末〔二六〕

獨山州北三十五里〔二七〕，兔場上街，友芝先人之廬在焉。廬後二十步，〔二八〕曰「影山草堂」，故幼稚授經所也。負竹結茅，面升旭，竹衡據南北鄰可三百步，左林右池，小圃介林池間，右迤如磬折。堂之前有市，市之外有田、有山，山之外曰翁奇河，皆隔於廬不相聞。堂之後有田、有池、有圃，接於山麓。山之下有伏谿，距池南四百步，井竅沸然。又南五百步穴出，東會翁奇河，又皆隔於竹不相聞。值衝風迴旋，筱簜開闔，山態乃隱約在西北端。因誦元暉「竹外山猶影」之句，請以「影山」牓堂。先君笑頷曰：「可。」於時友芝方七歲。翁奇河出州東北妙翁山中，屈曲西北，流經堂東山下。又東北出都匀縣南界，經吴家司、黄梁堡、良畝塘，麥冲堡西流，經平洲六洞，凡三百餘里入山穴，洑流西出，會於廣西之紅水江。圖經家唯記麥冲河，而原委多肊指，甚疏誤。

先是〔二九〕，先君以先大父憂，自四川鹽源令歸，請終養先大母張太孺人。逾六年，友芝始生，是爲嘉慶十六年。周三歲，能識字，先君授之《毛詩》、《尚書》、《儀禮》、《戴記》。時先伯兄總家政，先四兄課耕牧，先三兄補諸生，課治舉業。先君有不暇，則三兄授之，皆卒業於此堂。先大母年逾八十，猶康彊，常常扶杖，褎果餌來誘孫讀。先母李太孺人，每爨餘，率諸婦紡織，常於堂南理經入篋，朝講圃政，井界而課功，風雨無間。

蔬有菘、芋、薑、葵、芹、莙、莧、薤、瓜、瓠、蔓、豆；果有梨、柿、桃、李、梅、杏、胡桃、羊棗、林禽、枸枳；花有蘭、菊、海棠、玉簪、繡毬、山茶、木槿、月季、玫瑰；草有芸莎、萹蓄、馬蘭、牛舌、白蘇、酸漿、車前、商陸；蔓有山藥、地瓜、甘藷、野葛、秧薦、蒲萄、牽牛；木有桑、柘、松、杉、楓、椿、梓、櫟、女貞、海椶。怪石磊砢，聚於南榮。老柏夭矯，竦出爨室南屋山而冪之，直堂東南。昔結屋才高三丈許，先君不忍伐，命闕椽讓之。友芝讀書時已干霄合抱矣！時果既熟，三、四兩兄數數上樹，手摘以奉老人。友芝上四五尺輒墜，群以爲笑。春筍怒茁，穿階礙道，率諸弟妹，就茁密許覆稻皮煨以熟，擿劈剥獻甘，還就林下分啖。先大母、先母屢呵其頑不悛，而所煨處來歲筍仍盛。

歲戊寅三月，先大母棄養，先君畢喪，將北征。辛巳三月，先三兄又逝，先君因改校職。道光三年冬，得遵義府教授，先母率友芝等隨侍往。二十一年七月，先君卒官。明年春，先母又卒，力不能歸葬，遂并厝於遵義。友芝諸弟依墓僑居，兩兄諸子守獨山故園。先君居遵義凡十九年，友芝及六弟庭芝之一歲間歲必歸視兄，數於此堂督課群子姓。先君既没，庭芝、瑶芝、生芝、祥芝諸弟猶以學使者試再三往。生芝入學尋夭，友芝則唯咸豐三年癸丑伯兄之喪一至焉。於是堂空，竹實瑟瑟鮮生意。明年二月，豐寧下司齋匪楊元保起圍獨山城，其秋，餘黨復亂芒場，而遵義亦有楊鳳之亂。明年，上江齋匪、八寨苗匪相繼竊發，都匀、獨山岌岌，伯兄子大猷、三兄子遠猷整厲社團，扼州北路，賊來輒大創去。八月，悉號召同惡驍健攻兔場〔三〇〕，吾家先被焚，草堂燼焉〔三一〕。影山萬竹，斬掘無遺枿。大猷、遠猷間道踉蹌趨城入保，先四兄奔波病卒，逾二年始得凶問。道不通，又將二年。友芝乃以截取走京師，留二年，謁選試春官，無所得。歲庚申七月出都，而粤賊石達開遂以是時陷獨山城，遠猷及其子秋闈巷戰死，遠猷之母池苦節撫之四十年，亦遇害。大猷奉其母陳避邨落間，陳又焚死。友芝乃流轉鄂、皖間〔三二〕，庭芝硯食永寧，瑶芝枯守碧雲僑屋，祥芝絆皖縣，蹶未即振。同治元年冬，兒子彝孫避遵義亂來皖，乃得確悉家中存没，而死之日月，生存所居業，猶不能覼縷也。

嗚呼！一家之於一鄉微矣，一堂之於一家又微矣。而吾生五十三年，上下四朝五世，所歷聚散死生，鄉里之興廢，紛不可紀，而此堂與之終始。今雖鞠爲焦土，而先世以來，經術流衍，循良之規，師儒之澤，干城國殤之毅烈，下至婦人女子，亦明決蹈義，有死無隕〔三三〕。溯其引掖造就，一皆出於此堂。友芝昔者久僑暫居，必寓斯名，以存先澤〔三四〕。鄭子尹學博曾圖畫爲遠行之贈。今又閱六年，乃檃括始末，記於左方。同治二年冬十月〔三五〕。

豐樂橋記代

遵義府治南五里，跨桃谿尾，建橋曰豐樂，崇四丈有八尺，廣半之，袤五其崇，兩翼石闌如其袤，釃水五道，開南北廣路百有若干丈，用工十一萬四千人，筍鐵四萬三千觔，架木千五百段，石灰萬二千石，桐油二萬五千觔，費白金九千六百四十兩。上游不十丈，舊有蹋水橋，即元建之巨濟，卑才半尋。仰承斗溜，薄漲噴面，即有線湍，游漾中橋，倏忽起伏，不可輒度。歲常溺人，暑潦之際，行旅愁恐。郡人更崇，懷匪朝夕。

長白某某來守郡，越歲，亟與郡縣僚佐倡慫斯舉。施者響臻，屬職事於縣人李教諭蹇臣，義民張朝輔等。咸豐元年辛亥正月十日丁酉伐石，十一月廿二日癸酉竣功。舍舊登降，梁空而行，平達兩山坳。雖有盛漲，永永無患。朝輔精算營造，逾於巧工，在胸之橋，先事已具。采石既近，必手度量，務收兼材，以植橋壽。蚤作晚食，不輟指撝，與橋終始。職事諸君操縱有方，一心一力，是以費半功倍，成速且堅。厥初相基，慮南兩道趾當駛溜，沙深縻功，斛鍤過尺，地設二尺棱，乃適稱趾。逮合尖頃，某某率僚吏郡士耆老來落橋成。歌飲既酣，時雪應瑞，觀者隘谷，歡聲若潮，天心隨人，了於告語。自今以始，險阻既除，疵癘不生，年豐民樂，左券斯在。某某幸與其美，用述本末，勒諸岸端，以諗來者。

濛水迎恩橋烈女墳祠記

咸豐五年秋，余自遵義將返都勻，道梗留會城且兼旬。八月壬寅，荔波解餉官約南取青崖道，貿然從之。計明日當宿甲浪，中途舁人憊，歧止定番，乃獲經其城北烈女橋所謂蟻墳者，徘徊祠下久之。嗚乎！烈女之死，垂二百年，豈欲有明於後，故舛余行，俾親履遺蹤以取證邪？

按：烈女蓋定番州人，順治四年春，流賊孫可旺陷貴陽，遣其黨艾能奇攻定番，二月十二日屠其城。明日賊目獲烈女于東關叢冢間，攬其襟，女怒曰：「是汚吾襟矣！」裂而走，賊尾至迎恩橋，詰氏里，不應，且謬慰其無家女曰：「家在吾心，汝斷吾頭！」噴而叱之。賊陽刃加頸，詈益甚亟。衆擁以行。烈女跳身投濛水不得，憤觸石闌，腦裂死。越三日，群蟻銜土覆其屍，如馬鬛然。馥馥有香氣。後州人謀徙葬，少去其土，蟻輒益之。耕人誤掇其土，輒病；還之即瘳。牛馬踐傷，旋復完。遂稱迎恩橋爲烈女橋云。

道光二十三年，州守者以《省志》失載，疑誕。復議徙墳廣橋，功甫半，明日蟻封如故。乃石爲墳牆界，墳于橋右，而左通行。于橋北建烈女祠。掘地得銅鼓，遂懸祠中以樂歲時。疾疫水旱，禱之亦往往應焉。

方流賊入黔，自省會避亂定番者數千家，自他州縣往者稱是。城既陷，百無一生。于時，深閨弱息，潔身飲白刃，蹈水火萬計，可知者顧人龍妻李，張承祖妻吴二人耳。

嗚呼！何不幸也！蟻子何知？乃能肸蠁感召，保閲二百年之朽骨，歸然中橋，聳動人耳目。將毋殉城萬計貞烈之魂，憤其沙蟲同盡，故陰假群蟻以表異此女子，使過斯地者，緬想一時被禍之慘，藉以牽連感愴于無窮邪！不然，烈女錚錚而死，且不欲留族姓，而區區弄蟻子狡獪獨何爲哉！逆旅不寐，爲論次其略，更製享神之詩，留祀者歌。其詞曰：

擊銅鼓兮鞈鞈，聳碧橋兮春江。靈之旂兮旖旎，擁芝蓋兮百花裏。靈不來兮何思，對百花兮心悲。撫遺蹤兮匪遥，悵神光兮合離。

茨梨酒兮盈尊，雲子飯兮馥芬。神庶幾兮醉飽，福鄉之人兮無大無小。士蹈義兮女含貞，除疵癘兮永不生。長有秋兮歲復歲，肅薦享兮千萬禩。

燭穗颺兮漣斑，颯風馭兮欲還。雲陰陰兮極浦，珠霏霏兮四山雨，濛之水兮清無渾。賊兮蟻兮，誰怨誰恩？靈之歸兮奈何許，鬱青冢兮浩終古。

【校勘記】

〔一〕又：《郘亭雜文叕餘録》作「文」，是。

〔二〕《郘亭雜文賸餘録》此句之下尚有一句：「盧、櫨，古今字。」

〔三〕遲：《郘亭雜文賸餘録》作「遲橘」。

〔四〕《郘亭雜文賸餘録》「廣都」之下有小字注語：「本誤作成，今校改。」

〔五〕《郘亭雜文賸餘録》此句首二字作「都與」，不作「按與」。

〔六〕《郘亭雜文賸餘録》此句作：「而爲之説曰。」

〔七〕《郘亭雜文賸餘録》此句作：「借義行，而本義字皆加草。」下句「失其指矣」，亦據《郘亭雜文賸餘録》而補。

〔八〕《郘亭雜文賸餘録》此句作「乃所以爲何也。」

〔九〕自迷：《郘亭雜文賸餘録》作「致迷」。

〔一〇〕同治十二年金陵刻本《黔詩紀略》此句作「余懷云」。

〔一一〕同治十二年金陵刻本《黔詩紀略》「錚錚」之上有「每歎」二字；「義烈」之下又有「如楊公」三字。

〔一二〕同治十二年金陵刻本《黔詩紀略》「不怡」之下有「者」字。

〔一三〕同治十二年金陵刻本《黔詩紀略》「末」字後無「年」字。

〔一四〕心筠：同治十二年金陵刻本《黔詩紀略》作「觀察」。

〔一五〕備見：同治十二年金陵刻本《黔詩紀略》作「附見」。此句下又有「於是鄉積不能解者一旦釋然」一句。

〔一六〕同治十二年金陵刻本《黔詩紀略》此句首有「阮」字。

〔一七〕駢死：同治十二年金陵刻本《黔詩紀略》作「同死」。

〔一八〕同治十二年金陵刻本《黔詩紀略》「育」下有「其」字。

〔一九〕同治十二年金陵刻本《黔詩紀略》「不可」之上有「猶」字；此句之下云：「《譜》又載貴陽諸生楊卓所具楊公世系，謂公尚有少子鼎動，生未周歲……」，與此異文出入頗多。

〔二〇〕同治十二年金陵刻本《黔詩紀略》此句首有「本朝」二字。

〔二一〕同治十二年金陵刻本《黔詩紀略》此下有一句：「卓即愷長子。」

〔二二〕同治十二年金陵刻本《黔詩紀略》此句作「龍友曾乞爲其季子作傳」。句首有「杜于皇云」四字。

〔二三〕「于皇」之上，同治十二年金陵刻本《黔詩紀略》有「杜」字，「叙」作「序」。

〔二四〕同治十二年金陵刻本《黔詩紀略》此句作「《復社姓氏録》云：『貴州楊鼎卿，字愛生。』」

〔二五〕同治十二年金陵刻本《黔詩紀略》此句之下僅一句：「其所謂老女豈在三十六人之外耶？」又，此文與臺北「國家圖書館」藏莫友芝《郘亭雜文叕餘録》中的《龍友楊公有後記》異文過多，不一一出校，可參看。

〔二六〕莫友芝此《影山草堂本末》手稿原在《影山草堂圖卷》之首，今藏於貴州省博物館之中。

〔二七〕莫友芝《影山草堂本末》手稿篇首有「友芝先人之廬在」七字。

〔二八〕在此「曰」字之上，莫友芝手稿有「幼穉授經處」五字。

〔二九〕先是：莫友芝手稿無此二字。

〔三〇〕攻：莫友芝手稿作「畢力亟攻」。

〔三一〕民國十四年《都勻縣志稿》所載莫友芝《影山草堂本末》此句無「草」字。

〔三二〕在「流轉」之上，莫友芝手稿有「因循」二字。

〔三三〕從「經術流衍」至此句，莫友芝手稿作：「經術流衍，爲良吏，爲師儒，爲干城，爲國殤，下至婦人女子，亦忠孝不辱，見危授命。」

〔三四〕民國三十七年《續遵義府志・藝文志》載王闓運《影山草堂銘》引曰：「徵君記曰：『所居之處，皆以影山名之；遵義山麓青田之居，皆是名。』」

〔三五〕此下莫友芝手稿有：「郘亭眲叟莫友芝并書。」

郘亭遺文卷第七

通奉大夫二品頂戴湖北按察使前湖北布政使唐公神道碑銘

當粤賊踰嶺漏湘湖，蹂鄂皖而東，中原震動。遵義唐公方引疾家居，天子以公弭甘涼亂有威名。始湖北知縣，歷布政使，更生數百萬人。咸豐三年春，詔起勷督撫者軍。夏五月抵武昌，群議壁田家鎮，公策扼彭澤、湖口，不可。北路賊還陷黄安，公迎，敗之鵞公頸，追及馬鞍山，殲幾盡。尋以江公忠源防勦江西，命公權其按察使事，公仍慮田鎮孤，請出陸掎之。九月及廣濟，而田鎮潰，江公單騎來投，遂偕馳救德安，却賊及陽邏，大斬獲，江漢乃通。已而江公巡撫安徽，公二品頂戴，真授按察使。掇精鋭授江公，以餘衆再戰，復黄州，分截巴河，大小十餘捷。黄無險，賊水陸薄城，公忍飢禦一晝夜，計燒南門突圍還，復馳兵六安援江公。忌者數齮齕，上疊責褫職，命仍事，而巡撫靳與兵。十二月，總督吴公文鎔聚師發陸，檄公以千人當水衝，巡撫少與小船輕礟，請增益并井油，不應。江夏諸生彭汝琮資募戰艦水勇，乃粗成軍。四年正月乙卯，總督兵潰堵城，公馳救不支，退泊鮎魚套。戊午夜，賊進樣漢口，公流涕誓師，則咸跪言：「巡撫已改此軍隸楊鎮矣！」又不受楊節制，各棹舟散。公馳追，平明至金口，激厲稍集，使江陵諸生林天直襲漢陽。廿三日癸亥，大東北風，賊帆蔽江，公督數十人迎拒，又盡逸。從容賦詩，封遺疏付子舉人炯行，北向頓首曰：「臣力竭矣！」遂赴江死，年六十有二。

公忠智負膽勇，機神明速，任事飇發。所交遍當世豪俊，顧虛己好善，布衣士引之如不及。至當官議政，守大體，不阿人。自以受先帝知遇，舁疾枕戈，三帥師不踰二千，糗粻器械，率自括募，所當賊或數萬、十數萬〔一〕，比有功入黃州，食盡全師。堵城之敗在陸，乃悉以咎公，又乘危奪其軍。蓋巡撫故媢江公善戰，又嗛公寮舊不附己，益欲致公死地。公死而賊愈横矣！

公諱樹義，字子方，先世自涪州徙遵義，多用乙科著聲令牧。康熙間知陽曲縣曰廉，祠其縣，復祀於鄉。嘉慶間知陽山縣諱源準者，以玄孫紹其循，即公父也。公舉丙子鄉試，道光丙戌大挑一等，簽發湖北，一歲讞了下州縣積案千五百件，躐補咸豐知縣，權天門，改監利。江隄再決，急賑嚴法，以安流剽，計隄亘縣境五百餘里，積窳缺宜大治，當江衝尺八口，多沙善頹，宜退徙二千七百丈，費浩侈，帑給十二萬金，不供半，力募貸盈之。工垂竣，江驟漲，不没隄者數寸。西南風撼浪急，役驚散，公捧土負薪立水中，天反風，水南減二尺，適虛舟浮至，實土沉之，隄遂完。調江夏，遷漢陽同知，擢甘肅鞏昌知府，署鞏秦階道。十八年，固原提督朘饟蓄歌伶，軍士譟，劫州倉，將爲亂。檄公兼平慶涇道往治。提督郊迎，公不顧，獨引得軍心參將某，温語奬勞，且曰：「官誤耳！若屬好男子，豈有他乎？」某退，則大言曰：「我固謂唐公必活若屬，今果然。」軍遂戢。調知蘭州府，晉蘭州道。二十三年，與勦西陵野番功，賞戴花翎，遷陝西按察使。二十七年，晉湖北布政使。水災連四十州縣衛，計撫賑脩防八十萬金，大府難之。公曰：「堯舜在上，忍令吾民失所乎？」爭以去就，四五反始拜疏。比奉詔，允諸政皆舉，楚人比之富青州。明年仍災，公且護巡撫印，爭請賑免，合疏尤難於前。發憤太息曰：「鄉爲州縣，苟利民行吾志，無復牽制。今奈何動掣肘，欲覗人顔色乎？」遂拂衣歸。當公令牧時，事林文忠、裕忠靖諸公，能張人才，裨治本，有異同，無噎媢。不二十年，競於模稜取容，一二開濟偉略，率遭抑擯，而天下自此多故矣！

公屢奉召對，垂問家世，歷官行政甚悉。擢同知。上顧樞臣曰：「丞倅中幾見有此人？」擢按察，請西陲無用兵；擢布政，陳理財在用人。上皆首肯，慰勞久之。今上再起公湖北，密疏根本大計，優詔褒答。公能以實政契聖心若此。顧搤於小夫，惟一死報國，豈非命邪？公少隨侍嶺南，市明死事陳忠烈公邦彦遺硯，感陽山公異夢，蓋授之矣。殉難時，洄流躍其軀於岸，賊訖，復攢槊刺之。士人已淺瘞，巡撫猶奏有異詞。尋有言公死狀者，曾侍郎國藩亦爲上遺疏，乃賜卹如按察使。炯遵遺命葬衣冠有日，乃知公骸骨在，間關走金口，徵不爽，號泣奉歸。咸豐五年四月廿有八日，祔葬貴陽府東北五十里成山考墓之左。以友芝嘗辱公文字知，請銘墓道之石。不可辭，爲撮舉大者。銘曰：

平時顓顓然，桴粥百姓，以宣主恩。危疑跋疐，而不毚猭洟涊，苟身之存，公之建樹本末，敻乎古人矣！撻寇六七年，益張以繁，世有負宏濟才如公，爬抉亂根，與之改弦，洗瘡痍而乂安，則雖公之齎志，亦庶幾破涕九原也夫！

文林郎河南扶溝縣知縣降改貴州遵義縣訓導胡君墓志銘

退思胡君既窆八年，其子長新書來曰：「先人歸葬也遽，未有銘，顧得子文補諸竁。」嗚呼！君烏可以無銘？余於君尤不能已於言[二]。君諱秉鈞，字退思，一字統政，號理軒。嘉慶乙丑進士，兩知河南扶溝縣，有仁聲。坐某事降二級，改選貴州遵義縣訓導，卒官，有傳在府志。歲貢生其仁者，曾祖考也，妣孺人鍾。歲貢生銅仁縣訓導諱世範贈文林郎者，祖考也，妣孺人鍾。增廣生贈文林郎諱灤者，考也，妣孺人郭。上世自金谿徙桐柏至庸，明初以征白巖塘功，永樂四年，授湖廣五開衛指揮使，襲六世。國朝雍正五年，改衛置開泰縣，隸貴州黎平府，遂世爲開泰人。君之來遵義，先子爲府教授，喜而曰：「吾道不孤矣！」相與反刓劃僞以造士，士罔不就陶，緝緝以雅。唯時縣耆舊復有若李君柏，杜君暉、昭昆弟，劉君大魁，林君國楨[三]，或初返林下，或未係軒冕，兼一二齒德布衣，主賓文酒於犍山、温水間。鬢髯奇蒼，古道照映，望若耆英中人，而猶以謂能常然，不甚豔異。獨至今日，在遵人士莫不緬想慨歎於一時之極盛不可復也。君固同年先子戊午鄉舉，又同官舍相接，兩家子弟亦晨夕過無間。記余始入學，即頗坐不好科舉業，大嫌於時，唯君數數奇譽於先子。已且縱長新相從講六書故訓、詩古文辭以爲樂。君之没，五君一二逸老，并先後其間，先子積不歡，亦衰病以逝。苫塊以來，世愈齟齬，余所爲馳念往昔，瞬息未十年，老成彫摧，知己淪喪，撫重憂之餘生，咎責滿天地。長新輩厓厓同志，又各天涯絆鹽米，索居閉門，菿焉蓬蒿，無所告語，尤可哀也。

君生乾隆三十二年二月十七日，年七十，卒以道光十八年正月廿五日，某月某日歸袝縣南五里胡家坪，配孺人邵，側室宋。六子，長發、長庚，并廩膳生；長清，增廣生；長祿，早卒；長華，附學生，亦先卒；長新，廩膳生。三女，長婿廩膳生薛永芳，次婿徐長善，次在室。

君居恒呐呐若無所短長，人皆目爲長者，每酒酣以往，抗論古今事，老吏斷獄無過也。小試牛刀，受擠不校，投老横宫以自隱，豈非其中有得之深者耶？三歲而孤，力貧助兄以養母，晚得脩職郎封，輟以予兄，鄉之人時時稱之。爲文章淳實爾雅，不屑屑時俗優劣，如其爲人云。

銘曰：

道奚有伸，亦奚有屯。唯有述於人，庶幾不泯。

外舅夏輔堂先生墓志銘〔四〕

咸豐壬子春，自遵義走麻哈，會外姑氏葬。於是外舅夏公年八十五矣，語友芝曰：「余知石泉，適歲豐，蜀黍斗錢二百，而上兩歲南山州縣水旱災，斗錢千七八百，民間償舊貸，悉準穀加五息〔五〕，而貸家必計錢，至於訟百數，貸穀償穀常也，而貴賤懸絶〔六〕，必以錢，將罄所入不足償。而乃爲温獎貸家，中其里誼〔七〕，令償者歲倍其母，再歲再倍，不聽者抶之。未浹旬，百訟皆解。而紫陽鄰縣方以民間貸穀不得過加，三請通行，余獨不奉，且以新調停償荒貸法稟聞，而他州縣上控者已紛嚚塞省門〔八〕，上游即改用余議行，乃止。余知洛川，其供官日四雞二鴨，魚肉蔬薪皆有程，給官價。又西口孔道，賓館供不在此數。顧物力頗艱，有『魚龍鴨鳳菜靈芝』之諺，官價償十二而已。舊令日程不取者使折贏價。余家累未隨，既少取，并免折贏。在官人竊慮來往大賓客難責供，而所供乃踴躍肥美於常，且力却官價不受。二事雖小，一見民隱當求，一見民情易得。余在兩縣易爲治，既先以二事。官一分好，民之感即不止一分。奈何執成見任胥吏者，輒號於衆曰：『民悍且頑也。』果誠然哉？」友芝謹識之。謂計偕當復省公，公曰：「來歲雖兼挑試，爾静俟截取未晚。」以爲病後漫語。及友芝仲冬出而公先以孟秋逝矣。走奠於殯而行，至順林驛道梗還，公昔語乃若先見。明年夏，返獨山省墓，道公家，公諸孫以銘請，乃使各道公行蹟，次敘列之。

公諱鴻時，姓夏氏，字顯功，號輔堂。其先永昌，明初自南京上元，從征來都勻，授衛指揮世襲，遂居麻哈長官司之高枧堡。後以司置麻哈州，即世爲州人。永昌四子，洪、貴、榮、全。洪襲指揮，與貴率甘、羅二僕襲苗邦水，轉戰至龍場堡沙鬭砦，俱陣没，唯榮、全以幼存。公，全十二世孫也，舉嘉慶戊午鄉試；道光丙戌，大挑二等，選印江教諭；甲午九月，截取陝西石泉知縣；

丙申十月，調洛川知縣；明年十二月，遂引疾歸。曾祖馭民，字君祚，貧而好施，以少子朝正貴封文林郎、浙江餘姚知縣；祖諱朝典，字慎徽；父諱護，字登三，州歲貢，并隱德不仕，贈如公官。曾祖妣氏劉、氏金，祖妣氏王，妣氏李、氏熊，并贈太孺人。公爲登三公少子，幼敏悟過人，所讀書不斤斤章句，必求實用。公舞勺而登三公老矣，年十四即授徒以養。弟子或長於師，人咸以爲笑，迨講授，莫不饜服。既備歷貧窘，益得以世故淬心性，遇繁劇叢脞必得其所以理。嘗主講本州三台書院，及諭印江，造士文行交飭，舊習爲變〔九〕。印典史楊乙丁祭舁轎入學宮，諸生毁其轎，乙佯狂自免去。其後典史王甲纍係武生，諸生閧走其署出之，且釋他係。公爲斥散諸生，而甲憤不已，愬之府。知府者并前事銜公，適公俸滿，示意必黜兩庠若干人，乃予考。公不應，曰：「典史擅拘繫人，已非法，況及諸生乎？諸生閧典史者當黜，而典史固無事乎？吾不考滿何害！」知府遂自詳學政，黜五人，會坐罷去，事乃解。

公治石泉，詞訟送案計里限日，踰者予役杖，到案訊判不留宿，有壓不得訟若胥吏爲奸者，聽鳴冤，立訊直之。坐里豪蠹役數人軍流，嚴再盜之刑，重范甲行賄罪。期月境内稱治，囹圄虚無一人。丙申五月，水壞池河邨田廬無算，捐廉賑之，多全活。蝗及境，輒去不爲害。常以餘閑群縣秀異，躬爲師督教奬勵，士氣大奮。比洛川之調，縣舉人王毓誠、拔貢吕道岸等，率耆老數十人詣省再請留，不許。皆送兼程，且曰：「吾山邑盜賊水旱之困若干歲，自公來，所苦皆若失，縣人欣欣然有起色，而公不可留也。」皆灑泣不忍别。

洛川歲徵多民欠，公至，方群以秋米歲增斗面上控，公爲核減如昔，程控皆息。又令米至倉立概納，其至或以多少留次日概者，罪倉役，未及限，經徵悉完。洛先有蝗災，而田近劉猛將軍祠者獨無患，公令遍葺而新之，歲時報祀，明年境内遂無蝗。

公爲諭爲縣，唯一孫自隨。嘗曰：「古人云儉可助廉，儉非徒自奉也。以眷屬習官氣，勢將有不能儉者矣。」聞者以爲名言。配姜孺人，公授徒於外能佐孝養無缺，相莊至老，雖少錢帛，非公命不敢私取與，先公一年卒，別兆高粱山。二子，之雨，州廪生；之蕖，國子生，并先卒。六女，長嫁都匀王德純，次嫁州貢生艾嗣宗，次嫁龔某，次嫁鎮遠廪生賀鳴鸞，次嫁州附生熊景星，次即嫁友芝。孫六，長春，國子生；如春、乘春，州武生；詡春、際春、陽春，俱業儒。曾孫男十二，廷燮，州廪生，其入學與公同戊申，公年已開秩，聰敏矍鑠，攜之釋奠，鄉里稱盛事；廷襄、廷相、廷勛、廷猷、廷楝、廷望、廷彦、廷颺、廷愷、廷弼、廷濟。曾孫女七。玄孫二，焬、炘。

生乾隆三十三年二月朔日，卒咸豐二年七月十一日，四年閏七月二十六日，葬州西二十里寶波山。公於先君總角交，又鄉舉同歲生，先君己未僑春官，而公報罷，罄囊資先君，爲留一月，料試卷四考諸瑣碎，其敦友誼如此。道光改元，先仲兄殁，公來視先君，見友芝讀《尚書》，舉成語命屬對，稱公意，即許妻以季女，忽忽逾三十年矣！名行不加進，大負先友屬望。泫然銘公，益增身世之感矣！銘曰：

厥幼惠通，章句不封。實用儲胸，厥長困貧。淬心檢身，日光以新。校官縣尹，有澤隨軫。

懸車恐晚，官不盡才。位不德諧，庶詒後來。

胡母宋太孺人墓志銘

胡教授長新，奉其母宋太孺人就養於貴陽學署，未帀歲而太孺人卒。吾弟庭芝自安平館往視其含斂，長新稽顙奉狀，且曰：「新之亟亟改此官也，以吾母也。而今已矣。先理軒公在時，常以最小寬責新，母也必嚴督之。自先公見背，新授徒養且讀十餘年，饔飧嘗缺，母常若怡然。蓋恐以紛新心。至丁未通籍，以江蘇知縣假歸，戚好皆爲母榮，母意乃若有不豫然者。時或對新述先公宦場風波事，逮新得貴陽校官，乃色喜曰：『籍微禄以生吾家，爾亦得補未讀書，人生如此已足，更何求乎？』新三兄長清歿，母命新分蓄其次子生超。母病彌留時，猶以生超取婦謀業爲念。吾母之耐貧知足、曉大義類如此。今夏來，母忽思徐氏妹，鬱鬱不樂。新擬秋間畢歲試，請急省墓，即奉母錦屏視妹。未及行而母遽不起矣！新不能承母意以致大故，負罪滋深，計唯得郘亭先生銘以不朽吾母，以慰於地下。惟子爲我乞，幸先生哀而許之。」

按狀：太孺人山西高平人，以歲荒從其父介山公就食於河南。嘉慶丁丑，歸理軒公爲簉室。生子男二，長新，道光丙午舉人，丁未進士，即用江蘇知縣，改貴陽府教授；禮元，三歲殤。女三，唯次成人，適錦屏徐之鑣。理軒公，諱秉鈞，字退思，號理軒，嘉慶戊午舉人，乙丑進士，兩知河南扶溝縣，坐降改遵義縣訓導，卒官。當太孺人之從理軒公來遵義也，友芝先母李太孺人亦從先貞定公於郡學官署，相去不三百武，兩太孺人殆無十日不相見，見則講所以教子女勤家食貧之道，至於酒漿、齏醢、蒔藝各有法度，善亦互授焉。壬子十一月，友芝將計偕道貴陽，拜太孺人，爲娓娓道在遵義時見先母教育友芝兄弟姊妹勞苦瑣屑事。惜吾母年不及六十，未得一日之逸且養。友芝泣，太孺人亦泣。癸丑三月經貴陽，太孺人復道如去年時，每以羨太孺人之福、長新盡養之幸，僅六閲月，而請銘之狀至。遂以羨長新者轉而爲長新悲，而益以悲吾母也。其何辭。太孺人生以乾隆五十□年□月□□日，卒以咸豐三年八月廿有五日，年□十有□，以年月日歸葬黎平府之某山。銘曰：

有子之英英，鄉里所争豔也，而不以爲榮，庶幾乎益大爾後，以長貽之令名。

誥贈中憲大夫安徽廬鳳兵備道文學李公墓表

公諱謙，字受益，晚號益菴，姓李氏，以子文森官安徽廬鳳兵備道，得贈中憲大夫如其官。其先諱尚元，處士，明萬曆間自南直應天上元遷貴州鎮遠之黄茆屯，因世籍焉，隱德弗耀。其後六世諱必望，與從兄必茂，少孤，不容於叔，棄産，脱走大洋谿，叔亡無子，乃還，以勤儉友恭稱，公曾祖也。祖諱迎春，兄弟七人，必茂子四人，遺業瓜剖豆析不足贍，能敦睦相率，續前人祀田。

考中憲贈公諱自培，妣吴太恭人，躬耕織孝養，或服賈佐之有贏餘，即推田宅畀兄子，蓋三世食貧力作，而孝友之行益篤不衰。

公髫齔知嚮學，授句讀於從叔祖正春，提挈愛異，謂不足師是兒。乃延鄉人稱真先生劉之佩者教於家，數歲盡傳其學。意不爲饜，遇未見書必手鈔以自拓課，經常夜誦補日。或以硯置首，少倦，硯墮觸案，警而復誦，畢一卷，終身不忘。故爲文雖率爾而就，必有根柢。年廿四，入郡庠，踰年父卒，遂不留意制舉。慨鄉里僻陋無學，毅然以人師自任。其爲教文行兼勖，因所識大小以靳有用，講孝弟仁讓義烈事必津津反覆，聽者至愚婦走卒，亦憬然生嚮悟。故及門先後登庠序若干人，雖未盡免風習之囿，而經在弟子行，即換他業，猶循循秩秩不謬於禮義。

公既没，鎮遠苗賊、石阡紅巾賊肆起。文森奉諱歸，鄉人推主團練，駐大地方。其比近皆公舊游，不期而集者萬餘家，悉願聽要束，衛桑梓。賊攻鎮遠城，高弟黎允中縣丞從知府吴登甲勵守禦，城陷，薛戰死最烈，則教澤見於身後者也。嘗以先世世篤孝友，風前人敬宗、贍族、讓産、追遠諸成蹟，每因事拓而加隆。吴太恭人性嚴，家人小過失，督責無已，獨能得其歡。太恭人病不服藥，唯啜少粥糜，又非公手煮不食。病或累月，緜滯晝夜，召呼無時，必有側。其内行曲摯類如此。生以乾隆四十九年十月二十九日，卒以咸豐五年七月十二日，享年七十有二，用遺命，越三日附葬路磡上祖塋之次。元配周太恭人，無子，早卒。繼配劉太恭人，生子男三，文翰，國學生，後五年以團長殉紅巾之難；文澤，廩貢生，官訓導；文森，道光庚戌進士，自奉天知縣累官安徽廬鳳道署按察使司按察使。女三人，孫男六人，孫女三人，曾孫男二，曾孫女三。

文森之己酉獲解也，競傳主司登其卷，實感鬼神，遂有言。公當鎮遠薦饑，知府朱國楨委主荒政事宜，凡糶官米、勸出粟、給牛種、酌賑法，公溥無懈始終，絶吏胥侵擾，用全活無算，人以爲陰德陰報宜爾。豈知孝弟之至通於神明，善行特其節目耶？今文澤、文森怡怡肫肫，昕夕以懷，二人相黽勉。文森每最考進秩，必彌兢懼於不能舉職，以詒令名，其家風流曁可以想見李氏之遞興，正未艾也。公既葬十一年，文森來秣陵，即以表墓之文相委。越二年，將去安徽，以道員赴雲南差遣，馳書敦促，更不許以不文辭。謹撰次手書，使持歸刻之。同治六年夏四月之望。

【校勘記】

〔一〕民國三十七年《續遵義府志·藝文志》載莫友芝此《銘》作「或數十萬」。

〔二〕《郘亭雜文甓餘録》此句作：「余於君家兩世好，尤有所不能已於言，固宜千里來請也。」

〔三〕「若李君柏……林君國楨」：《郘亭雜文甓餘録》作：「若青圃李、春堂、藴堂兩杜、摇光劉、幹圃林諸君。」

〔四〕《郘亭雜文甓餘録》此文題爲：「皇清敕授文林郎陝西洛川縣知縣夏公墓誌銘。」

〔五〕「民間……五息」：《郘亭雜文甓餘録》爲：「民間舊貸償者，唯計穀加五息。」

〔六〕「貸穀……懸絶」：《郘亭雜文甓餘録》爲：「余思貸穀償穀常也。而貴賤幾十倍。」

〔七〕「乃爲……里誼」：《郘亭雜文癹餘録》爲：「因情喻貸者。」

〔八〕「且以……省門」：《郘亭雜文癹餘録》爲：「且以鄉調停償荒歲稟復，而他縣上控者已紛紛矣。」

〔九〕此句之下，《郘亭雜文癹餘録》尚有四句：「印去省遠，艱秋試，首節俸倡醵賓興資母，至今賴之。」

郘亭遺文卷第八

潘明府傳

潘光泰，字稺青，桐城人，道光壬午舉人，以知縣檢發貴州，署天柱。却財豪萬金賄，知名；改署貴定，調補遵義。庚子六月受事，明年四月以病去。遵義地廣民庶而尚氣，訟獄滋繁，聽者少不悉，雖當事暫已，而枝葉延緣，或數官不休。三八告期，呈控狀常百數，官苦難理。胥吏因緣爲奸，視所左右袒，當堂添詞，謂之帖。有正帖、反帖、旁帖、冷帖、激帖諸法，雖素號明敏，蓋鮮不墮術中。

稺青至，首嚴添詞之刑，不以衰老貸，鼠輩無所售技。每聽斷畢，必綜端委曲折，手判入案，數月，告期狀不滿十。顧性實鈍，他人視聽斷，日可十案者，稺青不過二三，或竟日一案。耳聆手批，率黎明至漏四下，或廢寢食。故始至，皆竊議非理繁手。稺青微聞，笑曰：「吾才誠不逮，恃勤以補之。遵之多訟，大概牽連重疊，以至千百，果一訟結，所結何止一訟？吾日治其一，計終歲可得三百，遵歲訟想無過三百端矣！」聞者猶不謂然，久乃信服。蓋今之稱能吏，鋭始者或怠於終，謹大者或輕小，惟稺青無始終，無大小〔一〕，必誠必盡。居常質樸，若無異能，至鉏豪彊，辨義利，凛不可奪。最人所忽視，若銀錢會帳，亦必疏通抵折，無失豪氂。凡所判斷，數易官，竟不再控。增附郭二義學，置匯川義冢。尤加意荒政，城鄉勸置義倉數十所，凡積穀將萬石。粗就緒，而兄訃至，遽解任，有未及經畫者。臨去，謂所司曰：「倉成，功之首；理不當，罪之魁，今利害參半，甚可惜也。」稺青與兄某友于甚篤，嘗約死必同穴，其兄恨不得與弟訣，遺命停柩以待。稺青得耗，肝疾大作，時年已六十矣，亟欲歸治大兆以踐，屢乞休不得〔二〕，乃漫引疾，期葬兄復起。去之日，遵士民攀送不絶於道，獨無一胥隸，尤可尚云。逾幾年，卒。

郘亭子曰：宓子賤宰單父，鳴琴而治。巫馬子旗宰單父，星入星出，日夜不處，而單父亦治，異勞逸豈異優絀也。稺青其子旗之師歟？貴定數月而虎患遠，遵義數月而豺患衰、稻雙岐，魯恭、卓茂，又去人不遠矣。

追贈按察使曾君哀詞并序

君諱貞幹，字士恒，湘鄉人，於滌生相國、沅圃布政爲稺弟。少工文，既試，補諸生，倜儻不屑制舉事。咸豐三年，粤逆漏重湖、陷鄂皖，以據金陵。相國方以侍郎在籍，團練鄉兵，君以一旅從，于是冬破賊常寧之洋岗。今督水師彭侍郎玉麟、楊軍門載福方佐君幕，力言其英毅，宜顯擢當一面。已而官軍頻不利，又力白諸將無罪。久之，所薦白皆累功驟起名當時，君則泊然養晦紫田山中。八年十月，君叔兄温甫太常戰没三河，乃慷慨拔戟而起，鄂撫胡文忠公使召募千人從駐黄州。十年二月，從克太湖潛山，而布政軍亦他路頻捷，四月，會次安慶城北之集賢關。當是時，賊據城八年，其酋皆精悍稔惡，賊梟將陳玉成尤健戰，數擣虚肆擾，布政規爲長圍，聯水陸之師以困之。十一年八月朔，卒拔其城，君謀畫爲多。

明年，今上同治改元。三月，渡江次三山。三山爲宣池群盜四萃藪，軍入援絶，君計招陷賊義民，噢咻而部伍之，得四千人，用克繁昌，奪魯港，連收南陵、蕪湖。布政是時亦下東西梁山，徇和、當塗，掇采石。五月，乘勝壁金陵。君遂合五千人，馳會雨花臺下。七月，逆酋大舉薄雨花，軍號六十萬，環攻四十餘晝夜。布政傷頤，氣益振，君獨當兩路，全饟道，復能餘力，一夕拓五壘，犄角，紓東路危。賊既破，君平晛石城，俯瞰九洑洲，意氣軒豁，視紛紛毛盜蔑如也。已而夙瘧亟作，逾月竟不治，年才三十有五。惜哉！

君初以功階訓導，加國子監學正銜。安慶之役，相國方總督兩江，勵諸將廓清疆圉，不肯言弟功。鄂大吏一言之，君又辭讓，而請爲太常，易名膺，賜忠愍，而君之進階同知，賞戴花翎，錫迅勇巴圖號。最後以知府用，身後之追贈按察使，照優卹，太半出於特恩。嗚呼！自粤賊滋蔓，逾十年，竭天下兵力，尟一日當意。惟楚湘諸軍愈挫愈厲，拓還沿江數行省，此由吾相國鈞衡宏濟，故能收效，指臂投之無前。而其諸弟贊畫宣勞，皆極一時之選，尤近代所希聞也。友芝辱相國知，於君櫬還經皖且西發，輒參互相國、布政言君戰績首尾，序次大略，綴爲些詞，以少慰急難之情。

詞曰：猗楚材之天毓兮，倍挺軼于湘鄉。轉乾坤以使相兮，紛奇傑于雁行。君軒軒其最少兮，經百戰而方剛。既下皖如破竹兮，氣吞溢乎建康。倚鍾山而壁壘兮，眇盗數如蟻陵。劇風火以肝膽兮，枕旄頭而寢興。于烈士之颯爽兮，宜扶篤于不傾。胡瘧痁之爲虐兮，乃顛撼而不少停。雲黯黯以垂幕兮，波激激而打城。撫雄劍以永别兮，豈遺恨之遽平！

亂曰：三河授命兮化碧血，君起枕戈兮憤所切。百瘁相仍兮志不茶，死雖靡同兮忠則埒。朝嘉勳兮暮褒卹，恩言稠叠兮致肫惻，哀之榮兮誰等列？君如有知兮憤增結。手把忠愍兮糾義烈，奮爲鬼雄兮盪祆窟，殲氛盡凈兮恥乃雪。

智烈馮童子墓表

童子福基，山西代州馮氏，前潛山天堂巡檢焯長子也。幼誦五經，嘗自曉解，篤孝慕義，殆出天性。咸豐四年九月，賊犯潛山，福基年十四，父役淮淝，奉母避巖竇。賊既逼邇，計難兩脱，乃請母堅匿，從群小兒懷刃持挺以走，遂被掠俱西。欲圖其酋無策，行憩黄梅，竊藥肆砒，陰置賊食中。比及廣濟，斃者十七人，衆譁詫，幾泄，急吞餘砒而踣，血出口鼻間。官軍徇廣濟，賊委之遁。有老僧收憐，暫復蘇活，作書寄其家，述陷賊不屈首尾，語絶沈痛，又數日毒發死。同治元年四月，采訪忠義局上其事。五月辛卯，安徽巡撫由驛以聞；己酉，内閣奉上諭：李續宜奏童年智烈殺賊捐生之馮福基奇節至行，可嘉可憫，著交部從優旌卹，以彰風化。六月庚午，禮部議奏馮福基應令原籍地方於忠義孝弟祠設位題名，從優照孝子例，給銀三十兩，聽本家建專坊；兵部議奏馮福基應照官兵子弟隨同打仗陣亡例，從優照步兵陣亡，給卹銀五十兩，同日奉旨依議。嗚呼！馮童子以宗慤拒劫之年，有區寄譎賊之智，用逢盛才美之述，爲汪踦勿殤之銘，宜也。灊山人既聳悼其死，營葬之栗子原，又得請優異旌卹，隆恩卓節，哀榮罕蹤，亟刻石表，垂諸永久。於是獨山莫友芝檃括事案，以爲表文。

王節母贊

王太夫人方氏，子懷侍郎茂蔭之祖母也。年十七，歸歙王封翁某。封翁遠賈于潞河，五年不能歸而卒，太夫人年二十八耳。逮事祖姑十年，事姑三十年，撫子婚取，有孫；而子婦卒，又撫孫，及就傅，數十年極事畜勞瘁情理。當太封翁初卒，翁之昆弟會族人書二百金券付以資撫孤，迨子將冠，即還其券。平居足不出户，行不履人迹，食不茹人餘，湯餅之屬，不與人共釜鬵，人咸笑其迂。與嫂氏親愛，惟見于堂，不入其室，至五六十猶然。外家中落，當家計窘促時，則力夜作，易升斗以遺父母姊妹四人，不能自給者，必量力資之。六十時，給帑建坊，曰：「吾數十年飲冰茹蘗，初不知有此類事。唯念念懼稍有差失，他日不得爲神耳。」茂蔭官户曹歸省，誡之曰：「吾始望汝輩讀書識義理，念不及此。今天相我家，汝宜恪恭盡職，無躁進，無營財賄，吾願汝毋忝先人，不願汝躋顯位、致多金也。」卒年八十四。贊曰：

貞媛懷清，冰蘗在躬，其潔白艱苦，葢罔或不同。唯太夫人禮意性得，别嫌明微，動契聖則，孝于姑祖姑，育子翼孫，一瑣悉篤摯，若未大遠於人。不食殘餘，不踐履迹，濡餅不共釜，親嫂不入室。人皆怪其迂，而守死不忒。棹楔有旌，太夫人有言：「吾苦節歷世，初無此類知聞。唯懼稍差失，異日不得爲神。」猗古至行，忠孝貞烈，匪迂曷堅？堅乃獨絶。獨絶之精誠，如神明然；人而思爲神，而胡不完？有孫名卿，許國貞專。爲國柱石臣，庶答太母艱。

先母李太孺人墓表

太孺人姓李氏，上世自三原遷成都，先君令四川鹽源，以箕室歸。善事我大母張太孺人，十四年備極勞辱。迨畢喪，先君改教授遵義，太孺人從，及前妣唐太孺人没，遂以爲繼。温仁平均，蒸蒸以艾，論者比諸陳穆姜。

先君姓莫氏，貴州獨山州人，諱與儔，由庶常外用，凡八子七女，太孺人出少者五子六女。先君以道光辛丑秋卒校官，貧不能歸葬，遂兆遵義縣東八十里青田山。未及窆，而太孺人明年正月病亟，命諸子曰：「如我死，唐孺人獨墓故山，必不吾祔爾父。」至月三十日遂卒。距生乾隆丙午六月七日，年五十有七，以明年六月十九日葬縣東七里五英岡。

嗚呼！我曾大母周、大母張兩太孺人媲美則閭里，皆年八十而益康，而太孺人嗣徽，壽不并，天道固有不可知者邪？然而太孺人昔病瘘將歲，張太孺人撫泣曰：「斯人也，遂若此，天喪我矣！」顧不藥而愈，獨非天邪？昔張太孺人將没，執太孺人手曰：「吾死無報汝，佑汝子婦孝如汝耳。」今太孺人遽棄諸孤，使無所事，至諸婦且有不及事者，何孝之云？嗚呼，痛哉！男友芝既具狀乞銘竁，越年，復虆刻斯表，庶後昆觀焉。

祭子厚八弟文

維咸豐元年二月八日。第五兄友芝率爾六兄庭芝、七兄瑶芝、九弟祥芝及爾姪彝孫、桐孫、繩孫、橙孫等以時饈之薦，告汝生芝八弟之靈曰：嗚呼！吾與汝從先君於遵義校官十有八年，非有行役，未嘗不見汝。逮先君既殁，又同客於兹十十年，非有行役，又未嘗一月間得三四見汝，而豈意汝遂至於此也！

先君之子八人，惟仲兄才，惟汝敏悟。仲兄之殁，年才二十七，汝年才三十。豈才且敏者顧不當壽邪？仲兄之殁，歲在辛巳；今爾之殁，歲在辛亥；先君見背，歲在辛丑。余生四十一年，歲干直四辛，而其三喪先君及兄弟，豈星家身宫之劫之果有驗邪？而星家又謂汝身宫最旺，當健且壽，抑又何不驗邪？自汝己酉鄉比歸，畏寒惡鬧，怯怯不敢出門户，余心已憂之。然而三年以來，健飯强飲，亦何敢謂汝之遂當至此也！

自吾理家，終歲藜藿，獨汝意思間若有歉然不得飽者。猶謂不能驟安淡泊，少年之常，亦不復留意汝，而豈知隱疾已兆於此邪！使早知其如此，則胡不早縱汝之飲噉也。汝之自視甚高，視天下事甚易。吾喜汝意氣，又惜汝更歷淺，常常欲裁厲汝，汝每鬱鬱不自得。及汝久病，汝之所見乃時時勝于昔，方謂待汝之起得以大成就汝，而孰謂汝之遽止於此也！

吾賃宅爲主者所賣，卜居於碧雲峰之麓，獨汝以土木未就，静攝暫寄婦家，乃忽欣然移歸，了不畏鬧。吾獨猶謂汝疾之將差，竊竊以喜，而豈知居才十日，而遂去我邪？汝豈亦知汝之將死，不肯借他人之居以死，乃急亟歸我而死，使我與汝不致益無窮之戚邪？胡汝婦送姪東去百里，汝不泥其行，并汝小女亦不得面訣，則汝固亦未知汝之將死邪？嗚呼！汝之疾，吾不知其由。人謂中斯疾者，畢生不能脱，又常在聰明人。然而他人之疾者，亦但似痿廢，未見遽死，豈汝又别有促之者邪？

汝近年既不欲常見我，亦謂汝既成人，豈不自飭厲，而用朝夕相守，遂不復細檢，汝乃以致斯疾也。假汝而不自恃聰敏，循循法度，我時得點勘，汝亦或不至於此。老客異鄉，内無族黨，外鮮葭莩，惟我群季，相依白頭，而竟使汝至此，天邪人邪！父邪母邪！雖痛怨我，雖痛怨汝，又何可及邪？嗚呼！死而有知，汝其悔邪？汝其不悔邪？雖悔與不悔，又何可及邪？斂汝以先君與我表裏之服，盛汝以蔡丈防老之棺，兆汝於慈母之側，我兄弟子姪亦復常常視汝。養汝嫠婦，待其天年；字汝孤女，爲之擇對；存没之情，如是而已矣！事有盡而意無窮，言有終而哀何極！汝其猶有恨邪？汝其遂無恨邪？尚饗！

【校勘記】

〔一〕民國三十七年《續遵義府志·藝文志》載莫友芝《潘明府傳》此二句作「無大小，無始終」。

〔二〕民國三十七年《續遵義府志·藝文志》載莫友芝《潘明府傳》無「欲歸治大兆」句。

邵亭日記

梁光華
歐陽大霖　點校
丁　陽

點校説明

莫友芝所寫《郘亭日記》如實準確地記録了他的行蹤和經歷的大小事情，以及對當時所見所聞的簡潔看法和評價，對於研究莫友芝的人生經歷、友朋交際、家國情懷、人品思想、學術經歷、學術成就，以及瞭解莫氏所處的晚清社會風貌和歷史事件等等，都有很高的參考價值。

莫友芝成年後應該一生都在寫日記，但是目前不知莫氏四十九歲以前，即咸豐九年以前的日記藏於何處。就目前所見莫氏咸豐十年以後的日記，仍然缺脱同治二年正月初一至同治三年九月初七的日記。這次整理點校莫氏《郘亭日記》的底本如下：

（一）南京圖書館所藏《郘亭日記》（咸豐十年十月八日至二十二日）稿本；

（二）北京圖書館所藏（鄭振鐸先生舊藏）《郘亭日記》（咸豐十年十月二十三日至三十日）稿本；

（三）揚州市圖書館所藏繆荃孫鈔本、上海圖書館鈔本《郘亭日記》（咸豐十一年一月一日至五月三十日）；

（四）國家圖書館所藏（鄭振鐸先生舊藏）《郘亭日記》（咸豐十一年六月一日至九月三十日、同治五年五月二十九日至同治七年九月二十八日）稿本；

（五）臺北「國家圖書館」所藏莫友芝《郘亭日記》（咸豐十一年十月一日至同治元年十二月三十日、同治三年九月八日至同治五年五月二十八日）稿本；

（六）中國社會科學院文學研究所善本室所藏《郘亭日記》（同治八年一月一日至同治十年八月十九日）稿本。

莫氏《郘亭日記》稿本、鈔本所脱之字，予以補足，以圓括號「（　）」標示；稿本鈔本原空缺之字和無法辨認之字，以空缺號「□」標示；稿本、鈔本未寫完之文句，今以省略號標示；稿本、鈔本原雙行夾注字，今改爲單行小字排印。

梁光華　歐陽大霖　丁　陽

目録

郘亭日記

郘亭日記

咸豐十年

十月初八日戊辰，小霽。

午後自武昌登舟渡江，泊。向晚大東北風起，復移舟入漢口，夜雨。

初九日己巳，風雨。

仍泊。

初十日庚午，風雨。

仍泊。

十一日辛未，雨少止，風未息。

仍泊。

十二日壬申，晴，大東北風。

仍泊。

十三日癸酉，霜晴，有薄淩，風少息。

午後開頭東下，行四十五里，至沙口泊。在北岸。

十四日甲戌，晴。

行四十五里，巳刻至郭店泊，待伴。店在南岸，交武昌界。

十五日乙亥，晴。

行六十里七磯洪，五里三江口，二十五（里）過黄州，在北岸，樊口在其南。十里過武昌縣，在南岸。買鯿魚食。晚乘月行，三十里巴河，三十里蘭溪泊。

十六日丙子，晴。

行三十里黄石港，三十里文陽口，三十里蘄州，在北。風長，泊，登岸。遇羅惺四大令亨奎，新補武昌。以九（月）初二自京師至此，同泊。言尹杏農已攜家走河南，李眉生攜家往湖南，方在漢口同泊；王子懷已出居京西百里外，章子和早晚亦與張菊廉同出京，往四川；李芋仙亦急欲出京而未能。惺四復以紈扇索書，畢。風少減，復行二十里，至污泥港泊。

十七日丁丑，晴。

行十五里田家鎮，在江北。十五里富池口，在南，入興國。十五里武穴，在北。三十里龍平，三十里陸家觜，二十里二套口，十里九江府，泊。

十八日戊寅，晴。

行三十里梅家洲，三十里湖口縣，北岸丹瑶鎮，廣濟地，江中名「十八號」。登岸入城，將雇肩輿訪高碧湄於兼山。去城十五里。及東門，而碧湄適至，遂屬同伴移舟下泊五里，於蔗磯相待。與碧湄入城，少頃，即相攜乘兜至其家宿。其弟心騶字仲牙，方舉拔貢，尚有少弟□□，字季角。深談至鷄鳴，歌哭相間，語不可了。爲碧湄書牓，集晉人句云：「相與觀所尚，聊復得此生。」又爲季角之師周端萠書牓，集句云：「義隨周旋集，道以神理超。」

十九日己卯，晴。

在堅山早飯，别碧湄兄弟，乘兜至蔗磯登舟，同舟晚飯矣。復行三十里，至横壩頭泊。

二十日庚辰，晴。

行三十里彭澤縣、五里小孤山，北岸宿松地。二十五里馬當，南岸。三十里華陽鎮，北岸。溯吉水溝十五里，至吉鎮泊。鎮屬望江。

二十一日辛巳，晴。

行二十里渡青草湖，六十里蛟村塞一名塞口泊。

二十二日壬午，晴。

行十五里□□唤漁舟起載，渡湖五十里至洪家浦，登岸坐手車行十五里，至廣村舍弟祥芝寓館。弟兄自戊午二月相别，迄今三十三匝月矣。弟已有唇鬚，余鬚白十之八矣。幸各無恙，縱談家國，悲喜交并，大被同眠，天明不能成寐。

（以上録自南京圖書館藏《郘亭日記》稿本。）

十二月二十三日壬午，朝食後，發懷寧縣廣村，行十五里至石庫宿，攜繩兒同閻錫三晉。是日小霽復陰，道濘不易進。

二十四日癸未，陰。

食後雇小舟，順風泝溪，西南行三十里，登岸至江家店，洲路三里許，極濘，以四輪牛車運行笈。遇馬守愚文照孝廉方正、孫邁青寶勳秀才，開局收洲課，留晚飯同宿。

二十五日甲申，立春，陰。

雇百石舟泝大江上三十里，泊吉陽鎮。東流北三十里。順風。

二十六日乙酉，陰。

順風泝行六十里，入華陽鎮口，登岸訪閻海晴煒縣丞。還舟，冒雨泝溝路十五里，至吉水鎮泊。向晚與錫三及繩兒登岸，宿市人家，大雨徹曉。

二十七日丙戌，大雨竟日。

食後訪史鑒塘維照〔一〕大令，又訪北岸糧臺劉韻如曾撰、李少山作士兩大令於舟中。雇舁夫，乘轎行三里至望江縣，就周娱階景濂大令署晚飯，遂宿，縱談家國事至午夜。是日，錫三與繩兒乘舟及望江城外，登岸入城，寓於西門李氏。

二十八日丁亥，雨止。

食後出，與繩兒同寓，以待九弟。薄晚訪馮蓮溪元霔於北門寓中。蓮溪方卸署潛山事，計昔別十一年矣。

二十九日戊子，晴。

作致曾沅圃觀察、曾事恒國博兩信，託縣中寄去。晚登城，四望樓堞多堞，而城中屋舍尚完，唯官署爲賊毀。

三十日己丑，晴。

周娛陔來訪，邀過晚飯，晤魏春農秀才、朱覲侯世兄。

（以上録自國家圖書館藏《郘亭日記》稿本。）

【校勘記】

〔一〕北京圖書館所藏《郘亭日記》稿本此字涂抹，不能辨識。今據揚州市圖書館所藏繆荃孫鈔本《郘亭日記》咸豐十一年正月初三日所記：「李少山作士、劉詠如曾撰、史鑒塘維照三大令并相過。」史鑒塘之名爲「維照」，所以莫氏涂抹之字當爲「照」字。

咸豐十一年

咸豐十一年歲次辛酉，正月。

初一日庚寅，小晴。

周娱階大令相過。

初二日辛卯，小晴。

魏春農申先、朱覲侯元吉相過。春農，將侯大令長嗣，方在湖南應拔萃試東來。覲侯，亮父太守第四子，戊午夏別于貴陽，遂奉太守柩還葬嘉定。去夏嘉定不守，家人走避村落間。太守所著，已刻之《周書解詁》，其板尚完；未刻之《春秋左傳服氏解誼》及《漢書地理志注》、《春暉堂詩文集》，亦未遺落。覲侯杭海間關出寧、紹、嚴以達江北，依胡詠芝宫保於英山、太湖；去臘杪，與春農以監轉運來望江。

初三日壬辰，陰，晚有微雨。

李少山作士、劉詠如曾撰、史鑒塘維照[一]三大令并相過。

初四日癸巳，食後飛雪數點，午晴。

馮蓮溪元霔大令過談。善徵弟遣人至，云在石牌度歲，其間紳士留住一二日，初五當至。

初五日甲午，晴。

劉石于介自石牌至，言善徵弟以周娱階至石牌，更留一日。

初六日乙未，陰寒微霰。

食後，善徵弟至，言在李廉訪所見去年被劾疏，已奉旨調審。晚大雪，夜作書復陶燮甫錦楊巡檢。燮甫習吏牘，乃不失書生氣，雜職之僅見者，特慮其不協官場耳。

初七丙申，晨起，雪積五六寸，猶竟日飛緜，二更乃止，深一尺矣。

作人日詩二首。

初八日丁酉，晴。

作家書，寄六弟芷升、七弟玉山。

《望江人日值雪》：

人日蕭蕭雪，猶然一尺深。春風來隔歲，不到皖江陰〔二〕。饟卒罷雖繼，戈船凍不禁。誰爲元直將，虎穴快俘擒。

愁見飛鴻爪，年年去住寒。江鄉千里道〔三〕，何處一枝安？掘韭分鄰圃，葅芹助客盤〔四〕。未須驚節物，今日且朝餐。

初九日戊戌，霜晴。

晚與石于出西門，還依城根而東望隔江山色。作書寄黎柏容。亥正三刻雨水。

初十日己亥，霜晴。石于將之武昌，共乘小艇往吉鎮送之登舟。遂訪鑒唐、詠如、少山、春農、王春帆鳳儀諸君。春農留晚飯。乘馬還城。

十一日庚子，霜晴。登城尖騁望，得小詩寄柏容。

十二日辛丑，霜晴。魏春農相過。

十三日壬寅，晴。午後陰，傍晚小雨。

《登城尖騁望寄柏容》：

晴煦連三日，城尖草未青。横江孤塔表，殘雪數峰醒。小市争年色，枯槎滯客星〔五〕。遥知鄂中叟〔六〕，把酒話飄零。

十四日癸卯，晴。娱階自太湖還，相過。繩感冒，服荆防敗毒散。

十五日甲辰，晴。繩小差。娱階邀晚飯，遂與蓮溪過其寓談，二更乃歸。

十六日乙巳，晴，午陰，晚有小雨，夜大風。束裝，將以明日之太湖。將曉，復大雨。

十七日丙午，大風竟日，吹雨成雪。輿夫不能行，更期明日。

十八日丁未，霜晴，中時有飛雪。北行四十里經長林鋪，訪朱覲侯，留宿。

《宿長林鋪》：〔七〕

啟塗雷港北，秣馬泊湖東〔八〕。緩度霜華日，仍禁雪絮風。謝燈春事起，對酒故人同。開口先成笑，斯途或未窮。

十九日戊申，霜晴。行二十五里，度牛脊嶺，及太湖縣界。又五十五里，至太湖城外宿。晚陰，夕有小雨。

二十日己酉，陰雨。入城謁胡宫保林翼，留住；與包興言同守誠、朱仕一大令榮椿同屋。興言，慎伯先生之子；仕一，壬子副榜，并涇人。晤但又湖户部培良，言以去年八月十一出京，李眉生鴻裔亦同出，尹杏農侍御耕雲繼之。眉生曾來英山，去臘還，寓武昌養痾。杏農至河南，宫保有書招之。毛旭初昶熙副憲已奏留幫辦團練。食後，拜營中文案、營務諸君，晤陳作梅鼒，溧陽人，丁未庶常，總文案兼營務、周壽山刺史開錫，益陽人，前知沔陽州，營務處、夏古彝教諭先范，益陽人，并營務處、邢星槎觀察高魁，慈利人，甲辰舉人、姚桂軒學博紹崇，益陽、周木皆學博世楷，益陽，并營務處幫辦、文任吾□□希范，益陽，癸卯舉人，文案、張茗泉大令金瀾，浙江人、陳遠亭大令惟模，浙人，并文巡、陳翰園詩懋，益陽，内帳房、陳雲海大令慶涵，江夏人，營務處。尚有衛静瀾侍講榮光，河南人未至。

聞南岸東建一帶，鮑總兵超軍已至。又聞饒州景德鎮有大捷。

廿一日庚戌，風寒，雨雪雜下，竟日夜。午謁李希庵廉訪續宜、彭雪琴觀察玉麟。廉訪，湘鄉人，深沉和毅；觀察，衡州人，颯爽英邁，皆楚才之雄也。夜，包興言示所著《傷寒審證表》一卷、《十劑表》二卷、《中藏經順逆生死表》一卷，并簡明精當，可板行。興言醫學傳之張翰風先生，又示翰風删明潛江劉雲密太僕□□《本草述》六卷，去其枝葉，存其奥旨，未刊行。其《素問釋義》十卷，用王全本自爲發明，理精詞雅，則已刊入《宛鄰張氏叢書》者也。又示昌邑黄坤載元御《素靈微藴》四卷凡二十六篇，精當，宜熟誦。坤載，康熙時人，尚有《傷寒懸解》、《長沙藥解》、《四聖心源》，并翰風在山東鈔於其家，刻入《宛鄰叢書》中。又有《金匱懸解》、《傷寒説意》、《四聖懸樞》、《玉楸子藥解》四種，興言在山東鈔出，猶未刻。又謂山東于溥澤有《要略釐辭》，亦醫家善本。

廿二日辛亥，寒雨。包興言謂常州陸紹文□□著《金石粹編補》，其子子受應傳官辰沅道，當可求。夜，但又湖爲言宫保欲見留幕下，勸筆墨，自懼才性鈍拙，不能勝任，即乞又湖爲婉辭。

廿三日壬子，陰寒。

作字寄善徵及繩兒，遣僕張福壽將往望江，二人在彼，感冒調治，想已愈。南道水陸一通，即趣其渡江往祁門也。夜，興言示太翁臨《争坐帖》一卷，《書譜叙删》一卷，字字皆用蘭亭法透出，真希世奇迹也。《争坐》跋云：「思翁言宋四家皆學《争坐》，是乃相士以居、相馬以輿之見耳。蓋初唐行書，大約守山陰家法，世俗行草，實自魯公始。而其使鋒轉腕，一皆用小篆意，四家并無得於此也。坡公所謂變法出新意者，論其體勢，至謂『細筋入骨如秋鷹』，則真見其用筆之深處。故又云：書至魯公，盡古今之能事也。余前謂《争坐》不可學，方便門開，入則難出，只言其體勢宜世俗耳。此次臨寫一通，乃見其憲章大令，導源而下，覺《石鼓》、《郎邪臺》去人不遠，宜爲百世師也。目力益劣，作此甚不易，故附其深處，付興言收藏。以此本對石本，參悟有得，亦庶乎爲世俗書而不同弊者矣。道光戊申八月五日倦翁手記。」又云：「《顔家廟》出《雁塔聖教》，平原《像讚》乃拓王本，《八關齋》出《瘞鶴銘》，《句曲李先生碑》出《郎邪臺》，如錐畫沙，工爲形似，然知之者或罕矣。倦翁又題。」《書譜》跋云：「右吴郡自序《譜》，六篇之目，當爲執使轉用擬察，而今不可考矣。其時最尚詞藻，實多浮文。又有傳聞詭説，悉從删削，使可誦讀。至以點畫使轉，分屬真草之形質性情，其論至精。蓋點畫力求平直，易成板刻，板刻則謂之無使轉；使轉力求姿態，易入偏軟，偏軟則謂之無點畫。其致則殊途同歸，其詞則互文見意，不必泥别真草也。余近仿真草《千文》、《争坐位》，見其下筆無不直者，乃知古人無論真草，皆遣以篆意。故形直而意曲，是爲真曲，若求曲於形，失之彌遠。咸豐紀年二月既望，白門倦游閣外史書于袁浦。」《書譜叙删》是先生七十七歲書也，老而精力彌滿如此。其卒也，年七十九，（乙未生）。

廿四日癸丑[九]，晴。

午見胡宫保。宫保謂祁門路未暢通，宜且緩渡江。問肯留幕下否，余以鈍拙不能任事爲辭，但不分職事，不勞薪奉，許時月相依，得親炙當代偉人，開拓胸臆，則出都之素志也。夜讀興言詩詞各一卷，并有法度，而詞較勝。是日聞洋船以二三日前過安慶。興言又言有常熟李□□著《漢書地理志補注》百三卷，潘芸閣所刻、楊汀鷺所校，版在涇縣，今不知毀否，止印行三百餘部。李氏，亭林同時人。又言武昌張次功（官）德六壬極精，今避地陝西。

廿五日甲寅，霜晴。

食後，登北城循馬道而東，觀新建礮臺月城。城去歲正月廿七收復，已極凋殘，復爲多營薪，拆其牆屋，完者尚不及十家。其垣墉爲完固，則賊據時所葺。去臘宫保移此駐節，乃更增高俾倪，新其碉櫓，城東舊壘五，皆毛賊所遺。城倚山帶湖，湖外山邐迤相抱，望如環然。

廿六日乙卯，晴暄。

食後，出西門散步，聞洋船至武昌者凡六。興言説張仲遠曜孫觀察能製水雷，是佛蘭西以禦暎吉利者。仲遠在京師見其器，仿而爲之，有圖有説，有數器在荆州庫中。

廿七日丙辰，晴。

作寄尹杏農書。向晚出觀左右兩營習擊刺。

廿八日丁巳，陰，風寒。

爲又湖作分、篆各二紙，爲雪琴方伯作篆書「一生知己是梅花」横牓，手生墨凍，皆不成字。方伯爲作直幅梅，極有英氣。聞舒、六有賊上。又聞雲南省城以去冬十二月初七失守。興言説道光廿二年間，在南昌北郭外，田夫耕出東吴時墓，墓中磚及銘并有分書「黄武四年」字，銘石高尺許，廣七八寸，銘凡百餘字。記有「黄武□年□月，九江男子周維新客死于豫章之郡」之語，墓底撲滿數十盛，「貨泉」、「直百五銖」相半，亦有一二「大泉五十」，「直百五銖」乃分書。有銅觴一、銅提梁卣一，皆有銘。時望江倪蓮舫良耀方伯知南昌府，志、石、二銅器，皆爲所收。其家在望江城中，還當訪之。又謂蘇州東山寺重建，掘出晉永和年間王□非珣即瑉保母墓磚，尋毁。陽湖劉廉方曉華秀才曾得拓本，張仲遠借臨過。又永和年玉佛在大内，背腰刻有記。儀徵吴讓之熙載秀才重刻于硯底。

廿九日戊午，半陰晴。

曉，希、雪二公各還營。午後，劉子坦履中大令來訪，言由蕪湖走祁門，出饒河水路，南岸賊以漸肅清。狗子遣賊將犯天堂，在潛山，當江北，東西險隘。明日當遣將往守。私論狗子猖獗，裹脅大衆，既難盡殲，若招撫得人，可當勝兵十萬。聞常州周韜甫騰虎秀才有縱横之才，今在上海，當事能招致之，或可用。聞南岸建德已於廿六收復。

二月初一日己未，晴暖。

宫保招同興言、葉雲峰晚飯。作書寄郭筠仙嵩燾供奉。

初二日庚申，晴。

午熱晚雨。邢觀察招早飯。還，爲陳作梅作牓聯，集子建句云：「山岑高無極，中和誠可經。」

初三日辛酉，小雨。

聞狗賊党越霍山騾兒嶺犯英山土地嶺。已遣舒都統帶馬隊往援。又聞李廉訪將以明日遣援兵由太湖至張家榜。

初四日壬戌，半晴陰。

晨，包興言行還鄂。食後陳作梅、但幼湖相攜，自北門城上循馬道，步至東門觀守具，還。聞廷寄，以李希翁巡撫安徽，翁中丞回京聽候簡用。晚，奴子張福自望江至，言善徵弟攜繩兒，以初二渡江，建德一道大通矣。弟耳病已漸愈，繩亦健食如常。又言劉石于以廿日至鄂城尋玉山弟，已于十八日登舟西上，不及見，遂與蔡念篁弟同舟還。初三日至望江，黎蒓齋弟將以二月初自鄂入京應鄉試。繩字來言：箱匣寄周娱階處者，「長」字皮箱盛書帖；「宜」字皮箱盛書及紙札；「子」字棕箱盛書籍、團扇；「孫」字棕箱書及雜物。又「永」、「寶」二小竹箱，「用」、「昌」三大竹箱是待取書帖、衣物，皮棕四鑰在昌箱中。外有帽合二個。

初五日癸亥，晴，午熱。

與幼湖循東城馬道至北門，而城周矣。城之周七里許，其東南有數積水池，餘皆民居之迹也，蓋不下萬家。聞毛賊已侵入英山城，於是太湖急戒城守。又聞鬼船上有至漢口者，其中太半是潮勇及興國州人；又頗搜買硝磺禁物，極可慮。作寄曾滌帥書。

初六日甲子，晴温，大風。

食後姚桂軒行之黄陂，周木皆行之漢川。希帥兵至者六營。觀宫保《觀風卷》：其《擬杜〈諸將〉五首》一題，黄州增生游賢筠最佳，句如「海氛飄瞥孫恩霧，礮石訇轟吕宋機。」「舳艫久置潯陽戍，壁壘新增霍太山。」「往事功名師李愬，一時心膂付高昂。」「卜式巴清知敵愾，輸將猶見古人風。」武昌諸生劉兆蘭句云：「頗聞鼠雀羅將盡，又見沙蟲化不還。」「漢主不疑充國計，暮年曾下罕羌來。」沔陽廩生劉國香句云：「兩戒忽亡戎狄限，十年屢道可汗兵。」「通侯遍錫羊頭爵，中使虚傳狗尾貂。」「僕射勳名真絶代，野人涕淚獨登臺。」羅田侯選知縣潘肇鏞云：「鐵騎方摧河北寇，便橋已渡吐蕃兵。」「兵戈滿地愁封豕，將帥蒙恩插紫貂。」「又看大角纏兵氣，空對斜陽倒酒杯。」安陸縣廩生楊聯璧句云：「十萬雕弓明夜月，三千鐵騎渡秋潮。」京山廩生陳常夏句云：「時以久安滋小丑，天非無意爲中興。」黄岡副貢林燮句云：「旌旗樹立晨臨隼，刁斗森嚴夜脱貂。」皆緊策。其《擬庾子山〈謝滕王集序啓〉》，則賢筠、兆蘭、肇鏞、聯璧皆善。其《魏王基伐吴進趣之宜論》、《鄧艾謀吴屯田陳蔡及與今日事宜異同説》二題，則賢筠、兆蘭及德安廩生陳學逵并佳。燮之説則謂屯田不如社倉、積穀，亦是一義。其《甘露時雨賦》以「自我天覆，雲之油油」爲韻。則兆蘭、國香、學逵并佳。其策問《樹木樹果之利及荆楚州縣土宜》，賢筠對言：「其縣有墾山五害」，其説可存，謂：「鄉人喜于高山開地，山有木果自然之利，一經開墾，比歲雖有升斗之出，而失久遠之計，害一；既開山南，又及其北東西，護山草皮既剥，經大雨，洗沙塞澗，轉使低田淤塞，害二；

邊河之産既經沙壓不可復，而經征猶在，户或逃亡，害三；溪河漸高，不能長畜魚鱉，害四；且使舟行不便，商賈難通，害五。故已開之山亦復行植木，未開之山愈宜栽培，其五害不生，其功同於稼穡。」

初七日乙丑，陰，大風，午後小雨至暮。李希庵中丞至，又以五營兵來。作書寄李眉生，送幼湖行，倩將去。劉子坦往壽州，路不達而還。羅田松子關有捷報至，謂殺賊數千人，然其來甚衆，未大挫也。

初八日丙寅，霽。食後與毛敦五修倫秀才訪劉子坦。聞賊有及蘄水者，文報却還。徐偉字仲偉，孝感布衣，有《鴻樂集》行世。

初九日丁卯，晴。李中丞以兵西去截賊。子坦與候補經歷錢小山貴陽人來訪。城西坍一礮臺，傷一人，與陳翰園往看修治。識吴麟洲、吴宣齋。薦世職童子魏桂楨於子坦。晚見宫保，頗憔悴，以賊上竄爲深憂，須希老捷音，自當平復。聞至英山之賊，還遁東界嶺。

初十日戊辰，陰。亥正二春分。大風竟日。聞蘄水團練能禦賊，賊未敢至其縣。識署太湖典史鄧子麟瑞品，松桃人。夜，蘄州信至，言賊於初九以八百人薙髮冒官兵入黄州，黄州副將逃之。後又聞賊過黄州不據，又聞其據之，直無確信。又聞龔瞎以初四日被成鎮擊斃。

十一日己巳，晴。宮保以箋啟見屬，令移與向湘汀楚仙同住。調成、梁二軍由黃安、黃陂出灄口、漢口。舒都統以馬隊循北路上。

十二日庚午，晴。作書寄周娱階及劉石于。彭雪琴以水師數起，上駛定湘、嚮導二營，楊軍門又撥健捷一營，沿江同上。夜作書寄趙州守陳息凡。

十三日辛未，晴暖。聞水師曾紹霖在田家鎮來稟，言初九午刻奉官中堂調，速駛護省城。湘汀示王璞山鑫，湘鄉人，謚壯武《練勇芻言》，甚善，胡宫保已爲梓行。

十四日壬申，晴暖。聞安慶營收投誠程學啟等八十餘人。學啟供：正月廿九，城中得狗逆血書，屬葉、張等酋堅守，以四月爲期。狗將由英、霍直取黄州，以解皖圍。皖城現在壯丁一萬有奇，幼孩六千，婦女八千，米足支至夏初。唯無油與柴，正月即無鹽。鬼船過，帶興國二船，送之三百石。

十五日癸酉，雨，夜，大雨徹曉。

十六日甲戌，陰，大風。

華陽穆海航其琛、昆明黄小田治見，乃去歲自蜀東下，今始至。言蜀賊在重慶以上，尚未能下。

十七日乙亥，陰，大風，午晴。

希公信至，謂十六以全師渡江出武昌縣，趨鄂城。駱籲門秉章中丞自長沙援蜀之師，已泊鄂渚。遣信左營往潛山。

十八日丙子，晴。

奴子張福自望江以書簏、衣包至。得彝兒去冬十一月三日寄稟，始知七月毛賊破獨山州城時，猶子遠猷及其母池、其婦何、其子秋闈及女皆遇害，唯次子壽春逃出，遇大猷於密側鐵廠。大猷方抱病未痊，福喜、長春又竄在班臺山中，未能相聚。驚痛不知所爲。池嫂苦節四十年，遠侄自甲寅帶練扞圉，大小百餘戰，最爲苗教諸匪所忌。屋宇蕩盡，乃借宅奉母居城中，全家殉城，慟哉！聞休寧克復，又聞樂平賊多，左軍有後路之憂，又聞有三洋船泊安慶城外，恐其濟賊薪鹽，極可憂。

十九日丁丑，自昨夜半雨，輕雷，至晨辰巳間止，轉大風。

沅營信言中堂函至，有截留其營官劉金蘭新募南勇之事，沅營并無此人，此舉的系奸賊假冒，省城危矣。曾據奸細供，賊中造吉營及韋營號補各不下三百餘件。

二十日戊寅，雨竟日徹夜。

希帥前七營以十六日渡江，希帥十八至黄州駐，以待夾擊。聞據黄賊上竄。滌帥先擬十七自桃樹店移駐東流之張家灘，鮑軍先爲築營。以左軍征建昌者，甲路三營敗挫，退至黄港。景鎮、樂平賊多，調鮑軍援之。老湘營駐防休寧，朱總兵守祁門，唐總兵守漁亭，江軍門守柏溪，峰字、禮字等營守羊棧嶺。又以撫州兵援建昌者敗走，賊跟犯撫州，撫、建恐難全，十六又調鮑軍由湖口、九江進保江西省城。滌之移營從緩。

廿一日己卯，晴，午大風。

關中堂十七亥刻來信，言鄂城一切俱準備有條理，城中聞警，官民紛紛逃出，人少，亦易於清查，此時市人亦頗有還城者。調襄陽提標及荆州駐防兵赴援，亦將至。王孝鳳家璧郎中武昌縣人，四品銜十四日江夏來信云：璧過陽邏，人傳夷船數十助逆黄州，其時四洋船實皆在夏口，後乃三船下駛，意彼未必張目助逆，特不免啟輕中國之心耳。内患外患，皆重炮船，海外有截，漢過不先。若無他釁，則海口之利可分腹地，商販之利可歸業户，奇巧之貨其直可賤，茶藥之需其價可增。行使洋錢，則出洋之銀可還什七，而流通民間，可濟錢法鈔法之不及。洋礮精巧及遠，順則購之，逆則取之，彼礮皆吾礮也。洋船迅駛，不資風帆，而江沙在在膠閣，若無引水之人，不難制其死命。且彼既以利器示人，久則内地巧匠必有得其法者，吾舟亦猶彼舟也。如上數端和戎之利，固亦有焉。惟海口税外不再完税抽釐，與内商不同，未免失平。若以内地之貨轉販内地，并不出口，尤易取巧，奪吾内商之業，抗我有常之征，宜有以善處之。似可於出産釐税，運以狙公賦芧之意。與内商市者，内商與業户并税；與外商市者，不税外商，歸併專税業户，似屬可行。或無論與内商外商互市，概將沿途買賣各半之釐税歸併出産之地，專征業户，不征買商，則業户寓税價中，彼尤無詞。但定則期於平允易行，過重轉恐滯礙耳。其洋船運内地之貨，即在内地行銷，并未出口完税者，應責成買户歸併完納，百貨皆然，茶法其一也。請并下總局各局妥議之。至彼所制炸礮，形體甚巨，而中實以鐵屑等物，僅如中國之花爆，可以虚驚而無加實用。蓋火器之用，直出者力專，旁出者力薄。聞去秋北路失利，因其施放巨礮，以邊馬創見，驚逸而潰，勝克齋屹立不動，身受多傷，亦止傷及皮膚，未久即愈，是其明徵。使吾人吾馬素練不驚，彼亦無所施其伎倆。家璧在滇時，聞英夷曾以巨礮攻燒緬甸阿瓦城中竹屋，遂據其燕窩山數年，及緬王孟坑得國，始驅之去，彼亦不復能争。蓋虚聲恫喝可以偶慴，而非可以長恃。吾水師長龍、快蟹、舢板諸船便捷輕利，得人以用之，所至皆立奇功，彼豈能與吾争哉？此時籌之，彼尚無釁，則吾力豫；賊尚未靖，則吾有名；和約不敗，吾亦自彊；若其生心，有備無患。

洋船通市之事，唐義渠方伯訓方前有信言洋人事事欲專其利，中堂主見決不肯聽，故議猶未定。

廿二日庚辰，晴。

楊厚庵軍門十八日信，言洋船泊安慶小南門外者，帶有小划二隻，竟夜有燈燭，與城賊往來，次日乃開下去。水師皆憤，因問下次該夷船仍如此通賊，徑可攻打否？宫保復以此事應商之滁帥，恐目下尚非其時。中朝無人左右帝室，萬一構釁，洋人不與戰敗之處爲仇，而與都中爲仇，我輩又不能救京師，恐非計也。希帥全軍渡江而南，此著不甚得力。終須渡江而北，從下兜剿力固不及，從上追剿仍是尾追耳。賊尚踞黄州，并擾及黄岡上游白果、宋埠、舊街、新洲及麻城城外。城已設守。十七夜間省城文書已到，武漢尚無事，當可無虞。元圃口硬而力實怯，安慶之背，終惡風寒，滁帥如駐東流，或可以四千人援護集賢關，臨時再以禮堂馬隊八百助之，猶可補救也。滁帥萬事皆明，而不明其弟之隱微深至之不可靠也。我輩只能説關外地勢散漫，所處獨難，而不能言及其真情也。

廿三日辛巳，晴，夜雷雨。

廣西撫軍劉蔭渠長佑初二日函言：黔省獨山之賊爲田忠普興恕軍門所敗，突圍狂竄，復犯粤疆，由羅城、融縣直擾義寧、靈川，逼近省城，現分調楚軍分頭截擊，擒斬頗多。頃聞定番州股匪仍有回竄粤疆之信，柳、慶一路防剿，又爲吃緊。方擬以峴莊、香泉兩軍合剿潯州，進圖石逆，未能輒動。蔭蕖勇號齊普巴圖魯。滁帥十八日信，賊尚未攻景鎮，左軍得以從容，撫、建亦猶守。沅圃信言，粤賊僅距道州三十里。駱籲門信：十三自安鄉舟中來，則由裏河進。黄州賊踞守如故，竄麻城之賊又於十七、八兩日竄擾黄安，恐將犯德安等處。廣濟令禀：黄州廿一已無賊，唯城上賊旗猶在。李中丞尚在七磯洪。永州鎮周寬世信：石逆股匪僞國宗賴剥皮等數萬人由粤竄出，欲假楚入江。初五、六前隊已犯道州境，楚軍擊之，盡向永明大路遁去。河南南汝光道趙書升十四日來禀：連日探孫逆餘黨，已由商水之周家口疾竄老巢，北路亳匪又由許州、襄城一帶竄入南陽之賒旗鎮。兼之陳四眼狗結連捻逆，在霍山、商城交界之金家寨、毛坪一帶連營百里，狗逆圖繞楚軍後路，瞎逆圖竄汝光，實欲盤踞南路。澧州賊劉士元以千餘人燒掠村墟，稱天明元年。聞苗練攻圍壽州甚急，翁藥房咨請希庵往救。

廿四日壬午，陰。

食後大風，夜雨聞雷。作信與善徵，明日遣張福往。檢穆子容《太公廟碑》，剪貼爲册。

廿五日癸未，陰，晨有小雨。

作書寄王少鶴先生。滌帥十九日與左季高書言建、撫已鬆，霆軍不必援省，左軍願爲章門之行，霆軍即可止而不往。

廿六日甲申，晴。

寅初清明。滌帥廿一信，言此間函止鮑軍暫不晉江西省，萬一賊撲安慶之背，及圍攻太湖，鮑皆可援。鮑軍不動，某移駐江濱，當來太湖。彭雪琴廿日沙口來信，言希公馬步陸師以十八一日渡，水師節節分佈，與希公初議，陸師由巴河渡江，擬即在陽邏復渡而北，包抄賊頭，水陸合擊，期復黄州。今賊若舍去黄陂，又往德安，則陸師又須改途乃能迎剿。滌帥廿日與沅圃信，接十五、六信，悉城賊慌亂之象，然攻城則實無把握。左信中所抄賊供，亦殊不可信。此時以嚴斷文報爲第一義，如狗逆上犯黄州等事，若能使城中一概不知，則其氣愈閟，其慌愈其，濠外之壘專住降賊，吾恐其中未必無通文報者也。又聞賊已自黃安陷黃陂。唐義渠廿日亥刻稟：本日希帥頭隊七營至省，住城外快子街。又廿一日稟：省垣人心已定，遷移者漸漸入城。希帥刻下未到，其後隊擬由陽邏過江。荆州滿兵千名，本日至，已札城内外。原駐太湖之副將巢日升一軍，揆帥以省城兵力漸厚，令回太湖。李香雪都轉二十稟：十九日舒都統已到，十六黃安失守，十八日黃陂失守，僅一百餘賊，一掠而去，聞已到雙廟大路，雙廟爲走信陽州一路，若直趨信陽，我軍不及痛剿。德安一路空虚可危。鼇金自漢口下，唯武穴、樊口尚未停收，上游蔡店、漢川、北河口亦所收無多。希帥七營已扎漢口之後湖。聞南陽境之捻南至黑龍集。去樊城九十里。都統舒保輔廷廿二信，言十九到省，廿二馬隊渡江過漢口，步軍七營已過，即可會商進剿。松滋賊已爲鄉保擊散十六，頭目俱正法。湖南臬裕麟十一來稟，粵西石鎮吉餘黨竄近義寧、龍勝等處，粵東侯成帶逆股亦尚屯聚連州。毛旭帥初二信，孫葵心已死，其黨竄擾光□之邊。沈朗亭兆霖本兵正月廿七信，福建汀州被陷，想即湘南一股由江入閩。

廿七日乙酉，陰。

食後雨雷。祁門朱鎮軍品隆信，初九、十一會老營攻克上溪口、石田等處，大捷，收復休寧。襄陽鎮顔相廷朝斌十七信，捻匪竄鄧州之腰店一帶焚掠，距襄陽之黑龍集不遠，賊數萬餘，勢將西竄河口。其地繁盛，最爲賊所垂涎。沅觀察廿四夜與其兄書略云：此次抄函中有不遺鮑軍往章門，留援北岸，以左軍指發江西之論。又有調信防三千人援建昌之文。此二著似不甚相宜。樂平有賊屯集，左軍適拊其背，賊即欲深入，亦尚畏憚景鎮之有人。若左公行，則浮梁一帶之門户開矣。信州駐防，乃所以禦浙西之寇者，且其軍非勁旅，能自固守，已屬勉强，何能責以野戰，解人之危困乎？調來三千人，恐未必能果援建昌之危，而信州之門户又開矣。自來官軍得寸守寸，得尺守尺，力盡筋疲，往往或誤于不得力之軍。開一隅之藩籬，而壞數州之村落，卒至城隍被殃，曠日持久，而莫能掃蕩以復其舊者屢矣。雖曰天意，豈盡無人事之咎哉！介在邊圉，而倚重者非其人，或發蹤檄調，而遲速偶失其當；或未量其力之所能勝，而聊輕試以相嘗，迨至破綻已見，賊已從而乘之，我乃變計以乘賊，勾當不易，已悔莫能及矣。故爲大帥者，所貴乎精心獨運，令不妄發，出而必行，庶使閫外將領止如山嶽，動若河決，而後無驚滯，無失機宜之弊耳。行軍以愛民爲大，然不在乎愛民之一廬一室一器一物之爲得，而在乎能愛乎一郡數州一方面之爲難能而可貴也。神速制勝之軍，雖偶或騷擾，而全乎民間者究多且大。拙劣不能禦寇之軍，縱就規矩繩墨，而地方百姓有時實隱受其害。此中之理微乎忽乎，任調度者可不辨之早乎。江西三月當有警，早謀之則可夷大患爲小眚矣。

官相文秀峰廿一夜來信，言佈置省城井井有條理，論文武員弁才器大小，皆極分明，而皆容而用之，休休之度可愛。其言閻丹初初十日糧臺人散，即尋短見，心太實太窄，非大器，不過取其誠實可靠，無經濟之才。又謂漢陽府縣二公，毫無打算，連漢口都怕過一巡，徒有其表。又言縣丞吴廷華帶希庵前隊至，令其渡江，以詁支吾，知其無用。又言顔相廷軍在襄頗有聲望，人甚體面，到楚做官賠錢，前請留川勇，我已駁之，棣臺又加申飭，措詞失當，相廷自此灰心喪氣，不似從前之高興辦事。士可殺不可辱，非僅相廷一人也，慎之。凡此數言，皆切當。

廿八日丙戌，雨竟日。

韋志俊禀：探有僞璋王林紹、僞玕王洪仁玕，于本年二月十四日由南京動身，各帶數百人，同到和州。江南提軍李世忠隨帶兵勇，離和州數里扎營兩座。該逆首洪仁玕到和州時，李世忠即退扎滁，洪仁玕由和州齊集廬州府一帶，上游僞璋王於十九日由和州抵運漕，有佑天義黄逆帶賊一萬餘衆會同僞璋王，於二十一日抵無爲州，二十二由無爲到廬江，意欲合攻桐城。

廿九日丁亥，陰，午晴。

舒輔廷信至，言二十三日灄口擊賊，大勝，殲六七百人。

宫保屬往鄂城，爲校新纂《兵略》，并檢點箴言書院藏書，擬以來月初二行，取華陽鎮水道溯流上，先致書周娱階，托其買舟。

卅日戊子，晴。

支應局致二月半月及三、四、五三個月薪水并舟資廿金。領舟資，其三月薪水此間無用，暫繳還，俟至省向糧臺閻丹初處支取。其半月者璧還，以留此先言不受也。廿八日鮑鎮六信至，言其仍暫駐湘口，以待應援左軍。以賊大股蔓延樂平、饒州等處，左軍即口由景鎮進剿故縣及饒州一帶，恐小有疏失，或無失而不能擊退饒州大股，仍須鮑軍赴饒擊之，暫且不能救援北岸。

左高叟廿一信：婺源、清華之賊先後俱竄樂平，延至饒郡，隔河十五里磨刀石數十里間，沿途皆賊館也。賊竄饒必由故縣偷渡，由水師不得力，若偷渡過河，則鄱陽又成賊窟。待鮑軍截剿。隨闢船唐鏡剃頭運小麥數十石入安慶城，言狗賊在黄州不動，如安慶解圍，即上攻武漢，如安慶圍不解，即由廣濟、黄梅而下攻安慶圍師之背。

三月初一日己丑，晴。

揆帥及唐方伯訓方廿六夜來信：已派蕭爲則六營、吴幹臣七營，合舒都統馬隊，由孝感以至德安，分道相機進剿。李中丞駐軍灄口爲老營，以金逸亭一軍爲兩路策應，已拔營前進。李中丞亦午後行。又調成鎮軍粱守七營，以二營駐魯家佳，以防東路；以五營駐灄口，以備調遣。現在賊在黄者無多，盡竄往黄陂四鄉。四眼狗大股全在羊店，其孝感、雲夢、應城、德安皆有賊蹤，宜速圖之。襄陽告警，北面均須嚴防。只得調鄖鎮兵千名迅至河口，尚有聲威可掖。閻丹初信，言揆帥又咨留駱中丞軍。

初二日庚寅，晴。風。

食後出太湖城，行八十里，至長嶺鋪。陳筱雲寶善、朱覲侯留宿轉運局。

初三日辛卯，晴。風。

行四十里，至望江縣，訪周娱階，聞劉石于、蔡念篁猶寓西門李氏，遂同寓。石于言遵義令鄧爾巽在南鄉被殺，以比捐輸太急之故。遵義凡秋入一石穀之家，勒捐三斗，不分貧富。富者勒捐銀不在此數，不應即予笞杖，民視之如寇讎矣。娱階言署安慶知府葉□□派捐甚急，每田一畝派錢二百，限十日繳齊，以供潛山團練。且將一歲數舉，又一苛政也。其駐潛山，壯者盡爲勇丁，不得耕，且口派丁錢四百，民至有生子不敢舉者，以有生即科丁錢也。作字寄善徵。夜訪馮蓮溪談。

初四日壬辰，半陰晴，中夜大雨徹曉。

娛階招晚飯，識汪梅岑學博旌德人。作書寄翁祖庚同書中丞。附詩一首。娛階以壽州孫氏磚拓相贈，以其弟貽芳死定遠二狀，屬爲傳志文字。

初五日癸巳，大風雨，午後小止。

下載，薄晚登舟，行五里許，至吉水溝泊。作書寄曾滌帥。夜訪李少山、劉韻如於舟中。

初六日甲午，晴。

行十五里華陽鎮，出大江，順風上泝六十里小孤山，十五里彭澤縣泊。

初七日乙未，晴。

行十五里湮江料，北岸。四十里横壩頭，北。三十里柘磯，五里湖口縣。作書，以唐《石經》致高伯足。三十里張家洲，北岸。二十五里白水鋪泊。

初八日丙申，晴暄。

行五里，過九江府德化縣。有英夷小船一，泊江中。前月夷至此，欲盡據城外市地，市民奮擊走之，藩伯爲之調停，夷乃奪我税務廳爲夷館。三十里羅家嘴，北岸。三十里横河，北岸。三十里龍平，北岸。三十里鄔穴北岸泊。

《潯陽江行書事》：

蘄春笳鼓競宫亭，又見烽煙兩道腥。五老瘡痍猶未復，雙姑眉黛竟能青。當關虎旅遲揚盾，狎浪犀師疾建瓴。快蟹長龍定神物，慎教傳我考工經。

古來世變真難料，百怪千奇幻未休。盡遣人寰開鬼道，安能東海不西流〔一〇〕？閭胥乃有攘夷憤〔一一〕，疆吏曾無辱國憂。請括市徒歸卒伍，何難一箭墮旄頭。

初九日丁酉，陰。

行三十里田家鎮，三十里蘄州，三十里韋陽口南岸泊。蔡朗軒鍔自石阡來，與娛階二子同舟東下，因過訪之。朗軒言田軍門在貴州，好諛貪賂，於地方守令多所舉劾，遭白簡者皆良吏不腆無賂者也。思州守高振洛、玉屏令（陸用康）遭其擯擊，上書抵巡撫，請其奏聞，乞欽差根究其枉。撫軍方引病去，護撫以開復原官，爲之調停。二子不肯應，其屈抑可知。他皆稱是。去臘興恕以兵至定番，毛賊空城避之，尋爲所敗，死者數百人，遂還省城不出。省城米極貴，以定、廣未復之故。正月初，定番毛賊退竄歸化、安順、安平、大定、畢節，今不知云何。同舟言，去春正月廿三，即克小池驛，若乘勝而進，桐城、安慶皆旦夕可復，乃遂止不前。三月多隆阿都統乃進駐青草塥，四五月間曾國荃觀察乃移營逼安慶，賊得爲自固計，誰之咎也。

《泊韋陽口遇蔡朗軒〔一二〕縣尹自故鄉來，贈之，兼寄周娛階、馮蓮溪》：

一身信虛舟，沿洄無所制。摇摇辭雪冬，藹藹轉華歲。鞍馬匪夙嫻，箋奏且旁睨〔一三〕。漫然從虎帳，率爾笑獺祭。煦日對湖山，行雲莽迢遞。金臺憶連轡，黄里阻執袂。安知上下船，兩歇吴楚枻。鄉音驚素心，老態訝隔世。鬢鬚亦何常，艱難幾時濟？回首壯年思〔一四〕，局促如坿贅。皖北昔初收，選吏半吾黨。軍儲足供頓，民氣亦舒養。新法劇弛張，古道費俛仰。進趣轉迷津，罷斥甘脱鞅。群策豫安危，決勝頗昔曩。誰言破竹勢，乃有刻舟爽。桑梓積榛蕪，葺理復狙駔。驕兵已不堪，挫衄那可想。憑君語蓮、娱，毋事徒悒怏。請聽客所爲，滔滔欲安往？

初十日戊戌，晴。

行三十里道士洑，南。三十里黄石港，南。三十里蘭溪，北岸。十五里觀音港，港中先泊巴河人避兵船數十。天尚早，長年恐犯軍禁，遂泊。

《泊觀音港》：

維舟何太早，前路逼烽煙。黠虜何曾動，孤帆不敢懸。江光上弦月，花事晚春天。舉目愁哀雁，清游忽去年。

十一日己亥，晴。

行十五里燕磯，南。十五里武昌港，南。大風雨，暫泊避之。午後雨止風息，行十五里，過武昌縣五里，至樊口泊。

《舟經武昌望黄州》：

江南無數青山賤，欲割三分岸北頭。洗眼一岡如碧玉，遠隨孤塔是黄州。愁雲黯黯悲新亂，春水盈盈隔舊游。美酒名魚空自好，不堪持向庾公樓。

《弱絮》：此初二日作，補鈔。

弱絮偏争桃李姝，小池掀浪學江湖〔一五〕。何妨成事因人得，肯信知名絶世無。薄霧漸開新雨過，峭寒猶在晚風粗。不應去病還多病，閑卷春旗伴藥爐〔一六〕。

十二日庚子，晴熱。

行三十里雙江口，北。三十里鵝公頸，北，南爲七磯洪。三十里葉家洲，北，其南郭店。三十里陽邏，北。十里巴洲府南岸泊。夜，大風。

十三日辛丑，晴。

行十里沙口，十里青山，三十里武昌府，五里鯮魚套，泊。入城晤柏容、蒓齋兄弟，仍還舟。訪廖一堂文善同守於糧臺舟中，始知有傳言其城警時上走者，妄也。夜，大風。

十四日壬寅，晨小雨，食後止。

起載，入城居撫署之多桂園。與但幼湖、李梅生同一室，暢談竟夜，識丁果臣取忠、時清甫曰淳。鬼船巴下里索衙門，許以通判署及漢口同知署與之。聞孝感我師大捷，復其城。劉霞仙蓉從駱中丞之兵分援德安，又聞賊回竄，蘄水、蘄州皆陷。

十五日癸卯，晴。

食後與幼湖同訪閻丹初敬銘郎中于糧臺。遂至柏容照署，梅生亦來，同飲于慶春園。登黃鶴樓址縱眺，踏月而還。聞武昌縣縱監犯糾道士洑、梁子湖土匪二千陷大冶，大冶令倪□□自殺。僞忠王李秀成陷江西袁州府。長沙兵勇互斫，尋調解定之。

十六日甲辰，晴。

廖一堂來訪。鍾雲卿謙鈞太守誦黃檗大師熊開元《漢中語録》，頗與時事有印證者。祥蔭梧來訪。過西院訪周宅山鍾俊。

十七日乙巳，晴，熱甚；薄晚驟風雨，即止，熱不退。

食後與果臣訪劉庸齋熙載于武昌府署，又同過柏容寓茶話，還訪包興言、祥蔭梧。聞麻城已無賊，黃梅、廣濟皆陷。又聞宫保病漸差，調巴河成鎮兵下援。

十八日丙午，雨。

太湖十四信至，言賊十一陷黃梅，十三陷宿松，遂至懷寧之石牌鎮。另股賊及太湖境，距城三十里。聞江西乃吉安陷，非袁州。作書寄胡宫保。

十九日丁未，雨，午後止。

果臣有人自長沙來，言長沙、澧陵皆無事，然則前日傳言誤也。食後柏容過談，薄晚乃歸。

二十日戊申，晴。

太湖十五日遣人至，言其日午，賊馬已底城東門。眉生、幼湖同訪丹初，見左高叟與滌帥書，言僞侍王李世賢以二月三十陷景鎮，陳餘庵大富總兵與全軍俱没。此君自去歲賊陷徽寧，守南寧半載。楊厚帥始援出之，又奔命於皖南北之間。師疲餉絶，一戰而覆，亦可惜也。又言僞忠王李秀成至樟樹鎮，左軍不支，乃退札樂平，飭調鮑軍上援。并請滌帥移駐潯陽。李少泉又請滌帥移駐省城。滌帥答書以皖南不可輕移，當親攻徽州以通浙道，而令鮑軍助左軍攻景鎮。識衛静瀾侍講。

廿一日己酉，晴。

與幼湖、眉生同過柏容，先憩于聶□□□□□□寓館〔一七〕，同登黄鶴磯，還就半山樓晚飯。于丹初處見太湖十七札，言十五賊探馬二百騎已及太湖，知有備，引去，分竄桃花埠、荆橋一帶，狗逆已至石牌，催調希、雪分兵下援。巴河成鎮七營已於今日由水路下。十八，霆新募三營攻黄州，遇雨，山後賊出，小挫，即收隊。滌帥初三與沅圃信，言皖南賊勢蔓延，餉饋將竭，惟急攻徽州以通浙江一道。且有戒諭諸弟語，若遺訓者然。

廿二日庚戌，晴。

蔡念篁十五日自望江來，言望江城中皆移一空，石于輕裝走大通，念篁即西還矣。以善徵二箱一簍來，夜，檢點書箱，一併前寄存柏容四箱，托其便致遵義，作家書，以四十八金寄家中。

廿三日辛亥，晴。

食後往柏容寓看念篁，遣人運書箱五於其舟中。聞宜昌有齋匪蠢動。遇楊培軒茂春于柏容所。憩聶陶齋縣令光鑾寓。聞鮑軍攻克景鎮，殺賊數千人。

廿四日壬子，晴熱。廿一太湖信至，言賊仍據石牌，四招援賊，待解安慶之圍。皖北待希帥還援甚急，而希帥以爲不要緊也。復與眉生、幼湖半山樓晚飲，登黃鶴磯望晴江。

廿五日癸丑，晴，熱甚。

繩兒十三日自祁門來，午間至。遣人渡江視念篁，不得其舟，蓋已解纜西上矣。繩言初二日滌帥發祁門往攻徽州，以親兵一營、霆字一營、朱鎮湘前營、易□前新營、余亭唐鎮彊中營、張道凱章老湘營諸軍七成出隊，初五連破賊卡數重，抵徽西十里而營。令初六淩晨分兩道進攻，時大雨，攻北門諸軍未出，攻南門諸軍聞賊號令，以爲北門諸軍出隊，倉卒進攻，賊繞出截其後，遂大敗，損二營官。祁、休之間皆群山攢脊，無平原廣野，宜選隘而營，以防要路，非可以尋常營法營制拘也。聞諸軍必以五百人爲營，但就寬平，不求阻隘，殆非法之善。善徵在彼，殊無事事，須待李次青元度至，乃一併料理。善徵寄《三蘇文粹》七十卷，乃嘉靖辛卯陸給事粲謫都鎮驛丞時寓平越，以此教從游者文法，而土官楊山金鼇重刻於家塾之本，蓋即以宋刻翻雕，每半頁十四行，鄉里中未見此本，而祁門獲之，亦里典足徵者。

廿六日甲寅，晴，熱甚。

黃印山鳴珂與幼湖信，言建昌自正月十九日登陴，至二月二十乃解嚴。僞忠王李秀成自黟縣潰敗，聞有必至建昌之語，印山即佈置守禦具，捐千金爲倡募，建人經黄□移福建、湖南、移省城者大半，存者以官貧而能勤於扞城，頗回應。是時建城營兵不滿三百，專守城，不打仗。升字營勇六百，非精鋭。惟印山所募之黔勇二百、潮勇六十，稍爲可恃。賊至，四面攻圍，水泄不通者二十二日。賊開地道者五，轟倒城垣十四丈，皆力禦却賊，城得無事。又六戰皆勝，民心益固。十三日，印山自率全軍以出，拼一死戰，而廣豐、南豐二屬之援兵適至，内外夾擊，賊大敗，遂竄撫州、宜黄、崇仁以去，而撫軍所派和字營兵勇八千人，猶數日不能進也。又云此次賊於初九日轟城後，獲賊供稱，于高山上見城上紅光籠罩，守護者百餘人皆著紅絲袍，其時城上只潮勇十餘人而已。是日天明早二刻三分，發白後即出紅日一輪，高三丈許，而所轟之磚石，無一片入城内，皆飛向城外，擊死賊頭不少。十三日追賊時，賊皆驚，有紅袍二人，尾追甚勇，由此卜天心之呵護此城也。又錢馨北桂森二月十九京中信。六飛回馭，忽又改緩，未知能否成行。折差言以鬼子有迎駕之説故也。

廿七日乙卯，午後大風雨，旋止。

聞黄州賊造船成百餘隻，將以渡江。作書寄向湘汀。

廿八日丙辰，雨。

聞石牌賊已至集賢關，沅觀察以八百里告急。

成大吉廿六尚未至太湖，李希帥老駐灄口，既不急攻德安，又不分兵下援，皆可怪。作書寄王壬秋，附以《魏孝文比干廟碑》拓本。

廿九日丁巳，雨。

果臣言益陽有慰人子弟陣亡書云：「居今之日，除却殺賊，别無生路，除却陣亡，别無死法。」語甚伉壯。

三十日戊午，雨，入夜大雨徹曉。

廿六太湖來信，言狗逆窺探太湖後，直趨安慶，入城一宿而出，現在賊壘，扎集賢關内外。廿三日，僞璋王、僞玕王兩賊自桐城糾大股趨練潭以會狗逆，多都統率馬步三千餘人迎擊，殺斃溺死之賊約一萬有餘，馬隊追至桐城而返。多公現加派掛車河守營分兵同進，以成鎮兵合之。成大吉軍廿六日巳刻已到太湖。黎柏容來訪，約明日同眉生、幼湖早飯，二君將之湖南，餞之也。于周宅山許識李香雪映棻都轉。香雪，叙州宜賓人。劉庸齋過談。

四月初一己未，雨，夜尤甚。

幼湖將往益陽，眉生將往長沙，期明日登舟。柏容招同飲于半山樓。

初二庚申，雨。送眉生、幼湖行。探報言黄州賊造成船四百隻，且有炮船十餘。又言蘄州賊有船百餘隻，將渡江。大冶禀亦言賊擬冒官兵奪船上下。

初三日辛酉，大雨不止。

聞曾滌帥已於前月廿四移營東流張家灘。又聞江西瑞州府失守，逼近湖北之興國、大冶，甚可憂。

初四日壬戌，霽。

太湖大營三十日來信，鮑鎮七千人已過北岸，大約初一二可到，加以成、多各軍，合一萬餘人。宫保自將進剿安慶，屠狗必矣。聞田興恕已陣亡。

初五日癸亥，黄霧竟日。

卓午日暫見，乃甚寒。與果臣同過丹初談。

初六日甲子，寒雨。

果臣言申包胥乞師秦庭，秦人爲之賦《無衣》；以左氏載莊姜美而無子，衛人爲之賦《碩人》；高克不召師潰，鄭人爲之賦《清人》例之，則《無衣》之詩，即爲包胥作也。詩中詞旨亦合事實，舊説以與七子賦詩爲例，殊未安也。

《漢石例》六卷，寶應劉寶楠字楚楨所述，靈石楊墨林刻之《速筠簃叢書》中者，較梁曜北《志銘廣例》、郭頻伽《金石例補》、馮登府《金石綜例》尤精善。陶文毅澍《靖節先生集校本》十卷，略有考注，附《序録》一卷、《年譜考異》二卷、《評陶》一卷，爲見行陶集善本。

初七日乙卯，陰，午後見日，猶寒。

劉庸齋來訪，與果臣論割圜密率，果臣謂古率徑一圍三者，乃六角之圜。依六角規之，分爲六弧，得圍三一四一五九二六五；六角周得三萬萬，半徑五千萬，六方每邊與半徑同數。六分之，每弧得五千二百三十五萬九千八百七十七有奇。果臣又言八綫三角。劉蘭汀大令壽椿在京師時，與易笏山孝廉佩紳同晤於書肆，今來湖北候補。

初八日丙寅，晴陰半。

聞以瑞州之故，通山一帶頗驚擾。朱覲侯相訪。

初九日丁卯，晴。

食後與果臣訪庸齋，果臣先歸，遂過柏容談，晚飯乃還。道經藩庫廳署，聞興言移寓，看之。聞德安賊欲投誠。

初十日戊辰，晴。

有親兵初六自太湖來，言初七當開仗。

十一日己巳，晴，黄霧。

柏容見過，言其所遣還家之人，三月□□行至思南府之□□，道阻而返。又言有自遵取酉陽龍潭道，下酉水來者，言二月中田軍門之部將毛□□攻髮賊於□□，陣没。賊遂由□□趨大定，陷之。前聞軍門亡，或以此。二月尾，桐梓知縣陳□□誘致其團總王正儒，殺之。團民遂殺縣官，并其所募練勇皆盡，其民仍耕作如常，特恐以兵臨之，則皆畔耳。作書寄胡宫保。爲果臣篆書《調息箴》。

十二日庚午，雨。

遍檢理篋中碑帖，擬以兩《石鼓》、《嵩山三闕》各黏爲大册，以便臨仿。

十三日辛未，晴。

聞洋鬼買江中約鈎等船可百餘隻，陸續開以下行。

十四日壬申，晴。

聞狗賊已挾其家室去，不在集賢關矣。又聞江西腹裏之賊皆趨徽州。胡湘林萬本自穹鄉至寓園之東頭。善刻石，年七十餘矣。

十五日癸酉，晴熱，薄晚雷雨，日入後大雨。

聞劉君救隨州者必待餉乃開仗。又聞黄賊所繕所奪舟益多，將乘霧渡江。聞昨夜四更許，有星隕於北方。

十六日甲戌，晴。

聞賊在瑞州者又以十一日陷義寧。又聞江西帶兵者劉□□以五千人降於賊。

十七日乙亥，晴。

聞崇陽告警，以其與義寧接壤也。

十八日丙子，晴。

午後陰，有數點雨。閲開元二年《周公祠碑》云：「公字朝明。」「公」字古籍無可見，獨載此碑，殆附會也。果臣又持示《敬善寺石像銘》，文甚藻麗，字是初唐法，乃妃國太妃韋氏造像所立，今在洛陽。《唐書》太宗諸子列傳，韋妃生慎，慎始王申，後徙紀。碑無年月，《紀王妃陸氏碑》載陸妃薨於麟德□年，太妃時在洛下，則此像銘當在麟德時也。

聞義寧賊聲言，當往蜀救其翼王石達開。又言當破平江。

十九日丁丑，雨。

果臣言前歲有叩乩者，書云：「不平人殺不平人，殺盡不平方太平。」語殊有理。

二十日戊寅，晴。

出飲祥蔭梧寓。

二十一日己卯，曉見日，尋陰雨，夜兼大風，雨亦竟夜。

聞十五日多都統在桐、懷間獲勝。

二十二日庚辰，風雨竟日，寒如晚秋。

得益陽十九太湖信，言校書行款，一切歸整齊畫一，應如所擬。其血症仍作，則可憂。

二十三日辛巳，雨，晚霽，仍寒。

聞義寧賊已退，乃犯奉新。聞三月中曲阜失守，捻賊屠其城。

二十四日壬午，晴。

聞貴州以何傑夫護中丞、承子久護藩司，其闕員可想也。融齋相過。晚訪丹初，并答看羅蓂階登汝、謝守之昺、邢子英世銘三君。守之示其所藏碑帖，中有魏崔頠墓誌最佳，武定六年十月卒，齊天保四年二月葬。是昔人未著録者。又贈江都新出田侁誌及侁妻冀氏合葬誌。

二十五日癸未，寒雨，夜尤甚。

果臣將行，商以《兵略》板子攜就長沙梓人補誤，連兩日夜檢已校出者，核定，得十二卷，付之。

二十六日甲申，大雨仍寒，徹夜雨。

果臣冒雨登舟，不能開也。

二十七日乙酉，大雨，午後止，晚霽。

宮保廿日來信，言書板應在鄂更正，乃爲合法。果臣以板運長沙，無主人，一切不便。又言致語丹公，我不索餉，即飢潰身殉，決不尤人。又言林冠山以汪梅生薦，可令入署鈔書，付書局管理。

二十八日丙戌，霽，芒種。

柏容相過，融齋亦來，同登蛇山觀漲，漢陽、漢鎮皆水所包。晚攜繩行及小東門，登城樓看山，所經小溝清激，蓋雨後城中泉脈所成。

二十九日丁亥，晴。

羅大令仙舸登瀛自沔陽至，爲乃弟蓂階料理檢書。謝守之致來鏡銘六紙。

五月初一日戊子，晴。

四月一月中寒雨逾十分之二，至今日夏令乃正。作書復景劍泉提學及其幕客汪芸石。

初二日己丑，晴。

出過柏容寓，留食鰣魚。聞黄州可收復，其城壞十餘丈，其賊已自潰然乎。又聞自孝感來者，言孝感失守時，乃自光州敗回之賊經其地，其自黄州上竄，長毛才七人耳，城遂陷。先賊未至時，令募三千人待之。聞震雷，以爲賊礮也，先潰矣，故致然。聞宫保與諸帥信，言其將還省城。繩買冰紋瓷盂，售者以爲骰子盆也，吾謂作筆洗最善，豈取楗牡之飴，抑封地之不龜手藥乎。

初三日庚寅，晴。

晚訪丹初，并看吴小山兆熙，小山將以明日往太湖。丹初談書甚愜，見有饋其豸服藍玻璃帽頂者，始知其升臬司候補。以謝文節卜硯拓本報守之。

初四日辛卯，曉晴，尋大風黄霧，午後開朗，晚有虹見於東，疾風甚，雨中雜細雹，尋止。

晚食後訪融齋，談久之，同登府署西小邱，見江有浪花，虹脚在墨氣中，而風雨至矣。還俟其過，乃乘轎還。聞通山失守，其令逃往咸寧，咸寧令所報也，通山實無城。

初五日壬辰，晴，午陰，悶熱，晚復霽。

晨過柏容早飯，丹初邀午飯，辭之。與柏容訪王敦亭静一，敦亭新選通山令，方自京至，言此時月選州縣正班引見，須到避暑山莊，他班知府亦不往。先奉旨二月還蹕，直隸一省，派辦紛然，已而中止，諸守令皆費不貲。如趙州亦幫六千兩，他可知。陳傑夫大令毓坤來候補，持其尊公息凡信，并新刻《依隱齋詩文詞》及《岷江紀程》十册至，言去冬風疾復作，今春乃愈。平棘賠累倍於尋常，去秋勤王兵差、今春回鑾支應，其最著者也。昨今二日，以積雨初晴，二月避出移歸者約千家。又以通城之故，紛紛移入舟者又復不少。甚矣，鄂人之無固志也。聞胡宫保將還，又人人額手相慶，冀其速至，豈城中更無一人可恃耶。二更，聞通山有報至，言賊已退三十里。

初六日癸巳，忽晴忽陰，大風，若大雨將至，尋吹散。

聞有報至，賊之去通城、通山者，又陷咸寧。城中居民移出者紛紛，官不之禁，人心甚摇。晚過柏容，言欲與敦亭同買一舟寄子弟。因過看陳傑夫于寓。□□□寓。城人急於逃城者，以諸大吏眷屬貲重三日内皆移入舟，以爲民望，非盡民之咎也。

初七日甲午，陰，食後雨時作時止。

晨起，即聞市人移而出城者較昨日尤甚。初二日營中寄鈔周壽山稟，言前月廿九成軍急攻集賢關賊壘，降其首李馥蓮、曾慶忠二壘。又有第四壘俱欲降，惟第一壘賊首劉滄林未降。鮑軍會同合圍，想早晚可下。此四壘，皆賊之勁旅也。周宅山言城人之摇動狂走，其一由賊自武寧分股竄興國之辛潭鋪，經我軍擊退，竄至環山。我軍扎三溪口以堵之，口當興、冶、山、通、武五交界。環山可通江夏之三坡一帶。稟報者歷言三溪、環山去各州縣道里，而聽者遂謂賊已并及其地。其一由何紹彩以五百人扎崇陽，聞通山、通城賊竄咸寧境，移營咸寧截剿，遂傳咸寧亦陷耳。今日李希帥已帶六營兵由陽邏渡江，出青山，扎魯家巷。又聞新制炮船數十已下水，由金口往咸寧，會舊扎水師會勦。聞成大吉以初六日帶五千人渡江而上，中丞以初八渡江而上。過糧臺借支三個月薪水。過融齋，言其居停未爲之謀，居此危城，頗有傷勇之憂。唐義渠方伯昔歲在魯家巷要處築小城，今頗得其用。現在夏水方盛，此路止一綫，極易守。

初八日乙未，晴。

武昌縣知縣禀，言前扎三溪之知府唐協西時雍、副將余際昌、都司江得勝三營，以初五日失利潰散，大冶失守。代辦大冶知縣王墉退至武昌縣界之保安局。大冶幫辦團練之府經林瑞枝亦失利而潰，溺水復生。先是，江得勝出隊攻賊，方得手，而興國州邨民惡其所部兵奸掠太甚，遂焚其營，其紀律可知也。端節之潰，得毋蒲酒縱酣，遂心設備與？李希庵入城，飲於糧臺，聞報即還魯家巷，謂當别派勁隊往武、冶，換三潰營還守，調度甚是。融齋午相過，晚復相過，謂果有急警相聞，各行不必牽待。聞金口、嘉魚，皆以潰兵大警動，而牌洲界其中，乃了無所知。蓋洲在水中，潰者所不經也。

初九日丙申，晴。

外間哄傳武昌縣以昨日申刻失守，然昨日酉刻即聞此言，殆余際昌等在武昌收潰卒而訛傳也。食後，羅仙舸行，還新堤。

初十日丁酉，晴熱。

傳言陷武昌賊已退，以蔣道凝學兵由水路下，將于武昌登岸也。訪融齋，昨日已行。陳傑夫雇四百石船，謂可寄行笥。聞有報至，言蒲圻、崇陽并有賊，去城才數里。

十一日戊戌，晴熱，風。

宫保初五日與李香雪信，言集賢關賊三營降者皆詐，已設法屠之。其未降之一營散走，皆爲我兵所截殺，此皆老賊之勁旅，入夏來唯此事差快意！成鎮十營已于初二發，當由武穴渡江。又言其血病又增，日咯至二百許口。朱觀侯來訪，言其眷屬在金口，亦一日數驚，與城中謡言相似。陳傑夫言天津守石襄臣贊清……〔一八〕

有謂蒲圻失守，又有謂不然者。午，出望山門，訪廖一堂於糧艘。

十二日己亥，晴，酷熱。

晡後大風，中夜大雨。晚過鍾雲卿牙釐局，言有報至，謂入蒲圻賊五百許人，城中空無人，無積貯，又處處阻水，僅其來處一綫堤路，若有兵往，不走即成禽耳。又同過□□觀□葉雲峰，談久之。

十三日庚子，大雨，中後乃止。

晚飯後過柏容、敦亭，柏容議當即遣莼齋北上，應順天鄉試。鍾雲卿來言宫保以初九發太湖。

十四日辛丑，晴。

夏至。外間傳言通蒲間賊以水盛不能至鄂城，當趨湖南岳州，城中皆移徙一空。食後攜繩往斗記營送黎莼齋行，賮之三十兩。晚還桂苑，二月折差始還，以益陽所買《通志堂經解》及殿本《史記》、《兩漢》至。言車道時不靖，貴州差官猶被劫一空。過陳傑夫少談。有妄傳賊至三坡者，不可信。

十五日壬寅，晴。

晨，遣繩送莼齋渡江至漢口登舟，還，言明日有遵義王姓者將行，可作家書托之。閻丹初廉訪過談，莫階亦相過，柏容亦過談久之。太湖十一信至，言中丞十二乃發。夜，作書寄彝兒。

十六日癸卯，晴。

王孝鳳家璧部郎來訪，言此番賊之至武昌，以唐時雍先遁，而江得勝繼之，余際昌方與賊力戰，見兩軍潰，遂不支而敗也。初十間蔣[凝學]登西山相營，賊以爲唐時雍也，攻之，蔣兵俯而接戰，水師先泊岸以俟者相與夾擊，殺賊可三百人。柏容言咸寧令與首領信言，大冶、興國、通山之賊，盡數二千餘人，竄咸寧，縣城已於十三失守。其禀報則云，賊在城外二里時，令已挈家棹小舟避湖蕩中，城人亦移空。柏容家四月十八遣人至，言遵義尚安靖。子尹今年主湘川講，守仍竇千山，令仍鄧爾亨。

《鄂中論史二首》[一九]：

蒙衝大紲掃沙羨，霸業居然見此時。魚水君臣愁呴沫，烏飛星月念依枝[二〇]。遂令赤壁英名起，終是丹徒世業資。不道緑林狐鼠輩，十年飄忽至今疑。

陶桓未許戍郴城，獵騎悠悠引斾旌。倚水能提南國紀，安夷不召朔方兵。重屯本自雄吴國，急援偏難枝庾生〔二〕。望古岐疑無定算，西陽豺虎遂縱横。

十七日甲辰，晴。夜大風。

作字寄善徵弟。又作書復趙州刺史陳息凡。廖一堂相過。晚過閻丹初，遂同步至武勝門。即草埠門。登鳳凰山頂納涼看江色。揆帥遣以中丞十三日來信示丹初，是在舟中作者。城中已先遍傳，移而入者漸多。唐義渠訓方方伯登城尋丹初，遂脱身先還。

十八日乙巳，晴，午小雨，即止。

柏容、敦亭、萓階、小山次第相過。爲萓階作書四紙。萓階言賊竄蒲咸，有浪傳岳州有賊至者，方遇湖南折弁，言南省已遣總兵周寬世將五千人防岳州，已於初十日至。寬世，李迪庵舊部也。探報言十七已復武昌縣。

十九日丙午，曉陰，午雨，晚晴。

聞蒲圻、咸寧驛路皆通，賊以中丞將至，復南竄也。成鎮兵昨日已至。

二十日丁未，曉即藴熱，乍晴乍陰，午西風，晚雨。

柏容招晚飯於敦亭所。

二十一日戊申，晴。

午夢在遵城遇少年負販者，作都勻鄉音，見余前趨起居，自云鄉里李氏子也，且言陶方伯致聲，早晚當由勻走省，即渡烏江候公，有要件相商酌。李氏子請余出城，以雨濘倦行，彊負以走。又言其所買准稱當爲一視。霍然遂醒。方伯諱廷傑，字子俊，咸豐六年秋都勻城陷，已殉難，謚文節。夢中乃忘其已死，何也。

晚訪丹初談。謝守之言有揚州王益三甲曾，元名文甲大令罷官，館于厲伯符觀察許，因同往訪之。益三，辛卯同年，道光癸巳正月自揚州同赴春官，同舟聯鑣而行者二十餘日。尔時皆少壯，各以意氣相矜尚，今皆頹然老矣。益三長十一歲，先選恩施知縣，有七子，其長者爲直隸縣丞。

贈王益三同年甲曾

春明三十年分手，南北東西斷雁緘。君始一官驚短夢，我猶無地著長鑱。兼天惡浪江湖迥，落日悲風鼓角嚴(二二)。忽漫相逢青眼在，悠悠且莫計歸颿。

二十二日己酉，半晴陰。

過劉蘭汀早飯，坐中吴桐雲大廷舍人方自京師來李希公營，談甚快。桐雲用力歸、方文法，極有得。聞中丞十六信自東流來，其經滌老營必小留。又經蘄水蔣令境，更小泊。或當逾天晛乃至也。吴丹書自長沙來，言聞都鎮境中苗已降，願修還都勻城諸城郭。

二十三日庚戌，半陰晴，午後再雨。

吴桐雲、劉蘭汀見訪，談良久。

二十四日辛亥，乍晴乍雨。

王逸珊、朱覲侯、周木皆、羅莫階先後見訪。作字寄果臣，并《兵略》已定者十八册。始十三卷，至三十卷止。李眉生五日長沙寄書至，言其四月廿一抵長沙，湘水盛漲，多壞民田。聞湖南人言湖南之官賄賂通行，湖南之民日怨東征，湖南之省城無官無將無兵，日以爲憂而已。王壬秋已移居省城。

二十五日壬子，陰，午雨。

作字寄郭笙陔敬鏞大令并篆聯横幅。去冬笙陔在長沙寄字懷寧見索也。作答李眉生書。夏古彝自太湖至，住李希帥營中。午與莫階同見訪。中丞與古彝信至，言成鎮已抵省，即聽希帥節度進兵。

二十六日癸丑，陰，晚霽。

晚過柏容，言張濱之祖，紳士，江西餘干人，年四十餘，病吐血，逾年不止，百方不效。尋饒州名醫吴某視之，曰：「此不必服藥，藥能暫止，久則吐尤甚。君但服回元湯，兼以藕片泡當茶飲，每食忌鷄魚葱蒜，病自能痊。痊後更服回元湯三年，乃可終身不發。」張如法行之，果不復發，年八十餘。濱時二十餘歲，亦患吐血，其祖教服回元湯，濱嫌不潔，師其意，取七八歲小兒童便服，日數服之，兼以藕湯，不半月而止，惟體弱神昏。張翁教之服黄牛乳，辰午酉三服，服之三月，身健如常。又教之服童便，至三年方已。濱今年五十二歲，現分湖北候補藩經，其血症愈後即不發。日入後有星見於乾方，在北斗之西，大如月四之一，其光東南指，漸成白氣，似彗出彗，其長可六七十度許，不知何名，繩謂見已自昨夕矣。亦有謂前四五夕見者，未審。

廿七日甲寅，乍陰乍晴，晚有數點雨，夜不見星。

晚食後訪丹初談。

廿八日乙卯晨，黑雲欲雨，旋開霽。

日入，視前夕所見星，乃移于壬方，在紫微垣中，斗樞、少尉之間，仍掃東南，其氣近南一邊射出最長，過天漢，近東一邊才及其半。

廿九日丙辰，晴熱。

校《兵略》，并以張習庵成崧、汪梅岑士鐸兩校會核定本，始於三月十六，至今日通畢，凡七十餘日，以余所校稿本付繩，裝而存之。晚，鍾雲卿過談，示邸鈔，有毛昶熙請開復尹耕雲原官一折，奉朱批：「因該員希邀寵榮，又無聲績足録，遽請開復，殊屬冒昧。毛昶熙著申飭。該革員如果始終出力、著有勞績，准其酌量奏請，惟斷不能仍列諫垣。欽此。」蓋權要惡耕雲，唯恐其仍列諫垣，若以他官請自可准也。夜視昨所見星，又小移，東與斗魁之樞、權二星成三角形，于權星尤近，其氣近東一邊長而近，南邊又短，中夜則轉而南掃。

三十日丁巳，晴熱，小暑。

午過柏容談，敦亭在座，遂同過傑夫，還訪丹初於糧臺，晚飯張溶江之沅相過。夜視昨星又少移，而東北與斗魁之權、杓之開陽爲三角形，與權爲勾，與開陽爲股，而權與開陽爲弦。唯股之分少不足。見十五日吉營鈔信，言皖城出逃者二百餘人，皆虜脅者，言城中賊萬餘，僅半月糧耳。又鈔陳玉成與皖賊信，甚言其兵餉之缺，屬其堅守，觀此則賊勢亦甚窘蹙也。

六月初一日戊午[三]，日食四分二十杪，辰正□刻初虧，巳正二刻復圓。午晴熱。食後中丞舟中信至，言其初三辰刻當入城，其病復作，當暫息静于多桂園，遂與繩移住西花廳之西間。

覲侯相過，謂有講天象者，示一紙云：前月廿五壬子日戌時始見彗星，光芒長數十丈，頭在西北，尾指東南，由内階下二尺，起沖犯三師及文昌第一星，歷貫紫微垣右藩少輔、上輔、天乙、太乙，左藩上衛、左樞、七公、女牀、天紀，天市垣左魏趙、九河、帝座、宗正、宗人、候星止，此壬子、癸丑、甲寅三日所見也，後又當有移宮改變。前載論彗星大凡治時出則主亂，亂時出則主治，無兵兵起，有兵兵罷。郗萌曰：「太白與日同舍合度，」七十日彗星出，歲星逆行過度，則生彗星，檢《七政曆》載：歲星于咸豐十年冬月初四日，由星宿二度九分逆退，至十一年三月初四始止復順，歷柳宿，至五月廿四日，始歸星宿初度。廿五日即有彗見。然則歲星逆行過度生彗之説爲不誣矣。熒惑守星，期三十日，彗星出，鎮星守氐三十日，彗星出，出入留舍斗，一月不下，彗星出」。又查《七政曆》載，本年五月初九，太白行井宿、初度，十九太陽亦行井宿、初度。現在雖未并行七十日之久，總屬相行同舍，然則太白與日合度彗星出之説亦有因也。夕見彗與斗權、開陽成正勾股形，與權爲股，與開陽爲勾，而權直，開陽則弦也。

初二日己未，晴，熱甚。

食後向湘汀、文任吾、吴小山、明子卿、陳翰園、王翰篪諸君皆至。李香雪相過。過敦亭晚飯，食豆花甚清爽。夕視昨彗又少移，與開陽爲勾，與權爲弦，權與開陽爲股，亦正勾股形。是日，城中各街巷人增於往日者十之九。

初三日庚申，晴，熱。

卯刻胡宫保至，迎候于多桂園五福堂，雖咯血時作，而神氣較三月初差勝。識方子帛翊元。晚過寶善堂訪邢星翁、衛静瀾、夏古彝。又過周壽山，言善徵已至東流，甚不得意。夜識胡花樓。郭筠仙信至。但又湖五月十七信至。子帛講詩古文，與國諸生，湖南令。

初四日(辛酉)，晴，熱。

晨，朱覲侯、魏春農相過。午識汪梅岑孝廉士鐸，談久之，小學、地理最長，江寧人，方仲堅凝之舊友，年六十矣，中丞典江南所得士也，老而無子，攜妻避亂，來依中丞，鬱鬱時時不得志，自號「無不悔翁」。其遇亦可悲矣。以《兵略》校本呈宫保核，謂一依所勘爲定。

初五日(壬戌)，晴，熱。

作字寄果臣，并封《兵略》三十四卷遣人往。復作字寄眉生。晚候希弇中丞、雪琴方伯于多桂園。夜視彗與瑶光、開陽成小三角形，又東南移矣。

初六日(癸亥)晴,熱風。

中丞生日,閉門不見一客。午,雪翁過談,言初三城賊已走,有李少青自上擊之也。聞徽州收復,賊趨江西鉛山、福建汀州。

初七日甲子,晴,風。

豫撫五月廿五信述滌帥言:不逆死,不億不起,即是養生之法。不逆敗,不億不振,即是行軍之法。又謂方存之已延致汴中。又謂豹岑節儉正直清淨冷淡,我有豹岑,如公□□。鈔件言布魯斯國到津,願仿照英、法等國進京换約,派崇恒往俄酋從中説合,俟通商五年、十年無事,再行駐京。俄商販貨欲到京貿易,未許。令赴津門,不卜允否。夕視彗與瑶光爲勾,與衡爲弦,而瑶光與衡爲股。

初八日乙丑,晴。

幼湖前月廿九書至,聞張石卿亮基在鶴峰買田養病。

初九日丙寅,晴。

中食後與湘林、宅山、子白同訪丹初,言沅圃有信,言前月三十日安慶城外菱湖十三賊壘皆攻拔,斬五千八百餘級,散脅從千餘人,下城即在早晚。初六日復崇陽,亦李次青兵。蒲圻、大冶賊皆退。遂同過里仁巷訪汪梅岑所寓小園,有樹石,頗幽爽,談至月上始歸。明末黄州黄氏之瑞有兵家言曰《草廬經略》,尚無刻本。舊藏寫本,在行篋,不完。借益陽本鈔補成,使繩裝之。彗光漸短而小，與開陽爲弦，與瑶光爲股，而瑶光、開陽爲勾，光之減豈奪於月耶。聞鄧子久中丞尔恒在曲靖被刺。

初十日丁卯，晴。

梅岑相訪，談久之。同宅三訪張仲遠曜孫觀察，言《沙南侯碑》是徐星伯拓歸三紙。一自存，一贈劉燕庭，一贈仲遠。其碑在新疆焕彩澗，澗舊名棺材，岳大將軍經之，嫌其名不雅，爲改之。即磨刻三大字于此石之背，不知其有字也。星伯賜環，憩此，乃審爲漢刻而拓之，其陰之刻焕彩澗者，當亦有字，僅已磨去矣。宅三言南海番禺二知縣爲夷人拘去，廣東某道寄家信於汀州，函中僅有爪毛。陳息凡信至，言教匪陷丘縣、清河，攻圍威縣。黎蒓齋信言初一自樊城上車北行。作書復但又湖。

十一日戊辰，晴。

午，仲遠見訪，言昌邑黄坤載元御《素靈微藴》、《傷寒懸解》、《長沙藥解》、《四聖心源》宛鄰書屋元刻板毁，其本行於湖南甚多，今湖南有重刻本，其太翁《素問釋義》欲重刻未果。晡，丹初來訪。夜，桐雲來訪。

十二日己巳，晴，晚虹，雨。

與湘汀訪丹初，遂訪桐雲，適雨，雨止，月上乃歸。

十三日庚午，初伏，晴。

補閲監利縣觀風卷畢，有廪生王承烈最佳，補入超等。

十四日辛未，晴。

晚虹，夜有風雨。聞有援賊自廬江出英、霍，江中所泊鬼船數日忽盡去漢口，修洋行者已停工。作篆書四箴二紙。

十五日壬申，晴。

梅岑招午飲，月上乃還。作篆書《朱子六先生贊》。

十六日癸酉，晴。

晚訪梅岑小坐，遂同過柏容，還遇朱觀侯、魏春農，復小憩乃歸。

十七日甲戌，晴。

晚虹，小雨。復作篆書四箴二紙，以前作者誤七字也。梅岑、丹初并來訪，丹初言現已派成鎮十營，希帥又撥五營出新州，指黄州，迎剿援賊，催李次青由義寧剿江西賊，使唐時雍等堵興國南邊。梅岑言績溪胡竹邨先生著《儀禮正義》，講禮經家最善本，又有《研六室雜著》，皆已刻。梅岑自著則《水經注圖附漢志質疑》，現胡宫保爲之附刻。又有《釋樂》《後釋車》史志等十餘篇。又言其在鄂所識張廉卿裕釗，武昌丙午舉人，長古文，其門人劉曉堂兆蘭有天資而好學。胡東谷兆春，漢陽已未舉人，能詩。洪琴西[汝奎]，漢陽舉人，講漢學，數君而已。又言桂未谷《説文》，山東已刻，江寧楊雅輪明經大堉著《説文重文考》。

十八日乙亥，晴。

晚驟雨即止，虹。復作《六先生贊》篆書付繩。桐雲以何願船秋濤所校張石洲《蒙古游牧記》并二函信屬東下時致滌帥。朱覲侯以詩册相正，《夜宿白洋關》句云：「斷椽牽舊網，破壁貫斜陽。」

十九日(丙子)，晴。

聞援賊向羅田，而鮑鎮兵乃使還防集賢關。作書復息凡。

二十日丁丑，晴，午後雨，即止；夜五更雨，曉止。

與宅三……。

廿一日戊寅，陰，晚大雨，夜仍大雨，將曉乃止。

與宅三候中丞，言諸卷可不必多收，月内當往東流，許之。申刻過梅岑少談，又過丹初談，雨至，乘轎歸，衣袴俱濕。

廿二日己卯，午大雨，傍晚乃止。

過丹初，爲作大幅篆書，并晚飯。見《潘四農詩話》，持論甚佳，又見道光丙戌刻成《國朝名人書札》，目録凡六百餘家，編廿四卷，自亭林起至張皋文、吴鼒止，惜未看其帖。善徵十一日書至，并以湘潭歐陽小岑兆熊乞書表志紙來。又得翁中丞二月復書。燈下作字寄善徵。午晤張廉卿于丹初許。

廿三日庚辰，辰巳大雨。

丹初過訪，謂明日有糧船東下黄石磯，趣束裝，以明日□之以行。廉卿相訪，方子帛亦自李營來，夜往來至三更乃息。

廿四日辛巳，晨雨數點，遂晴。

晨謁宫保别，其吐少減於昨日，謂見滌老可言病狀殆不可爲，惘然久之。梅岑、廉卿、桐雲諸君子并來相送。梅岑爲拙集題詩甚雅贍。張仲遠來視行，與廉卿并屬口候滌老，未及作書。丹初以紙託求滌老作牓，又以書託致穆海航。午，丹初使人爲押行裝登舟。未初，出撫署，行過柏容别，作字寄彝，以《地理圖》寄雪翁。柏容謂七月初旬當遣人還家也。以一皮箱、二小棕箱、大棕箱并行兜寄存柏容許。申初，出望山門，登舟，訪廖一堂舟爲别。歐陽健以其《泥中吟》見示，爲題其首還之。以雪琴扇存壽山許，托還之。時彭老方以水師上德安，有紈扇索其畫，尚未見還。

廿五日壬午，晴。

晨開頭渡江，泊魯山下，待運物之未齊者，午南風長，船溜而下一二三里，觸洋舶，成大窟窿，舶上洋鬼争以刀斧斫我舟，護餉長龍船官唐幹臣柔剛調之，乃止，遂以長龍諸水手逆風浪移船上泊，寸寸而進，費兩時許。唐幹臣、胡春亭相過，夜視彗漸南移，其光大減，芒不過尺許，其星與斗杓二、三星及魁之一星相直，其去開陽如杓三之去魁一遠近也。

廿六日癸未，晴。

晨發漢口，六十里陽邏，逆風小泊，未申風息，復行三十里葉家洲，四十里趙公磯，泊。其下十里爲七磯洪。

廿七日甲申，晴。

行五十里，過武昌縣一百二十里韋陽口泊。

廿八日乙酉，晴。

搶微風行三十里，過蘄州南岸三十里田家鎮，百五十里九江府泊。

《寄廬山故人》：

石鐘山下半江清，彭蠡湖頭十日晴。遥憶石梁高絶處，枕流松下看雲生〔二四〕。

屏風九疊護飛湍，朝暮應生六月寒。寄語君平好將息〔二五〕，秋分迴棹定探看。

廿九日丙戌，晴。

午，黑雲西起，暴風急雨，雨輒止，風至夜不息。行六十里過湖口縣，四十里紐絲峽，風暴將至，遂泊，爲同舟數君子作書以鎮擺簸。

《避風紐絲峽》：

西上頑雲觸藴隆，長年收帆劇匆匆。横江颯爾飄凍雨，快意渾如畫朔風。峽静不妨村店遠，詩枯偏直酒杯空。絶憐一片匡山色，百里蒼然護短篷〔二六〕。

七月初一日丁亥，晴，入夜，北風驟雨，即止。順風行五十里，過彭澤縣六十里，華陽鎮南洲葦間泊，以同行四舟當至望江交運餉軍械，逆風水不易上，故停以待。

初二日戊子，晴。夜子立秋。甚涼。曉，移船華陽市口，食後護餉長龍還，乃行五十里至東流縣，善徵弟迎鵝少划子，泊城外，過其舟住。過鄰舟訪何丹臣敦五刺史，閻禹鄰泰來訪善徵。

初三日己丑，晴。歐陽小岑兆熊、李芋仙見訪，遂同還。食後，謁兩江總督欽差曾公國藩於城中行營，細詢京師友朋及入楚新舊相識，談一時許，示新撰《箴書院記》，使勘定，謂明日當書之以應胡宫保之索。宫保病久，亟欲得此文上石，爲談别時病狀，因道其汲引人才，聯絡調和，當世無兩，愁歎久之。遂訪小岑、芋仙、李少泉廉訪鴻章，合肥、陳尚齋太守桓生，歙人〔二七〕、梅小巖侍御，因同午飯。出訪李申甫榕觀察、穆海航、周至甫成溪，又訪潘聚垣兆奎大令，還舟。晚飯後，訪周娱階於舟中。以望江方水災，而畝捐勸捐方急，差運煩苛，欲辭請交卸也。娱階言現在雲南回漢已和，而回人要結人心，假仁義以輯柔滇境，其服從於回之郡縣已有太半。聞狗賊在桐城，其援賊已及太湖、宿松。

初四日庚寅，晴。

食後曾公來訪，謂在此間粗講漢學者有績溪胡文甫紹勳，丁酉拔貢，乃竹邨先生弟子，著有《四書拾遺》，講宋學者有石臺陳虎臣艾，并在忠義局中。又言有姚慕庭縣丞濬昌，桐城石甫先生之子，質美未學，當使就正於君。得丁果臣長沙六月十日來信，言梅生方訪郭筠仙，又問校書已得多少，蓋初五已并寄全書，未至也。總督關防晚始至營，自去冬十一月江蘇委員送臨淮，此間委員往迎，今已八閱月，道路之梗如此。聞今日援賊已及石牌。

初五日辛卯，晴。

程尚齋相過。姚慕庭以曾公命來請業，以《幸餘軒詩》二卷爲摯，其風格甚好，但境未闊、詞未細耳。周至甫相過，談至午。史賢希懌悠大令過談，言春迎印至淮安，還及壽州，齎斧不濟，延之□乃□歸德繞道出鄂城東下，道路艱阻，未有甚於此行。

初六日壬辰，晴，熱甚。

曾公以卯時接制軍印，食後往賀，并答姚慕庭拜、滁老言仁和陳奐字碩甫著有《毛詩義疏》，居於蘇州，蘇州馬釗字遠林孝廉言碩甫藏有郝蘭皋先生《爾雅義疏》稿本，乃蘭皋晚年成書時，以此稿付碩甫持入京，就正于王懷祖先生。懷祖已八十餘矣，使伯升尚書見碩甫，受其書，約匝一年還之。明年碩甫又入京，往謁懷祖，及自出見之，已將郝書删定一過，删者數萬言，點易萬餘言，立命伯升于點易引書一一檢本核對，以付碩甫歸蘭皋。比碩甫及棲霞，蘭皋先下世矣，遂以寄阮文達于廣東，文達即命刻入《經解》中。咸豐初，陸粟夫督兩江，刻碩甫《詩疏》及胡竹邨《儀禮疏》，又再刻蘭皋《爾雅》，則以馬君言之也。今未見行本，其元稿馬君當知其蹤迹，今馬君尚不知存没也。聞江西□□言南昌上流三十里之生米鎮被賊焚，省城望鮑軍至甚切。聞昨日賊焚懷寧之上十牌。

初七日癸巳，晴，熱。

滌老屢問所攜書卷，皆手頭常本，因檢篋中舊藏《文待詔西湖圖并詩長卷》及新收《楊忠愍詩册》呈之，爲報撰先君《墓表》之贄，且乞爲書於册子。筱岑趣爲書其子《功甫墓誌》，揮汗作之，得半而止。馬雨農恩溥學使過訪。摺差還，言自京走行在，苦旱甚熱，土木之工未休，方盡撤海淀屋材以往。

初八日甲午，晴，北風。

飯後，畢書《功甫志》。訪劉香石建德觀察廣東駐防漢軍同年、彭九峰山屺副將。過馬雨農舟答拜。

初九日乙未，晴，北風。

筱岑、芋仙、慕庭過談，自辰正至申初乃還。劉馨石過訪。

初十日丙申，晴。

聞安慶石梁子已攻破，城外無賊壘矣。

十一日丁酉，晴。

筱岑招午飯，在欽差許見初三日胡詠老手書，言其服靈雨湯，稍可。與芋仙同訪譚荔仙。

作字寄詠老。

十二日戊戌，晴，熱。午後風暴不成，雨輒止。

十三日己亥，晴，午大風，少雨即止，夜時有風雨。慕庭治具招筱岑、尚齋、芋仙、丹臣來舟中同飲。善徵寒熱往來，委頓不食，服小岑方，晚少食，夜再利而病減。

十四日庚子，晴，午後大風，少選而雨。滌帥招午飲。沅觀察信至，言昨日又破賊二石梁，殺賊八百餘人，其梁皆瓦屋，我已據守。又言多禮堂擊援賊，殺三千餘人，自掛車河追奔至桐城乃還。江西信至，言省城已議閉城，撤城外民屋，皆未行。聞鮑軍定往，人心遂安，賊遂退五十里。高伯足至舟中，適未還，與芋仙看之于李申甫所，并看穆海航行，海航將以明日之湖北。善徵服筱岑方，寒熱減於昨日。

十五日辛丑，半晴陰。食後筱岑、芋仙、伯足過談，近晡乃去。

十六日壬寅，晴熱。伯足、至甫過談，至晚始去。懷寧諸生何明昌雲錦來，以戴存莊鈞衡所刻《望溪集》及存莊《書傳補商》、《蓉洲初集》、《味經山館詩文鈔》相贈，有數種板桐城初亂時即移避舒城，今夏賊及舒，及移之懷寧吉營，一日而昔寓舒城之屋毁，亦天幸也。又言援賊據石牌，有堅守之意，宿松已爲賊據，勢可相聯，唯潛、太尚無賊，此時宜急攻石牌，皖城乃易言復，前者狗賊所留城外諸□，今幸已盡也。

十七日（癸卯）曉晴；午大風欲雨；晚虹，夜大風雷雨。

聞彭雪琴信至，言德安克復。

十八日甲辰曉雨止。午欲雨不雨。

滌帥招同芋仙、碧湄、至甫飲。碧湄言徐謙字白舫，廣豐人，以庶常老，著《悟雪樓詩》初、二集。又言廣西□鶚字□□，詩學嗣宗。芋仙將還南昌，登舟同泊，碧湄來舟中宿。

十九日乙巳，晴。

聞瑞州已復。芋仙船待風，作二詩送之。與伯足同往，還其舟，晚飯始開，芋仙留贈《後山詩》一册乃與文同刻者。尚有文一册，俟緩寄，猶非足本、《唐長律》二册。因索其以七律相寄并爲購《惜抱集》。筱岑晚過，少談即行。以芋仙行無資，滌帥以□□金屬其買書，非真要書也。

廿日丙午，晴，晚大風。

爲伯足作書，風舟擺簸，不稱意。聞援賊據石牌者四出掠稻，且入集賢關約二三萬人。得王壬秋長沙寄信，言曾爲作《影山草堂圖記》，托筠仙轉致潘廷尉，今潘氏已之關中，殆不能到。作字寄曾沅圃觀察，并還其《華嶽頌》、《韓仁銘》。

廿一日丁未〔二八〕，晴，熱。

慕庭以《龍藏寺碑》乞爲跋尾。滌帥遣吉字後營援安慶。小岑來視善徵病。

廿二日戊申〔二九〕，晴，熱。

伯足過談，并見贈三詩。中食後同訪方仲舫孝廉、李竹崖……還過李申甫看其病，謂服小岑方較愈矣。訪陳虎臣於舟中。

廿三日己酉，晴，熱。

滌帥索觀舊詩，以子尹指摘過一册呈之，又以册頁乞爲行書所爲撰先君墓表。過申甫談。晤宿松趙蔗詮世暹解元己亥，年七十四矣，談次營門外火四五市屋，急救而熄。筱岑來舟中看繩兒感冒，處方，談良久乃去。

廿四日庚戌，晴，熱，午後北風，聞雷輒止，而雨不至。

伯足過談，爲作一名印。聞廿一夜賊逼攻安慶軍喻□□營牆，營中鳥機禦之，斃賊十數，後至者不已，至明日午後轟以大礮，乃退。

廿五日辛亥，晴，北風，夜尤甚。

食後視小岑病。滌老留與常州趙惠甫烈文同午飯。晚過至甫，同訪胡文甫。少鶴先生天貺節信至，言其月可補御史。

廿六日壬子，大北風竟日，時挾少雨，夜風益急。

過虎臣舟，遂過申甫、碧湄談，晚乃歸。假得西人《談天》十八卷，英國侯失勒原本，偉烈亞力口譯，海寧李善蘭删述。例謂「此書侯失勒約翰所撰，約翰今爲英國天文公會之首，其父曰維廉，日爾曼之阿諾威人，遷居英國，專精天文，不假師授，有盛名。維廉有妹曰加羅林，相助測天，侯失勒氏言天者，凡三人，勿混爲一。」李善蘭《序》略曰：

古今談天，莫善於子輿氏「苟求其故」一語，西士蓋善求其故者也。舊法火木皆有歲輪，而金水二星則有伏見輪，同爲行星，何以行法不同。歌白尼求其故，則知地球與五星皆繞日，火木土之歲輪，因地繞日而生，金水之伏見輪，則其本道也。由是五星之行皆歸一例，然其繞日非平行。古人加一本輪推之不合，則又加一均輪推之。其推月且加至三輪四輪，然猶不能盡合。刻白爾求其故，則知五星與月之道皆爲橢圓，其行法面積與時恒有比例也。然俱僅知其當然，而未知其所以然。奈端求其故，則以爲皆重學之理也。凡二球環行空中，必共繞其重心，而日之質積甚大，五星與地甚微，其重心與日心甚近，故繞重心即繞日也。凡物直行空中，有他力旁加之，則物即繞力之心而行。而物直行之遲速，與旁力之大小，適合平圓率，則繞行之道爲平圓，稍不合，則恒爲橢圓，惟歷時等，所過面積亦等，與平圓同也。今地與五星本直行空中，日之攝力加之，其行與力不能適合平圓，故皆行橢圓也。由是論定，又證以距日立方，及周時平方之比例，及恒星之光行差、地道半徑視差，而地之繞日益信，證以煤坑之墜石，而地之自轉益信。證以彗星之軌道，雙星之相繞，多合橢圓，而地與五星及日之行橢圓益信。余與偉烈君所譯《談天》一書，皆主地動及橢圓立説云云。咸豐己未重陽後八日。

偉烈亞力《序》略云：夫地球大矣，統四大洲計之，能盡歷其面者無幾人焉。然地球乃行星之一耳，且非其最大者，計繞太陽有小行星五十餘，大行星八，其最大者體中能容地球一千四百倍，其次能容九百倍，設以五百地球平列，土星之光環能覆之，而諸行星又或有月繞之，總計諸月共二十餘，設盡并諸行星及諸月之積，不及太陽積五百分之一，太陽體中能容太陰六千萬倍，可謂大之至矣。而恒星天視之亦只一點耳。設人能飛行空中，如最速礮子，亦須四百萬年方能至最近之恒星，故目能見之恒星最小者可比太陽，其大者或且過太陽數十萬倍也。夫恒星多至不可數，計秋冬清朗之夕，目能見者約三千，設一恒星爲一日，各有行星繞之，其行星當不下十五萬，況恒星又有雙星及三合四合諸星，則行星之數更不止於此矣。然此僅論目所能見之星耳。古人論天河皆云是氣，近代遠鏡出，知爲無數小星，遠鏡界内所已測見之星，較普天空目所能見者二萬倍，天河一帶，設皆如遠鏡所測之一界，其數當有二千零十九萬一千。設一星爲一日，各有五十行星繞之，則行星之數當有十億零九百五十五萬。意必俱有動植之物，如我地球。偉哉，造物真不可異議矣。而測以更精之遠鏡，知天河亦有盡界，非佈滿空虛也。而其界外別有無數星氣，意天河亦爲一星氣，無數星氣實即無數天河。我所居之地球，在本天河中，近，故覺其大；在別星氣外，遠，故覺其小耳。星氣已測得者三千餘，意其中必且有大於我天河者。初人疑星氣爲未成星之質，至羅斯伯之大遠鏡成，始知亦爲無數小星聚而成，而更別見無數星氣，則亦但覺如氣不能辨爲星之聚，設異日遠鏡更精今所見者俱能辨，恐更見無數遠星氣仍不能辨也。如是屢推，不可思議。動法亦然，月繞行星，行星繞太陽，近代或言太陽率諸行星更繞他恒星與雙星同。然則安知諸雙星不又同繞一星，而所繞之星不又繞別星耶。如是累推，亦不可思議云云。竊意一切行星，亦必萬物備具。生其間者，休養樂利，如我土地。造物主大仁大慈，必當如是也。

其例，後載已著諸書目：《數學啓蒙》二卷，《幾何原本》七卷至十五卷，《代數學》十三卷，《代微積拾級》十八卷。

一、論地。明地面測土之理。二、命名。以歌白尼説立論，故立新名。三、測量之理。皆明今法以改古誤。四、地理。詳論測天，以定地理之事。五、天圖。測定天空［諸曜相距］之方向并遠近，作圖或球或表顯其象。六、日躔。地心至日心諸綫，恒在一面。七、月離。月約二十七日七小時四十三分（十）一秒五而繞地一周，然所離之宿度，與前微不同，故詳論之。八、動理。地何以繞日，月何以繞地，且俱終古不停，特闡其理。九、諸行星。時行時動，異於恒星者，不獨日月五緯。其遠而難見，非遠鏡不能察者，曰大王，曰海王；其微而難見，必以遠鏡察者曰穀女等五十四，皆西國近代所測得，凡此諸星實繞太陽。十、諸月。諸行星除水金火及諸小星外，皆有月，少者一，多至六七，月繞行星，猶行星之繞日。十一、彗星。古人以彗星之行，速率甚大而無法。恒隱而忽見，光或甚巨，異于常星，故目爲災異。今始知其行與繞日諸星同理，未嘗無法，然其狀及功用，亦未能深悉。又有難解者數事，如尾其一也。十二、攝動。月與行星于刻白爾所定三例外，尚有小差。名（曰）攝動，在行星，則因他行星之攝力加之，令繞日之道小變在月。一因同星之他月力（攝）加之，令繞星之道小變。二因日與他行星之攝力加於本星及月。時時不同，又生小變。攝動之差其微，然積久則成大差。故古昔所定橢圓之根數，今不合也。十三、橢圓諸根之變。論法切二力令橢圓道變狀，及星行橢圓周變速率之理。十四、逐時經緯度之差。行星與月逐時經緯之差，用攝力遞解遞明。十五、恒星。方位有一定故，名之曰恒星，然其中亦多有遲遲行者，非精測久測不能覺也。十六、恒星新理。恒星散布天空如是其多，安知非別有動植［諸］物生於其中耶。行星俱受日光，恒星不借日而自發光，安知非各自爲日而別有諸星繞之耶。十七、星林。澄明之夜，仰觀天星，往往有簇聚而密於他處者，用遠鏡窺之，簇聚之處益多，有星團、星氣、星雲、雲星之別，總之曰林。附所測道光十年諸星氣方位表。十八、曆法。時如綫，可任用根度之，設有時分用根度之，得若干適盡，則但言若干根，即得時分之全，若用根度得若干，尚有不盡數，不滿一根，則當言若干根又一根之若干分，此曆法之大凡也。

此其書務出新意，以與古法爲難，豈索隱行怪有述者與？

廿七日癸丑，半陰晴，大風，向暮乃漸減。

借觀西人《地理全志》十卷，題大英慕維廉撰。云耶蘇降世一千八百五十四年甲寅仲秋松江上海墨海書館藏板，則咸豐四年刊也。維廉《序》略曰：

地志質者，乃論陸海、天空、居民、生物、草木，又論其所分界之故。凡人民所自建置郡國中外之説皆不與。惟高山大川，爲造化主所定形勢之大者，人與他所造之物共處地球。人、物互相感動，人以靈性貴於萬物之上，能制伏役使一切，以爲日用行習，寒暑陰陽，變化氣質，斯所系於地質志中爲最重者也。地球古者歷經震動變遷，成今日之形勢，陸海支分區別，使世人得以造作制度，成不刊之要典。天空中地球僅一微塵耳。從最近之定星視之，已不見有地球；從至遠之行星，以遠鏡窺之，幾不能見地面。其下愈深，熱氣愈甚，多有大火吐山遍地，焚毁人物，可證地下初不甚深，即有流火如大湖或海。人足所踐之土，亦非堅體。有時搖動，其内必有簸蕩之勢，乍高乍下，疑地中流火亦如潮水一漲一落，或地中磐石因氣候變化能卷能舒，皆供造化主威靈莫測之役，分裂堅地，啟其秘緘，儼如筆之於山，使人能讀此地球自元始以來漸次變化，今益美備。觀其遺迹，知其先生物無數，自全其用後，則去故留新，新亦盡滅云云。中土之士所已知之法，至今更爲詳明，亦有向未究及者，即如地球形質，爲西土著名之學，更期華人考訂，以驗中土形質，當信而有徵也。衡量之物，丈尺皆依西制，華尺十寸，西尺十二寸。

下編卷一、地質論。地質志，地質略論，磐石陸海變遷論，磐石形質原始論附圖，磐石方位載物附圖，地寶脈絡論附圖。二、地勢論。水土比較大小論，洲論，島論，山谷論，高原論，平野論，地洞地裂論，冰山論，火山論附二圖，地震論，土傾頹漸移論。三、水論。水質論，水氣候論，水光色論，泉論，河論，湖論，洋海支派淺深論，波浪論，潮汐論，平流論附圖，水激地體論。四、氣論。天空氣總論，風論附圖，雲霧論，雨論，雪雹露霜論，暑寒論，氣候論，同熱線論附二圖，雷電嗡鐵氣論。五、光論。光性論，光色論，虹論，光環霧影論，日月重光論，人物斜照返照論，沙塵花粉飄墜論，橋霧論，磷火論。六、草木總論。附二圖。七、生物總論。附七圖。八、人類總論。附二圖。九、地文論。地文志，地球論，地形橢圓廣大論，空際載星論，空際能力論，行星軌道論，行星本軸論，日屬行星論，晝夜論，四時論附圖，歲月日論，暑寒道論，地球圓綫論，經緯二綫論附圖，地圖論。十、地史論。上中下。

其説與前《談天》相輔翼，皆求知於所不必知者也。其雷電嗡鐵氣論云：昔有合衆部士佛蘭格林，懸引電之竿，通於地内，以免其患。此竿以鐵爲之，稍高於屋，其意非使電來，惟電至時可運去無礙。其竿漸下而尖，令通地内，四周甚滑，上下厚薄如一。一竿可庇周圍二十丈，西洋周屋每樹電竿，獲益甚巨。有士以爲用竿若多，則天空之電，可運於他所，或免雷暴，或速消滅。

廿八日甲寅，晴。

筱岑相過，碧湄來辭行，相拉同過申夫。趙惠甫相過。

廿九日乙卯，晴熱。

虎臣過談，言世亂奔走，覺向日研食静中所得頓失，爲之悚然。劉詠如自望江來，惠甫來，共談久之。聞洛會鮑軍，使還援安慶。

卅日丙辰，晴熱。

胡文甫相過，言所著《説文聲辨》十五卷，避亂不及攜，其書專析重文而所從得聲之字有異者，昔祁壽陽視江蘇學，張小浦視江西學，皆入其幕，今年七十三矣。聞鮑軍剿賊，大獲勝于豐城，殺及溺死萬餘人。

八月初一日丁巳，晴熱。

伯足將行，來談半日許，書紈扇贈之。

午後安慶克復報至，謂自昨夜以地道轟塌北城，我軍乘以入，賊放鳥銃一排，即不能繼，城中饑乏之久，猶負固至是之久，當盡殲之。今晨曾觀察已入城，但未聞葉、張授首耳。

初二日戊午，晴熱。

晨賀滁帥捷。午過申夫飯。晚，伯足登舟同泊。聞懷寧、集賢關内外援賊以次退。

初三日己未，晴，北風晚益甚，始有涼意。

晨起，送伯足行。滁帥欲往安慶賞軍，猶待風轉。筱岑約覓船同往，不得。

初四日庚申，晴，北風竟日。

趙惠甫示《能静居文》一册，有《庚申和約論》一篇可採。李少荃、小岑相邀同往安慶，觀收城攻壘之迹。恐少荃坐船不能容吾二人，必添小舟以便隨意坐起。袁迪庵、黄菊泉相過，周至甫又過談久之。黎壽民言潁州蒙石縣令率團民擊苗練，殺其黨數千人。聞撫州被圍。

初五日辛酉，晴，北風竟日。

初六日壬戌，晴。

與小岑同坐銀錢所船，與少荃船同開，泊東流東門，轉出港，即泊南門外。

行三十里，北風竟日，彊開船，搶行三十里，吉陽湖，泊。

初七日癸亥，晴。

北風竟日，益長。仍泊吉陽湖，食後觀少荃所藏趙文敏《枯樹賦》真迹，絹本，意在智永《千文》真草間，乃殷會詹兆燕所藏，有二跋。

初八日甲子，晴。北風，曉少息，仍長。

開船行三十里黄石磯，遂泊，遇姚慕庭小賑磯上流民，有聞賑急渡江者，曾覆二舟。夜半磯上火數十家，倉皇移舟蘆洲側避之。是日購得文休承直幅山川、孫淵如篆聯及他小畫三紙。用錢一千四百文。尚有鄭汝器分書，價二金，未購。少荃購伊墨卿分聯，絶佳。夜火救熄後，即小雨。

初九日乙丑，雨，午乃止，北風仍不休；夜雨。

仍泊黄石磯，作《阻風》古詩一首。

初十日丙寅，雨時作時止，北風不休。

午，滁帥有信催東流營中委員并開而下，筱岑以當還檢旅篋，遂同開船西上，酉刻行六十里，還泊東流南門外。聞上七月十六上賓，大阿哥幼沖登極。皇后臨朝，輔政者端華、肅順諸人也。

《黄石磯阻風書覽》：〔三〇〕時以安慶收復，與小岑、少荃自東流趨往賀，行五日，猶滯磯側，聞災民趨賑，冒逆風，覆二舟，是夜方半，磯上市屋火幾百户。

楚師朔月收皖國，十年陷失崇朝得。□□□□應匪謁，□□□□□不息〔三一〕。東流懷寧百里近，五日滯羈黄石杙〔三二〕。磯頭城角呼可應，北舫南譙坐相憶。計糧三宿苦易盡，粗了朝餐愁夕食。鳩形滿眼趨賑來，傾覆頻仍已增惻〔三三〕。中夜狂呼萬舟避，岸火飛鴉半江赩。兒啼女哭何處救，一瞬喧闐更焦磧。皖民凋弊吁已極，兵革且紓猶沴慝。我行利鈍安足論，對此茫茫淚横臆。京觀依山築應緩，露布連城報還克〔三四〕。日午收池州、桐城捷書至〔三五〕。處功主帥知不矜，可念災黎浩千億。

十一日丁卯，雨，日夕乃止，風少息。已定明日開船下，又聞滌帥將暫還，當少遲乃東。馮蓮溪、周虞階來賀捷，過談久之。

十二日戊辰，霽，北風。過舟看蓮溪、娱階。滌帥信至，言少荃昨日抵安慶，商定哭臨于省城，不更上東流也。上游信言蘄州賊已空，方急攻黃州。

十三日己巳，半陰晴。北風。

十四日庚午，陰，晚有小雨，仍風。過舟看趙惠甫，又看劉詠如、李少山，不值。

十五日辛未，陰雨，晚尤甚，北風益急。辰，劉馨石過談。

《東流中秋》三首〔三六〕：

大聲倒江秋不歇，連旬惡浪搏驚雪。坐虛清興皖江樓，愁殺東流三五節。蕭蕭冷雨吹日晚，隔舫招尋意俱懶。長年三老殊自豪，打鼓鳴鉦柁樓飯。

辭家今節忽過四，去國佳晨驚再至〔三七〕。横江累月足波濤，逐客頻年哭天地。頑雲蔽空呼不開，神山若近引且回。神山在東流東〔三八〕。蒼蒼玉宇隔津漢，高處早寒催未催。

上船破浪如冀虎，下船著力無處所。片帆若指上風開，昨日應過黚北浦。黚浦南回更向西〔三九〕，雲門九曲泝安溪。草堂璧月上雲雨，坐擁芝盤醉似泥。

子由倍數侈勤究，過也按圖思陣門。不堪風雨廢清節，默對無言宵且晝。坡公老懶耽北碑〔四〇〕，摩挲昔昔鬢成絲。臧獲亡羊共一噱，蛾嵋月在歸何時。

十六日壬申，大風雨，巳後雨稍止，戌後風稍止，復作。

十七日癸酉，大風，半晴陰。入夜，風少止，更作。午過周娱階舟視其病。

十八日甲戌，大風，時有小雨。李申夫相過。

十九日乙亥，風益甚，陰寒，時時小雨。

二十日丙子，曉，晴，風小止，午雨，仍風。腹利，趙惠父爲作方服。

廿一日丁丑，晴，風差小。食後開頭搶行十餘里，伴舟不能進，仍還東流同泊。

《楚軍收安慶凱歌獻曾滌生制軍兼呈介弟沅圃事恒十首》〔四一〕：

上將宣威下皖城〔四二〕，江淮草木識威名〔四三〕，如珠五緯趨辰月，并作重光照洗兵。

臨淮號令肅清秋，不動如山有定謀。但看宜城新壁壘，湘鄉群季亦營州〔四四〕。宋景定初遷安慶，軍治于盛唐灣、宜城渡之陰，即今府治。

大雷港頭揚大旗，長風沙觜接長圍。憑招□髮千排入〔四五〕，肯放狂毛一騎歸。

死虜批亢意未消〔四六〕，軍鋒雄劍劇風飆。稱心一掃空秋葉，葬于西江上下潮。

賊守深藏九地牢〔四七〕，善攻動自九天高。夜拔十梁成破竹，平明流血滿空壕。

手牽面縛日紛紛，兒款心輪各一群。順刃可生蘇刃死，受降曾薄李將軍。

狎波健鋭矯長龍〔四八〕，巧射騈憐耐擊沖。北馬南船生兩翼，一時齊上霧靈峰。

萬福舒州與蕩平，江淮草木盡知名。即看劉展須膏斧，何物陳莊敢弄兵〔四九〕。

乘勝軍威疾似雷，并江風鶴總驚猜。前軍又報收秋浦，生得方清係頸間。

樓船風利不能休，旋定江東十二州。圖像早應開閣待，揚旗直到海西頭〔五〇〕。

廿二日戊寅，晴，風減，晚止。

昨夜二更開頭行六十里，鷄鳴及羅漢洲，小泊，天明，行三十里至安慶八卦門外泊，同行諸舟猶泊黃石磯，故皆未至。

廿三日己卯，晴暖，半夜雨如春。

晨起，善徵、筱岑、丹臣諸舟以次至，過筱岑舟，索其處腹利方。普欽堂承堯言周娱階還望江，入署而没，甚可惜。

廿四日庚辰，雨。

廿五日辛巳，晴。

入城同惠父訪小岑，就滌老午飯。遂同候曾沅圃觀察，見其兩甥王迪來、王瑞臣。

廿六日壬午，半陰晴，時有數點雨。

筱岑借馬同惠父出北門渡蓮湖，觀賊附城營壘及我兵長壕、前後營壕，憩吉字後營半時許，又同過振字營羅總兵，相攜指點賊所急攻喻字數壘及我兵策應得手處，徘徊久之。羅君留午飯，以治具遲，恐難入城，辭之同還，就李申父飯。惠父言曾觀江寧長壕，深廣皆丈許耳，而此之深倍之。江寧之長圍大營常隔數十里，其近者亦十餘里，而此大營亦逼壕而下，江寧之營中具食啜嗟可辦，而此一魚一肉須遣買之市中。其虛張實力之異如此，飲食衣服華儉之異又如彼。此成功與不成功所由然與。

廿七日癸未，雨，夜益大。

姚慕庭、趙惠甫相過。

廿八日甲申，大雨竟日。

曾觀察招午飯，借馬以往，乘其竹篼還。作字寄胡宮保、但幼湖。曾觀察言當以其駐營之屋招余住。

廿九日乙酉，陰，時有雨。

晨遇惠甫舟，觀其上滌帥書數千言，於夷情軍事皆踏實有見。

九月初一日丙戌，霽，午後暖。筱岑、惠[甫]將往武昌視胡宫保病，薄午始登舟，遂相會晚飯。普欽堂言八月廿四日已收黄州報方至。

初二日丁亥，晴暖，夜雨。與筱岑、惠甫會早飯，二君乃開船。余與九弟、繩亦登岸入安慶城，與何丹臣同寓。李芋仙以《七緯》相寄，由滌公處付到。

初三日戊子，陰。食後過申甫談次，而湖北夏古彝信至，言胡宫保以前月廿六亥刻薨矣，驚痛久之。自此老撫湖北，收其會城及所失郡縣，紓其徵科，裕其軍饟，又與滌帥合力爲圖皖之謀，先力肩其轉饋，于諸將則能和人之所不能和，於決大疑大計則能斷人之所不能斷，非唯兩湖長城，誠國家之柱石。皖城既復，黄郡又收，軍機方利，何天遽奪之急耶。皖南山内糧臺李勉亭請員自副，滌老令其自舉，勉亭以祥芝弟爲請，已允行。弟以不欲經手銀錢，擬托申公婉辭，申公以爲：「當促之去，不宜辭，昔滌老派余統領時手札二語云：『黜己之聰明，去己之智慮，事事請教于朱雲巖，則軍中皆悦而告之善矣。』請以轉致乃弟。」

初四日己丑，晴。食後見滌帥，共悼歎胡宫保之亡。滌公謂吾方致左季高書，有三語評此老曰：赤心以任國事，小心以處友朋，苦心以護諸將。良然。滌老又言當遣祥弟往祁門糧臺助李勉寧，余辭以去公遠，不能時時禀承，恐滋咎戾，不如在大營候差遣。則曰：李令極有本末人，與乃弟最善，且彼處統領朱雲巖亦諸無苟且，可往也。又言當爲余謀書院，以城中沅圃駐處爲講堂。余以荒落辭不可，且恐事緩當暫還家，明春乃來。則曰早晚當謀定局，欲暫歸且俟度歲後。此老待人摯肫如此，可感也。遂訪馬雨農學使於行館，談久之，因識保山張仙舫觀察慶安，雨農之同鄉同年也。先隨張小圃芾侍郎在徽州勸捐，甚不擾而有濟，謂徽之富僅在商而民貧，商之捐者僅上中户，有萬金貲者捐百金，其下户數千金資者皆不及。一次可捐五十餘萬金。曾行兩次，現以滌帥調遣往徽勸捐，二三日即當行。縱談久之，知此君明敏幹才，而不失平正者也。又言雲南師[端人][範]著《滇繫》甚詳核，可八十許册，聞其板在蘇，今不知存否。又言有武人張金壁者好彊，與人交而設法騙其財，小不遂者輒慫造謡啄，雲之一馬一普，皆其所中也。滌公有定江西征糧示，有丁糧每兩折錢二千四百，米每石折錢三千之説，此事恐難行。

初五日庚寅。

過申甫談，偶及西江章程糧折，閻雨霖言米石僅實米四斗，不足三千之價，尚不爲寡，銀則差不足耳。余謂此示一出，必將歡聲動地，而令牧又將有不能辦公之患。申甫即向滌老言之，謂止兩年，當更酌議。

初六日辛卯。

滌帥札祥弟往祁門糧臺司銀錢，促其束裝。作字寄閻丹初廉訪。又寄柏容，托其寄書箱來。

初七日壬辰，晴。

與周至甫、姚慕庭登樅陽門外浮圖絶頂。在慕庭所識劉莘農户部。

初八日（癸巳），晴。

普欽堂招午飲。慕庭亦招飲，辭之。

初九日（甲午），晴，午後陰。

獨登西門城樓，還過方仲舫午飲。

初十日乙未，晴。

食後送祥弟登舟，以北風太大，今日不能開。又同過李少山舟，還弟舟午飯，乃入城。滌老以舍弟已使潘聚垣致五十金爲薪水。

十一日丙申，晴。

午後就滌老談，遂送張仙舫行，繩購得沙青崖《藝文備覽》，以其便檢字耳。以費紹先、黄莊齋、汪海門贈舍弟十金轉托其掩骼，又以惠甫留三兩二錢并附之。

十二日丁酉，晴，薄晚微雨。

午過陳虎臣，談久之。還，復過馮濂溪晚飯。

十三日戊戌，陰，晚霽。

虚氣下墜而瀉，黄莊齋來爲處方。

十四日己亥，晴。

時時習習畏風。隨龍淵太守藏珠相看。蔡朗軒自太湖來相過，談久之，晚飯乃行。劉彤階□墀自湖北漢陽還營相看，故人椒雲之猶子也。聞上改明年爲祺祥元年，滌帥賞宫保銜。

十五日庚子，晴。

朝食過申甫談。薄晚獨游出城東北，繞還北門而西，遇黄莊齋，同至寓，爲處丸方。

十六日辛丑，晴暖。入夜小雨，夜半後大雨徹曉。

慕庭過談，午答彤階拜，識王福波敬恩，聞曾事恒學博至，方病痎，看，遂食於丹臣、聚垣所。楊大廷名聲參戎將往湖北，作字寄柏容、傑夫，以《望溪集》寄陳息凡同年，并寄之字，并煩大廷轉致。眉生初八信至，言其初一已至鄂，此月底當東下。

十七日壬寅，大風雨竟日。

繩檢所買沙青崖《藝文備覽》裝過，爲十四册，此書亦學堂善本，其末補詳字義十四篇，時有可採。

十八日癸卯，晴。

周學博□□見訪。慕庭、莊齋過談，同尋清涼寺老僧，索觀其所藏鄧完白《寄鶴書真迹》。

云：「今歲避援賊，新失之矣。」莊齋謂尚有別本真迹，書款云「登邑玉炎」者，爲某氏藏，俟更訪。新任安慶守陳心泉濬見訪，適已出。

十九日甲辰，晴。

賀欽差加宫保銜，并賀丹臣、壽民、申甫、仲舫、竹崖、福波諸君。出訪王春帆、霍生虚齋，晚飯于壽民所，因過蓮溪、欽堂少談。

廿日乙巳，晴。

答陳心泉拜，還，而心泉先遣人送廬州廬陽書院關訂，云欽差意也。滌老曾言爲謀書院，當有所著，廬州未復，則名實不稱。晤申甫，言擬婉辭之。申甫以爲不必。黄少崑相過。

廿一日丙午，晴。

移居於行臺東之内軍械所。以丹臣移同移也。作字寄善徵，托熊雲程。

廿二日丁未，晴暖。

謁欽帥致謝，且以諧語責其虚館之不合，大噱久之。遂以公子劼剛寄纂《説文分韻解字凡例》相示，爲指其利病而還之。陳尚齋自東流至。得善徵字，云十七至祁門。

廿三日戊申，晴熱。

少崑與湯子鎮相過，湯子惠之從弟也。能詩律，師杜。晚過蓮溪談。

作字寄善徵，又作字答李勉亭興鋭。

廿四日己酉，晴熱。

虎臣過談良久，尚齋、蓮溪相過。馬玉農邀午飯。慕庭以其先人《談藝圖》來觀，道光十七年都轉兩淮作也。

廿五日庚戌，晴熱。

許仙坪振禕相過，言奉新被賊，其家避出，幸無恙，而傢俱皆空，惟屋存耳。冬末仍當就公車，且約爲伴。

廿六日辛亥，半陰晴，夜大雨。

慕庭以詩來質。

廿七日壬子，陰。

晚訪仙坪，兼晤少荃，談久之。晚莊齋過談，且惠茶餅。

廿八日癸丑，陰雨。

薄晚至甫相過，言其婦、子婦俱亡，當還家一看，恐汪梅岑來，當告之，以其學生程生已爲之備寓處。

廿九日甲寅，雨，午後漸止。

慕庭以詩來，甚有進。午後過至甫、少崑，又就申甫談。少荃、仙坪、尚齋來訪，適已出。

三十日乙卯，半晴陰。

訪仙坪，已出，還，直其歸，過談良久。

《胡潤芝宫保挽詩五首〔五一〕》：

江國郊多壘，湖南起數公。使君開鄂府，尤是出群雄。未吐平吴氣，剛成下皖功。橋山遺恨在〔五二〕，攀去曷匆匆。

封疆争舉措，賢路必康衢。撫治雖南紀，精神貫海隅。臣心唯活國，天聽叶訏謨。俯仰悲陳迹，真敗絶世無。

傾心調猛將〔五三〕，鬥虎亦相歡。冰雪生胸次，風霆走筆端。濟時餘半道，潢海舊登壇。辛苦求和斷，思公乃獨難。

平生豪俠氣，除去不教存。猛力何精進，澄心見道根。古來桑卜法，難與豹僑論。相濟成忠計，人亡那可言。

啟事山公重，談兵景武深。宫保纂《讀史兵略》已刊成，今夏曾爲覆校一過。初秋來流，期還鄂度中秋，更編録《撫鄂疏草》。中秋期就帙，爽約倍沾襟。寶善無窮意，箴言未了心。退之金石藥，悔乏諫諍忱。

按，國家圖書館所藏（鄭振鐸舊藏）的莫友芝《郘亭日記》稿本在咸豐十一年九月三十日日記之後寫有「《胡潤芝宫保輓詩》五首」，其第二首詩和第三、第四、第五首詩之間，莫氏插寫入「寄交念篁帶回書箱」之書目，今照録於此。莫氏此言「念篁」，即指四月二十二日所記帶回書籍之「蔡念篁」，貴州遵義人，友芝七弟莫生芝妻弟。又，此將莫氏手稿中寫在此

「寄交念篁帶回書箱」之後的輓胡宫保後三首詩前移到其第一第二首詩之後。

寄交念篁帶回書籍：

《素問王注附靈樞》，二套。《賈子》、《白虎通》，一套。《姓氏尋源》一套；《辨誤》一套。《蔡氏九儒書》，六本。《幾何原本》，四本。《同文算指》，五本。《一切經音義》，一套。《淩氏叢書》，二套。《荀子補注》，一本。《淵穎集》，四本。《通志堂集》，五本。《徥叴亭詩集》，九本。《陳冀子詩》。《孔氏詩》，四。《小蝸廬文》，二。《劉養園詩》。《路氏家集》，四。唐詩，四十九本。

《説文韻譜》，四本。《説文釋例》，十本。《説文通訓定聲》，二十四本。《説文正字》，一。《字典校勘》，四本。《老子》，一。《世範》，一。《四朝聞見録》，四。《山左金石志》，二套十二本。《粤東金石記》，二本。《常山金石志》，八本。《水東日記》，五本。《西招圖略》，一。《夢占類考》，四。《張曲江集》，六本；又《考證》，二本。《國朝詩人徵略》，十本。《涵通樓師友文鈔》，六本。《午亭集》，十六本。《澗東詩》，二。《躬恥齋集》，六。

《四書釋義》，二；又《釋地辨正》，一。《五經蠡測》，二。《春秋提綱》，二。《齊詩翼》，一；《禮記疏》，二。《毛詩禮徵》，六。《孔子編年》，一。《仰止編》，一。《蜀碑記補》，二。《蜀水考》，二。《閩中沿革表》，五。《史子楪語》，一。《診家索隱》，一。《四明蒻莝集》，二。《遼史拾遺》，十二本。《天方典禮》，四。《賦彙題解》，四。《初學辨體》，七。《孯經室詩》，二。《殷齋詩文》，六。雜詞本，三。宋碑，數種。蔡帖一包，宋元雜帖。

《兩漢金石記》，四本。《三巴舂古志》，五本。《華山碑考》，二；《偃師金石記》。《石經補考》，一。《汗簡》、《佩觿》，一。《古志石華》，二。《紀元表》，二。《視學》，一。《復齋款識》，一。漢武、梁祠堂全搨一匣。漢至隨碑一包。四十二，又一包十六。漢魏碑，十七。風峪華嚴，四十七。唐碑，三十三，又十四。小唐碑，百餘種。顔書，六種。圖章六，墨一匣。《辰六集》，六本。《國語》，四。《國策》，五。元本《廣韻》，二。《廣韻》，二。《玉篇》，三。《六書本義》，四。《水道提綱》，八。《建文年譜》，四。《華陽國志》，三。《名臣名儒傳》，廿四。《方輿紀要》，十五。《世説新語》，六。《歷代帝王宅京記》，六。《職官表》，一。《蔡中郎集》，四。《獨孤憲集》，四。《茶山集》，二。《望溪集》，六。《海峰文》，四。《海峰詩》，四。《精華録》，六。《雙池集》，六。《硯雲甲乙編》，六。《芻言》，二。《聖武記》，十。《左氏兵法》。《史忠正集》，二。《雲卿墨蹟》，一。《椒山奏稿》，一。《今雨詩注》，四。

長沙府至武昌府水路：

按，國家圖書館所藏（鄭振鐸舊藏）莫友芝《郘亭日記》咸豐十一年九月三十日日記附録「寄交念篁帶回書箱」書目之後，又附録莫氏當年所行水路綫路。兹依莫氏手稿補入。

八十里彤關，十五里由沙縣，二十里下泥港，二十里金子灣，十五里新港，十五里至……

彤關八十里至湘陰，六十里會港，十五里橋口塘，二十里樟樹港，十五里三直六灣，十五里楊泗廟，十里清洲，五里至……

湘陰縣六十里至榮田，三十里世秋潭，二十里至……

榮田驛一百廿里至鹿角，三十里白玉岐，二十里陳歐墳望，三十里港坊，三十里至……

鹿角驛八十里至城陵磯，三十里布袋口，三十里岳州府，三十里至……

城陵磯一百廿里至茅埠，二十里白鹿磯，十五里至陵磯，廿里羅山，三十里王家保，二十五里新堤，十里至……

茅埠一百廿里至加魚縣，卅里石頭關，卅里六溪口有鎮江王廟，神仙即石頭關。廿里壠口，四十里至……

加魚縣九十里至玉牌州，二十里小州口，四十里老衆峽，三十里至……

牌州一百六十里至武昌府，五十里東江腭，十里下沙湖，三十五里金日驛，三十里串口，三十里至武昌府省城。

漢口至九江府水路：

漢口二十五里至馬公湘，五里五道口，十五里沙口，十里陽羅，十里抽分廠，二十里雙流峽府江、白湖、鎮巡司。三十里矮柳鋪，三十里周風泊，三十里三江口，二十里至……

黃州府：十里武昌縣，三十里巴河，三十里蘭溪，二十里回風磯，十里黃石港，十里散花料，二十里道士洑，二十里毛山港巡司，二十里漁陽口，二十里掛口，十里蘄州，二十里殺人港，十里馬口，十里田家鎮，十里櫟息窩，十里蟠塘，二十里鄖家穴，五里蕭家碼頭，卅里龍平驛，五里來駅口，五里新開口巡司，三十里掛婆料，廿里官牌峽。

九江府至鎮江府水路：

十里桑園，二十里黃盆，十里神家嘴，二十里長風峽，八里攔江磯，二十里李樏河驛，十里哪托磯，十里宗陽口，十里烏河峽，二十里池口驛，十里清溪，五里流波磯，二十里蘇布料，五里黃家套，十五里老洲頭，十五里大通驛，十里楊山磯，十里窑頭，十里……

銅陵縣長山：十里油榨港，十里丁家洲，十里全家灣，三十里萩港驛，五里板子磯，五里泥溪，二十里至……

繁昌舊縣：十里蘆廣峽，二十里教化渡，十里三山峽，十里螃蟖磯，十里漕港，十里至……

蕪湖縣：五里一磯，十里赤磯，五里回合山，十里裕溪口，二十里東梁山，四十里米石驛，五里靈夾磯，十里人頭磯，五里和苗港，十里烈山，十里上三山，十里江陵鎮。

十里三山：十里大勝關驛，三十里上新河，十里中新河，十里龍江關下營江樓，二十里燕子磯，二十里瓜埠，十里礬山，十五里東港，十里姜山，五里青山，十里新河口，十里至……

儀真縣：三十里何家港，三十里至鎮江口。

咸豐十一年十月初一日丙辰，陰雨。

許仙屏過談。

初二日丁巳，陰。

仙屏晨過，言沅、事二老有盧江之推，辭之，占得震之泰。食後過仙屏，遇事老，謂且決牙牌數，仙屏爲占得。上上、中下、上上。遂以挽胡宫保五詩質之，欽差謂第三首頸聯不了，第五首事太多，當作兩首。良是。

初三日戊午，半霽半陰，食後暫小雨，晚又雨。

方仲舫過談。晚攜繩散步至西門，見街肆閣畢秋帆《續資治通鑑》，使送寓中，檢有闕損否，當買之。午間洋鬼□□來見欽差，言已定通商和議，安慶釐卡不應扣其帶船。馬雨農相過。

初四日己未，雨。

初五日庚申，晴。

初六日辛酉，晴。

酉正二刻一分立冬。繩買《續通鑑》，價二兩二錢。又買陳東之潮篆聯。

訪仙屏、尚齋不值，出遇虎臣，同過申甫、龍淵、至甫縱談，而二君亦至，遂與仙屏同過雨農談。還寓而慕庭先在，晚飯乃去。少崑已往樅陽，屬早完其册頁。今日始開讀先皇哀詔，蓋道阻故奉到遲，上以九月廿六日自避暑山莊奉梓宫還京，十月初九乃於大内登極。聞壽州不守，藥房中丞殆難存矣。

初七日壬戌，晴。

午過周至甫，傍晚仙屏與劉仲良秉璋庶常相訪。夜過申甫談。

初八日癸亥，晨，小雨即止，陰。

申甫過談。食後過仙坪，即以吳南屏爲小岑撰其太翁麓樵墓表質滁帥，共酌易損其稱謂不合例者十餘字，筱岑屬爲之書，不容不慎也。遇柯小泉鉞主事至，己酉拔貢。仙屏又過，談藝久之。

初九日甲子，晴。

繩買得《集韻》、《音學五書》等數種，又得近人《佩文廣韻彙編》二册，欲盡書《說文》篆字於眉上，以便檢，亦用功一法。聞隨州收復。

初十日乙丑，陰，午後雨。

晚過申甫，遇彭雪琴中丞至，言前爲畫扇已交周壽山寄，未至。至甫明日將行，送之。遇梅小巖侍御，作字托至甫寄九弟。

十一日丙寅，雨，午後霽。

滁帥生日，以國恤未百日，不受賀，不見客，屬員賓客皆若無此事然者，以成其意。午過慕庭譚。又過仲舫，見案頭有羅……致滁老書，甚不服所爲《功甫集序》，指數姚姬派，謂姬傳立意多爲紀文達發，良有見。仙坪來辭行。

十二日丁卯，晴。

曉視仙坪行，滁帥留之，尚有數日住也。閻丹初信至，言隨州雖復，施南又有事。胡湘林來訪，同來者長沙余介卿靖本，言貴州巡撫已放江味羹忠義，蓋田興恕之替也，前署撫何傑夫冠英已卒，而田署撫。聞苗陷壽州，於城中官一無所傷，且不許其部卒入城，而常以人監守翁中丞，防其自盡，且欲挾以奏請，不知逆意何等也。

十三日戊辰，晴。

食後出南門西行，視湘林於延河舟中，兼晤介卿，又識仁和楊嘯雲。還，仙坪適來，相與訪雨農，遂晚飯。

十四日己巳，晴。

雪琴中丞見訪，言有魏鄭公書《皇極》一節大楷真迹，乃羅澹邨中丞舊藏，已曾刻於浙中，其石已毁，當令湘林刻之，存石鐘山祠下，約暇日舟中鑒之。晚過仙坪送行，滌公來談久之，示所作《胡宫保軍事苦心始末請付史館》一疏，頗能道此老真處。出，遂觀滌公作行書大幅，月上乃歸。遇閻海晴來，即下船。

十五日庚午，晴。

滌老招午飯。晚遇申甫，見丹初信，言施南有賊，乃黔匪竄入。眉生、海航初十後方能東下。王鶴生過談，言聞貴州肅清。陶燮甫錦揚來訪，適已出。黄莊齋以鄧完白《寄鶴書稿》相示，其書尚可，而加有評點，頗露俗氣，此書别有一紙在清涼庵老僧所，曾見過□□鈎刻本，較此本爲尤勝，惜今春避賊失去。在少荃許見王[臣]弼篆書，亦鄧、包派，頗佳。

十六日辛未，晴。

食後攜繩出南門，沿江上取西門道還。李少山、王雨軒必昌，臨桂相訪。晚過鶴生、虛齋、蓮溪。買子石圓硯，甚發墨。

十七日壬申，晴。

丁燕山義方副戎、魏棟太守相訪。朱覲侯自湖北至，言胡公在時幕下諸人雲散殆盡。陳心泉太守過談。少山、雨軒、鶴生相過，遂同至糧臺。答看少、雨二君。

十八日癸酉，晴。

覲侯來談，同走其寓看之。聞翁中丞在壽州餓死。又聞不確。

十九日甲戌，晴。

聞豫撫嚴渭春樹聲被刺。又聞不確。得九弟信，言初八、九等日嶺外之賊分三股内犯，幸各營冒雨追擊，走之。又得張仙舫慶安觀察信，并致墨一斤，在九弟許，俟妥寄。九弟言其墨頗佳。夜，作字寄九弟，并復張仙舫書。

二十日乙亥，晴。

爲滌帥篆書《六先生象贊》四紙及集《天發神讖》句云：「文章有神，日月與炳；天人合發，江海咸歸。」

二十一日丙子，晴。

陶燮甫來訪，覲侯見過。

二十二日丁丑，晴。

候滌老談，蒙惠八尺宣紙。晤彭中丞，言廿四當有摺差行，夜，作字致少鶴先生。

二十三日戊寅，晴，北風，寒。

善徵十八日信至，且以墨至。仙舫贈及勉亭致者。過慕庭，且答看江待園。［有蘭］，桐城人，亦講詩古文者。慕庭書叢中有《皇極經世》……及《蘇子美集》，是未看過者，先借《子美集》觀。

廿四日己卯，霜晴。

壽民、彤階相過，爲繩致薪水八兩，言主帥令其篆關防，特與之也。出城訪彭中丞於舟中，晚飯乃還。似聞大帥此日有納寵之舉，官幕諸人皆若不知者然。

廿五日庚辰，晴。

金縣丞□□鄧少尉瑞品，松桃人相訪。易敬臣雍大相訪。出看楊大廷名聲及陶燮甫、金□□，遂過馬雨農談。還，聞李眉生、穆海航自湖北至，且爲帶書箱來，即趨申甫所視二君，縱談至二更乃還。

廿六日辛巳，晴。

海航、眉生相過，縱談三時許，晚飯乃去。海航論詩利病甚有會，謂拙稿六卷曾在太湖別後細看再過，且選鈔數十首，指摘數條，極精當。慕庭、待園相過，以徐椒岑宗亮同來。椒岑，桐城人，年廿八，看似有才氣，曾在希公中丞營中。海航言擾施南咸豐、利川兩縣之賊，乃桐梓賊餘黨穆二同，由綦江陸路出黔江，經涪州境而入施，且聲言將往湖南及永順界之□□，遇易笏山佩紳自湖南募勇至，擊敗之，易勇又尋爲此賊擊潰。

廿七日壬午，晴，食後陰寒。

爲楊嘯雲尚履，仁和作篆聯。偶出遇一客，互相視，疑其周弢甫騰虎也，弢甫方自浙來請援兵。余少行即還，已入吾室相訪，途間相視，亦疑爲余。與弢甫夙未謀面，相詫久之。弢甫好《毛詩》，其言《二南》皆采之周邵之國，亦一説。晚過營務談，見眉生新題《吴桐雲出關圖詩》，甚佳。桐雲有屬，懶未作也。

廿八日癸未，晨雨，食後乃霽。

攜繩兒見滌帥，以其所刻二印爲贄。遂答候周弢甫。

廿九日甲申，晴。

申甫過，夜談。聞湖南龍山失守。

十一月初一日乙酉，晴，風甚寒。

食後過申甫、海航、眉生，縱談至晚始歸。眉生示近著長句，頗近太白。夜，作書答丹初，且寄《郘詩》一册，托朱覲侯，覲侯將還湖北。弢甫過訪，適已出，借《神氣通》三册去。

初二日丙戌，晴。

書胡宫保挽詩，又作字唁賜福世兄，并托覲侯致丹初轉寄。繩買廢字殘書付焚，檢出《周孝侯碑》木本及《穆子容太公表》、《文心雕龍紀評本》，尚可存。眉生、海航來談，攜《孝侯》、《子容》二册并假《聖唐觀》、《高用真》二册及《太白集》去。

初三日丁亥，晴。

李芋仙士棻過訪，索書牓聯，爲集夢得、襲美句「詩情逸似陶彭澤，癡號多於顧(凱)[愷]之。」胡湘林、余介卿來訪，湘林索聯，又爲集句云：「鐘鼎山林各天性，金石刻書臣能爲。」洪琴西汝奎，漢陽孝廉相訪，在鄂時汪梅岑謂江漢樸學惟琴西，今始相識。琴西極好宋本書，喜校勘，言曾以元刻《宋史》校官本《宋史》，有他卷錯易之頁即蟬聯寫刻者，凡數處。又言唐石經當重刻木本以存古，恐石之亟壞也。勘史足見其精，傳唐石則未免多事，刻木之不能壽于元石了然易見，而開成本之存拓世間記入諸家校勘，亦決不至與石俱亡，如漢魏一字、三字也。又言其家有沈小宛欽韓，吴縣人，寧國校官《韓集補注》，考證甚詳核，乃……録於五百家本《外集》則麻沙本者，有暇可借鈔。劉彤陔適至，言其有小宛《漢書疏證》，是其叔椒雲所鈔□□□。晚梅生、海航過談詩，梅生言……言杜詩砌以轉，極有會。又言其在黃鶴磯黃仙祠集句牓：「江山清空我塵土，神仙有無何渺茫。」大妙。

初四日戊子，晴。

弢甫過言《生民》「帝武」以《毛傳》爲得，誠然。又謂「(又)[不]坼不副」，蓋是連胞生，故寘之隘巷、平林、寒冰，猶連胞也，鳥覆翼乃去，胞始破，而后稷呱矣，説甚新。張蓮卿裕釗、方子白翊元至，見訪，芋仙亦來，劇談。晚訪蓮卿、子白，送芋仙。高伯足前月廿九書至，燈下答之。《子史精華》、《論釋教本莊列》。

初五日己丑，晴。

晨起思南府諸生安青田夢蓮，石阡葛彰司人來訪，言其在家皆築囤以避賊，石阡僅一城未陷，居築囤者又饑亡相繼，田興恕提督及所部諸總兵皆廿餘歲惡少，名爲辦賊，其勸捐不應者輒被殺戮，無分舉貢生監，被害者數矣。其地小康之家往往自焚廬舍，甘心作賊，偶有爲田帥及其部將所招，即非甚自愛者，亦托故辭去，青田則畏爲所招而逃者也。興恕及部將唯以鴉片、後房爲務，雖時有小勝，不足以償其殘賊誅求之罪也。食後過弢甫談，海航、眉生亦至，滌帥來窺，因極道滇撫徐新齋及興恕之謬，張石卿制府之出滇被劫，鄧子久中丞之曲靖被害，傳聞皆薪齋所使，而興恕要劉鑒泉爲奏，而得欽差大臣。鑒泉本奉命督滇、黔，不必來京，即查勘新齋惡迹，而鑒泉謝恩奏兼告病者，乃故付摺弁遲緩而行，鑒泉即不待命北還，奏到已至家，尋奏到，借以免雲南之行。故雲貴兩省之連禍無已，皆鑒泉貽之也。滌帥謂若當設一「全無良心一科」以取人，劉鑒泉當爲舉首，殆無其匹也。出過申甫談，遂晚飯乃歸。傳言杭城不守。聞湖南毛中丞已奏劾田帥。

初六庚寅，晴。

訪雨農話，遂訪琴西，值海航、眉生來，同往，少荃、尚齋、小泉、程伯敷鴻詔亦至。伯敷，黟縣壬辰孝廉，講樸學，長駢體，氣象亦簡樸。海、眉又過小寓談，晚乃去。偶檢黃詩，舉「好事風流有涇渭」句，眉生以「向人懷抱絶關防」，良工。夜，慕庭以張亨父際亮詩草來待勘。

初七日辛卯，晴，夜半大雨。

慕庭母至，又得子，賀之。訪程伯敷。訪張廉卿、方子白，而二君乃過訪，俱不相值。潘聚園眷屬至，賀之。馮蓮溪相訪。在慕庭所，晤其族兄聲字[徵]士，姬傳先生之曾孫也，避亂山中數年，其家屬喪亡略盡，僅存聲及一子一弟而已。名賢後人凋落乃爾，大帥必有以優恤之。見九月邸鈔言：先帝廟謚顯皇帝，廟號文宗。

初八日壬辰，大雨。

爲歐陽筱岑兆熊書其太翁墓表畢。夜，慕庭冒雨以《東溟疏(疏)草》相視，其尊人爲臺灣道時辨夷匪所陳奏也。鶴生亦來談。

初九日癸巳，午晴。

過申甫、眉生、海航談。壽民、廉卿、子白晚相過。聞三河初六日團民收復。。黃莊齋至，又言有傳巢縣收復者。

初十日甲午，晴，晚陰，夜雨。

眉生假《史記》四函去。聞傳寧波不守，又有傳杭州者。

十一日乙未，陰寒，時有微雨，夜大雨。

食後攜繩訪弢父，爲之處方。過少荃、尚齋、子白、廉卿談。

十二日丙申，陰，時有微雨。

食後過眉、海談，弢甫亦至，言有《辟邪録》極罵洋鬼之惡，意甚不平，殊不可解，大氐蘇常人多此見也。聞浙寧波以前月尾陷。

十三日丁酉，陰寒，北風欲雪。

弢甫將往上海提餉，以食後行，往看之。

十四日戊戌，陰寒，時有微淞。

十五日己亥，甚寒，晨似開霽，即陰，晚有雪點。

聞廷寄言載垣等已于十月中正法，不得其緣起。諭旨以曾國藩兼督浙江軍務，四省巡撫、提鎮以下皆歸節制，亦十月中廷寄。

十六日庚子，寒雨，午後尤甚，至竟夕。

《雜感》：

韓歐不能文，程朱不知道。宗岳將匪長〔五四〕，韓范聞亦謏。一我天地間，古今足推倒。海夷非族類，猾夏恣狂狡。機變絶恥心，奇淫售窮巧。翠華巡不還，含生共悲愀。胡爲見詞闢〔五五〕，驚若詈祖考。哀哉吴越傑，此蔽良不少。聖道積榛蕪，人綱棄虚渺。群怪窺我隙，萬里血浩浩。矧以詖邪徒，推波爲之導。幾何潮汐汙，不壓嵩岱杪。定亂視人心，一正消百擾〔五六〕。奇衺歸太樸，昏黑啓清曉。宅揆如聖徒，第一誅正卯。

王鶴生招午飲，冒雨而往，識□東屏。

十七日辛丑，大雨，午後少止，寒益甚，夜，雨雪雜下。

劉日心獻葵州同相訪，陽湖人，在江西補弢甫弟子，行時屬來問學。

十八日壬寅，大雨雜雪而下，午後止，且見晚陽，復陰，而寒益甚。

鶴生過談。訪子白、蓮卿，遇滁老，言丹初有信與申甫，抄上諭一紙，言輔政載垣、端華、肅順并革職拏問，肅順又查抄，餘五人逐出軍機，蓋數人者要挾爲輔政大臣，然則前所謂載垣等正法，即兼端華、肅順可知，朝野稱快。又奉諭周祖培奏「祺祥」國號，二字同義，當更酌擬，因改明年爲同治元年。太后鉏斬諸奸，不動聲色，其明斷神速，蓋亘古所無也。又言將起壽陽、常熟兩相國，惜二公老矣。

十九日癸卯，午晴。

謁滁公，以慕庭所藏其尊人在揚州都轉時所畫《談藝圖》乞其題詠。過廉卿、子白談，見案頭陳□□《經説》，言《周官》、《司馬法》成通不協處能合而一之，甚了當。遂同過梅生。

廿日甲辰，陰寒，晚大雪，二更止。

走馮蓮溪許，看周世兄誠，娱陔之長子也。因晤朱惺園奎章大令之弟「雲卿」，言五月間始與惺園自遵城取酉陽道來江西，遵中猶似無事。

廿一日乙巳，冬至，霽，食後雪盡釋。

走幕府賀至，與廉、白縱談。

廿二日丙午，霜晴。

欽帥招飲，會者琴西、海航、子白、廉卿，廉卿言明日當歸省。得少鶴先生九月十五書，言其入臺以掣簽未得。元愷佐理，人望不屬，萬口怨毒，不學非才，難勝巨任。幸元旋一策出自中決，介弟一往，重之敦促，不致任其遷延董元醇請議垂簾之疏，所持正論痛加駁斥，撰擬大不稱，彊争得下，其中疙瘩可知，僉謂來復後必有更張也。此三逆未發時事。大帥又出湖北來信，則言案發後議三人凌刑，五人戍邊。旨改爲垣、華賜死，肅順大辟，穆蔭軍臺。景壽、杜翰、匡源、焦[祐瀛]僅革職。恭邸爲輔政王，大臣周祖培、桂良、寶鋆、董元醇主樞務，又召曹[毓瑛]入軍機。其捉凶諭旨，撰擬則出敦郡王也。又見汪梅岑所次胡宫保行狀，精采不甚足。

廿三日丁未，晴。

善徵弟十九信至，言方瀉利委頓，幸能飲食，當易差。過雨農。送廉卿于南門舟上。答看周世兄及乃叔，并致賻分六金。看朱雲卿行，作家信托其由江西轉寄，又作字致朱惺園。

廿四日戊申，晴。

慕庭過談。答看華若（洲）[汀]，不直，又答看劉日心。眉生過夜談，極快。

廿五日己酉，午晴。

作字寄善徵。又答勉林。海航、眉生過飯。聞大帥奉先帝遺衣冠表。

廿六日庚戌，晨有微雪。

劉石于過談，以《莊子》去。視眉生，是日移入幕府，遂過子白、仲舫。

廿七日辛亥，陰，午暫晴。

慕庭來談，遂同過眉生。聞大帥片舉常郡異才六人周騰虎、趙烈文……見小岑來信，言惠甫臘底可至。琴西見過，適已出。

廿八日壬子，晴。

慕庭以龍友畫夾相視。

《答方子白翊元大令》：

春風楚澤散黄巾，千里驚帆戰血新〔五七〕。相遇奔波賸詩卷，劇愁風雅墜煙塵。横江欲雪飄蓬合，猛士長驅奏凱頻。對酒當歌堪破涕，昔游回首轉傷神〔五八〕。

弦歌頗怪陶彭澤，官秫收無歸興新。彊項幾人工嫵媚，折腰何術耐風塵。短檠簾幕光仍好，青麥陵陂慨已頻。江上二橋餘舊宅，寒花清酤且怡神。聞道二橋江上宅，寒花情月最丰神〔五九〕。

子白相過。以致岑筱書及所乞寫數紙托幕府寄。看丹臣、聚垣疾。筱岑信至，言功甫誌當促芋仙速致星子石爲之刻，即作答致去，并作字寄芋仙。

廿九日癸丑，晴。

十二月初一日甲寅，晴。

訪琴西，已出。蔡朗軒見訪。

初二日乙卯，晴。

壽民言奉廷寄酌剿撫，幕府議奏主剿。黄少崑以許富來訪，富字桂仙，桐城舊家子，帖括駢體詩古文皆有規格，年廿四猶童子，以郡陷於賊，十年未試耳，此才在諸生中亦翹楚。少崑遂先去，將之蕪湖招撫。湘林、介卿見過。晚過眉生，見程伯敷詩十餘首，師陶而近白。

初三日丙辰，晴。

晚過海航，遇丁雨生日昌，雨生己未四月選萬安令，同引見，去年調廬陵，今年失守被議，方以解餉來也。言粤東居省城之鬼，秋間皆退出，以其兵在安南大敗，往援。又科場人多頗爲鬼畏。又晤朱介侯，自上海差回并餉七萬至。雪琴中丞見訪，謂明日即東行，屬勿答，歲杪當復見。

初四日丁巳，晴。

丁雨生相訪，言其鄉頗肅清，鹽官尚可爲，欲以小子例知事。過内銀錢所與壽民、琴西同飯，壽民將有遠行也。聞竄浙之賊回犯屯溪，去徽郡城四十餘里，去休寧三十里耳。休有唐鎮桂生，徽有張協凱昌，皖南姚（觀）觀察［體備］，請召朱鎮品隆還保祁門。滁帥言有江艮庭《尚書集注》複本，當見與。

初五日戊午，晴。

午攜繩過雨生飯魚粥，言曾八航海，歷海外數國，頗獲其文籍掌故，譯而記之，其風俗、物産、兵制皆得大要，如□□國，額兵才數千而餉極厚，法極嚴，故能得其死力，其餉每月人可銀十兩。其書名《海外諸國實記》，在京師時許滇生先生、尹杏農皆亟賞之，促其付刻未果，今年三月吉安失守，毀於賊，較罷官尤可痛惜。

初六日己未，晴。

視壽民行。聞屯溪篁墩報小捷。

初七日庚申，晴。

蓮溪來訪，言昔陶文毅改江北票鹽時，江南未改，江南鹽課之溢足以濟江北，至陸栗夫改盡江南爲票鹽，而鹽政壞矣。議改時但雲湖先生爲運司，力持以爲不可，謂更張之初，一二年間必猶有利無病，三年以後病乃立見，陸不信，但遂引疾，猶僑居揚州，曰吾當目見其弊也，已而果然。聞浙人來禀，乞師，言杭城危在旦夕。雨生相過，遂同過其寓，因談及姚石甫先生在臺灣被逮，是籌海失策第一關頭。雨生謂曾見夷人記載，彼甚畏服石公而輕議和諸大老，其意猶幸石公當時所獲諸鬼不盡殺，彼因得以行誣逞志也。鬼犯安南，安南死力拒殺，鬼至今不敢復往其國。何以中國國威乃不肯自伸如此邪。鬼最以不得通商爲憂，而我事事縱之，引之以奸宄猾夏，今至不可收拾，可痛哭也。

初八日辛酉，晴，風寒。

初九日壬戌，晴。晚過梅生，因見滌帥。晤琴西，識萬篪軒觀察啟琛、甘子大部郎晉。聞賊過徽城頗急。

初十日癸亥，晴。慕庭以中統本《史記索隱》及録震川評點《史記》相視，當審勘購之。晚過雨生，論今夏湖南所刻《闢邪實録》，播鬼子之奸惡，開人心之蒙昧，有補不小。昔楊光先爲《不得已》一書，一時從鬼教者多自拔，而書中鬼之忌，鬼即重價購而毁之，此書即附此二文，而引據尤博洽，雖不無一二不當語，而語意危悚，其足以散從鬼教之頑民，而復其氣，則可尚也。曾遇蘇常間人，獨痛抵此書，以爲污蔑洋鬼，必爲天地所不容，誠不知其何心也。

十一日甲子，陰。過雨生朝食，遂同尋申甫、海航，晚飯乃還。鶴生，慕庭過談。龍漢雲大令律相訪。

十二日乙丑，晴，風寒。見周弢甫在上海致滌帥信，言浙江省以前月廿八失守，巡撫王有齡殉難。……候補道鄧輔綸、道銜前御史朱琦皆死焉，城被圍已兩月，撫軍及屬官紳民皆登陴死守，而糧盡援絶，竟不能保，哀哉。聞歙縣城已不守，縣城即倚徽郡城爲小城，則郡城危矣，數日無文報至。弢甫信又言，上海有兵四萬，不惟無欠餉，且有預支，皆驕而無用。又倍餉養夷兵數千。官場奢侈揮霍無藝，今籌餉廿萬，薛撫頗不肯即應。又以前解七萬後即止，十三明春方得全至，若得彭中丞撫蘇爲之更張，使所入皆歸實用，則裕濟不少。又欲以萬金買火輪船運餉及西洋軍械。杭寧紹并失，湖州危急，與上海鄰，上海亦可虞也。

十三日丙寅，晴。

繩買得姚姬傳先生書《論書六絶句》小横幅，甚佳。慕庭又以先生臨米一册相視，并清空有味，觀詩意以玄宰學右軍而不似，擬震川學《史記》而不似，知先生亦遵思翁學右軍，又不似思翁者也。皖人多耳食重鄧完白書，至於一字一金，亦宋玉東鄰之美耳，鄙意則謂惜抱過之矣。

十四日丁卯，陰。

十五日戊辰，雪竟日。

有以中統二年段子成所刻《史記索隱》求售者，每半頁十四行，行廿五字，注字雙行亦廿五，刻甚工雅，唯注中多脱字擠補，亦有未及補者，差未善，又以粗竹紙印，不愜意耳。要是舊本，《本紀》首篇注中即有一二字勝今本處，慕庭爲之議價，不甚昂，當收存一種。

十六日己巳，晨雪止，午霽。

聞徽城尚能支。丹臣言浙之將失，糧絶，米價至二兩銀一斤，買不入者常十而九也。上海現有蘇常寧紹諸人避居，蓋七八十萬人，其食亦甚貴。

十七日庚午，半陰晴。

見范雲吉來書言倭艮峰仁已召入，當在樞府，與寶鋆皆旗人之有品望者也。

十八日辛未，晴。

聞入歙之賊已攻退，徽州自初六被圍，已催朱軍往援，又調左軍往，日來當可至也。

十九日壬申，陰，風寒。

雨生祀東坡生日，招晚飲。

廿日癸酉，晴。

李敏齋相訪，敏齋方自壽州來，言藥房中丞已脱身北行。

廿一日甲戌，晴。

滁帥言徽州昨日有十六報至，尚無事，計此時朱鎮當已至。烏都有與使相書，自稱章京，問滁公何解。云章京者，司官之清語，烏時爲副都統，其簡閲時正稱曰梅勒章京，猶以司官自居，而推正都統單言官若他時，知爲副堂官也。

廿二日乙亥，晴。

晨答看李敏齋志學，言苗練自去秋來，聞先帝北狩，即蓄長髮，袁午帥誤聽其子小午之言，多失機優容，今則益無何矣。現在潘愷據光、固間，明與苗聯，而苗亦不能制，李招受據滁，而苗據壽州，居其中，三河尖水利，則苗、潘所同欲專擅者也。又見長毛頭與苗部下往來書，蓋彼此聯好而力尚不能相救應。敏齋又言，經廬郡境，聞城中多湖南人，皆無守志，運輕齎於外，待我兵一往，即解散還鄉，惜尚無一旅及之耳。過雨生早飯，其生日也，遂同過海航。海航過余晚飯，言滌帥腹瀉須厚朴，因撿出二塊，同往候視。滌公言十七休寧有勝仗。又言有附鬼船來者，曾入江寧城，城中甚空虛，皆已專力赴浙，惜我未能即攻。聞石逆十月中據武岡州，過綏寧縣，又分股竄會同，一屯會同之龍寶橋，毛中丞已遣趙副將由寶慶西北横出溆浦截擊。石逆又至靖州出通道，其大股十六日向會同奔竄，有假道入蜀之意。江中丞行抵洪江，出隊救援，頗有勝。又言綏寧、城步相繼失守，又有竄黔陽，據辰溪，復攻黔陽，又欲由浦市下竄，辰郡戒嚴，則常、辰一道亦久不通矣。

廿三日丙子，半晴陰。

江寧人張伯衡以明萬曆間祝無功世禄書聯相視，字頗岸異，未詳其人。繩買得明詹東圖景鳳畫竹并自題絶句寄見如丈直幅，亦萬曆辛未作。東圖休寧人，前人稱其畫竹清勁絶俗，觀此幅，信然，書、詩亦妙品。丹初信至，并以《兵略》及《外科證治全生》來。

廿四日丁丑，雨。

梅生來夜談。有持孫宗憲式如行書售者，似董意。

廿五日戊寅，陰，風寒，時有雪點。

晚過眉生，觀周杏農壽昌贊善所藏趙承旨兩册兩横卷，皆乏精采，中《西溪圖》一卷燈下觀不確，然題字甚惡，亦既灌而往矣。

廿六日己卯，晴，風寒。

市頭有岳武穆將軍印，圓徑四寸，中方，六字，作三行。聞休寧至徽尚隔絶，左軍退保婺源。又聞上海有警。見廷寄，言彭中丞已進六安，連破苗練二圩。李中丞已遣攻復廬州，按之并無其事，又催彭中丞繞道速清淮北，亦無路可行。又言勝保奏苗練并未受髮僞職，其蓄髮特爲轉圜計，待勝至即薙髮歸誠，而勝又須淮北肅清方出，尤可怪。

《舟抵安慶城下與姚慕庭同尋余忠宣墓及大觀亭址幾不可復識矣》：

奏凱揚舲士氣豪，落帆如夢憶亭皋。青衫詩酒流光迅，白骨荊榛倚郭高。大皖北驅淮甸塞，九華東指海風饕。忠宣總覺英靈在，開幕先償將帥勞。

《九日送舍弟之祁門方仲舫瀛孝廉置酒爲别》：

他鄉把菊懷諸弟，寥落三年負好秋。一舫相將成累月，重陽清興滿汀州。儲胥遠引祁山月，歸夢難忘酉水舟〔六〇〕。尊酒故人轟醉意，持螯相對獨含愁。

今年不見親朋字，兩寄鄉書得到無〔六一〕。

廿七日庚辰，風寒，薄晚大雪。

眉生冒雪相過。

廿八日辛巳，大風，雪不止，庭中深一尺餘，而壁縫瓦縫横飄側落不已，室樓深處亦積寸許。

志甫自績溪至，言徽州可危，其來也，不能循正道，繞山僻迂徑以出。十七過祁門遇舍弟，以急籌轉運，未作信。慕庭冒雪相過。

廿九日壬午，大雪深二尺矣。

冒雪過眉生。

《戲東眉生》〔六二〕：

眉君好書如好色，異槧名鈔盡傾國。琉璃都肆百花叢，作態争姸渾不識。一朝囪莽任割棄，浪走鰥鰥大江側。放牸嬉洲出媢嫵，跫足似人能勿惑。郘亭所至書四壁，醬醋油鹽伴棲息。幾遭冷語誚登徒，即事相稽口應塞。此身已寄況身外，虚牝黄金念精力。魯論半部足補衮，萬卷待穿嗟老逼。君今竟解平等觀，嫫母夷光見同德。東州薄酒取消寒，醜婦白頭從所直。

三十日癸未，雪止，小霽，甚寒。

慕庭相過。

《雪中和答慕庭》：

雪深一尺勢不止，風氣拂拂方助威。歲行赴壑賸蛇尾〔六三〕，欲挽短影於將離。冬暄閉凍乏縝密，嚴寒及臘良所宜。横江萬幕鼓角暗，養鋭暫卷軍鋒旗。頗聞僵骨苦藉道，亦有澀翼愁棲枝。辰陽西谷三山高，褰裳欲往風退之。軍中箸隱定有當，夢魂僕僕仍飢疲。喜君衣笠絮輝輝，晨夕起予勞不辭。我道自塞子何師，姜、石數公仕學規。遺書勤子足依歸，冰融雪釋愛春時。

《和丁禹生日昌除夕用東坡〈除夜贈段屯田〉韻》：

悠悠復悠悠〔六四〕，百歲忽過半。將智耄已及，自昔餘累歎。晨露引初曦，一瞬矜把玩。何者定主人，相於不分散。崑湖涵衆緑，傾蓋豁彊伴。雷封爾西江，選部趨月旦。我承需令旨，同覲玉皇案。臨分拂牛刀，誓理亂絲亂。春明衹塵顔，積厚不可盥。國病匪節枝，良醫乏岐緩。飛蓬信流蕩，覬寵自魚貫。模棱甘老客，縮手齊勁懦。胡君三年別，素抱亦冰炭。皖口雪塞門，晨炊冷行館。蕭條歲除意，誰復相煦暖。寒花對新詩，薄袖念此粲。

禮教所不周，法律救其半。任法忘本原，跛鼈衹增歎。府史足鈞樞，析破恣欺玩。紙籠張變虎〔六五〕，紙裂即威散。盜賊亦我人，華夷豈同伴。負乘爲招徠，馴至匪一旦。昔君頻海槎，殊俗費稽案。君曾游海國者八，著書曰《海外諸國實記》。橫流知早計，成竹有定亂。天地莽風塵，湖漢不供盥。十年幾豪俊，整頓亦已緩。卑官忌奇侅，軟媚逐舊貫。是非寧自由，得喪何勇懦。淒淒增履霜，焰焰矜炙炭。商歌自金石，磦硌鏗野館。期君濟時手，際會作春暖。無爲湖海氣，苦絜黝與粲。

【校勘記】

〔一〕臺北「國家圖書館」藏莫氏《郘亭日記》手稿無「維照」二字，此據揚州市圖書館所藏繆荃孫鈔本《郘亭日記》校補。

〔二〕皖江：《郘亭遺詩》卷七作「大雷」。

〔三〕道：《郘亭遺詩》卷七作「遠」。

〔四〕助：《郘亭遺詩》卷七作「佐」。

〔五〕枯槎：《郘亭遺詩》卷七作「枯查」。

〔六〕鄂中：《郘亭遺詩》卷七作「石鏡」。

〔七〕《郘亭遺詩》卷七題作「《長林鋪逢故人留宿》」。

〔八〕秣馬：《郘亭遺詩》卷七作「歇馬」。

〔九〕莫氏手稿此上書眉空白處有小注：「丑初一刻驚蟄。」

〔一〇〕安能：《郘亭遺詩》卷七作「誰言」。

〔一一〕《郘亭遺詩》卷七此句作：「閻胥亦解敵王愾」。

〔一二〕《郘亭遺詩》卷七此處有小字「鍔」。

〔一三〕箋奏且旁睨：《郘亭遺詩》卷七作：「箋奏苦學制」。

〔一四〕壯年思：《郘亭遺詩》卷七作：「壯年心」。

〔一五〕學江湖：《郘亭遺詩》卷七作「亦江湖」。

〔一六〕閑卷春旗：《郘亭遺詩》卷七作「春事闌珊」。

〔一七〕莫氏手稿此空六字，當爲此下廿三日所記「陶齋縣令光鑾」。

〔一八〕臺北「國家圖書館」所藏莫氏手稿和揚州市圖書館所藏繆荃孫鈔本《郘亭日記》此頁左邊均留有若干空白之行，書眉之上有批注云：「當爲作《天津太守行》。」下頁末二行方寫「有謂蒲圻失守……」四句文字。

〔一九〕論史：《郘亭遺詩》卷七作「詠史」。又，《郘亭日記》手稿將此詩補寫該日日記天頭之上。

〔二〇〕依枝：《郘亭遺詩》卷七作「栖枝」。

〔二一〕枝庚生：《郘亭遺詩》卷七作「仗庚生」。

〔二二〕此二句詩，莫氏手稿在右側又改作：「江湖惡浪兼天迴，鼓角悲風落日銜。」《郘亭遺詩》卷七與此所改相同。

〔二三〕戊午：《郘亭日記》莫氏手稿此脱，今補。

〔二四〕《郘亭遺詩》卷七此詩作：「匡山百里傍船行，側送横迎各有情。遥憶石梁高不極，卧開窗扇看雲生。」

〔二五〕君平：《郘亭遺詩》卷七作「方平」。

〔二六〕此末句詩，《郘亭遺詩》卷七作「盡日依人護短篷」。

〔二七〕陳尚齋：當爲「程尚齋」，此下初五日即爲「程尚齋相過」。

〔二八〕原作「丁丑」，誤，故改。

〔二九〕原作「戊寅」，誤，故改。以下廿三日「己酉」誤爲「己卯」、廿四日「庚戌」誤爲「庚辰」、廿五日「辛亥」誤爲「辛巳」、廿六日「壬子」誤爲「壬午」、廿七日「癸丑」誤爲「癸未」、廿八日「甲寅」誤爲「甲申」、廿九日「乙卯」誤爲「乙酉」、卅日「丙辰」誤爲「丙戌」，皆徑改。

〔三〇〕《郘亭遺詩》卷七詩題作「《八月九日黄石磯阻風，記所見呈湘鄉公》。」

〔三一〕國家圖書館所藏莫氏《郘亭日記》手稿涂抹過多，字迹不易辨認。《郘亭遺詩》卷七此聯詩爲：「機衡會瑞應匪譌，風水倒山驕不息。」

〔三二〕滯羈：《郘亭遺詩》卷七作「未除」。

〔三三〕原脱「頻」字，據《郘亭遺詩》卷七校補。

〔三四〕「依山」、「報」：《郘亭遺詩》卷七分别作「表山」、「繼」。

〔三五〕《郘亭遺詩》卷七此注作「池州、桐城、廬江」。

〔三六〕三首：此下詩實有四首，莫氏此誤「四」爲「三」。

〔三七〕去國佳晨驚再至：《郘亭遺詩》卷七此句作：「去國再逢三鼎峷」。

〔三八〕《郘亭遺詩》卷七此注作：「東流東有神山」。

〔三九〕昨日應過黚北浦，黚浦南回更向西：《郘亭遺詩》卷七作：「一日應維銅柱浦，銅柱南迴復向西」。

〔四〇〕坡公老懶眈北碑：《郘亭遺詩》卷七作：「老坡老嬾貪北碑」。

〔四一〕莫氏此上有眉批曰：「此詩在《阻風詩》前，補録。」《郘亭遺詩》卷七此詩名爲：「《收安慶凱歌獻湘鄉節帥兼致沅浦觀察國荃士恒博士貞幹兩介弟》」。

〔四二〕下皖城：《郘亭遺詩》卷七作「拔皖城」。

〔四三〕識威名：《郘亭遺詩》卷七作「舊知名」。

〔四四〕亦詟州：《郘亭遺詩》卷七作「是詟州」。且下無注語。

〔四五〕莫氏「招」下空格無字，《郘亭遺詩》卷七作「黠」字。

〔四六〕未消：《郘亭遺詩》卷七作「轉驕」。

〔四七〕賊守：《郘亭遺詩》卷七作「惡守」。

〔四八〕狎波：《郘亭遺詩》卷七作「習流」。

〔四九〕〔五〇〕兩詩，《郘亭遺詩》卷七未收入。

〔五一〕潤芝：《郘亭遺詩》卷七作「詠之」，且未收「啟事山公重」最後一首詩。蓋因李申甫在莫氏《郘亭詩鈔》手稿（今藏貴州省博物館）上有批曰：「去末章，尤壯闊。」高心夔亦批曰：「末首宜存，後四句當改。」

〔五二〕遺恨：《郘亭遺詩》卷七作「弓劍」。

〔五三〕猛將：《郘亭遺詩》卷七作「猛士」。

〔五四〕《郘亭遺詩》卷七此句作「李郭無將才」。

〔五五〕《郘亭遺詩》卷七此句下有注：「《闢邪實録》，湖南所刻，極言鬼教誣惑之害。」

〔五六〕《郘亭遺詩》卷七此句作「惟正除百擾」。

〔五七〕新：《郘亭遺詩》卷七作「腥」，是。

〔五八〕轉：《郘亭遺詩》卷七作「重」。

〔五九〕《郘亭遺詩》卷七無「聞道二橋」二句詩。

〔六〇〕酉水舟：《郘亭遺詩》卷七作「㵲水舟」。貴州鎮遠有著名的㵲陽河，莫氏兄弟出黔路經之水路。此云「歸夢難忘㵲水舟」，符合莫氏懷鄉之情。

〔六一〕此詩不全，僅此兩句。

〔六二〕《郘亭遺詩》卷七未收此詩。莫氏《郘亭詩鈔》手稿（今藏貴州省博物館）有此詩。第四句詩「作態争妍」作「冶態事妍」；末二句詩作「試歌薄酒和涪翁，醜婦白頭良可式」。

〔六三〕此句末原脱一字。《郘亭遺詩》卷七收此詩，此句末字爲「尾」字，故據補「尾」字。

〔六四〕此句原爲「望洋浩無津」，後在旁側改爲「悠悠復悠悠」。《郘亭遺詩》卷七收此詩亦爲「悠悠復悠悠」。第六句「矜把玩」作「足把玩」。

〔六五〕張：《郘亭遺詩》卷七作「生」。

同治元年

同治元年正月初一日甲申，曉霧，霜，食後晴，雪微消，氣甚寒。

善徵信至。禹生以和蘇除夕詩索和。柯小泉之太翁華輔、方春伯觀宸相訪。彭中丞見過。

初二日乙酉，曉霧，霜晴。

大帥邀朝食。過少荃，以《書譜》相贈。海航、禹生來，遂同過禹生，晚飯水引。

初三日丙戌，晴寒。

簷間積雪覆出如懸崖者，於雪中密垂冰筋，璀燦可愛。作字寄善徵。

初四日丁亥，晴寒。

聞昨臘廿六，徽張軍、祁朱軍合攻開崖子街阻運道之賊，徽休之道始通，徽城可以無事。晚見臘十七廷寄，催促淮揚水師速援鎮江，謂鎮江近數十里已有賊，蓋猶未得浙陷之報也。

初五日戊子，晴寒。

繩買李申耆《歷代地理志韻編今釋》二十卷附《皇朝輿地韻編》二卷，讀史最便檢之書也，在京師遍搜不得，今乃得之，猶是道光中活字本。此書懷寧鄧守之傳密有翻刻本，其板有損失，屬胡宮保資之修補，丁果臣董其事，今亦當印行矣。陳尚齋、柯小泉約明日往黃陂峽。

立春，初六日己丑，晴。

馬雨農、姚慕庭招飲，皆辭之，與尚齋、小泉乘長龍至黄陂峽候彭中丞，中丞贈二聯及墨二塊。王鶴樵嵩亦贈二塊。晚飯，以舢板送還，將二更始入城。聞左京堂在婺源亦以廿六勝仗。廣信有告急者，乃以左移軍爲此言，非實也。

初七日庚寅，晴。

訪合肥孝廉徐懿甫子陵，十年前聞此邦有懿甫及戴存莊，庚辛間來，存莊已先殉難，猶及見其子，幸其著述尚無恙耳。今日始識懿甫，其郡經再陷，方以十口寄居廬江，見面即相與商論海内避亂處，幾於無可著足，轉致羨存莊之先得死所，文人不遇，又遭此紛紛，真無長策矣。然較五年奔走并斷家人消息者，或差勝耳。

初八日辛卯，晴，稍暖。

陳心泉招飲，識楊樸庵[摛藻]員外。吴贊先紹烈相訪，贊先舊識于京師半壁街吕祖祠，庚申先後出都，八月下旬再晤于湯陰泥溝逆旅，今匝歲又半歲矣。

初九日壬辰，晴暖，雪溶過半矣。

以少荃屬爲周荇農寶唐閣牓，付之。遇滌公招飲，樸庵、贊先遂拉共午飯，因示荇農所致李思訓碑全本，殆仍未全，且翻刻也。劉子亶相訪，不值，晚過其寓看之，言桐城境今歲能耕不過三之二耳。聞彭中丞聽其辭安徽巡撫，以兵部侍郎候補，李中丞續宜仍巡撫安徽，嚴中丞樹聲巡撫湖北，鄭方伯巡撫河南，左京堂宗棠巡撫浙江，兼前日所聞沈又丹□□觀察晉巡撫江西，相聯之四省皆易新撫，諸公皆振作有爲，又各就地形熟習，以爲任使。朝廷用人此爲宜當，實中興氣象也。

初十日癸巳，晴。

午過眉生談，因與滌帥議歐、趙、洪、盧以來金石書，即觀吉字營龍燈。李芋仙至，以《韻微》、《虞文靖集》相惠。黎壽民至，相過。雨生、眉生相過，飯。夜答看劉子坦。

十一日甲午，晴。

答看贊先、壽民。金月川鑒自英、霍糧臺來，言柏容已量移沔陽□□州判。又言陳傑夫訟其僕甚無理實，大爲同官所非，柏容爲之調停未了也。

十二日乙未，晴。

答月川。敏齋相過。過海航、眉生、子白、慕庭。

十三日丙申，陰。

李嘯山、王與軒相過。嘯山言有售書者言桐城藏家多佳本，可開單爲求數種。胡湘林、余介卿、楊嘯雲、王鶴樵相過。徐椒存、姚湛士、張嘉甫、□□□、華若汀并過談。李尚之知天元而不知四元，羅茗香以後知四元而猶不知代數，近徐君卿有壬諸君始講求得代數之理，徐已殉封疆，唯海寧之李壬叔善蘭獨精之，著有《代微積拾級》十八卷，《代數學》十三卷，《數學啟蒙》二卷，

《幾何原本》七卷至十五卷。壬叔有删英國偉力亞烈《談天》十八卷，已印行。

十四日丁酉，晴。

仲舫招午飲，芋仙亦在，識德安劉璧臣。椒存《善思齋詩文鈔》各一册并《月徘徊館詞》，欲爲題小引，以其尊人《行狀》未至，未下筆，將歸索還，且俟異日。嘯山過談，晚乃歸，繩以十金托其爲買《通鑑》。嘯山言去年四五月多禮堂駐掛車河時，民有來報毛賊派其速搭浮橋以攻我者，請稍緩爲之，禮堂曰：浮橋亦不可少，宜速，過某日不成，斬汝矣。橋成而賊未至，即先渡橋，設二伏，營中更爲備，俟賊渡橋將畢，伏起掩其後，近營别有二伏，起夾攻之，殲殺賊及没水者無算。

十五日戊戌，晴。

椒存來辭行，將歸，即往送之。晚走幕府，觀瀏陽新至雅樂，申甫、海(航)亦到，與滁公同登樓聽肆奏，觀城中燈火，三更乃還。

十六日己亥，晴。

芋仙相過，言即登舟還彭澤，屬早晚過之。

《元夕皖江幕府觀湘中新至雅樂遂登西樓騁望賦呈滁生節相兼柬李申夫觀察》：

十載祆荒復漢官[一]，皖江令節酒杯寬。轟傳雅樂衡嶷至，便作春燈鼓吹看。陰谷早回温律衍，漁洋猶陋霸才瞞。湘鄉取士皆儒術，勝算雍容視羽干[二]。

飛樓十丈湧冰壺，火樹千章結四隅。天際江光乘月轉，城頭人影抱星趨。一作「城頭塔影聚星扶」。漏聲乍緊愁催箭，瑟韻新調喜貫珠〔三〕。幕府今宵除犯夜，遲歸不怕李金吾。申夫主營務。

十七日庚子，晴。

辰刻廷寄至，以滌老協辦大學士，以乃弟沅圃按察浙江，以蔣益澧爲浙藩。因趨幕府賀滌老，索元夕詩，因歸補作如上。李勉林相訪，復答看之。楊朴庵員外〔摛藻〕相過。出城訪丁禹生，飯水引，遂至延河，答看陳石洲樸生，不值。又答看曹雷夏炯□，其所攜書粗備，史部爲多，《三國志》、《通典》及《兩浙金石志》佳，惟經、子不足，文集亦不少，皆常見者。雷夏，彭澤人，故攜之甚便也。聞潘鐸簡雲貴總督。

十八日辛丑，陰，東北風。

丹臣、聚垣、彤陔招早飯。復與勉林談久之。趙惠甫至，自午談至晚，言在湖北度歲，雪亦三尺。

十九日壬寅，晴。

幕庭將之鄱陽歸其先柩，來辭行，遂往看之，問所服，告以啟柩即用古人比，例服緦，既葬而除，幕庭終服已數年，緣賊據其縣，不能歸葬，今收皖桐，乃謀及耳。作字寄舍弟。

廿日癸卯，晴。

視勉林行。答看惠甫。聞六合、天長收復。又聞和州、江浦亦復。恐未確。答看楊樸庵。

廿一日甲辰，陰，暖。

許學博丙椿，字若秋相訪，乞篆書「蛟臺漁隱」字，且用拙韻爲詩相贈，其詩太易。劉大令奎光，字璧臣，德安人相訪，新自江西高安知縣調來者，其言論甚開爽。晚答看璧臣。聞新撫貴江忠義以兵急走貴州，湖撫毛奏調先剿辰沅，不應，遂奏劾其資淺望輕，不稱任，請革職留營。忠義本田興恕私請，甚不饜人心，所劾甚當，未知廷議何如耳。

廿二日乙巳，晴，小熱。

魏召庭太守棟、高慧生郎中兆麟招早飯於延河糧臺舟上，往還皆過雨生茶話。慧生能詩，清圓可喜。夜過眉生、海航談，申甫、虎臣亦至，二更後乃歸。午間朱□□來訪。廣信人，新押火輪船自上海來，惠甫舊識也。

廿三日丙午，晴。

晚過忠義局，訪至甫、西園、待園，識程可叟。聞孝感界有捻匪。

廿四日丁未，陰，晚小晴，夜風。

李少泉移駐北門外淮陽幕，軍已集營以待舉。滌帥索文房詩，呈之。將過梅生許談，見廷寄，怪其奏事太稀。談及《稚存文集》，苦未見上成王得罪之書，程伯敷出其寫本，他日當録一通，并求《征邪教疏》以補集闕。

廿五日戊申，陰，風寒。

劉日新獻葵執贄來執弟子禮，惠甫教之也。其太翁金匱，壬辰孝廉，少余一歲，今猶困於家，且有老母，獻葵援例江西，需次經歷，與弢甫同來，留調於此，頗好學。午過申甫、雨生。晚，劉詠如自大通至，言前所托少山購書單子十九皆有，即當籌項待之。作字寄少山。

廿六日己酉，陰，風甚寒。

過惠甫、琴西。廖載卿相過。答看詠如、載卿。

廿七日庚戌，晴。

攜繩至鼇局，丁禹生已出，其侄世兄留飯水引，乃還。述臣言有往重慶者，因作家書同寄。

廿八日辛亥，晴，風寒。

過海航□其約，尋重慶寄書處，遂過李竹巖、閻雨林。

廿九日壬子，曉雨，陰，夜雨。

觀廖載卿所獲《淵鑒》、《古文》及《詞譜》，皆大佳，乃得於大通者，頗欲附詠如、丹臣舟，明日一往。樂局賀□□宏勳、黎貢卿□□以編鐘來，翁書宫律。喻慶勳吉三總兵相訪。

三十日癸丑，陰。

見節相，言將附詠如舟往大通。爲惠父作書，甚佳。

二月初一日甲寅，霽，時陰。

以風仍未登舟。劉璧臣相過，聞即委宿松署令，薦奴子盧福與之。

初二日乙卯，晴，東北風。舟仍未能行。湯果卿成烈，號確園同年相訪，果卿，武進人，以直隸清苑藉舉甲辰，大挑分發浙江，今候補同知，以浙省數郡連陷，間關來此，秋史其從弟也，著有詩文集。詠如曰果卿，雨生總兵貽汾之從子，雨生以詩酒風流被彈去官，毛賊起，上《金湯十二策》，總督陸建瀛不用，城陷，巷戰死。視丁雨生恙。還，答看果卿。先訪璧臣，不值，乃過之雨生所。

初三日丙辰，陰，風寒。

出北門訪少荃，不值。風不息，仍未登舟，惠父過夜談。

初四日丁巳，晴。有持《董思翁書李文定金山詩》絹本來售者，繩以廉價收之。食後下行李，午後與詠如、丹臣同登舟。

初五日戊午，陰，北風，午晴。晨，搶行十五里黄陂峽，候彭侍郎于舟中，留晚飯，遂泊不行。侍郎贈直幅一，爲侍郎作篆聯，識徐雲衢先路，己酉舍弟同歲也，爲之作篆聯。

初六日己未，晴。行五十□里，過池州府在南岸二十里，樅陽舊縣二十里泊。

初七日庚申，晴。

行七十里，至大通鎮北之荷葉洲下泊。遂訪少山，候詠如還，就少山差船宿。

初八日辛酉，晴暖。少山及王禹軒、隨子真同登荷葉洲，遂過大通鎮還，而陳年丈希轅至。

初九日壬戌，晴暖。又同諸君登洲，遂訪陳松如茂、劉潔齋履祥，潔齋留晚飯。

初十日癸亥，大風，寒雨，夜風益甚，天明不息，雨皆成雪。

十一日甲子，大風，甚寒，時有飛雪，午後雪已，晚，風乃少息。

十二日乙丑，霽。少山所購書至，分得《史記》、《文選》、《樊川集》、《長吉詩》、《宋》《遼》二史，皆可。子真購《史姓韻編》以歸我。

十三日丙寅，晴。登岸物色，得文待詔六小幅行書及改琦《麻姑》。禹軒[購]爲丁禹生購《廿一史》、《韻府》成，以其餘者《三禮義疏》、《繹史》、《百三家集》等歸我。夜料理所得書寄省，以明日丹臣當行，作字寄繩及禹生。

十四日丁卯，晴。食後北風，程丈、丹臣、子真開船西上，登洲得書數種還，下划未及少山舟，見洲上煙起蔽空，延燒不知若干蓬舍，遂就詠如舟晚飯，飯畢火乃止。此洲上皆寧涇逃出災民，結草廬而居者數千户，自去秋至是，蓋五火矣。

十五日戊辰，晴。

登洲視火災，實被焚者二千餘蓬。

十六日己巳，晴。

購得《五禮通考》、《全唐詩》等十餘種，以《杜詩》贈雨軒，以《李詩》贈詠如，以《賦鈔》、《綱鑒易知録》贈程月波。

十七日庚午，晴。

登洲收得韓、柳兩集，乃明南直巡按莫如士校刻于寧國者。

十八日辛未，陰。

與少山、詠如同舟西上，遇順風，盡一日還，泊安慶東門外。

十九日壬申，陰，北風。

食後登岸，謁滌公，呈以武英殿本《水經注》，以黄本《水經注》贈眉生。過李申夫，晚食丁雨生爲主人，識姚秋浦體備觀察。

廿日癸酉，陰，風寒。

廿一日甲戌，晴。

晨送少山、詠如於舟中。明子卿〔兆麟〕、陳竹生昌言，武寧、鍾亦皐顯謨，平江、羅壽嵩臣鴉，長沙相訪。訪馬雨農、陳心泉、李希帥，陳、李皆不值。徐椒存還，見過，以中統《史記》來。慕庭信來，言其早晚方渡江。湯退園見過，又還看之。

廿二日乙亥，晴。

陳作梅、周壽山、吴桐雲相過，眉生、海航亦至，陳心泉見訪，周宅三亦至。眉生持《史記》一册去。

廿三日丙子，雨。

雨農相訪，李中丞亦來。雨農謂丹臣且行，必相邀寓其署中，無詞以却之，殆不可不往也，唯教讀書記，皆非所能應，唯俟其開棚助衡文耳。作字寄九弟。

廿四日丁丑，晴。

晚過壽山、宅三、作梅、桐雲。又過梅生，索《史記》，不得。得舍九弟信，言十四犯黟賊幸即擊退。

廿五日戊寅，雨。

午過周世兄世澂，并視趙惠甫。晚，桐雲至，拉走眉生談。

廿六日己卯，晴。

祁門人將還。復作字寄九弟。丹臣攜眷登舟，還巴陵省母，送之舟中，以《通鑑綱目》及《明史紀事本末》贈其行。晚，答看張棟渠鳳翥觀察，訪曾璞山廣翼、詹星垣啟奎，唯遇星垣；遇方子白，同至寓談。

廿七日庚辰，陰，風寒。

午走帥府，借《續通鑑》于梅生所，補缺頁字。浙江蔣寅昉光焴，海寧來謁大帥，言浙破前，邵蕙西方刻其《尚書說》，又新著有《禮說》，其《書說》則申西河《冤詞》者，刻未成，亦佳。城破後不知定死未，彌之存否亦未知。同謁者復有楊利叔象濟，秀水。蔣氏藏書多宋元舊本，所持贈大帥之《名臣碑（傳）琬琰集》，即宋本，最佳。

廿八日辛巳，陰，仍風寒。

晨，湯退園相過云：當與少荃以來月初二行。食後大廷相過。過椒存、贊先，出城視少荃、退園行，還過丁雨生，訪馬雨農。

廿九日壬午，晴。

聞蘇人自上海雇七洋舶，迎少荃之師。

三月初一日癸未，陰，午後微雨。

午過雨生，晤錢主事鼎銘，調父，乃自上海來乞師者，其洋舶始至一隻，七隻費十八萬兩。

初二日甲申，晴。

食後過桐陔，聚垣、梅生、申父，箎軒、虎臣亦至，縱談久之。聞皖南賊以兩路窺景德鎮、歷口，文報已隔。又聞大通十里外有援青陽之賊。作字答嘯山。

初三日乙酉，晴。

售《守山閣叢書》十四函，尚闕六函。

初四日丙戌，晴。

桐雲、澤山及□□□新化相過。晚過桐雲。

初五日丁亥，晴。

椒存相過，待園與方存之宗誠、蘇子獻其琛繼至。存之與嚴中丞至湖北，因還省其家，言去保定時，黄子壽方主省城書院講，其太翁琴隝還山西，即告病。又言龍皞臣在晉頗有賢聲。又言吾鄉田欽差以孔叙五憲典上書責之一二十條，田亟招孔君，又面論其非，田傾聽，爲之下拜，許以昔之所誤一一更張。今黔境漸清，凡軍事必與韓廉訪超商辦，皆叙五一責之力也，果如此，田亦良可用也。楊利叔象濟，秀水孝廉相訪，且以蔣寅昉所刻《詩集傳音釋》見惠，言蔣君已還湖北，利叔將與張仲遠觀察往上海，尚泊大南門外。

初六日戊子，晴熱。

食後訪存之，過雨生，還，訪張仲遠、楊利叔。又晤湯確園，談久之。遂過小泉、鶴生。又過雨農，雨農言貴州二月放兩試差，已見報，甚奇事，可喜。正考官王發桂，副考官倪傑。

初七日己丑，晴熱，午後飄風雨，即止，夜大雨。

方存之相過，同午飯于大帥許，在坐有汪晴溪顥，武寧人。琴西、惠甫相過。存之言現聞遵義知府爲樊鶴樓□□，開知州爲戴商山[鹿芝]，威寧鎮木有恒，鎮遠鎮何洪富，昭通鎮楊崖保，皆守剌鎮將最有聲者，所以漸就肅清。

初八日庚寅，大雨，已乃少止。

閱楊利叔留示《代闕相祭胡文忠文詠老》，頗健。又讀其友陶模寄利叔兩書并所爲《陳子松壽熊行略》，知爲有學有文之士，其書言嘉興雖陷，雖爲賊所隔，猶必十數日一剃髮。子松吴江人，籍震澤乃其師，言學持漢宋之平，曾師姚春木椿，著有《周易集義》、《易正義舉正》、《易本義箋讀》、《易學啟蒙私記》、《讀易漢學私記》、《考工記説》、《詩説》、《静遠堂詩文詞集》、《參同契説》，其《集義》因虞氏卦變之説，反復求之十餘年，乃悟，取象、繫辭之指爲説發明之，大旨以凡卦皆變，既濟爲主，句箋字釋，悉引前人成説。咸豐十年吴江陷，子松被賊傷，不死，久之，乃絶粒死。夜有涇人售書者，得殿本史十七種，尚缺《後漢》、《北魏》、《北史》、兩《唐》、《宋》、《明》兩史，據云共闕九册，當令全致之。

初九日辛卯，雨，風寒。

存之、椒岑、彤陔相過談。

初十日壬辰，寒雨。

作字寄九弟，言故鄉新聞及新收書。

十一日癸巳，陰。

過雨生午飯。

十二日甲午。

走李中丞所，觀所收廿四史，初印甚佳。

十三日乙未，晴。

中堂以《通鑑》賜繩，帶往謝之。

十四日丙申，晴。

晨走鼇局送丁雨生行，食水引還。午同飯於銀錢所。

十五日丁酉，晴，風寒。

作字寄九弟。又作家書及寄柏容、子尹、筱庭諸字。

十六日戊戌，晴，餘寒。

遣胡三持家信往祁門。

十七日己亥，晴。

曉過椒存。午過申夫。晚過懿甫，且乞其處方治感冒。夜，過桐雲送行。午間有江西解餉姚桂森縣丞相訪，且持雨生信自黃石磯來，伴以菌二合。

十八日庚子，乍晴陰，時有小雨，悶熱。

食後存之相過，以其從孫山餘濤來，植之先生之孫也，年廿□，氣宇頗軒豁。晚，又以蘇彊甫求莊來，厚子先生之子也，年四十二，氣象亦卓厚。聞青陽以十六克復。

十九日庚丑，晴，晨大風。

李少山信至，并以《毛詩稽古編》等書數種來。作字報少山。

廿日壬寅，陰，食後大雨，寒。

少山遣人請軍械，又以《尚書後案》等四種來，言《三通》有殘二册之本，在十千内，可買，復書屬爲致之。徐懿父相過，爲處方，言風熱未退，服後當禁風一二日。午過雨農飲，在坐者蔡芥舟觀察、黄□□、薛慰農時雨，全椒人，行三，癸丑甲，嘉興令大令、張遜侯致高，癸丑甲，太和同守。芥舟前年知九江府，處夷人建館能得體，民頗頌之，遂晉九江道。聞石襄臣已自順天尹署兵部侍郎。

廿一日癸卯，大雨。

晚薛慰農相過，言其鄉吴山尊先生後人不振，書籍撿賣已盡，僅日記諸册爲其兄所收，先生詩、古文、駢體諸稿皆在其中，因刻出編成詩十卷，文若干卷，攜清本在京師。聞初十□，江西廣豐之四十二都、玉山之八都有賊至，甚衆，號二十萬，自江山來，蓋閩浙間竄入者。

廿二日甲辰，霽。

張遜侯相過，遂同訪慰農，慰農以江右警，將還視其家。又聞十七報，廣、玉賊已擊退。晚過梅生、海航，值壽山亦在，遂同相過夜談。紹庭、蕙生相過。

廿三日乙巳，晴，食後陰，午大雨至夕，徹夜。過壽山晚飯。聞南岸青陽、石埭，北岸之巢、含山、和州等以次復。曉，存之相過，言其早晚將行。

廿四日丙午，大雨。

廿五日丁未，乍雨乍晴。

晚過懿甫，屬處方，遂同看存之，不直。

廿六日戊申，晴，熱甚。

曉送存之行，至午仍相過談，以晚方下船也。慕庭相過，言其太翁葬地已別定其期在七月。

廿七日己酉，乍晴乍雨。

待園、椒存、慕庭、[壽]山以甘愚亭相過。晚過懿父，懿父爲看近兩歲詩，較他人爲差確。得彝兒去年九月廿三所寄字，言家中尚無他事，唯李舅以七月沒；又言芷升以五月署安順訓導，已攜其家往；又言十月初當縣考。

髮賊唐天祐投誠，許收復都匀各郡。念箽所將書已到家。特時有遺落、水濕者耳。

黎柏容信言今年三月敦亭人至，言去年臘月賊破綏陽縣城，遂回撲樂安里、龍坑、沙灘一帶，室屋皆毁。念箽信言其去年五月十一到銅仁，次日土匪即圍城，六月尾方退，江口道阻，由蜀界繞合、綏陽，七月尾方到家。又得陳息凡六月、十一月所寄兩信。

聞西梁山已收。

廿八日庚戌，陰，雨時作時止，夜，大雷雨。

懿父、慕庭來久談，且監製膏藥服。晚，桐陔、子白、琴西相續來看病。琴西以《隸釋校勘記》校本來，將《明一統志》、《宋文鑒》去。以《讀史兵略》贈慕庭。夜，作字述家中事寄善徵。

廿九日辛亥，陰雨，午乃止。

過海航、眉生晚飯。善徵有信至，付前去回夫，并將一擔書來，中有《魏書》、《北史》二種，乃康熙時修明北監本，足配前收殿本未備之數。其《經典釋文》、《千家注杜詩》、《柳待制集》，皆善本。嘯山有信至，即作字復之。

三十日壬子，晴。

善徵信至，言廿六已遣胡三等行。夜，作字寄善徵。

四月初一日癸丑，陰，晚霽。

過海、眉談。見少荃來信，言江南事極費整理。懿、椒諸君子以范（次典），庶常鴻謨見訪。

初二日甲寅，乍晴乍陰乍微雨。

馬雨農見過，訂以初八移居，言韓南溪超以臬司署貴州巡撫，則大稱人意。午過幕府，伯敷以克巢、和、含山、繁昌、青陽、石埭、太平、涇八州縣，銅城閘、雍家鎮、裕溪口、西梁山四要隘，以詩呈節相，節相亦有四詩，命諸人屬和。遂過桐陔、琴西、鄧守之傳密，乃歸。

初三日乙卯，晴，驟熱，單衣猶揮汗，夜，殷殷聞雷。

答雨農拜，且攜繩往賀其轉庶子。過鶴生談。眉生以祥弟字來，言當作字召其即來皖一行，自具親供，由善後局轉，當勘實入奏。夜，作字與舍弟，明晨遣人行。

初四日丙辰，陰，大風，晚寒。

午過眉生，食豌豆羹，佳。又聞已復銅陵城及魯港隘。

初五日丁巳，陰，小雨，甚寒。

午過雨農、遜侯。晚過次典、懿甫，懿甫謂明當爲易一方。是日收得明人手札詩片二册，最佳，文三橋一帖，黄石齋兩帖，董玄宰十帖，文□□七帖。

初六日戊午，晴。

過宅三，又過眉生、海航飯。懿甫、次典相過，海航先至。

初七日己未，晴暖。

申梟相過，晚過申梟。

初八日庚申，雨。

涇縣運正史人至，雨少止，即起以來，凡四百數十册，殿本廿四史，貧士能讀之，亦異數也。惜前後來者，《後漢》少一册，《魏書》少四册，《北史》少一册，《唐書》少二册，《舊唐》少三册，《宋史》少一册，《明史》少二册，《舊五代》少二册，共少十六册。

初九日辛酉，晴。

有銅仁人喻竹君勳相訪，以諸生從軍江右得教職者。馮子明相過，言海寧孝廉方正陳仲魚鱣先注《說文》，見若膺注出，毀其稿，更求於若膺所注之外，晚乃成書，未刻。其所著已刻者有《論語古訓》、《續唐書》。過海、眉談，聞眉于申有「佛生嫁毛蟲，嫁上蒲桃架」之謔。隋龍淵相過。

初十日壬戌，晴，午後熱。

晚過蓮溪。

十一日癸亥，微雨。

歸涇縣送正史來直。計收武英殿板《史記》廿六本，《漢書》三十本，《後漢》廿四本，少第廿一本。《三國志》十四本，《晉書》三十二本，《宋書》二十四本，《齊書》八本，《梁書》八本，《陳書》六本，《魏書》三十二本，內少四本。《周書》八本，《北齊書》六本，《南史》二十本，《北史》三十二本，內少一本。《隋書》二十本，《唐書》五十二本，內少二本。《舊唐書》六十本，內少三本。《五代史》十本，《舊五代史》二十四本，內少二本。《宋史》一百二十本，內少一本。《遼史》十本，《金史》二十四本，《元史》四十八本，《明史》一百一十二本，內少二本。以上廿四史共七百五十本，又加外刻《明史稿》五十二本，共八百零二本。其八種中共少十六本。前後共兑銀四十五兩。外收《通鑑綱目》八十本、《金石粹編》八十本、《知不足齋叢書》廿五函，缺五函、《戲鴻堂帖》十五本，缺一本、《世德堂莊荀二子》十二本、《六臣文選注》二十本、《讀書記數略》十六本、《陸清獻四書》二十本，價在此內。

十二日甲子，晴，晚有數點雨。

巳初，九弟自祁門至。程敬生燠司馬來訪。

十三日乙丑，晴。

申鳧假觀董玄宰、黄忠端札子，共以九頁去。晚過申鳧，見案頭玄宰臨米畫卷，甚佳。

十四日丙寅，晴。

得方存之湖北來信，言得黄子壽書，知其已全家入蜀，其太夫人柩亦啟回，欲爲由蜀還鄉之計，緣駱制軍、羅方伯招之往，想大可展布其心所欲爲也，致書即致霞仙方伯處可。又言倪豹岑猶相記，才學皆大可有成，冀相琢磨；又謂當爲篆書家人、謙二卦，不必大。

十五日丁卯，陰，時有小雨。

懿甫、待園相看。

十六日戊辰，晴。

遜候相過，次典、弢甫、至甫以次來。往撫署看宅三行。

十七日己巳，晴，夜，大雨徹曉。

陳翰園相過。馬雨農過言廬州已於十四收復。鄧彌之輔綸至，自午談至晚。海航來，遂同過眉生，言其去冬十一月廿八，杭城破後，身被十餘創不死，乞食困頓村墟間，至今歲春尾夏初乃依商船達上海，坐鬼船以昨日至此，九死一生，相對如夢寐也。去冬十月曾寄之書，亦未達。

十八日庚午，大雨，食後止，午晴。

廬州果以十五收復，昨夜報乃至。黄莊齋來視脈，言左獨大，右腎當有病，數日來本右疝發也。晚看彌之，因識李壬叔善蘭，壬叔精西人演算法，海寧人，近刻《談天》、《代微積拾級》諸書，皆其所譯也。即以《拾級》三册見贈。新著《火器説》九章，較《則克録》諸法精簡十倍，方擬付雕。又識周縵雲學濬侍御，烏程人。

十九日辛未，晴。

周縵雲、李壬叔相訪，壬叔言在子彈局之徐雪村壽，無錫人，算學甚精。甘子大、□□□、高惠生、樊三橋相訪。蕭敬甫、穆秀才相訪。

廿十日壬申，晴。

陳□□守和以其猶子夢鷴及其子修倫來見，夢鷴，虚谷同年，守謙次子也。虚谷終蕪湖校官，著有集六册，亂後其長子夢龍攜至江西，咸豐辛酉冬客死。夢鷴檢其篋，攜此稿來，乞爲作序。過彌之。即答看縵雲、壬叔、弢甫、惠甫，遂晚飯於眉生。懿甫相過，言欲拉作合肥，非懶人所宜也，力却之。

廿一日癸酉，晴。

黄（華容）松年、向伯常師棣自溆浦來，以湘汀信至，言川楚之交，猶時時有梗，辰、沅往黔、常，須繞道。晚尋彌之，同過申甫談。

廿二日甲戌，晴。

廿三日乙亥，晴。

廿四日丙子，晴。

廿五日丁丑，晴。

祥弟往祁門，送之，出鎮海門，還，過候雨農，訂以五月朔移。辰聞已收金竹關、太平府，已又聞收蕪湖縣。伯常相過。懿甫來爲繩處方。

廿六日戊寅，晴。

得彝兒二月十六所寄信，言其以科考縣案首入學第三，其母覺有衰意，其婦宧又以其月二日夭故，次日即歲試遵童，故草率不能獲雋，遲數日科試，乃得之也。作書時已復試，尚未發落。其六叔全家在安順，聞已保雲南州判，去年十月湄潭賊犯樂安里，半成灰燼。金粟、鉏經之屋皆無存，至正月十一，慕耕之宅亦毁，經巢亦被焚。前寄存慕耕處典籍幸詹瓊芸、王懷鈺、白瑶圃爲借項先移出，經巢所藏猶存三之一，金粟、鉏經俱無存，真可惜也。筱亭則寄居青田舍。聞四眼狗已爲苗練所禽。

廿七日己卯，陰，食後小雨。

慕庭早過。午食後雨止，出遇縵雲、彌之、壬叔，遂同過雲□。又同雲老訪海、眉二君。懿甫來爲繩處方，次典同至，談至二更乃去。

廿八日庚辰，晴。

酒食就緩、壬、彌、載四君子，申公又移同善後局會飲，至夜分。

廿九日辛巳，晴。

彌之來辭行，即往送之，贈以《史記廣輿》。聞……

五月初一日壬午，晴。

彌之、壬叔來，拉過早飯，彌之即登舟行矣。雨農之戚趙據庵相訪。晚過雨農。又過向伯常。遇趙唫椒□□太守，湖州人，曾署松江道銜。言上海方緊急，薛中丞之將李某在太倉大敗故也。

初二日癸未，晴。

過海、眉午飯。

初三日甲申，晴。

懿甫來處繩方。海、眉諸君同過飯，聞吴桐雲已來，遂同訪之。

初四日乙酉，晴。

善徵信還，言其廿八即至祁，才四日，寄來《歐集》、《管子》、《淮南》、《武經直解》、《墨子》等，其本皆善，而《歐集》爲最。

初五日丙戌，陰，微風，甚涼，午後晴。

辰趨幕府，節相不見客，遂俱不賀節。劉石于、傅肯堂同過午飯。

初六日丁亥，晴。

作字寄善徵。

初七日戊子，晴。

縵雲、壬叔過午飯。吴桐雲郎中去年夏晤于鄂城，以《匹馬出關圖》索題，今夏皖中再晤，始完斯負：

天入營平大海環，清時無外不須關。自從王氣開元菟，常有卿雲護白山。北狩忽驚弓劍在，中興猶屬斧斨還。去年讀畫愁何極，今日償逋共解顔。

初八日己丑，晴。

眉生招過寓晚飯。壬叔以魚來，不能共食。楊利叔前月廿八信至，言邵蕙西已□出在金華，其二子已至上海。即以其信呈節相，節相許致書少荃爲之謀，即作字復利叔，托惠甫轉寄。

桐雲來夜談。

初九日庚寅，晴。

移書廿二匣，過學院署，訂以十五日移往。以唐荆川《諸儒語要》致縵雲。縵雲明日將往上海，來訪，往看皆不直。壬叔、弢甫亦同縵老行，因看弢甫，晤吴竹莊修觀察臬銜，識楊詠春沂孫太守道銜，乃兄似孫，竹莊去歲曾相識，弢甫謂其藏書最富，多善本。詠春見實缺鳳陽府。遂過壬叔，識容醇甫光照，香山人。壬叔謂其曾歷海外諸國，讀書八年，能解各國語言，方爲鬼辦茶，將往祁門，蕙西二子已坐鬼船昨日至，節相令其仍往上海取其家來。利叔作書時蓋未照會也。

初十日辛卯，晴。

弢、惠相過，懿父過晚飯。

十一日壬辰，晴。

見會試題名，貴州中式者四名：楊霖、周培錦、顧衷、譚鈞培。作字寄九弟。

十二日癸巳，晴。

偶出西門，見《毛詩疏》校本，最善，遣繩購之。聞湖州失守，未知確否。

十三日甲午，晴，熱甚。

節相命閱考試委員卷子，二更乃還，夜熱甚，不能寐。

十四日乙未，晴，熱甚。

晨趨幕府，畢昨日未完卷，午出遇懿甫，過談少時。

十五日丙申，晴。

懿甫、慕庭來視行，食後移居學使行署。居停馬雨公邀蔡□□、彭九峰、楊詠春同飯。

十六日丁酉，晴，十日來大有旱意，城人祈雨。

整理傢俱。鶴生、慕庭、澂士、惠甫來看。

十七日戊戌，晴。

懿甫來看。

十八日己亥，晴，炎風可畏。

喻慶勳總戎相過，其猶子□□參戎繼來。桂履真中行縣令見訪，鎮遠人，先在翁中丞許效力，去年還家，寄於玩州，與周娱階家寄寓同。今始來候補，言娱階之次子及其侄同來。食後走幕府，謝節相惠書。遂午飯於海、眉所。傍晚過糧臺，訪龍淵談，石于言其此番節相課委員有擬作，因詢其作，意謂與所問不正對，不肯出。《漢書·相如傳》鈔《史記》而失者也，《子雲傳》又誤仿之，《史》次相如於《西南夷》，與次衛、霍於《匈奴》同意，皆明著其開邊釁、勞師旅之罪，其平生苟且無檢亦相同。《佞幸》又兼及衛、霍，其意可知。蓋著録相如之文，不僅非美詞而已。孟堅漫因之而不思，尚得爲知言哉？其論極通達。遂答看桂履真，不直。因晤周氏兩世兄。楊詠春太守與之同寓，因就過談，識江良臣□□軍門、陳茹香泰來運司，茹香，仁和人，厚甫先生鍾鱗子也。

十九日庚子，炎甚，午有北風，黑雲，向晚乃得快雨。

周箴六謙，行二、述文誥，行三相謁。謙，娱階仲子；誥，怡芳長子；謙兄誠號帥明，行三去年奉娱階喪歸，尚未葬；誥弟謨號爾嘉，行五去曾見於望江，已先歸。惠甫贈黃刻嚴州本《儀禮鄭注》，尚有單疏，當别求。

二十日辛丑，晨雨，旋止。

劉彤陔來辭行，明日將登舟赴蕪湖署令。晚，視彤陔行。
廿一日壬寅，晴，時有雨色，夜半雨徹曉。
晡時過馬雲客，還過普欽堂。
廿二日癸卯，大雨，夜雨。
廿三日甲辰，曉，雨止，食後霽。
晚出過海航，倦即還。
廿四日乙巳，晴。
詠春相訪，言茹香將之休寧。茹香相訪。晚，答看喻易齋，遂訪茹香，詠春、馮子明亦至，縱談久之。
廿五日丙午，晴。
晚過海、眉譚。虛齋、聚垣、伯常相過。又過之。
廿六日丁未，晴。
桐雲過譚。
廿七日戊申，晴。
懿甫、慕庭來過。
廿八日己酉，晴。

廿九日庚戌，晴。

章秋漁大令見訪，績溪人，名遇鴻，舉人，由教習期滿選江西［德清］知縣，其縣方失守，以到任遲延革職，胡竹邨先生弟子也，年六十六矣。桐雲來訪，適已出。

三十日辛亥，昨夜小雨，晨起未乾，日間半陰晴。

食後過桐雲談。過銀錢所晤黎壽民。晚過眉生家晚飯。

六月初一日壬子，晨起小雨止，未乾，日間半陰晴。

壽民、桐雲相過。

初二日癸丑，小雨時作時止。

初三日甲寅。

初四日乙卯，雨。

初五日丙辰，夜雨至曉暫止。

初六日丁巳，大雨，夜，雷雨徹曉。

辰，慕庭來，以前課文相質。午，都城寶名肆汪錦堂來，言京中唯錢米常闕。

初七日戊午，食後霽。

雨公來談，且以詩見惠。

初八日己未，晴。

食後訪楊詠春、桂履貞、馮蓮溪、張秋漁、周至甫、江待園、程十洲、徐懿甫。懿甫已移家，適他出，遂過姚湛士，坐少時，見慕庭新歸寄出書，有陳氏《禮書》、黎崱《安南志》、《秦邊紀略》、陳逢衡《逸周書補注》，又有《傳家集》甚舊。又訪劉述臣，晤其族叔夏之言，曾得二月十八信，言遵義南鄉之西平、團溪皆有賊，一苗匪、一川匪繞竄入者，今不知云何。訪喻慶勳，方束裝，將以明日往運漕查辦北岸糧臺被游勇劫去千金事。中飯於眉、海所。節相言方咨會楊軍門、彭侍郎分撥水師，肅清江面。見邸抄，言五月初二以歐陽保極、孫恩壽爲貴州考官，其留館識者祁世長、許庚身仁和。節相言前月課卷，有言多將軍當駐河南，可救陜顧京，兼顧皖鄂，極有見，當施行。而嚴辰改部，何亮清改知縣。殿試一甲徐郙江蘇嘉定、何金壽江夏、温忠翰山西太谷；二甲陳彝儀徵、晚見市中一舊銅器似是錞于，軍中以節鼓者，欲市之，以稍大不便攜而止。又見一鐃，亦古人止鼓之物。

初九日庚申，晨，雨過即晴，大南風，水盛漲。

作字寄善徵。

初十日辛酉，晴。

晚過惠甫、懿甫。倪秋水人在同年相訪。

十一日壬戌，晴。

晨，節相過觀所收書，持《稼軒集》去。午後懿甫相過，同觀前順天尹蔣琦齡《應詔陳言十二策》曰……蓋亦留心治道而未能親歷之事，言之究多惝恍，然校之毛舉枝梧諸言路，亦可謂略見大體者矣。張勁筠盛凱大令相訪，懿甫曾言其熟於民情，理繁有才，今之好州縣才，廬江人，雖不讀書，而校拘牽伊吾者爲有用。

十二日癸亥，晴。晚，出城見《續通志》三匣，惜不全。還過魏邵庭，兼晤嘯雲、蕙生，見邵庭新收《總目提要》，聚善。答看倪秋水。

十三日甲子，晴。

十四日乙丑，晴。申甫過談。王朗生彬相訪，鶴生之兄也，自湖南運米至營還。答看朗生。遂過海、眉談。節相索假案頭詞本。善徵信至，夜，即作字寄之。

十五日丙寅，晴。

十六日丁卯，晴。

十七日戊辰，晴。過海、眉午飯。遂以墓表抄稿呈節相乞書，并以詞本四册及少游、白石兩家去。

十八日己巳，晴。

十九日庚午，晴。

上五日熱甚，十八、九夜至不得卧。

廿日辛未，時陰時晴。

熱甚，而有微風，夜稍涼。

廿一日壬申，陰。

昨日楊見山峴來訪，言其庚申八月别後隨劍泉，至去臘底不歡而散，遂由陝入京赴今年禮試挑選，皆無所遇。五月初出京，至是乃聞其里湖州陷，其家三十口在城中，未知存幾，情甚惋愴，欲搭火輪船至上海一訪之。今日食後答拜之，言其昔著之《公羊禮春秋中朔考》、《賈服春秋疏》、《倉頡篇孫集本補正》，皆未攜出門，尤可惜。過申甫談，借其《史》本六册。聞寧國郡城已報克復。午食後往幕府送黎壽民行。遂過海航、尚齋談。見節相，道賀收寧郡。

廿二日癸酉，陰晴半，入夜大風雷雨。

合肥諸生徐元伯字恒甫來請受業，懿甫之令子也，以繼其兄，氣宇頗開朗。方子聽濬益，定遠人相訪，言聞芋仙諸君見及也，談金石甚有見，皖中無人言此，大奇也。子聽，筠仙弟子，才自廣東其兄□□所來，道湘陰，曾見筠仙，謂七八月當來赴蘇松常鎮道任也。陳松韻錫書，黟縣相訪，致少荃伯敷堂弟也墨，索書，言其家藏書二十萬卷，與談古籍，皆能識徑途。李眉生相過，手假黄詩、蘇文去。

廿三甲戌，雨，旋止。

壽民來辭行，將以明日之寧國署守。晚過聚垣、桐雲。

廿四日乙亥，晴。

繩購得龔半千論畫册子，凡畫八頁，書十六頁，并佳。子聽來訪。

廿五日丙子，晴。

見山曉過，言《凡將》有七條，又言隨巢子、胡非子皆墨子弟子，《意林》所録外尚各有十餘條，見《文選注》等引。

廿六日丁丑，晴，夜涼，有小雨。

聚垣、慕庭、伯常來，以《柳集》、《隸辨》贈伯常，以篆聯贈聚垣，以武曹《四書》贈慕庭。

廿七日戊寅，陰，時有風雨，夜涼。

食後過子聽，見案頭有《説文校議》嚴可均，刻本甚佳，尋當借觀。遂過鶴生，鶴生方病瘧初愈。聚垣來，遂同往内銀錢所觀吴贊仙所寄書，累累塞屋，而琴西所收明本《廣韻》略本犒然出群。遂過眉、海談，且晚飯。出遇澂士攜《史記索隱》假還觀之。又見有《王忠文集》，未讀過，當尋來。懿甫晚相過。

廿八日己卯，晴。

廿九日庚辰，晴，仍熱。

恒甫、慕庭來，周至甫、汪晴谿、吴贊先過談。

三十日辛巳，晴。

晨過懿甫，至晚乃歸，識曹耕之孝廉翰田，銅陵人，談詩文頗有見。張勁筠言苗練已於鎮陽關大爲我備。

七月初一日壬午，晴。

懿父來商處方，謂藥物不可緩也。

初二日癸未，晴。

看贊仙、琴西病，午飯於眉、海所。

初三日甲申，陰晴半，大風，時悶熱，夜雨。

過桐雲午飯，見山言其爲陳[碩甫]奐之弟子，其鄉嚴鐵橋手校書存有數種，今不知存否。問至甫徽郡有朱濂其人否，云歙之老生，今已逝。

初四日乙酉，陰雨，夜雨徹曉。二日見飛蝗自東而西。晨入幕府，閱前月課委員卷，首篇問目爲：「《康誥》、《酒誥》□『王若曰』及《梓材》三『惟曰』」經義。至甫主康成說，反復申明，證據精確，群議宜先之，果不謬。朝食于洪向許，午食於節相，又觀徐[雪邨]、華若汀所製火輪縮器，乃還。

初五日丙戌，雨，涼。

取毛氏《史記索隱》單本，以中統本校之，單本爲備，而中統本亦多長處。

初六日丁亥，雨，益涼。

方子聽來，劇談，以魏孝昌三年《石窟記》相示，署云袁翻文、王實隸，絶似初唐人書，魏書之精好者也，惜剥落太甚，只數塊有字耳。又《魏根法師碑》字近張猛龍，皆昔未見者。慕庭來言，其將以三五日出查各釐局，欲攜案頭《史記》過録震川評點，亦借用功，即不帶他書。

初七日戊子，雨，午少止。

畢小司馬《史記》，麤觕而已，他日當細校過。慕庭視「王雄」朱文印。考晉王戎之祖名雄，幽州刺史；北周有王雄，封庸國公曾爲涇州刺史；《明史·胡爟傳》附有永清人王雄，當是明物耳。

初八日己丑。

初九日庚寅，雨。

徐懿甫來。聞李中丞遭内艱。

初十日辛卯，曉陰，食後晴。

聞眉生、桐雲病，看之。遂過見山，見山言嚴鐵橋先生《四録堂類集》，已刻者《唐石經校文》、《孝經鄭注》、《説文校議》、《説文聲類》、《商子》、《抱朴子》、《鐵橋漫稿》，又校《唐類要》，未卒業，僅刻十餘葉，此外似皆未刻，其著書目録載致陳碩士侍郎書中，其行篋有龔定庵、惲子居兩家集，借來觀。

十一日壬辰，晴。

十二日癸巳，晴。

聞甘子大收宋本《干禄字書》，假觀之，蓋揚州馬氏翻刻本也，訛謬不少，亦可校讎一二。又有延祐本《通鑑紀事本末》，甚佳。又有《曹景完碑》舊拓，皆佳。遂看眉生，已愈。又看桐雲，則方瘧，不見客也。還遇楊詠春，談少時，月上乃歸。

十三日甲午，陰，午後雨。

寅正二刻立秋。懿甫、李幼荃昭慶來談，遂同過雨公晚飯。繩偶收得鄭汝器分書，直幅，甚好。又有以鄭履祥書《黄庭經》求售者，履祥明末知廬州府，崇禎十五年張獻忠破廬州，《明史·流賊傳》謂履祥死，而《忠義·趙興基傳》謂履祥與合肥知縣□□貴同縋城遁，事後畏議，揚言歸罪於通判趙興基，總督史可法核實，其乃請恤趙而罪守令，然則《流賊傳》之書死，蓋史駁文也。

十四日乙未，陰雨，大北風。

十五日丙申，晴，夜半雨到曉。

晚出看眉生，遂與海航同過申甫，相將坐屋後怪石豐草間，蕭然有野意，月上乃還。

十六日丁酉，霽。

午看桐雲，方截瘧避人，遂還。虎臣至，縱談久之。

十七日戊戌，晴。

李小荃瀚章觀察見訪，言自江西來，將往廣東辦釐金，待洋泊走上海，取海道甚便。琴西、伯常來談，拉同飯於銀錢所，見琴西案頭昭文張金吾《愛日精廬藏書志》三十六卷，《續志》四卷，凡八册，言其家藏書八萬卷，選宋元舊本及明精本，國朝老輩新著未傳之本，合萬餘卷，而爲此目。言收藏校讎所資甚大，遇當購之。遂過眉生談，還走求闕齋謁節相談，其南樓已拆去。晚過看桐雲。

十八日己亥，晴。

十九日庚子，晴。

曉答小荃拜，不直。晤幼荃，小坐，遂過馮濂溪，還看桐雲。見山來談。子聽來談最久，相與認袁翻所撰石窟碑文，得十餘字。

廿日辛丑，晴，悶熱甚，傍晚大雨。

饒雲舫（家）琦來訪。舍弟己酉同年也，以檢發來此，十許年矣。福中丞、翁中丞并辦文案，善小楷書。楊詠春過談，言早晚當東下。朱仲武言黟縣（四）有汪蘭士文臺，諸生學博而極精，不好詞章，卒才四十餘，所著多未成書，唯《英吉利考略》一種已刻。其同縣著《癸巳類稿》之俞正燮博與之敵，精不及也。

廿一日壬寅，晴，悶熱，晚西南雲起，稍解。

隨龍淵來，談及金石，謂其鄉有北朝碑數種，道通當可致，偶及《魏根法師碑》，云即數種之一，在山東樂安縣大王橋村廟中。曹耕之翰田、懿甫同相過，縱談久之。晚過海航，聞其將委署無爲州。還，同琴西謁節相，乞白朮。

廿二日癸卯，晴熱。

懿甫來談，遂晚飯，琴西、伯常相過，一更後乃去。懿甫索《埤雅》，以蔡元度《毛詩名物解》予之。元度蓋全竊農師書，一字不易，前人皆未之覺也。

廿三甲辰，晴熱。

伯常過談，午後乃行，咸言其縣之聖人山頂有方石，石有篆字，相傳蓋禹迹也。

廿四日乙巳，雨。

彭侍郎相看，遂同飯于雨公許。

廿五日丙午，陰涼。

祁門人持善徵信至，言其病脚腫，得瀏陽醫者宋君治之，漸愈矣，以煙葉一包來。易昀美潤壇信至，致舊墨一大塊，且爲朱雲巖軍門索篆聯。

廿六日丁未，半陰晴。晚出，與眉、海同看桐雲。子聽過談。

廿七日戊申，陰，晚雨數點。

程松雲來言，朱豐芑駿聲昔官其縣教諭，故後人遂家黟，惜亂來其藏書多散失。松雲家移避數處，幸皆存，其最善者則宋本《太平御覽》、《册府元龜》也。作字答勉林、昀美。又作字寄善徵。爲雲巖作牓聯，句云：「始知將略關天授，不泥兵家契古人。」晚過海航、幼荃、欽堂相看。

廿八日己酉，半陰晴。

晚過子聽。夜見有彗星，聞已數夕矣，未細審。

廿九日庚戌，半陰晴。

看程松雲、李幼荃。又過見山，不直。晚過幕府，得壬秋來信，言其將往秦晉，兵阻，還滯鄂中，中有柏容夾片，言遵城被圍，其家皆避之城中，不言何時，似有六月字，不與上下貫注，何率略也。得碧湄信并追詠廬山詩二，殊長進。

八月初一日辛亥，雨，凉。

懿甫來作竟日談。晚，至甫來言，彗以上月廿五始見，廿八在天床，廿九在左右樞間稍進，其光不甚耀，數日移出垣，當無妨也。作字寄禹生，併以陳《鑒》，托小荃觀察致之。

初二日壬子，雨。

見邸抄，言六月二十至廿三四日始引見新進士。

初三日癸丑，陰，時時小雨，夜半大雨徹曉。

晚過周宅三，以世德堂《莊子》贈之。又過陳作梅。李中丞至，不見客，屬員、營官送其太夫人祭品，皆却退。

初四日甲寅，曉大雨，及朝食乃止，已後晴。

晚走幕府，節相以前月課卷令持歸校閱。子聽相過。聞張仲遠、周弢甫皆亡於常州。

初五日乙卯，晴。

閱定課卷擬批，晚繳去，冠首者程伯敷，嫌太長，得用其意，擬《雕龍》文體一篇，尤善也。聞廷議不許李希老奔喪。夕看桐雲，已愈。識葉介堂觀察。

初六日丙辰，晴。

琴西來觀中統本《史記》，伯常來借《戚伯著碑》。遂同過柯小泉家，候其尊人，復憩軍械所談。

初七日丁巳，晴，夜大風。

初八日戊午，晴，夜大風。

初九己未，晴，夜有小雨。

初十日庚申，晴。

蔡朗軒來訪，方仲舫、聶雲珊以羅伯宜萱來訪，北宜湘潭人，言其太翁與筱岑同年，深于小學，北宜亦有家法。趙惠甫相過。言明日當往江西視弢甫之家。得舍弟祁門信，晚作字寄之。

十一日辛酉，晴。

過普欽堂、張練渠，遂送趙惠甫行。又過曹耕之。出城散步，見有竹垞分書，尚可，乃爲宋牧仲臨《曹全碑》。晚，柯年丈華輔相過。

十二日壬戌，晴。

柯小泉來談，遂同過雨公飯。晚走幕府。夜，答看羅伯宜。

十三日癸亥，乍陰晴。

十四日甲子，晴。午後熱。

待園、澂士、椒岑及馬□甫□□相過。椒岑爲左中丞所調，其太夫人尚在漢中未還，尚未能往。伯宜來談，且以近游詩卷相示，甚開拓有才。晚走幕府，郭筠仙觀察適至，留談久之，二更乃還。

十五日乙丑，辰初白露。晴熱。

琴西來談久之。晚，子聽來。

十六日丙寅，晴熱。

晨過忠義局訪晴溪，至甫，遂同至甫過善後局早飯。郭筠仙相訪，以黄鶴亭觀察同至。

十七日丁卯，晴。

十八日戊辰，晴。

過懿甫作竟日談，識金梅生安清廉訪，甚有幹事才，方爲袁午帥所參聽勘。

十九日己巳，晴，晚雨。

懿甫來談至晚，以將歸葬母，有一月之别也。

二十日庚午，晴。

過子聽、伯宜，遂與伯宜同候筠仙，同晚飯于方仲舫。識李竹吾學博於眉生所，竹吾，龍山人，有文行。

二十一日辛未，晴，數日皆甚熱如三伏，傍晚乃涼風殷雷，有數點雨。

過糧臺候龍淵病，方轉瘧。與子珍、少崖、石于談少時，又過蓮溪言，聞毛賊三月至遵義，攻退，湄、甕賊還據桐梓。眉生索余本《史記》甚殷，贈之。

二十二日壬申，陰，時有涼風，午後雨。

金梅生相訪。向晚，筠仙、眉生并吴楨□嘉善自雨公所來談，眉生攫《陸宣公集》以去。

廿三日癸酉，寒雨，可衣棉。

晚答看吴子登嘉善編修於内軍械所華若汀許，子登明算。

廿四日甲戌，寒陰。

答看金眉生，眉生言花旗國有華盛頓者，本事英吉利爲將，放歸久之，其國苦英人之誅求無藝，競擁盛頓爲主以攻之，八年百戰，屢敗而氣不挫。鄰海國皆以兵來助，乃大勝英師，劃疆不相役屬。自分其國爲九部，部有管領，管領詢部中人自推，人書意所服者以進，取推服最多者充。四年一易，又詢部民更推他人。其政績昭著，人人心服，願請留者則更留四年，一留以後更不許再留。其管領已退者，即儕平人，勝頓功成部署管領以後，亦自退于平民。其國日以富饒彊勝而大治，今七十六年矣。遂過徐沂甫談半時，又過魏邵亭，更看高蕙生。

廿五日乙亥，寒陰。

張觀察慶安相訪，方自祁門來，兼惠石濤《將進酒圖》及墨二匣。琴西、伯常過談。

廿六日丙子，寒陰。

沂甫過晚飯，言尚有數日留，可圖再晤。袁輔卿藻相訪，且以舍弟信來。

廿七日丁丑，寒陰。

答看仙舫、輔卿，皆不遇。晚過眉生、海航，晤滌老，舉運氣恩怨之説，以概古今，殆亦有然也。

廿八日戊寅，乍陰乍晴，乍寒乍熱。

羅伯宜以游草見示，甚有才情，且以其尊人汝懷，字念生所選《七律詩流别集》叙例目録來校勘，其命意不取于田、歸愚之漏全元，又不取覃溪之不録明代，持論甚平允。唯宋元所録太不備，爲略書所見而歸之。李企甫復來辭，將歸，贈之四經。

廿九日己卯，乍陰乍明，時有小雨。

金眉生示近著《淮南善後議》，言今河已北徙，水患可免，宜究心耕墾、商税兩大宗，以抒民是要務。殊有見。税又以鹽及雜物分兩宗。謂昔有河患時，春夏之交，其民率渡江求乞，秋後始歸。幸無旱澇，僥倖一獲，故習而爲盜比比皆是，其殷實户亦豢多人保家，久之習以格鬥爲長技，其風氣與粤閩任氣者不同，皆富教無術致然。今所患既無，可以急講，而當事者了不議及。八年，西人通商，曾代草《十大害疏》，末云西人長袖善舞，若據江漢四達之區，以千百萬鉅資，因時壟斷，買賤賣貴，坐收中國之利權，不張一弓，不折一矢，而海內膏血皆爲彼有，從此民窮財盡，不可救藥。自古和議割地爲極，與以百里則百里之利害勿問矣，與以千里則千里之利害勿問矣，從無以長江數千里之地，利則歸外夷，害則歸中國，雖以帝王之尊施之，編氓猶且不受，況冠履之倒置乎。又曾議兵事，云皖北地大物博，爲自古戰争之所，猝有雄桀之徒假竊名號，徘徊兩利，則其害有大甚逆匪者。今皆然，可長歎也。

宗源瀚，江寧人，有文有幹略，下筆頃刻千言，今年甫二十八。眉君被劾查抄時，理□諸悍役，且能手籍其經帳原委。《旱望雨歌》謂，責山靈誠公不職，山龍答以昔者綢繆周密，特以千萬中之一二未被澤者訛言，逆天門致雷霆焚擊之怒，今老於事，肺腑(胰)[鐵]石腸冰澌矣，書生見小，何一水一旱，要憐瘡痍耶。

三十日庚辰，沉陰，晚雨。

過子聽、敬生、仙舫。仙舫示近人吴昕青緑山水長卷，甚工緻。識彭恬舫，樂平人，善堪輿，曾視萬年吉地，醇謹有學，年六十八矣。邸抄貴州進士楊先棻、譚均培并二甲，用庶常。顧衷、周培錦安順并三甲，用知縣。所識攸縣龍湛霖、定興鹿傳霖并用庶常，洪洞王軒用知縣，庶常何亮清散館，改選雲南定遠知縣。六月廿二奉旨：韓超奏四川粤匪竄入貴州正安等州縣滋擾，經派兵練擊敗，匪衆麕聚鴨溪，總兵吴安康與知縣羅燦奎帶練會剿。四月二十八夜，羅燦奎選勇暗入鴨溪攻潰釐賊，多所斬獲，餘匪竄黔西，燦奎著免本班，以知府不論雙單月先選。

閏八月初一日辛巳，午後晴。

作字寄善徵，托輔卿帶往。聞姚秋浦觀察以前月廿六逝，大是可惜人。聞廣德非降人變，乃僞忠王以賊黨來也。

初二日壬午，晴。

作字寄柏容及壬秋。

初三日癸未，晴。

伯常過談，謂太平有賊至，告急。

初四日甲申，晴。

邸抄七月初四日，諭官軍攻剿石逆，解綦江圍。知府唐炯率黔勇，由石佛岡進攻，焚毀賊壘，復分隊由下游截擊，城中練勇奮力殺出，立解城圍。進攻長寧。知縣柳宗芳免補本班，以同知用；縣丞楊承瑞賞戴藍翎。

初五日乙酉，晴。

初六日丙戌，陰，時有小雨。

初七日丁亥，晴。

筠仙來辭行，將乘輪船之蘇松常鎮糧道任。懿甫又訂以明日暫歸合肥，金眉生招同午飲，李眉生亦至。晚過幕府，聞鮑軍門病瘧，甚委頓。宋、馮兩將病疫，昏不知人，大可慮。得許仙屏信，言其已至家，邀今冬復北上，廖再卿將以來。

初八日戊子，晴。

懿甫未行，夜復往送，明發必行矣，當有匝月隔也。張仙舫來談至晚，同就雨公飯。

初九日己丑，晴。

送筠仙行，同晚飯於幕府，出城視其登舟，月上乃還。江軍門長貴相訪。

初十日庚寅，晴。

饒雲舫委涇，蔡朗軒委鳳臺，并來相訪。陳書齋亦見過，適已出。劉誨臣大令廷佼，石阡人，己酉選相訪。聞沈朗亭撫軍在碾伯道中爲水飄没。聞廣東颶風致壞省城民舍甚衆，其風勢至清遠乃止，清遠以下壞舟數千，水陸傷人迨數萬。

十一日辛卯，晴。

金眉生來談，向晚乃去。子聽亦相過。眉生觀石濤畫，甚激賞，賦詩走筆，□佳。

十二日壬辰，晴。

節相有皖南營員多病上疏。

十三日癸巳，晴，午後小熱。

出訪雲舫、朗軒、眉生、誨臣、慶勳、蕙生諸君，於蕙生所見知不足齋殘帙，乞其三函以補家本之闕。

十四日甲午，陰，晚雨。

十五日乙未，晨小雨，午後霽。

過海航早飯，遂過金眉生。

十六日丙申，晴。

送海航于南門外登舟。有持梅道人畫，上有錢惟善律詩，詩字皆可，又有周墨農又新藏印。

十七日丁酉，晴。

曉起日已出，西方猶見淡圓月，頗憶昌黎《晝月》詩也。午過眉生，遇黄梅帥生蘭九，言湖北鄉試點名，首場一日夜，至初九天明乃畢，以雨擁擠，不知更有他故否。人人極口罵監、臨；二場點入甚速，施南一府，人未至遂封門，兩事皆辦之不善。嚴中丞抑何孟浪爾爾。施南士人不得入場，鼓噪闖節相，以資斧遣之，不可，乃三場時補其二場。十七試駐防日補其三場，又蛇足矣。

十八日戊戌，晴。

與竹浯同出西門，謁余宣公墓，憶去年八月尾泊墓下，頽垣蔓草，不可復識，今年五月彭雪琴侍郎修治立碑，乃漸通游屐。

十九日己亥，晴。

金梅生來談，觀仲圭畫且有詩。

廿日庚子，晴。

廿一日辛丑，晴。

《作詩贈眉生書其〈臨淮詩文〉後》：

大河患徙洪湖通，長淮奪還毛盜叢。非常之源在屯轉，天以此幸開人蒙。稱心得子五便議，坐想歲月觀成功。機艘狎波疾于風，中原大利江流東。授人以柄豈不足，苦用文法增髼茸。庚申舊事只長慟，肯信訏謨成數窮。病猶未瘥作本計，子言得暨能中充。眼前擾擾枝節耳，一砭一炙皆良工。旱蝗驀天攬客悰，責山檄水陶憂忡。山如有語龍匪聾，但習雌守忘其雄。頓令磊塊插天柱，酒澆不下崔嵬胸。看君經畫琦晏同，豈直老景廬安豐？天生長才待盤錯，一蹶一起資磨礱。中朝老事亦偶爾，會有推轂來大農。何妨志業扶堯手，暫擬滄浪學釣翁(五)。

廿二日壬寅，晴，北風微寒。

觸語、伯常來長談。吳宣齋來辭行，言即登舟矣。

廿三日癸卯，晴，微寒。

廿四日甲辰，陰。

《湘鄉節相寄蘇辛「大江東去」、「千古江山」長短句爲惠賦謝》：昔以紈扇乞書，亦今并至，故有結句。

摧敵渾如翰墨場，伏波横海見湘鄉。笑談早已收廬皖，草竊寧容老建康。古調銅琵飛激越，高秋盾墨恣軒昂。野人心迹同捐扇，東下猶堪一奉揚。

《湘鄉公惠撰先君子〈墓表〉，更許爲稿書，先刻木，敬以册子奉乞，附呈律句》〔六〕：

翼之教法令誰記，一表河山萬古稱。先子延江流樸學，倚公雄筆是廬陵。豐珸刻劃歸須就，西道兵戈阻未能。更許稿書傳棗木，競看磨盾縱秋鷹。

廿五日乙巳，晴。

午過眉、竹飯，見湖南文書，言八月楚兵攻復貴州之天柱，又攻破巖門賊，斬馘甚衆。又言石逆在仁懷乃八月中下旬事。謁謝節相，呈二詩，因慫恿刻其昔抄文目，不應，且屬他日不得聽故舊門生刻其集，謂集如《孯經室》，亦止盛年專力考證者可存，不過十之二三，餘皆決其不傳，持論足砭近人顢頇大集之太不自量，非通人不能見及此也。又請傳刻古書，許《史記》震澤本及《通鑑目録》及《韓文》及《莊子》。因與琴西言庇材。見其京師友人來信，言七月十五之夕，都城見流星如織，一二更後又有大星如月，後隨小星無數，自東北度西南而滅，光焰甚大，仿佛有聲。還爲繩述之，繩言其夕流星如織，皖城亦多有見者，余未留意也。

廿六日丙午，晴。

聞雨花臺有賊來攻，甚急。聞湖南毛中丞被召，以試官緜宜巡撫湖南，大可怪。彭九峰相過。

廿七日丁未，晴暖。

趙惠甫自江西還，往看之。還就眉生少談。子聽相過，言當往黄州買布，索作字與芋仙，并寄石濤册子。

廿八日戊申，晴暖。

仙舫相過。聞雨花臺頗能立得住，無他慮。

廿九日己酉，晴。

吊弢甫，爲之挽聯。晚飯于惠甫所，識左孟莘樞，湘鄉人。

九月初一日庚戌，晴。

惠甫、孟莘、敬生相訪，適已出。訪竹浯、眉生談。見滌老甚憂灼，見廷寄至，答其前月十二疏請別簡大臣助理軍事者，不允，責成使相，語甚肫肫。聞將以申甫開一軍，統五千人。與竹、眉飯於善後局，見仙舫，贈之大滌畫一幅，畫鳳皇臺太白五言詩境，亦雄偉。晨聞朱惺原奎章自江西解餉至，來訪，丙辰歲相別，今七年矣。

初二日辛亥，晴。

惺原相過，約以初四會談於蓮溪所。金眉生來示寄嚴仙舫書，謂現在若以奇兵出嘉湖，可擣賊之虚，又當調苗練爲東征一路，皆止可作紙上談，其謂餉源在鹽、茶、荒田三大宗，則皆切實之論。惜無人肩之耳。

初三日壬子，晴。

姨侄賀緒蕃來訪，緒蕃字幼村，由黃平廩生援例山西候補經歷，先從翁中丞效力于壽州，中丞去，還湖南。今年來湖北，爲唐方伯所留，方伯署皖撫，隨以來，言鎮、黃有事時，其兩兄皆被難，緒蕃避之長沙。憶乃翁辛卯歲同鄉試後，即未曾一面，爾時緒蕃始生也。乃翁名廷璋。

初四日癸丑，陰，北風，寒。

過琴西，遂過蓮溪晚飯，復視饒雲舫行，還蓮溪所，與惺原話舊。

初五日甲寅，晴，北風。

惺原來辭行。得柏容、壬秋信，柏容言其弟兆祺總東鄉團練，頗有起色。作字寄善徵。

初六日乙卯，陰，北風。

出吊倪大令人涵，遂過竹浯談。聞上游有賊，方爲之備。

初七日丙辰，陰，北風，晚晴。

金眉生來話。惠父言旬内將往上海。

初八日丁巳，晴，北風。

訪惠甫，視其行，遇之中道，遂同過其家喫常州餅，晚同謁節相。節相托其九江下時帶一釣鉤船運軍械往江寧。沅帥有四日信，唇角小傷，然尚支得起。上游鬬相信，令準備楚北，不能兼顧。以單托惠甫至上海求書，借付十金。

初九戊午，晴。

眉生、惠甫、孟莘相過，約登城東浮圖，適眉生有阻興事，遂散。仙舫來談。幼村來，晚飯乃去。

初十日己未，晴。

惠甫登舟行。孟莘來同補登浮圖，才一級而止，孟莘獨至絶頂，憶去年同登者周至甫、姚慕庭，今來至甫已古人，慕庭遠差未歸，老夫腰脚固已不如去年，而存没之懷，倍益愁思。仙舫來，同過雨公飯。慕庭差還，乘月相看，遂别已三月矣。聞有初五信，雨花臺大獲勝。

十一日庚申，晴。

金眉生以所收《三朝北盟會編》相視，是未見者，當拚一月功了之，略與《史鑑》相校。

十二日辛酉，晴。

出看慕庭，不直，遂過忠義局看至甫孤子，還過眉生晚飯。

十三日壬戌，晴。

十四日癸亥，晴。

十五日甲子，晴。

十六日乙丑，晴。

十七日丙寅，晴。

芋仙信至，托繩爲求畫卷。

十八日丁卯，晴。

十九日戊辰，晴。

作字答芋仙。劉雲喬孝廉冀遷相訪。李幼荃相訪，方自上海來。

二十日己巳，晴。

答看劉雲喬。過張仙舫譚。訪周縵雲，縵雲與幼荃同舟，以眷屬至。

廿一日庚午，晴。

眉生過談。縵雲相過，以《儀禮》單疏見惠，又攜楊利叔信，言邵位西已有消息。

廿二日辛未，陰風，霧，薄寒，夜，風雨。

答李幼荃。高碧湄來，夜往其寓看之。《順天鄉試題名録》至，貴州中式者三人：李端芬貴築，十二、劉琪枝貴築，百一、魏永春貴定，二百五十三，副榜一人：景其沅興義。

廿三日壬申，陰雨。

金眉生招飲，倦出，仙舫來談至晚，遂同就雨公飯。

廿四日癸酉，陰，夜雨。

碧湄來訪，攫袖珍《莊子》去。

廿五日甲戌，小霽復陰，夜又雨。

過竹浯。訪錢子密，出，至眉生家，同過申甫，碧湄亦來，談至晚乃歸。

廿六日乙亥，陰寒，北風欲雪。

張練渠招飲，飲罷過金眉生。

《練渠太守招集楊樸葊郎中柯竹泉明經陳虎臣大令》〔七〕：

舊雨荒江欣雅集，滿堂愛客勝南州。漸知酒味能餘暖，可奈風光欲送秋。畫里菊松看總好，琴邊沙水聽還愁。主賓忽漫當筵舞，三捷轟傳自石頭。觀南田松菊圖，聽鼓《平沙落雁》一曲。江寧捷書亦至。

廿七日丙子，陰，晚雨，甚寒。

碧湄相過縱談。聚垣、伯常見過。蔡世兄來訪。

廿八日丁丑，陰，午飛雪片，夜，小雨。

晚過申甫，會碧湄、眉生談。

廿九日戊寅，晴。

午走幕府，聞江寧廿一、廿五屢有捷信，金竹關亦大捷。

三十日己卯，晴。

碧湄相過，言其明日將行，遂爲作印，文曰：「荒率天真。」夢荸亦來，遂同午飯。陳虎臣過譚，言石埭諸生蘇珮，字珩齋，號梅仙，詩品清絶，好游、好潔、好梅，著《修梅閣詩集》。每日五更起讀《易》，梅時起即看梅，年四十即不應舉，將卒之歲，其庭中紅梅忽枯，自知將死，已而果以探梅中寒不起，年七十一。卒後其家緑萼亦自萎槁，常自謂紅妻緑妾也。家本素封，以游而貧，意所欲往，雖在千里，明發命駕，海内佳山水，集中得十之四五焉。石埭又有貢生徐調庵，名作梅，能文率真。

十月初一日庚辰，晴。送碧湄，已行。送仙舫。晚飲于柯竹泉丈所。

初二日辛巳，晴。午飲金眉生所，乃爲仙舫餞，同至者彭恬舫。

初三日壬午，寒甚，微雪。幼村來辭行，將以明日往臨淮。

初四日癸未，晴。申甹來談。梁玉農武進士游擊來訪，言方公幹至祁門，九月半間晤善徵弟，無恙，以轉運急，親督往休寧、徽州、旌德，近當還矣，攜得其所寄信來。彭雪琴司馬九月廿九信至，并寄一扇與繩。

初五日甲申，晴。過向伯常晚飯。

初六日乙酉，陰，夜雨。彝兒信至，言七月廿二即奉其母及嬸及弟妹出門東來，取綦江道至重慶登舟，阻風阻水，直至九月十六方抵漢鎮，已行八七五日矣。其出空舲以後，經東湖縣之紅石子，舟斷爲二，幸遇救皆得生全，衣物大半失去，現猶在謀舟貲，早晚可至。數月以來欲謀歸料理，恐道路阻滯，甚切焦憂，既來亦暫慰耳。室屋之費，朝夕之資，又增愁累。伯常、慶勳見過。洪蓮舫鈞相訪。

初七日丙戌，雨。

走幕府謁節相，言家人避兵出，已至武昌，乞假受廛之資。節相謂方爲祥芝謀開復知縣加直隸州銜，薦章十二當發，奉旨後即遣還湖南，君可相將而去，此即爲君謀也。因辭以太驟，宜更磨厲使去狂奴故態。且即奉准開復，亦宜使效力麾下數年，奉教令以成其材。便使去，則政學未聞矣。且渠往需次，亦安能望其即能養兄耶？節相笑頷之。琴西言萬壽宫西間壁之洪家大屋可住，當爲謀僦。

初八日丁亥，陰。

《和答金眉生》：

峽山千疊夢猿啼，江水年年不向西。下里欲歌慚白雪，小爐無恙且紅泥〔八〕。秋華黯黯懷人遠，故壘蕭蕭落日低。稍喜眼中安節老，肯持尊酒慰羈棲。

初九日戊子，小晴，復陰。

出賀慕庭將嫁侄女，還過琴西、覲勳、練渠、蓮舫，夜過桐雲視行，將以十一從唐中丞往臨淮。

初十日己丑，寒雨。

十一日庚寅，陰。

節相壽日，不見客，率兒走幕府，掛號而還。

十二日辛卯，陰。

十三日壬辰，陰。

走幕府看竹吾，適眉生爲之餞，遂留晚飲，竹吾將西還也。

十四日癸巳，陰。

送竹吾行，又送桐雲。桐雲往臨淮依唐中丞。李芋仙自彭澤來相過，且以劉夢得、李義山、劉文泉三家文見與。張福自祁門以九弟十一日信至。

《送李竹浯教諭還湖南》〔九〕：

客緒秋難理，君來得素心。斯文方叔老，古味仲車深。喪亂歸難計，飄零别不任。戈船看西泝，夢繞三山岑。

我師石牛洞，乃祖龍眠山。勝迹似里閈，崇朝能往還。結鄰有成諾，誅茅待春閑。莫漫黟黄輿，臨江生後艱。君約秋深同爲黄海之游，訂以明歲重來〔一〇〕，結鄰於桐潛佳處。

十五日甲午，晴。

芋仙仲子菊存文琛，其兄松存名文忠來候，年十四，能畫山水有致。晚訪芋仙，已出。九弟初五字至，并煙葉、韓文。

十六日乙未，陰。

十七日丙申，陰。

高惠生相訪。柳麓漁熙春庶常相訪，新自京師來，言辛酉夏在保安寺王壬秋許曾相見，未及往還，而余出都，此來不過三日留，當索一篆牓相贈。芋仙、眉生晚過，芋仙苦索石濤所畫《將進酒》畫卷，余不肯應，彊攫以去。

十八日丁酉，陰。

彝兒輩舟至，彝登岸來見余，繩即登舟視其母、嬸、弟、妹，五年阻絶，歷百險來無恙，喜可知也。

十九日戊戌，晴。

以下數日皆暖。答麓漁、慧生拜，且看羅伯宜，又過金眉生。繩將家中老小登岸，暫寓於三步兩道橋之德發店。

二十日己亥，大雨竟日，且有雷電。

方子聽招同芋仙早飯，遂同過謝雲卿希還太守，觀其所藏書。

廿一日庚子，陰。

謝雲卿相看，言與祥弟舊交也。

廿二日辛丑，陰。

雲卿遣送《滇繫》至，以致馬雨翁。送芋仙行，答雲卿拜。

廿三日壬寅，晴，夜雨。

遣張福往祁門，方渡江而九弟遣人適至，言皖南雖緊，休、祁一帶部署已周密。金眉公過訪。聚垣、伯常相看，遂同過幕府。見廿一日廷寄：十月初八日奉上諭：前因貴州貢生黎庶昌條陳時務，由都察院衙門代奏，當經諭令該衙門轉飭該貢生，將應呈事件詳細具呈。茲據都察院具呈代奏，詳加披閱，其中雖有改更舊章，事多窒礙之處，間亦有可採擇。業經另行降旨施行，并交該衙門分別核議外，黎庶昌以邊省諸生，攄悃陳言，于時務尚見留心。方今延攬人才，用如恐不及，黎庶昌著加恩以知縣用，發交曾國藩軍營差遣委用，以資造就該員，其勉圖實踐，用副殊恩。欽此。

黎蒓齋妹倩自去年五月半鄂渚相别，赴順天鄉試，留京匝一歲，有半歲竟盼一字不得，忽以上書蒙破格之恩，且發往曾節相營資其造就，計冬末春初當至，婦兒已來，親戚又聚，皆意外天幸也。

廿四日癸卯，大雨竟日，大雨徹夜。

食後雨小止，率彝兒見節相及幕中年世諸好，節相謂當即遣祥弟往湖南。適弟書來，言湖南雖樂土美仕，決不肯舍此去，必乞更效力二三年，以資陶成歷練。遂以意達節相，節相頷而許之。聞九洑洲賊且上竄，北岸戒嚴增防。金眉生信來，言懿甫已至，但病，三日不食。

廿五日甲辰，晴，午後陰，大風漸寒。

出看懿甫，已能晨食，特疥痾爲患，不便行坐。聞椒存將還，看之，遇諸塗。慧侄女感冒出痘，繩請莊齋看之，云順症，可無憂也。

廿六日乙巳，陰，北風，晚尤甚，嚴寒欲雪。

作字寄九弟，其來卒持去。出送吴贊仙行，葉介堂招之往祁門。

廿七日丙午，陰，北風。

廿八日丁未，陰，北風，時有雨點，乃釀雪未成也。

廿九日戊申，陰。

琴西過談，晚乃去。見繁昌有禀，言吴廷華等所帶練索夫騷甚，在廿四日。計廷華等廿五方至彼。

十一月初一日己酉，陰，午後風甚寒，夜有霰雪。

過幕府，尋眉生。

初二日庚戌，巳，冬至。雪，午後尤大。

張福還，得九弟信，言事理甚愜當。

初三日辛亥，雪霽，午後陰。

過雨公，與小泉飯，金眉公饋家人食物。午後侄女惠以痘殤于旅店，惠失母者七年所，今隨其繼母來，歷重峽舟壞不死，而死于此，尚不得見其父一面，傷哉。

初四日壬子，陰。

葬惠於北門外二里。

初五日癸丑，陰。

初六日甲寅，晴。

初七日乙卯，晴。

過幕府，聞皖南賊陷太平縣。過金眉生，已他出。遂過練渠。

初八日丙辰，晴。

芋仙信至，必欲買謝氏書，以價來屬爲周旋。周縵雲相過。謝雲卿來議芋仙事，與縵同過金梅生晚飯，錢子密已先至。聞賊自太平趨魚亭，僅隔祁門三十里。作字寄善徵，遣張福明日行。妻孥移寓錢家牌樓。寄字柏容及劉品三。

初九日丁巳，晴，午後陰。

作字與善徵。

初十日戊午，晨不能霜，而微雨，即晴。

金眉生相過。謝雲卿過，言芋仙昔日口角，猶不能釋然，力爲慰解，許作答致之矣。

十一日己未，晴。

聞祁門初七日失守，皖南道葉介唐諸人逃之倒湖。

十二日庚申，晴。

十三日辛酉，晴。

走幕府，聞初七之夕王都司兵至祁。初八唐鎮等營亦陸續至，節相甚歎息痛恨。葉道始而輕催出隊，繼而輕走，若能更半日堅守，即可轉危爲安。過金眉生、徐沂甫。

十四日壬戌，陰。

十五日癸亥，陰，大北風。

善徵十一日信自景德鎮至，言初七渠方出支應軍糧，午後還城中，官皆已盡逃，居民紛紛奔竄，駐觀久之，尚無賊蹤，糧臺夫役俱已逃盡，薄晚亦尋一竹筏順流下，明日乃尋及皖道諸人於倒湖，同走景鎮，幸其所營餉項先運在船，得不失，制錢軍械約棄十萬金物，衣裝書卷皆無一存。食後聞祁門即以初十收復，可見無甚劇賊，當事之輕棄之罪不可逭矣。劉詠如信至，托寄其兄解如信于遵義。作字與善徵。又作字答詠如，屬其明春來時攜《說文繫傳》與繩看。

十六日甲子，晴。

汪星階觀察見訪。名曜奎，崑山人，庚子舉人，歷河南祥符令，從勝宫保軍，洊升浙江候補道。金都轉借畫，以梅花道人《風竹》去。

十七日乙丑，晴。過子聽。又過申甫，識李雨亭太守，開縣人。

十八日丙寅，晴。聞善徵已還祁門。

十九日丁卯，晴。遣胡三往祁門。

廿日戊辰，晴。

廿一日己巳，晴。

廿二日庚午，晴。聞曾事恒太守病卒于雨花臺營，走幕府，見滌公唁慰，公友于痛切，已發令調舟師，即往視。皖南未靖，皖北空虚，毛賊紛紛竊窺。方宜静鎮以待新募，恐節相一動，而奸賊有以窺我，因以義不可行力諫，蒙酋肯矣。

廿三日辛未，晴。楊見山、李壬叔、喻慶勳相次見訪。過金梅生、徐懿甫、左夢星、汪星階于夢星許，識劉□□。徐□□壽見訪，不直。

廿四日壬申，晴。

廿五日癸酉，晴，夜，小雨。

作字唁曾沅圃方伯。

廿六日甲戌，晨小雨，午後晴。

廿七日乙亥，晴暖。

子聽相過。作聯挽曾事恒太守，懿甫、椒岑相過，遂同懿甫晚飯於雨公。

廿八日丙子，晴，午，陰熱，夜，大雨風。

過幕府，聞倪豹岑文蔚至，且行，走訪之于申甫所，豹岑亦相訪，不直，待其還，同飯。

廿九日丁丑，陰，時小雨大風。

過金眉生晚飯，懿甫亦來，二君皆以今日生日，歡飲方始，壬叔、夢星亦至，縱談雜起，二更乃還。眉生擬月半前行，屬接住其屋度歲。善徵遣人自祁門至，言渠十四日已至祁，糧臺公私物，賊去未大損壞，唯軍械空耳。錢物則老湘官練□之，唯書十失四五耳，惜存者多汙棄不堪。

十二月初一日戊寅，大風，午後雪，薄晚積一寸餘。

慕庭來言，當請假葬其尊人，遣彝往看之。普欽堂將往臨淮，來辭行。

初二日己卯，霽，薄晚雪消十之六七。

作字寄善徵。

初三日庚辰，大雪。

以字付張福、王苗往祁門。

初四日辛巳，陰。

金都轉相過看雪。

初五日壬午，霽。

答看徐□□[一二]，并過壬叔、若汀，還至金都轉談。

初六日癸未，晴。

過幕府賀眉生、筱泉、伯常，與眉生、子密同過金眉生晚飯，縵雲亦來。鄧伯昭瑶過訪，李壬叔、左夢莘亦來，適已出。聞寧國前月廿七八獲勝。

初七日甲申，晴。

過鶴生，遂過柯竹泉丈，竹泉新有姬晚雲，呼出見客，足娱老矣。薄晚答伯昭拜，略談交游，頗及時事，蓋敦厚有爲之君子也。以懿甫致江大川方伯論保甲書見示，擬施行。

初八日乙酉，晴。

懿甫相過縱談，爲繩處方，晚飯乃去。

初九日丙戌。

曾太守柩至，與懿父同往吊，還，金眉生來同飯。

初十日丁亥。

十一日戊子。

十二日己丑。

十三日庚寅。

賀程尚齋。

十四日辛卯。

十五日壬辰，雨。

曾沅圃方伯信至，屬爲其弟太守爲哀詞。

十六日癸巳，大雨。

十七日甲午，立春，晴。

十八日乙未，晴。

十九日丙申，晴。

緩雲、壬叔招午飯。彝、繩各補爲曾太守挽詩，晚攜往吊。

廿日丁酉，陰。

送曾太守柩出西門，還過懿父晚飯。

廿一日戊戌，晴。

廿二日己亥，陰。

眉生將還泰州，視其行。復與懿甫、鶴生、夢星就之夜談。

廿三日庚子，陰。

眉生登舟以待洋船，送之出城。

廿四日辛丑，半陰晴，夜雨。

先是眉生行時屬接住其所租屋，已定矣，而意嫌其湫。姚慕庭來言其所住屋方空出，外雖狹而内寬，且塽塏，遂使彝、繩同往視定，以廿六移家居之。左夢星、劉開生翰清、方元徵駿謨相過，適已出。走幕府謁節相，索觀其所爲《事恒墓誌》，謂遲日方見示。談及嚴鐵橋《説文》，謂未之見，即索取觀。過方仲舫談。過鄧伯昭，聞蘇州、太倉、崑山諸城已收復，未知果否？得王少鶴先生十月二十信，由郭筠仙觀察自上海寄來，言其詩十二卷已刊成，文猶慎重未刊。馬雨公爲舊刻郘亭作跋，嫌奬詡稍過耳。

廿五日壬寅，陰，微雨。

廿六日癸卯，大雨。

家人乘午雨少止，移寓李八街。李勉林至，得九弟信，言俟勉林開正初間還祁門，乃來賀歲，新獲一明翻宋本《史記》，録有歸方評點，字近惜抱翁，當攜以來。

廿七日甲辰，陰。

過幕府，欲訪勉林，遇之於銀錢所，約以隨意往還，不必相禮謁。節相示《事恒墓誌》，因據爲之哀詞呈之。

廿八日乙巳，陰。

作字寄沅圃方伯，并寄事恒哀詞稿。

廿九日丙午，陰雨。

李勉林相過。作新寓門聯，集杜句云：「春來準擬開懷久，直道無憂行路難。」

三十日丁未，微雨。

過新寓，與家屬晚飯，還宿於學院行館。

【校勘記】

〔一〕原爲「兵戈」，後在旁側改作「祅荒」。《郘亭遺詩》卷七亦爲「十載祅荒復漢官」。

〔二〕原爲「豈是空文説羽干」，後在旁側改作「勝算雍容視羽干」。《郘亭遺詩》卷七亦爲「勝算雍容視羽干」。

〔三〕原爲「趁」字，後在旁側改爲「喜」字。《郘亭遺詩》卷七亦爲「喜」字。

〔四〕黟縣：原作「夥縣」。按，汪文臺，黟縣人，故改。

〔五〕《郘亭遺詩》和貴州省博物館藏莫友芝手稿《郘亭詩鈔》均未收録。

〔六〕《郘亭遺詩》卷七收録此詩，詩名爲「《湘鄉公惠撰先君子〈表墓〉文四年矣，伐石騄不得歸，更許爲稿書先傳棗木，敬以册子奉乞，坿呈律句》」。其末句詩之「競看」作「劇看」。

〔七〕《郘亭遺詩》卷七收録此詩，詩名爲：「《張練渠鳳翥太守招同楊僕莽摛藻郎中何竹泉華輔明經陳虎臣艾小集》」。詩末注語作：「壁間懸惲南田松菊真迹。竹泉鼓《平沙落雁》一曲。江寧捷書適至。」

〔八〕《郘亭遺詩》卷七、卷八均未收録此詩。貴州省博物館藏莫友芝《郘亭詩鈔》手稿有此詩。第四句之「小爐」作「小樓」。

〔九〕《郘亭遺詩》卷七收録此詩，詩名「李竹浯教諭」之下有其字「如崑」二字。

〔一〇〕《郘亭遺詩》卷七此句之上多三字：「不果，又」。

〔一一〕此當爲上月廿三日見訪不直的徐壽，字生元，號雪村，自然科學家。徐與莫其時均在曾幕。

同治三年

同治三年九月，將自安慶往江寧，待舍弟自祁門來同行，及七日有信，言當遲十許日，遂先發。

初八日丙午，晴。

遍辭交好，及酉初乃登舟。馬雨農學士、楊紹棠孝廉先至舟相送，合肥徐懿甫亦買舟還家，同自小南門外開行，至樅陽門東浮圖下泊。巳初三刻二分寒露。

初九日丁未，晴，北風。

船不敢開，攜兒彝孫登東城高臺，午後風益長，移上泊鹽河港中。

《甲子九日巳登舟將之江寧阻風攜彝兒登城上高臺》：

風色禁江棹不開，驕兒引興復登臺。水鄉新壘還秔稻，山國驚烽自草萊。老客最難今日意，明年何處菊花杯。將雛又作新巢計，極目天涯首重回。

初十日戊申，晴。

順風行百廿里，過池州府六十里，至大通司南荷葉洲泊。洲上壬戌春來時，除數官局外，瓦屋不及十家，今乃一二千家。洲當上下水衝，宜爲市集，故生聚之易如此。與懿甫聯舟夜談連三夕，同客三歲中，所未及言者殆無不言，入皖以來無此樂也。明日懿甫將分道入巢湖，故今夕談至踰鷄鳴。

十一日己酉，晴。

懿甫舟先開，我舟料理錢米遲二時許，北風起，至晚不息，仍泊洲尾。

十二日庚戌，晴。

行百三十里三山峽泊。

十三辛亥，晴。

行六十里，過蕪湖縣四十里東梁山泊。

十四日壬子，晴。

行百四十里至大勝下關泊。張仙舫總稽淮鹽，新自上關移駐此，訪之，適已入城。晤李少白、湯問齋，談至二更，乃還舟，皆滇中同鄉也。鹽政初行，固不宜稍寬假，而溢秤之計，差覺未允，提私之外，復責以釐課，尤覺不情，皆非久計也。下關石壘乃賊所爲護其舟師者，我師清江面時未能克之，直至破城乃潰，其金玉子女皆爲鬼船誘刮以去。

十五日癸丑，晴。

溯秦淮西南行廿許里，至江南省城水西門外泊。食後入城謁賀湘鄉爵相，遂尋潘聚垣問黎蒓齋，知其寓李眉生所，蒓齋爲尋屋子乃在南門大街。涂朗軒來，已邀之先住，遂尋眉生、蒓齋于綾莊巷。晤李芋仙，談久之，與蒓齋過南街看屋子，遂與朗軒同宿。張仙訪來相看。

十六日甲寅，晴。

食後謁賀曾沅圃中丞爵帥。適與芋仙、眉生、曾劼剛、程伯敷、方元徵諸君子爲胡婕之會，遂留同飲，飲罷與芋仙過袁儒生，儒生爲芋仙尋南街宅，芋仙已定居，不肯移，遂言之蒓齋，留鄙人住，因謝之。又過芋仙，少談乃歸。

《投賀曾沅圃爵帥四首》：

吉軍風利下三山，吞賊如憑尊俎間。鍾阜本來虚王氣，石城猶自恃重關。遲回未肯降幡出，僭竊終銷烈炬殷。開皖聲威應天象，那知才是管中斑。

江南文物委蒿萊，十二年淹劇可哀。百道梯沖天上落，三軍鼓角地中來。堅瑕不泥孫吴法，精一能令金石開。便好莘莘秋貢士，銘勳長記雨花臺。

乾清一夜捷書通，沖聖歡顔壽兩宫。半壁東南還舊服，頻年將帥盡膚功。頭銜炯説雙青眼，爵等端殊一赤衷。試問幾人無愧色，湘鄉昆弟始難同。

書生若個把封圭，三尺吴鈎掣紫霓。拂袖徑循天道退，處功真與古人齊。龍荒萬里延回紇，鳥道千峰漫白氐。即恐湖山間不穩，朝廷早晚起征西。

十七日乙卯，晴，燥熱，薄暮雨不濕地。

方子聽及孫海岑雲錦、吴海清永濟、張紹京開祁來訪，是日腹痛不能出門。

十八日丙辰，晴。

課家僕掃除室中，午後腹痛乃止，遂過善後局訪龐省三際雲、黃少崑潤昌、黃冠伯家駒、王子蕃鴻訓諸君子，子蕃爲處一方，遂還。過眉生晚飯。

十九日丁巳，晴。

廖養泉綸來相看。

二十日戊午，晴。

召木匠補綴寓中門壁。曾沅公遺贈一桌十六几。是日朗軒、蒓齋委幫辦善後局。

二十一日己未，陰，午後時有小雨，鬱熱，夜亦時時小雨。

二十二日庚申，晴。

眉生小病，往看之，遂晚飯。與子聽過勒少仲談，子聽言當移來同寓，以大廳樓三間待之，後已別移，竟不至。

二十三日辛酉，晴。

二十四日壬戌，晴。

二十五日癸亥，陰，午後小雨。

沅公與歐陽小岑招飲，飲半而馬雨農學士自安慶至，付彝信及所寄藥，夜，作書寄家。

二十六日甲子，雨。

雨農相過，約明日同訪曾劼剛。

二[十]七日乙丑，晴。

與雨農同訪劼剛及幕府諸君子，并作賀何小宋廉訪書并家書，托劼剛發驛去。出答訪計芾村棠，芾村，鄖陽人。

二十八日丙寅，晴。

雨農約同登鍾山，以無輿馬不能諧。午過趙伯蓉廷銘太守飲，自丁未京華別，十八年矣。周子瑜觀察亦在坐，二君并前日見訪，適已出。

二十九日丁卯，晴。

欲看雨農，腹痛未果。朗軒移居保甲總局。朱仲武孔暘來同寓。

十月初一日戊辰，晴。

聞雨農已與沅圃破曉登舟，送之不及。皖骨董陳甲索家信，爲作數字，促兒輩待舍弟至，即同早來。過保甲局看朗軒。

初二日己巳，晴。

潘聚垣、方子聽、錢子右相過。芋仙相過。

初三日庚午，晴。

初四日辛未，晴。

周縵雲、李壬叔、張嘯山相過。金梅生自揚至，亦見訪，共談，薄晚乃散。

初五日壬申，晴。

過筱岑飲，同者梅生、縵雲諸君也，縱談叔世人才，不知何以皆不及于古，其致治刊亂固由朝廷造就而然，即潢池諸人，其爲亂之魁，必有美材雄略，今則皆失傳矣。

初六日癸酉，晴。

過李眉生寓，歸前蒓齋代攜書十二匣。

初七日甲戌，晴。

乞筱岑分小几廿二個。黎平王德輿思敬同知見訪，謂久相師，即致北面之禮，不可却也，靦顏受之。德輿與胡子何長新教授同學，中己酉鄉解，以鄉里團練軍功晉階，將赴明年春官，道遇沅帥，投謁，留之金陵善後局。且言子何仍家居，緣其孺人畏出門，補官七八年，尚未到銅仁也。八月道洪江，聞寶州省城甚危，以紅邊門爲戰場，遵義、思南一帶，繞楚之道又不通。

初八日乙亥，晴。

筱岑、芋仙相過談。午後看王德輿。眉生相訪，且同過芋仙飯，適未還，攜架上《水經注》一册去。

初九日丙子，晴。

張仙舫相過，言楊輔廷有宅一所，在評事街，甚完整，欲拉移住，恐狹隘耳，暇當往看。王德輿來晚飯，約三日後移來同寓。

初十日丁丑，晴。

午謁湘鄉公呈次韻詩，索明日飲，笑不肯許，謂當尋公子劼剛索，必不能不聽客之所爲，公笑而不答，蓋微示頷意也。因言遥領山長奉老已不足以資朝夕，當有實授，且乞資結草堂于鍾阜，皆蒙許可。遂過縵雲、劼剛、伯敷、聚垣，即答看王鶴生，還過眉生，留飲，攜所持去《水經注》，踏月而歸。次曾湘公贈弟十三首原韻爲壽詩，裁出另褾。

十一日戊寅，晴。

晨走壽相公，都不見客，尋劼剛索早麫，午飲乃歸。

十二日己卯，晴暖。

王子蕃遣瓦匠來作灶。

十三日庚辰，晴暖。

午訪趙伯蓉，遂過芋仙午飯。李勉林祁門遣人來，有寄舍弟書，謂其當已抵金陵，知舍弟九月尾出祁門，已在道矣。燈下作字寄勉林。

十四日辛巳，晴，夜雨，有簷溜，半夜即止。

過筱岑，分桌機。聞湘鄉公奉廷寄，遣往皖鄂之界督師，剿下竄毛捻，且令交總督印于蘇撫，蘇撫將以監臨至也。督師以會僧、宫二帥兜剿，宜也；而必交卸總督印，誰其譲之。湘鄉公欲退久矣，此其時乎。此等固前代處大功之常，然行之太早，得毋以今冬即補行江南鄉試，即謂已安已治，有覬而欲代以行苞苴者從臾爲之耶。滌老于京師要人都無周旋，固所宜然，然豪傑許馳驅者，恐不能固結矣。

十五日壬午，陰，漸寒。

德輿移來同寓。

十六日癸未，晴。

十七日甲申，晴。

午走幕府，于錢子密所見湘鄉奏稿，引病請解兵柄。今日蘇撫李公至，十八日即交卸。從軍諸人及門下單寒，其不快尤甚于相公。晤蔣淳卿，托其爲舍弟咨查事具復，此部咨自四月已至，相公以軍務倥傯，未之友也。過養泉、伯敷、劼剛談。

十八日乙酉，晴。

王壬秋自湖南來，相過談，朝食乃去。晚，眉生拉過芋仙同飯。

十九日丙戌，晴。

鄧世兄羲相過，食後謁相公，言且當往安慶督剿毛捻竄餘，乃徐求退，恐下打胎藥太驟而胎不能下也。遂過劼剛午飯。周子愉相尋，不直。

二十日丁亥，晴。答看壬秋于筱岑許，遂同走文德橋看貢院，還出武定橋，憩蒓齋保甲局，遂飯。看子聽于大夫第，少崑邀同壬秋晚飯，倦未能往。夜半雨有聲，尋止，雨前後有風聲。

二十一日戊子，晴，風寒。

楊見山來相看，食後答看子愉于龐省三許。過蔣淳卿問舍弟咨復事，云前日已畫稿矣。以字寄喻覲勳於安慶，托其向兒輩言，且勿以家來。

廿二日己丑，晴。

銅陵畢竹坡子卿來同寓，己酉遴選也。

廿三日庚寅，晴。

同壬秋諸君晚飯眉生所。

廿四日辛卯，晴。

筱岑殺羊餞壬秋，往同食。訪汪梅岑士鐸于戚家灣。夜暖而雨。

廿五日壬辰，寒甚，北風，雖有霽日無暖氣。

加上下小棉衣，易氈帽，晚看壬秋，坐不勝寒而還。

廿六日癸巳，晴，曉甚寒，有冰。

壬秋以《影山草堂銘》來〔一〕。食後過劼剛，遇羅□□生日，遂留午飯。

廿七日甲午，晴。曉寒。

黄少崑相訪，縱談二時許，乃去。楊石卿鐸相訪，河南商城人，講金石，亦明小學。晚謁李少荃爵中丞，留同黄昌祺軍門飲。謂去冬奉旨檢發差遣十四員，今閱歲尚一人不至，且當有以磨事也。贈李少荃宫保詩裁出另襍。

廿八日乙未，晴。

廿九日丙申，晴。

子愉相過。

三十日丁酉，晴。

舍弟已至，泊漢西門，明日方能入城，兩家眷猶在安慶未來。

十一月初一日戊戌，晴。

舍弟入城來同寓，即奉中堂札委辦城中東北保甲，以先辦者譚君失察甲長分門牌索五錢，遂降幫辦故也。東北地遼闊及于鍾山，兼有明故宫，履查一周甚不易。過小岑索處方。

初二日己亥，晴。

初三日庚子，晴寒。

中堂以總督印交李宫保護理。向眉生索得生附子配丸藥。

初四日辛丑，半陰晴，寒，始裘，夜雨。

初五日壬寅，陰寒，夜有雨。

初六日癸卯，陰寒欲雪。

聞中堂請行之奏奉批不必往，仍受兩江總督印。舍弟食後移入吉祥街保甲局。勒少仲以明日行，索書勒氏家廟牓，呵凍應之，蓋自出安慶城不作擘窠書兩月矣。

初七日甲辰，陰寒，夜有霰雪。

食後謁中堂，言前夾片藥胎仍不能少動，此番受制府印，概免言賀。

初八日乙巳，雨雪幾竟日，但未積耳。

是日補鄉試，點名至三更乃畢，諸生雪立，殊勞頓。

初九日丙午，陰，夜半後雨。

初十日丁未，雨。

十一日戊申，雪，屋上積寸許。

十二日己酉，雪較昨日差密，薄晚止，夜有月，良佳，但寒甚耳。

十三日庚戌，晴，夜月尤佳。

十四日辛亥，陰，往東北吉祥街保甲局視舍弟，局中有澠池郭義方甚誠篤，爲之料内務極當。

十五日壬子，陰。

芋仙拉犯濘往袁如生早麵，遂與廖養泉同訪趙惠甫，不值，又同訪陳虎臣，虎臣言有蘇州名士馮敬亭桂芬同寓，明算、長小學，留意時務，因便訪之。敬亭言有得小徐《説文韻譜》舊本者，都無現行釀入鼎臣新附字，其韻次與《干禄字書》同。馬君曾刻之廣東，今其板失十餘頁，徐當整補，必求本相寄。又言常熟徐氏有北宋本《史記》，校明震澤王氏本《正義》多數條，曾爲湘鄉公言之，請其買致付刻。又言近著作家唯沈小宛欽韓最博最富，已成之書幾萬卷，但嫌説長而煩，又好嫚罵。即如《漢書補注》，即數百卷，侈口即罵小顔，惜無有爲之删裁簡要以傳者。其引據皆極確，記誦甚易，遇一書必能熟倍乃已。其自以爲佳者，尤在《王荆公年譜》一種，謂能盡數十年更張致亂之故，瞭若指掌，非尊荆公也。惜其明日即當東歸，不能更與縱談，志此俟至蘇時更訪之。

十六日癸丑，陰，夜半大雨。

十七日甲寅，時有飛雪。

周子愉來辭行。

十八日乙卯，陰。

犯濘送子愉行，夜雨。

十九日丙辰，午小霽，晚有飛雪。

二十日丁巳，霽，寒濘。

方存之相訪，出示其場屋文，甚佳，是由中出，非外録者。

二十一日戊午，晴，寒。

畢竹坡行，留炭相贈，爲寫「求放心齋」牓子報之。市中獲《齊朱岱林墓誌》，是僅見者。

二十二日己未，晴，寒。

二十三日庚申，晴，霜。

二十四日辛酉，晴。過眉生，以雨亭將往泰州，留同飯。

二十五日壬戌，晴。

二十六日癸亥，晴。謁湘鄉公，晤李申甫都轉，自桐城至，遂同過眉生談，炳燭乃歸。

二十七日甲子，晴。出，至蒓齋公局，不直。

二十八日乙丑，晴。與德輿同過舍弟東北保甲局遂晚飯乃還。

廿九日丙寅，晴。爵相招午飲，在坐者何子貞、李申甫、劉開生、趙甫惠、魏磐仲也。子貞年已六十六，猶矍鑠如己未京華往還時，游興甚健，不似郘亭頹唐也。

三十日丁卯，晴。

午後謁李少荃中丞，以其病初愈，且賀其廿六生子，兼送其行，中丞不待沍榜，即還蘇也。答看朱佐君元輔附貢。佐君，亮甫太守長嗣，攜家避亂出，年來客湖南北研食，謂亮翁著作成而未刻者《服氏春秋解詁疏證》及《漢書地理志疏證》，猶稿本未失，可喜也。

甲子十一月金陵鄉試市中收書目〔一〕：

《急就篇》一，五分；《晉略》十本，一兩；《小學類編》，五錢；《輿地廣記》四，八錢；《任氏五種》八，三錢六分；《聲類》，一錢五分；《元和郡縣志》六，四錢；《藝文類聚》廿，二兩三錢；《世本》三錢；《水道提綱》八，八錢；《帶經堂詩話》八，七錢；《埤雅》，一錢五分；《五代史補》一，七分；《孤臣泣血録》，一錢四分；《算學啟蒙》，三錢；《命度盤説表》，二錢；《蔡中郎集》四，三錢；《温病條辨》，三錢一分；《經義述聞》，二兩；《平苗紀略》，殘，廿五，二錢。《刑案匯覽》，十二兩，九弟買；《詩本義》、《圭齋集》，共八錢；《毛詩後箋》，一兩二錢；《周禮注》，三錢；《六藝綱目》，二錢；《山帶閣楚詞》一錢八分；《説文疑疑》，二錢；《瀛奎律髓》録二馮評，八錢；《律表》八錢；《青丘詩注》文瑞堂元本初印，一兩二錢；《聯邦志》，三錢；汪本《隸釋刊誤》二錢；陳子經《續鑒》，四兩；《唐文粹補》，三錢；《山谷集》，二兩四分；《種人圖》，一錢□□；《椒邱集》，八錢；《清秘閣集》，二錢；《南豐文粹》，二錢；《唐詩金粉》，一錢二分；《朱岱林墓誌》，二錢；《怡亭銘》，二錢；《阮刻西嶽碑》、《隋詔立僧尼二寺記》、《隋袁子才造象記》、《唐白鹿祠碑》、《唐狄梁公祠堂記》、《唐開業寺碑》、《唐崔夫人孫氏志》、《唐磁州天宮造象記》、

《唐天佑題名》、《後唐長興造象碑》、《大和五年□□銘》十八紙，共一兩六錢。

十二月初一日戊辰，晴。

見山相過。

初二日己巳，晴。

過嘯山、壬叔，晤張魯生，方至。又過汪芸石。

初三日庚午，陰，北風。

初四日辛未，晴。

初五日壬申，晴。

合丸藥，用綦雲樵所處方以服之，良效也。

初六日癸酉，晴。

過季芾村，遂同過王子蕃西南新局。黄菊泉相訪，湯衣谷同至。向伯常新自溆浦來，薄晚與潘聚垣同見訪。

初七日甲戌，晴。

賀涂朗軒委署江寧府，又賀眉生納吴姬，晚飲乃歸。

初八日乙亥，晴。

向湘汀相訪，自鄂中別四年所矣。

初九日丙子，晴。

仙舫相過，以彝兒前月十六信來。伯常相過，言眉生欲邀其喬梓移寓其家，晚飯後同往看屋。

初十日丁丑，晴。

繩兒自江西來，言自上月初三南昌下船，率其婦繆，同張仙舫眷屬行，月尾抵安慶，以婦見其母，泊一日，爲雇定東下船，即先以婦東下。昨夜乃至下關，今晨留其婦仙舫許，而先自入城。

十一日戊寅，晴。攜繩兒謁相公銷假，還過邵子林兄弟。又看張魯生於周縵雲家。又答看向伯常及其乃翁湘汀楚仙，湘汀少余一歲，其精力之彊勝我十倍，亦境使然也。

十二日己卯，陰。

子貞見訪，索看唐寫本《説文》，借攜《唐白鹿祠》及《狄梁公祠記》二碑去。

十三日庚辰，陰。

十四日辛巳，晴。

辰訪黄少崑，托其爲問一枝園楊君開歲當行，其宅子完善，可借居否。又訪汪梅村，不直，還而汪君適相過，遂同早飯。又同訪何子貞，不直。還過筱岑、嘯山、見山、壬叔。薄晚楊少棠光遠、黄曉田治、王麗泉椂相訪。夕看少棠、曉田於仙舫城中評事街北木料廠之寓。

十五日壬午，晴。

仙舫相過，并以其子琦來見，琦年十一，背《四書注》及《四經》頗熟。

十六日癸未，晴。

繩出城迎其母兄。何子貞辭行，以二碑本還。言將往蘇州，訪吳平齋雲。

十七日甲申，晴。

送子貞行，食後雨，吊洪琴西。

十八日乙酉，陰。

午後彝兒至，言其母孀兩舟以初六自安慶開行，昨日乃至大勝關，今日略開行，猶阻風不能下也。張子午仁穀自遵義來，亦與彝同自白河口登陸入城，子午言遵義四鄉團堡俱不能支，唯東北未至十分壞，鄉中人皆趨城入保，或流散死亡不可計，斗米至銀一兩以外，桐梓新失守，自三月繞綏陽、正安、彭水，五十餘日，乃達重慶。

十九日丙戌，午霽。

彝出城還舟，遣人來言仍泊昨處。

廿日丁亥，晴。

食後訪主考劉蘊齋崐太僕、平景孫步青。家屬午後皆至繩即攜其婦從母來見，婉順可喜，是宜家相也。彝出六弟所寄信言。

廿一日戊子，晴。

廿二日己丑，晴。

廿三日庚寅，晴。

眉生、芋仙并來相賀。

廿四日辛卯，雨。

廿五日壬辰，雨。

王德輿將走皖訪李樹皆文森觀察，作字寄之，樹階方以廬鳳道署臬司也。又作字寄答馬雨農。

廿六日癸巳，晴。

王德輿行。

廿七日甲午，晴。

得金眉生信，言開春當攜《西嶽廟碑》舊拓來看。

廿八日乙未，晴。

仙舫遣人饋歲，買《唐人寫摩訶僧祇律第二十九》一卷裱册本，其簽題以爲鍾紹京書，則非也，以紙墨字法定是唐人真迹無疑。龐省三相看。

廿九日丙申，晴。

伯蓉、仙舫相過。

【校勘記】

〔一〕《邵亭日記》咸豐十一年七月二十日記云：「得王壬秋長沙寄信，言曾爲作《影山草堂記》，託筠仙轉致潘廷尉，今潘氏已之闕中，殆不能到。」直至此日，王壬秋方將所作《影山草堂銘》送來。王壬秋手稿今藏於貴州省博物館中。

〔二〕莫氏在同治四年閏五月十六日日記之後，附有「甲子十一月金陵鄉試市中收書目」。今按：「甲子十一月」即同治三年十一月，所以將此後莫氏所附「甲子十一月金陵鄉試市中收書目」前移到此十一月三十日日記之後。書目之下數字爲莫氏收購此書之册數（有的書目之下没有寫出册數）和價格。

同治四年

同治四年歲次乙丑正月。

初一日丁酉，陰，食後雨。

晨謁賀使相湘鄉公，就肩輿欲遍城中官曹、相識，未及半，道滑而還，憩劉詠如曾撰觀察許，見其圃牆嵌小石刻曰：「小飛雲跋云，避地於此。」系年崇禎□□，乃貴陽徐侍御卿伯萬曆四十一年癸丑進士書，則是屋徐公舊宅也。當明之季，楊龍友、謝文若諸君皆避安氏亂，居金陵，徐公當亦以此至。國初開禮闈，順治六年有徐氏必遠，蓋其子弟自江南往，其時貴州猶未定也。

初二日戊戌，食時見日，復雨。

初三日己亥，陰。

陳虎臣相訪。

初四日庚子，陰。

初五日辛丑，晴。

虎臣言有屋在貢院之東，去城不遠。南向面大池，可租住。攜彝兒散步往看，遂走東南保甲局，小憩而還。蒓齋家有人至，得十一月初五家信，言遵城四面皆賊，出城十里往往不通，百物騰貴，較常十倍。又大疫，七弟及侄祐孫、八弟婦、容侄女皆病殆，幸皆起矣。黎筱亭信言渠在城中書院，無脩不能居，乃還禹門砦。其柏容兄以八月二十，鄭子尹以九月□□先後溘逝，平生執友唯兩君，遽爾凋謝，傷如之何。又言張半塘鑑亦以餓死，播州非人所居，殆又然矣。筱亭當謀東出，蓋舍此更無法耳。

初六日壬寅，晴。

彭侍郎玉麟、湘鄉公先後枉顧。何鏡海、傅應祺觀察相訪，談久之，論當世人物，極有見。

初七日癸卯，昨半夜大風雨，至今午少止。

答拜彭雪公、何鏡公，經周縵雲、弓筱香寓所，各坐談少時。

初八日甲辰，風寒，晨有一二點雪飛。

桂實之正華、成振雲天祺相過。

初九日乙巳，立春。

晨起，瓦上有寸雪，旋釋。晚，眉生招飲。

初十日丙午，晴。

遣繩挈其婦走下關，摯見其婦之母及仙舫。

十一日丁未，晴暖，地潤，夜雨聞雷。

十二日戊申，暖。

潘伊卿鴻熹相訪。

十三日己酉，晴熱。

明子卿兆麒相訪。夜大風雨，聞雷。

十四日庚戌，風漸寒，飛雪。

程亮齋祖寅相訪，亮齋，貴定辛亥舉人，以鄉守功選溧水知縣，已于去年八月到任，其地新收復，殘破之甚，亮齋耐苦，意勤懇，必有濟也，與余同辛未生，而精力較健。薄晚雪積二寸許，方未已。

十五日辛亥，風雪不已。

黄昌祺翼升軍門相訪，食後伯常、蒓齋、舍弟同來，圍爐縱談，至炳燭乃冒雪去。

十六日壬子，風雪。

答看明子卿、程亮齋，遇金逸亭國琛方伯，談久之，金君已簡鞏秦階兵備道，當西北行。亮齋言在京周樨園常見，憶其家方寄居獨山。午後謁湘鄉相公，謂當爲謀泰興講席，辭不就。

十七日癸丑，仍雪。

過筱岑、壬叔、嘯山、見山談，遇陳卓人。卓人，句容人，選雲南曲靖知府，道梗不能往而還，現委辦江寧一郡勸耕給牛種事，長於《三禮》。

十八日甲寅，雪霽，寒尤甚。

炙研作書寄筱亭，慫其東游。莼齋家來人將以廿日行，已籌款作迎春計也。舍弟奉留江蘇知縣補缺，後以直隸州升用行知，莼齋亦俟知縣補缺，後以直隸州升用，先换頂戴。

十九日乙卯，晴，寒。

作字寄舍弟庭芝，李勉林自祁門至，留之寓，同來者哈石泉柱臣。

二十日丙辰，暫晴。

金逸亭相過。勉林言祁門數年來歲常辦數月振，饑民萬許，率數十人爲一館，人給一牌，散振日董事者往各館按牌給米。或一給三日，或一給五日。既無漏無冒，又不擁擠，可以爲法。

廿一日丁巳，陰。

泰使相札，命往揚州、鎮江一帶搜求乾隆間頒存文匯、文宗兩閣《四庫全書》散失零星之本，恭藏以待補繕。聞鎮江之閣在金山者悉爲灰燼，唯揚州一閣經亂分散於民間市肆，或猶有一二可尋也。趙惠甫、涂朗軒相過。

廿二日戊午，晴，雪消將盡，滿街泥濘。

謁使相，謝札委。過蔣莼卿、錢子密及劼剛公子談。何丹臣自湖口來，留與勉林同榻。在劼剛許見有海寧許叔夏槤所刻《夏承碑》雙鈎本，云出自元和顧湘洲家未剪之本，其本又出自孫淵如氏，校梁階平所刻豐道生本尤勝，他日至蘇當訪之。蔣莼卿言有王景亭學懋，上江人，現在蘇州，蘇州書籍盡歸此君之手，且屬爲訪其家譜。曰《婁關蔣氏本支録》，凡六大本。

廿三日己未，晴。

朱雲崖品隆、梅掬海錦源自青陽來，舍弟留之同勉寓，不肯留，朝食乃去。

廿四日庚申，晴。

答看雲崖、掬海。遂過涂朗軒，招早飯，朗軒言四局有妙相庵之會，承興作不速客以應佳日何如，欣然同往。庵中池上梅數十株，才有數朵開者，自金陵陷十二年，游觀之所皆廢壞無存，唯此庵花木差完耳。

廿五日辛酉，晴。

廿六日壬戌，晴。

爲勉林、逸亭諸君作聯牓書，是開歲試筆也。

廿七日癸亥，晴。

王子蕃相過，言舍弟當移西南保甲局，待商一切。弓筱香相過。

廿八日甲子，晴暖。

與勉林、蒓齋走太平門而東，看龍膊子缺口，缺口者去年六月十六曾沅帥以地道克城轟踢處也，已補完，正值明故宫之北。滌生相公銘之曰：「窮天下力，復此金湯，苦哉將士，來者勿忘。」自書刊石，嵌所補垣間。遂登龍廣山望鍾阜，瞻孝陵、瞰玄武湖，極望城中，盡頹垣荒草，其屋舍存者計未及百一也。還登臺城，遂至東北保甲局晚飯。

廿九日乙丑，陰，小雨。

向湘汀昨相過，不直，乘轎往西北保甲局看之，示自家攜來三卷。一虞永興書《破邪論序》，乃臨本，差弱；一趙子昂書《洛神賦》，較可；一王士熙書所撰《韓幹畫馬賦》，大佳，惜絹質太敗，唯子昂卷紙本，堅潔無損。遂與湘汀同往倉巷邵子齡晚飲。得鄧伯昭去年十月二日信，怪我一年來無寄音，前者托曾君及郵寄之緘均未至也。又得黄子壽二書，蹇徵士書，并蜀中唐次巍將來者。子壽寄《賢母録》一册，言其去歲游秦，中道返蜀，《獻徵録》諸底本昔寄秦中，見在借書編纂，尚未就。其太翁琴隝六十七，猶犍，日讀書著書，手鈔常二千字，已卜宅湘江之北，但未能即行。且言見徐毅甫詩文，屬爲乞題《賢母録》。又言唐鄂生在綏定，蹇子和在茂州，皆有聲，鄂生舉動尤協於道，故威望重於巖郡。徵士言其太翁儀軒尚健，所極念者郘亭、子尹、吉堂三人，吉堂言子尹有口病，甚殆，子壽猶謂有餘之症不足慮。寧知二君寄書之月，子尹遂果不起耶。徵士又寄乃兄一士《秦晉游草》一册，乃一士未帶練時屬爲點定者，後其家文籍亡，一士殉難，此卷以在吾家得存，乃以歸之，今已刊成也。朱雲崖還青陽，屬其爲買四尺料半宣紙一千張。

三十日丙寅，陰，微雨。

李勉林還祁門，許寄所買《古香齋類函》爲游覽之助，擬拘大本佳者易之。

二月初一日丁卯，陰，驟寒，薄晚驟風雨，夜又驟雨聞雷。

仙訪、劉詠如先後相過。

初二日戊辰，陰寒，微雨，或成雪點。

周霽樓際霖相訪，是同年芝田丈之弟，新撤卸如皋來也。鄭棣選興儀自湖州來相過。詠如邀過晚飯。

初三日己巳，晨起雪積二寸許，巳分乃止。

陳虎臣來，暢談至薄晚。

初四日庚午，陰。

初五日辛未，霽。

李樹階文森自安慶來，留之寓齋，偶談及鄉獻著作，謂曾購得謝君采先生詩集寫本，可百餘翻，當問其仲兄不知燹後存否？入夜大雷雨徹曉。

初六日壬申，午暫霽，入夜雨徹曉。

初七日癸酉，大雨竟日夜。

萬篪軒方伯招飲，在坐有閩人葉虛谷，少年貌偉異，俟徐訪之。遂過眉生家，值其招客，識何蓮舫，晤吴竹莊、潘伊卿、李芋仙。

初八日甲戌，曉起，雨中有霰，寒。

朗軒過早飯，訂明日過之。

初九日乙亥，晨雪。

過朗軒早飯。遂謁相公，過劼剛談。

初十日丙子，陰。

過小岑，遂看劉伯山。伯山自揚來，以江都李賓嵎祖望、沈君棨爲唐本《説文》跋尾相示，并可存。又示其《催妝三十首》與陳卓人同觀。聞昨日相公命捉其子倩袁公子所狎妓及其從者二人，痛鞭之，袁公子遂吞鵶片，垂斃，救且活矣。晚過趙伯蓉飯。

十一日丁丑，陰。

與恕皆過妙相庵訪梅，亦有數朶開者，似爲雨雪僵壞多矣。遂同過蒓齋晚飯。

十二日戊寅，陰，晚微雨。

恕皆還皖，留家狀一册，屬爲整理，且索爲其封翁撰墓表，期之秋間并書，又屬至揚、蘇爲購子史要本。金眉生信來，言訪書之役，文選樓可爲居停，邗上有三老，范雨村長于詩，吴攘之長於書，金雪舫長於記問，皆其三十年舊交，可往還也，即作答。

十三日己卯，陰。

十四日庚辰，小霽，仍陰。

十五日辛巳，午日暫見，仍陰。

蕭廉泉□□相訪，盧陵己酉選拔，去年以知縣留江蘇。

十六日壬午，風，陰寒。

張溥齋守恩户部相訪，乃辛卯北榜同歲邦佺之子，其太翁癸巳庶常，改外，先卒。溥齋自己未出都奉母，居泰州，曾在沅帥營，薦以補闕，後以知府用。言其舊識有劉殿勳傳□，文章學問方日進未已，共惜佳人之不永年也。又言其家亂後藏書散亡，今猶存其先世所刊《周禮鄭注》、《爾雅郭注附釋文》者，二書版在泰州，欲求售。萬方伯送朱箋來，乃自泰州爲恕皆買者，即付裱去。

十七日癸未，雪。

十八日甲申，霽，午後陰。

眉生感冒未出，往看之。遂答看蕭廉泉、張溥齋，還訪魏剛紀耆及其從弟盤仲銘，剛紀言金山官書當未火時，寺僧□頗有與藏經同移出避於五峰山之下院者，山在丹徒兩縣間，揚州大觀堂官書昔司之者，吴讓之其一也，問之當能知其散落有存否。

十九日乙酉，晴。

偶過市，得《録異記》，蓋明胡震亨等所秘册匯函之一，匯函中有《周易集解》、《齊民要術》等要書十許種，遇宜收一部。晚送丹臣及程月波行。遂過芋仙。還過筱岑，遇劉開生、魏剛己，談半時許。

廿日丙戌，晴。

聞有折差將行，作書寄少鶴先生。

廿一日丁亥，晴。

看眉生病目，遂過子密、伯敷、元徵，還，晚飯於西南保甲局。何丹臣舟未發，復入城談許時，方傳尹自桐城至，言其舅氏馬星甫奉浙撫調，起辦鹽，浙省太使員甚缺。

廿二日戊子。

芾村相過，且催爲作書。

廿三日己丑。

魏剛已相過。得穆海航無爲來書。又得恕皆書，言十六已至安慶，更繕其太翁狀來，俟匡培生爲造佳紙來，即允爲撰書墓表。培生已委署涇縣，署涇縣之饒雲舫已之滁州任矣。又寄昔同游妙相庵五言長篇甚健，當和之。

廿四日庚寅，晴。

聞蒓齋病，看之。

廿五日辛卯，晴熱。

王少崖延長相訪。

廿六日壬辰，晴熱。

集《禪國山碑》爲楹聯，壽湘鄉公夫人歐陽夫人廿九五旬大慶，聯文云：「丞相蓋世成功著於星日月，夫人大年協德紀以百萬千。」得朱雲崖信，言其前歲應得封典時，未及請，此時已過期，例不能補，欲爲湘鄉言，若於其請開缺奏中一及之，或邀准也。丁世兄引看甘露屋事，其園池大佳，惜太破壞，難整。

廿七日癸巳，雨，晚風。

作字寄馬雨農、李恕皆，欲托王少崖還安慶便致之。

廿八日甲午，北風，陰寒，曉有微霰。

芾村招游妙相庵，冒風拉向湘汀同往，百株梅蕊未僵落者始盡開，桃花數株乃亦全放生小葉矣，池中細萍如米，殆不必是楊花生也。芾村不至，遂還就湘汀晚飯，飯後過仙舫寓看之，聞其病未甚全也。彝往看莼齋，言亦未差。

廿九日乙未，晴，風寒。

曉走幕府介壽，早麵後看莼齋。劼剛面訂還午飯，飯後答看王少崖，托其帶致雨農、恕皆信。又過趙伯庸，見其子□□所收《隋龍山公墓志》，是咸豐□□夔州修城新出，可録備一種。有周溶相訪。

三月初一日丙申，晴，風猶薄寒。

看莼齋，猶未差，還值嘯山、壬叔，同過程明道祠，祠忽連下江考棚，棚舍亦鄰屋，悉燹毁，唯祠屋及前廳事巋然，雖小破損，修且完矣。其奉祠後人即居祠旁小舍，賊入城時，闔家男婦□口同殉節。祠成爲記，當得附書。李勉林書來，且寄《古香齋》、《淵鑒函》至，又爲高筠圃寄致北宋小字本于歐陽小岑，小岑以湘鄉公欲刊此書，走簡索之也。其本悉與平津館刊本同，而有數十頁中縫無刻人名，蓋板有漫損，抽去刻補者，當是南宋時印，墨色佳，緜紙絶厚而天地長，弆家亦善藏者，標目首頁有印曰「吴越王孫」，又二小印曰「毛扆之印」，曰「斧季」，又一印曰「慧海樓藏書印」。與衣谷從臾筱岑乞沅帥資刻之，衣谷謂仿宋影寫有元和諸生管洵美慶祺，一號心梅最善，屬余至蘇可問馬芝生銘，當知其蹤迹，招致以來。

初二日丁酉，晴。

作字寄李勉林。又寄劉魯汀端。芾村邀過妙相庵，因看仙舫。

初三日戊戌，晴。

與伯常訪孝陵，因出靈谷寺，舊聞蕭景神道在朝陽門外，遍詢不可得。伯常過晚飯，遂舊影本并《國山》、《嵩山三闕》拓本同展玩。朱仲武信來，言少荃宫保收得段氏《説文注》板之半，將爲補刊，亦盛事也。

初四日己亥，晴暖。

謁湘鄉公，問訪兩閣書，有殘不成部者收否。公謂不必收，然大部之存過半者當酌。又謂所好《史》、《漢》、《韓文》、本朝諸老經説，遇精本當爲購以來，士禮居、抱經堂所刊書及秦敦父刊《法言》等亦然。遂以朱雲崖托求請封書呈閲，又爲恕皆以紙求牓聯。遂過劼剛，乞借老翁新纂《江忠烈神道碑》、《季仙九誌銘》二篇付蒓齋鈔。又過子密、蒓頃、眉生、省三、伯庸。晚過伊卿、梅岑,梅岑言蕭景神道在太平門外蔣廟東之皇城巷,相近又有□□□碑,廿年前上元縣官遣吏往拓,騷擾田氓,氓憤僕之田中,字在下,而□□□碑竟爲所碎,此外唯棲霞山有唐初明真君碑。梅岑又言有《金陵瑣事》一書,周(暉)著,凡四編,其初編最佳。

初五日庚子,晴,晚風,夜月有暈。爲伊卿、春圃各書一謙卦。晚看蒓齋。夜作字復穆海航、朱雲崖。

初六日辛丑,晴。爲李季荃書易卦,又雜書舊索聯牓。廖養泉相過,索爲程明道祠撰聯。李眉生、龐省三來送,以將有揚、鎮之行。

初七日壬寅,晴暖。擬明道祠聯云:「泝洛學初基當領簿試官已通聖域;仰建康遺廟縱漫天劫火未損春風。」用北朝字體書之。

初八日癸卯,晴熱。篆書書朱子《明道先生像讚》於祠榜,大小若少温《般若臺碑》。向湘汀、李芋仙并來觀,遂留晚飯,夜,伯常、筱存來送行,二君各有托購書件。

初九日甲辰,晴熱。食後看蒓齋,其病已減六七分。遂便辭諸同好。過舍弟少談,付家事。稟辭中堂,出水西門登舟往揚鎮，中堂屬更爲尋《五禮通考》初印精本。舟行至下關泊，過騐鹽屬，辭仙舫，仙舫亦以單托購要書。大風，約明日若風不息，當留暢談。

初十日乙巳，曉晴，熱，發舟，有雷雨，行十里泊觀音門外燕子磯下。

十一日丙午，晴熱，薄曉逆風拉行三十里，合子口小泊，午後風轉，行三十里，東溝鎮泊，并依北岸。夜，大雷雨。

十二日丁未，昨夜大雷雨，輒止，曉晴即陰。大西南風不可行，泊一日，江中鹽艘覆其二。

十三日戊申，半陰晴。行三十里四眼溝，三十里黄龍港泊。

十四日己酉，半晴陰。行二十里，至金山下泊，山有道光末西南長洲接於岸，前代以走馬上金山爲亂兆。咸豐初三年，果有長毛據金陵之事。此山殿宇、行宫、書閣、經藏被焚一空，先是寺僧□華恐寺不可保，捆載藏經避之五峰山中，而書閣《四庫》書舊管于運司，僧不與聞，竟未有謀及移避者，今佛藏存而《四庫》盡毁，甚可惜。魏剛紀所謂僧并移《四庫》之一二存五峰者，未確也。僧言鬼夷向官買地，官斥賣新長洲與之，指畫界畔，侵及郭公墓以内，將來此山殆不可居矣。

十五日庚戌，晴。

放舟十五里至焦山，山當毛賊至時，有黠僧能迎順其意，得不毁。山中老樹離奇，觀山臨水，以千百計，叢篠漫山映谷，并足幽意。數年來經大江南北名勝衆矣，皆經燹童兀，鮮生意，其能獨完者惟此山，黠僧之功殊不可没，豈焦先陰護之歟。攜彝兒訪《瘞鶴》舊石，致二拓本，并吴平齋所留《蘭亭》二拓，摩抄南仲鼎及銅鼓、《道德》殘幢、咸通時李君志石，幢石亦平齋所留。遂遍歷山前山后，其瀕水登降之徑，松石參差夾之，絶似吾鄉禹門、龍尾幽勝，神怡者久之。讀米元章、陸放翁兩題名，放翁題以隆興甲申明年二月，記其雪中攜友尋《瘞鶴銘》，盡醉，有軍壘戰艦之慨。時方（隆興甲申閏月二十九日）也。寺中得智海者，年六十六，焚香默坐，經卷堆案不整，尚可談。問以阮文達公疇昔所置藏書之閣，謂常鎮道設關於此，據其屋以居，濱江佛屋悉占於傔從，閣中書太半爲鬼子所取，又散落于游人，今存者不及十一矣。午後溯流泊金山下，攜彝尋郭景純墓，碑碣皆斷失。

《舟發江寧出下關，遇大風雨，遂泊燕子磯》：

石城鬱鬱不耐住，發興朱方揚子間。風勢隔江摇早旭，雷聲催雨下三山。蕩胸苦憶滄波闊，輟棹偏依别渚環。燕子留人從小泊，獨尋荒草問孱顔。

《金山》：

金山胡爲黯兀兀，瓦礫漫空壓山骨。景純水龍陸且沈，妙高浮圖鞹猶革。殘僧三兩避亂返，無力誅茅棲石窟。客來攢眉遍指點，破礎何宫殿何碣。自從山下長新洲，走馬登山殺機發。

老僧護法本平等，三藏連檣走巖樾。文宗《四庫》隔典守，一炬琳宮共灰烬。此山南巡屢駐蹕，天筆聖文昭日月。莊嚴自敕斷醵募，煙燧未空無寶筏。精藍欲復知幾時，黠鬼乘虛肆侵越。眼看卧榻鼾異類，主賣自官籲可咄。頭陀深慮無乃過，肉食良謀豈荒忽。安心參透空色禪，滿地荆榛總瑶闕。

十六日辛亥，晴。

渡江十五里至瓜洲，溯邗溝上四十五里至揚州府鈔關門外泊，城外市廛猶未有十一，城中室屋不過完十之二耳。

《焦山》：

往年毛盗横江東，長林天屋摧薪同〔一〕。焦先一山獨見赦，支離偃蹇障海風。隱君開山本靈怪，野火不死雪没胸。豈知群木復百世，尚與不壞傳芳蹤。我來適逢三月半，僧壇揭起鬧鼓鐘，唄聲時間鶯語滑，梵隊臿出花枝紅。《鶴銘》可語歎殘涸，恨我已後米陸翁。元章、放翁有題名。循崖附葛繞絶頂，懷賢極望徒憂忡〔二〕。長江萬里此關鑰，百護千回洲渚重。定知天意厭邊市，百産荆、揚何不充。美言柔遠侈無外，漸乃斡腹成隱癰。給園奪民坐食耳，此輩流毒將安窮。西迴一逕得幽憩，緑篠縈紆引别峰庵名。垂崖雜樹枕流水，萬里牢江如可逢。頻年浪迹斷歸路，徑想此地巢雲松。眼中傑閣憶文達，税牓嚴關壓短篷。牙籤散落粉黛溷，趁潮趣棹愁匆匆。嗚呼群盗乃不爾，長懷鬱鬱吾安從。

十七日壬子，晴。

登岸自鈔關門入，至左衛街五城巷訪李雨亭都轉，都轉留住，遂命彝兒以行篋來。識楊節之、蕭金甫、李篤生、李義門，并開人；雨公之戚及諸侄，其仲子仲壺本方亦相見，又識王太素、魏平泉大均、談厚甫德培、丁少萊儁、孫縵生、方達夫諸幕客。達夫，存之之侄；縵生，金眉生之甥；太素，己酉鄉解，當于舍弟爲同歲生。遂出訪金眉公，不直。薄晚，眉公遣人尋行舟，招過寓其家，雨公不許。

十八日癸丑。

眉生來相看，問趙惠甫，方以十一行，遇未，蓋上下舟，相左不知也。得仙舫初十寄信，并屬致李靄堂軍門一信，即作字復仙舫，又作家信寄舍弟。陳松儒相過。

十九日甲寅。

訪陶鶴汀寶森，方仲舫適同居捐局中，將有安慶之行，與仲訪別一年餘，乃不期而會此瀕行時，亦奇緣也。訪陳松儒談，又訪揚守孫韻□恩壽，以芋仙舊好耳。略尋城中書肆，約五六家，竟不見一完善本。

二十日乙卯，晴。

攜彝兒走舊城，入大東門而還，經大西肆中，見《續通鑑長編》及姬傳全集，當收之。

廿一日丙辰。

與太素、松儒訪瓊花觀，其下居難民，梯樓皆已拆，不可登。遂過萬佛樓，其鄰萬壽寺，多好樹，亦隨意小憩，還入舊城小東門，過松儒所寓之文樓□□寺，其後祀昭明，牓以文選樓，煮茶食餺飥，乃歸。

廿二日丁巳，晴暖。

晨訪眉生縱談，食後攜彝兒入東門，出北門尋平山堂，小秦淮兩岸皆瓦礫，水亦塞，不通舟，抵蜀岡，憑弔堂址，唯六一像一碑雖損兩端，像尚完也，三誦東坡「欲吊文章太守，仍歌楊柳春（風）誰言萬事轉頭空，未轉頭時皆夢」之闋，愴然久之。憶道光癸巳人日來此，方承平盛時，極游覽笙歌詩酒之盛，豈意有今日耶。焦山僧枕雲者結屋五楹于堂之左，頗爲小詩，中有《瘞鼉》一篇，其事甚怪，已許爲作銘刊，媲《瘞鶴》矣。還訪天寧寺，問行宫及大觀堂遺址，出梅花嶺，謁史忠正公墓，東取便益門道以歸。

廿三日戊午。

眉生招早飯，在坐者吴介臣台壽、魏平泉，約飯畢復游康山，以雨不果。夜雨徹曉。

廿四日己未，霽，陶鶴汀相訪。

廿五日庚申，晴。

眉生約過介臣，觀其所藏米南宫手札三絶句一册子及張即之書《左柏行》、王煙客畫溪山□□兩長卷。煙客卷是八十一歲作，最佳，末有竹垞跋、羨門跋并詩，皆有味。介臣又出其珍藏岳忠武端硯，縱八寸、廣五寸、厚二寸許，背銘「持堅守白、不磷不淄」，無款，上有謝文節題字，定是忠武書，旁有文信國題，謂是(君直)贈之者，旁有元鮑恂題字，明于忠肅、王文成皆有題，後歸董香光，陳眉公題及之。本朝歸宋牧仲，有竹垞題，後有王虛舟題。一石之微，何傳付皆名流如此。

廿六日辛酉，晴。

聞湘鄉相公將來焦山游覽，雨亭約同往候。食後肩輿渡邗溝，行四十里至七濠口，其先遣將治具之船，屬泊待於此，風阻未至，遂同宿船捐局，以局員盧華崑少尉爲主人。是日四十里道麥浪不斷，間以菜花村落，較揚城之瓦礫滿目者，稍快人意。濠口昔僅空洲，今乃有鬼樓。

廿七日壬戌，半晴陰，薄晚雨，夜亦有急雨。

晨起，船已於半夜至，遂與雨亭乘之渡江，至焦山下泊，與雨亭入定慧寺訪諸古迹。京口副都統富貴先在，其方丈芥航留同齋供。芥航，才僧，能詩。遂訪吳平齋雲于許緣仲道身所，觀其所藏朱子《繫辭本義》殘稿，抹改處亦多與今本不同，後有李文正跋，頗校析之，然李跋紙新，恐僞，而稿則真也。平齋言其收漢人官私印至八百方，已檢出官印文不同者八十方，爲《考證》二卷，可印行，私印約六百，亦有印本，他日并當持贈。更索觀其收藏書畫。雨亭促游山，遂行，平齋亦之京口，余乃循山西麓觀樹石，摩挲前代題名。芥航至，指元章題名上端宋人摹刻《瘞鶴銘》一段，仰觀之，似猶略存規格，惜石剥落，不具首尾，當謀拓一紙以補元石之一二。

廿八日癸亥，晴。

湘鄉相公昨晚泊瓜洲，晨乘炮船至山下泊，彭雪琴漕督、黄昌祺軍門、鍾山山長李小湖及幕中陳小圃、方元徵、鄧守之同來，諸公會觀山中弆藏，遂過許緣仲午飯。余已飯，不往，遂獨游山中。前日未到已到皆遍，憩别峰寺，隱几卧，將二時許醒，尋後徑下山，東繞山足而還。諸公方索余不得，比還，諸公亦還，同晚飯于芥公方丈，雨亭爲主人，聞吴漕督告邳州捻警，促防射陽湖。

廿九日甲子，晴。

早飯後開船，乘順風至七濠口，雨亭停待湘鄉視鎮江城，歷北顧、金山，來同看新開改埸鹽口岸。在瓜洲下七濠口上。余换小舟，溯瓜洲入邗江先還，以未正抵鈔關門，薄晚湘鄉公至，泊城外，不入。

四月初一日乙丑，晴。

晨湘鄉公、彭、黄諸公入城，館於花園巷，將視五臺山駐營，仍宿舟中。雨亭拉館中陪中飯，諸公皆明早行，湘鄉還金陵，雪琴還裕溪，昌祺上清江浦。吴讓之相訪，適已出。

初二日丙寅，晴暖。

訪吴讓之，不直。過陶鶴汀暢談。遂入城尋阮氏文選樓，聞太傅孫蘭江已還，訪之，又不直。還尋金眉生，吴介臣先在，眉生即遣尋讓之來，年六十七矣，聰健不衰。以唐寫《説文》殘帙同觀，與論書，甚相契，偶及《瘞鶴銘》，讓之謂有手拓本，當見與。問大觀堂書有流轉在泰州者否，謂當訪金雪舫，當有所知也。夜，小雨。

初三日丁卯，晴。

晨出晤周子愉，自泰州來。阮蘭江恩海相訪，約以明日登其文選樓。作篆，自巳及酉。

初四日戊辰，陰。

錢辛伯相訪桂森，謂方自泰州來，將往金陵。劉魯崖相訪。金眉生相過，約再游焦山就鮮鰣，以將往泰州，不能從也。食後看子愉于三祝庵，入舊城答阮蘭江，同謁太傅祠，歷覽東西塾，登文選樓，皆無一間完屋，舊藏秘書鼎彝皆散盡，唯百一以攜出而存，壁間古磚唯存其六、齊造象記一、及一鐘一鼎耳。書板亦僅半在。

初五日己巳，晴。

雇船往泰、如，約明日行。

初六日庚午，晴。

未正束裝始畢，辭雨公及其署中諸好，以衣書一竹箱留托李篤生便寄金陵，遂登舟，溯行三十里陳家莊泊。

初七日辛未。

泝上水行十里，過六閘子分，下水行二十里仙女廟鎮泊。食後訪王太素於入捐總局，留晚飯，乃還舟，局前中洲火焚數十户，及于南灘，此間舊無民居，以避亂來結屋者多，遂成市聚，惜多草舍，去年曾四火，今年至今日又四火矣。

初八日壬申，晴。

下水舟行九十里，泰州北門外玉浦泊。午，雨數點。

初九日癸酉，晴。

小感冒，泊，食後訪周子瑜，見其次孫資模、四孫資檜，外孫梁資輔。欲訪金雪舫長福，而雪舫至，問以文匯閣遺書，謂咸豐三年毛賊陷揚時，賊酋欲睹行宫，索宫中及大觀堂弆藏于天寧寺僧□雲，僧堅不應，遂火寺，及堂閣，僧亦被火，數日夜不熄，後有檢灰燼得擔許殘紙，皆爛不可理矣。唯聞爾時經管閣書爲謝夢漁增，今用山東簡缺道，其家住揚州城康山旁，尚有借鈔未還者數種。賊未至時，董事者請運司以二三千金移閣中御賜及《全書》避之他所，堅不肯應，運庫尋爲賊有，時鹽運使劉良駒也。

初十日甲戌，晴。

泊，訪劉魯巖燧基、陳守吾寶晉，皆不直，直金雪訪。

十一日乙亥，戌，立夏。

子瑜招游岳王臺，飲其下，臺在泰城中，可四望，居人僅少半，城桑槐桃李隨處成陰，頗有野意，不似城南北之市喧也。同往者白退庵讓卿觀察北通州，小山先生子、嚴子秋縣令鎮江，問樵之弟、陳季珂鳴玉孝廉甲辰及金雪舫學博。退庵善傷談，子秋吏才安詳，雪舫善詞賦，多記掌故。魯巖相訪，訂明日過飯，力辭之，即往談少時，晚飯乃還舟。在北門外博古齋，見元興文館所刻《通鑑》明印本，曹秋岳、趙味辛經藏過，前有王磐序，卷中皆有評點，惜不工致，又遇冗注抹去，切音亦抹去，殊不可解。

十二日丙子，晴。

移船至東門外換載如皋三倉子，行八十里馬溝泊，夜，小雨。

十三日丁丑，晨，小雨至午前。

行八十五里如皋縣東門外大馬頭泊。

十四日戊寅，晴。

食後入城訪周霽樓，尚在通州未還，晤其世兄子迪惠、西席翟寶臣、官親顔子辰、子澤兄弟。又訪署典史張子綱，子綱留明日住，辭之，而受其鹹腰酥餅之贈。子迪招子綱來同晚飲，乘月而歸。市中有宋本《通鑑》每頁廿二行，每行二十一字。惜亦有批點，不潔浄。又有《舊唐書》聞人詮刻本，惜少四分之一。

十五日己卯，晴熱。

子岡、子迪來相送。黄桐軒繼憲，貴築縣丞相訪，方卸署掘港主簿，言通州各鹽場私墾爲稻田者甚多，掘港尤甚，此亦場灶凋敝之一原也。通、如交界東社一帶爲洋盜逋逃藪，上游未嘗議及，殆無有以告之者耳。桐軒頗有意爲文，特少師友。午後上水行六十里丁堰泊。

十六日庚辰，晴。

食後雨，午後益大，薄晚大風。上水行三十里白蒲鎮，冒雨行三十里，三十里（鋪）泊。

十七日辛巳，晴。

行三十里至通州西門外泊，熱甚。食後入城訪周霽樓際霖丈，其去年如皋撤任案已審定，可改詳矣。訪署通州牧黄印山金韶，托其遣役爲封渡船，待過江。還經淩匯興書坊，略搜求，尚有三數十種可採者，雨至，遂還舟。印山相訪，適大雨，坐久之，乃去，廣西融縣人，有吏才。

十八日壬午，雨，泊。

印山惠食物，又致水脚程儀，却還其程儀。霽樓相訪。

十九日癸未，雨，泊。

作字寄李雨亭。

《寄雨亭廉訪揚州二首雨亭奉命署兩淮鹽運使欲辭去不得尋奉安徽按察之命亦欲求退故結句云爾》：

鹽筴糊塗在昔傳，燹餘成法況蕭然。誰能利病條無隱，不許公私美自專。使者來攜春在手，下河看取玉爲田。皖中陳臬尋常事，欲乞淮綱更歲年。

眼中無奈宦場何，光怪離奇費捉摩。坦蕩獨逢開縣老，勤彊未覺古循過。東南亂定非無事，君相需才苦不多。信有平生輕去就，亟看整頓激頽波。

《如皋舟中雨行》十三日作〔三〕：

鬱蒸催立夏，風雨稱人心。試問前溪水，應添一尺深。青簾從半濕，緑篠送〔四〕濃陰。舟子忙於客，貪程不可禁。

廿日甲申，大雨竟日，泊。

廿一日乙酉，陰，時有數點雨。

擬登陸出任家港，手車者不肯行，更泊一日。

廿二日丙戌，晴。

登岸由通州西門外東南陸行十八里，至任家港，登州中所封渡江漁船中宿，以待明日晨潮。

《通州陸行至任家港》：

東洲曙色島門煙，十日初辭掘港船。麥隴青黄迎海日，竹輿浩蕩拓江天。獨逃兵革風塵際，未覺誅求里下偏。鷄犬千村民氣樂，桃源何處更神仙。

廿三日丁亥，晴。

晨乘卯潮退東南行，得西風，十刻許行一百里，至福山鎮常熟縣境，易常熟快船，停待酉潮，上行里河三十六里，常熟縣南門外泊。

《乘卯潮落渡江至福山鎮示彝兒》：

發棹軍山指福山，趁潮百里一時間。遂教渤海乘風去，亦要長鯨作膾還。平地波濤愁世路，半生哀樂感朱顏。眼中懷抱少年事，濟巨看人只等閒。

《狼山下有懷故鄉不狼》：

我從鼇水頭，來泛揚子尾。首尾有狼山，阻絶一萬里，鼇山俯衆岫，連波蕩俶詭。兹山壓濤瀾，隱若重岡比。信宜對雄長，循名良有以。何曾巴陵山，不攬具區美。軍興逾十年，流血遍南紀。兹山爲北障，毛盗遏狂視。縱横裹下河，生遂到螻蟻。只今除巨憝，餘梜未全弭。重鎮本不輕，成功慎驕弛。鼇山西南維，挫賊不知幾。頗聞堅城堅，百搗勢益巋。又聞耕鑿輩，科急半死徙。漸虚儲胥助，有險亦何恃。長江亘天塹，人力特其犄。愁思繞萬山，安能挽江水。一勺狼山水，相隨萬里行。直趨揚子口，復訝此山横。煙雨連鄉夢，風波攬客情。茫茫江路盡，何事更東征。

廿四日戊子，晴，午後陰。

行二十里新莊泊，夜雨。

廿五日己丑，風雨。

行七十里至蘇州府閶門外泊。

廿六日庚寅，陰，午後大雨徹夜。

食後入城訪翟讓溪鑅觀，謁李宫保，宫保留晚飯，遂縱觀所收書帖。恐雨甚不能出城，遣移舟入西水門，泊撫署照牆外。晚飯在坐者李學士承霖、王□□、郭□□、劉□□，唯陳作梅鼒是舊相識。

廿七日辛卯，霽。

易軍船局船出城，泊婁門外。

廿八日壬辰，晴。

行八十里，過崑山縣四十里三江口泊。

《舟中望崑山》：

安舟憑午睡，睡起見崑山。婉孌如相識，扳躋苦未閑。故家餘瓦礫，高塚漫榛菅。何似亭林叟[五]，逌然天地間。

廿九日癸巳，半晴陰，午熱，欲雨不雨。

行六十里黄浦鎮分港，行六十里龍王廟泊。潮上至黄浦鎮而止。

《吴淞舟行五首》：

三江不似長江險，百丈隨心上下行。天際數峰平地起，船頭趺坐看雲生。

茅葴毿毿覆横洲，筱籪層層不礙舟。隨例蒓鱸渾忘却，黄花魚上早茂秋。

江流曲曲深邨深，狎漚丈人無世心。東去歸來倘逃暑，借爾疏疏斑竹林。

頑雲鬱蒸寒半空，雨龍隱隱雲縫中。前舟理篷後理杙，豈料快乘西北風。

黄浦分流水驟渾，菰蒲并岸有潮痕。舟人滿貯吴茶在，好恣蒙芽解眊昏〔六〕。

三十日甲午，晴。

行三十里至上海縣東門外泊，午登岸，入城訪丁雨生日昌觀察，觀察留道署小住，遣促彜兒起載來。晚飯在坐，識蒯蔗農德標、賈芸樵謙益兩觀察、蔣文學敦復。上海當東南亂後，以外夷十八國通商輻輳之地，雖曾暫陷，未久而鬼徒彊占城中廟宇、民居，彊買城外官私地以建鬼樓市肆，蓋十年矣。李宫保駐此時頗加裁抑，然以用兵，養洋槍隊數千，後雖漸減去，而鬼徒住城者多。城門出入，反爲彼所稽制，而官如客然，仰其眉睫不能展一籌。禹生至，乃并裁洋槍隊，鬼徒之占我城居，一一以理法遣之，一年餘，此城乃復見漢官威儀，城民乃免鬼物之擾。禹生曾航海歷八國，熟於夷情，至任又力却彼饋遺，凡前任陋規，歷來以爲應得者，一切革之，故鬼物亦服而畏之。

五月初一日乙未，陰，巳午間小雨。

閱禹生所收諸文籍，識秦澹如緗業觀察、沈□□……

初二日丙申，晴。

出訪澹如、蔗農、芸樵及李靄堂恒嵩軍門、郁泰豐松年廉訪，與劍人談，示其所著《英略》及萬言書，皆佳，嘯山、壬叔之舊好也。

初三日丁酉，晴。

初四日戊戌，晴。

初五日己亥，晴熱。

聞廷寄，命曾相國移駐淮北剿餘捻，命李宫保駐金陵署總督印。禹公薄午即坐小輪船往送宫保，約四五日乃得還。

初六日庚子，晴熱。

傳聞禹公當署蘇臬印，殆未然。食後出觀醉六堂及墨海堂兩家書籍。

初七日辛丑，晴熱。

初八日壬寅，陰，時有小雨。

初九日癸卯，陰。

出訪沈雒宜寶禾，遂過賈芸樵，同往四牌樓閲書肆。夜，雨。

初十日甲辰，陰。

居停雨公還，言李宫保望前後乃行，作字寄賀。

十一日乙巳，陰，午霽。

前以仙舫信致李靄堂，且往候之，今十日未見答，聞已還蘇……矣。

十二日丙午，晴。

十三日丁未，晴。

十四日戊申，晴。

作字上曾相國。

十五日己酉，晴。

馮竹儒光熒孝廉自京師來，言在京師與張香濤同寓即相知，夜談良久。又言三月朝廷之去恭邸差遣，寔允當之至，後之申論者皆私心也。竹儒，南海人，李宮保高弟，曾在湘鄉幕下，以其尊人冤繫遣戍，遂辭往省視，先後三往返，其後尊人已物故，已久欲歸骨，道不通，乃繞宣府而西，仍不得，走而還，便就今年禮部試，性篤摯，耐艱苦，明算有幹才。

十六日庚戌，晴。

聞曾相國兼督河南、山東、直隸。

十七日辛亥，晴。

十八日壬子，晴。

十九日癸丑，晴。

郁泰峰以宜稼堂書相贈。

二十日甲寅，晴。

泰峰又贈陳石甫《詩疏》，以篆聯答之。

廿一日乙卯，晴。

泰峰相過。

廿二日丙辰，晴熱甚。

晨訪泰峰，觀其所藏宋元舊本書，合百數十部。東南文籍燹後，散失殆盡，而郁氏獨存，亦不易也。訪鄭玉軒藻如，同觀城隍廟佳石。

按，莫友芝此月在上海拜訪著名藏書家郁泰豐松年多次，郁氏以其宜稼堂藏書相贈；莫氏因以得讀郁氏宜稼堂珍貴藏書。莫氏讀宜稼堂藏書，所得成果見於三處：一見莫氏《宋元舊本書經眼録》，一見莫氏《持静齋藏書記要》，此二書均已刊刻行世，十分便於查尋；另一成果是「《郁氏藏書目録》」。此成果從未面世，今藏於國家圖書館莫友芝《宋元舊本書經眼録》手稿之中，本《全集》已點校整理，可參看。

廿三日丁巳，曉陰，徐徐而雨。

廿四日戊午。

廿五日己未。

鄭玉軒孝廉相訪。

廿六日庚申，晴。

玉軒、竹儒相訪。

廿七日辛酉，午後雨。

廿八日壬戌，大雨竟日夜。

廿九日癸亥，陰，時有小雨。

竹儒來邀同往外虹口鐵廠觀西洋製造局諸機器，局中以一大屋分置諸器，截者、磨者、鑽者、開槽者、截圓者、鏤空者、刻螺旋者并施之，銅鐵大小各數事，每事以輪運之，或一或二或左右諸輪皆皮環繫於上衡，於旁屋置火水，復有輪運之，其氣行於上衡以運諸輪。一室之中，百輪俱轉，衆工齊作，亦奇觀也。

閏五月初一日甲子，晴。

初二日乙丑。

初三日丙寅，晴。

初四日丁卯，晴。

賀禹公晉三品階、三代封。

初五日戊辰，晴。

禹公已售定外虹口鐵廠諸機器，即於其地開局先製洋槍炮，以供京營省營，即募巧手製輪船以彊中國，蓋蓄之十年而得爲之，自今日始。主局者稟定韓賡揚殿甲總兵、馮竹儒焌光同知、王小雲德鈞知州。禹公欲令彝兒識其大略，且藉悉夷情語言文字，儲以待用，使司局中出納，其造就厚意不可却也，即遣從諸君往。

初六日己巳，熱，午後大風雨。

初七日庚午，陰，午雨。

初八日辛未，陰，午小霽。

初九日壬申，曉陰，小雨即止。

食後觀荷於也是園，園左上海人爲李宫保建生祠已成。過郁泰峰，别出外虹口，别馮竹儒、韓賡揚、王小雲，以彝兒不更事，托其檢飭之。韓、王已入城相看，與竹儒談二時許，其意專算學、製器及地理，又謂不可以紛，其先專力於算造，而緩地理。屬凡有算家未見書必示之，當纂專考若竹垞《經義》也。又言其師鄒伯奇字特夫，南海泌湧人，當世算學之最精，與李壬叔分席而不驕吝。晚寄……

初十日癸酉，大雨。

竹儒冒雨來相送，本擬食後登海生明月小輪船還金陵，竟不能下載而止。吴次園臺朗見訪。

十一日甲戌，曉陰，小雨。

食後辭丁觀察行，觀察屬見李宫保時爲言病狀，且言不許夾板船載油豆餅，惟許沙船載，將爲海運京米計者，宫保恐做不到，三日來幸已做到矣，唯爲此嘔數升血矣。全免沙船税，亦已行。薄午，登海生明月船，帶船者馬漢卿聲巡檢，能外國語，識夷情，亦有用之才，年才廿一。彝兒送于舟上，遂還新鐵廠。開舟行十八里，下海坡泊。

十二日乙亥，陰，小雨，大風。

試開舟行八里，不可行，遂泊吳淞口。

十三日丙子，陰，大風。

試開十許里寶山縣側，浪大，不可行，還泊吳淞口。

十四日丁丑，晴。

出吳淞口，過流河東行二百□十里，經狼山，下溯行二百□十里，入江陰縣境之□□尚未至江陰三十里泊。

十五日戊寅。

行二百□十里，鎮江北岸七濠口泊。

十六日己卯，晴。

行百八十里，至下關泊。即乘小艇訪張仙舫于鹽關，留晚飯。仙舫命以其差船起載，即宿船中，乘月至水西門外泊，以待天明入城(七)。

同治四年閏五月十七日庚辰之辰。

自上海乘海生明月船至金陵城外下關，起載入城，還三山街寓，家中大小無恙，距三月九日出門歷江北揚州府、通州，渡江歷蘇、松、鎮三府凡百有七日，孫女慶已解嬉笑，學語成音矣。是日陰，晚雨。曾相國以上月廿五登舟，廿八開行，溯揚淮，將於徐州開幕府，從行者錢子密、陳伯敷、屠晉卿寥寥數人，而先分保甲局之黎莼齋、向伯常、譚春浦、計芾村并辭局偕往。舍弟祥芝又先以四月廿一署六合縣事，城中舊好無幾。

十八日辛巳，陰，小雨。

謁李少荃宫保于三條營公館，因訪陳作梅鼒。宫保以上月廿二抵金陵署總督篆，作梅偕自蘇來，前在蘇匆匆一晤，未及訪之也。還訪涂朗軒、廖養泉、洪琴西，琴西自皖還，即接替莼齋東南保甲局事。夜，作字寄謝丁禹生。又作字寄舍弟六合。

十九日壬午，晴。

訪李眉生、龐省三、曾劼剛、歐陽筱岑、李壬叔、張嘯山、劉伯山、汪梅岑諸君子。在頡剛所晤李芋仙，頡剛言相公當駐臨淮，以山東、河南賊皆竄皖北也。在筱岑所聞楊見山將明日登舟就湖南李中丞幕，送之，不值。朗軒招晚飯，晤應敏齋寶時太守、方存之、倪豹岑三君。

二十日癸未，陰雨。

楊見山來話別即行，贈以「磨去楞角」一語，見山有學而甘貧守介，已留江蘇知縣而不願出，東南人之矯矯者。趙伯蓉相過，言傳聞遵義有二月廿七失守之説，而其從叔及弟輩方有數人二月自貴陽繞道至，又謂爾時當無此事，然不堪設想矣。夜，作字寄彝兒。又作寄馮竹儒、蔣劍人、戴禮庭字。

二十一日甲申，大雨。

李雨亭相訪。

二十二日乙酉，陰。

眉生署十府糧道印，賀之。答看雨亭，適及送其將發舟還維揚。張仙舫相看，晚看王子蕃，子蕃以憂卸江寧縣，將還蜀。

二十三日丙戌，晴熱。

出看邵子林、子進兄弟，因過周縵雲、張魯生、富會亭、曾劼剛。還訪潘伊卿、趙惠甫、陳虎臣、李芋仙、趙伯蓉。伯蓉已出，晤其族叔族弟，問鄉里景況，真十分不堪，其家芝園及子執庵并已先後逝，唯執庵從弟價城廷瑩、二山廷珏皆就館省城。晚過子蕃話别。夜，大雨。

二十四日丁亥。

二十五日戊子，晴熱。

芋仙相過叙别，爲隻鷄之局，招筱岑不至。王鶴生、張魯生先後相看，遂留同飲。夜，大雨，作字寄鄧伯昭、蹇儀軒于成都，以托子蕃，子蕃明晨登舟也。夜半大雨徹曉。

廿六日己丑，大雨竟日夜。

晨起雨止時送子蕃，已登舟矣。

廿七日庚寅，大雨竟日夜。

作字寄姚慕廷於江西，并隸書漢樂歌四紙，以托芋仙將往。

廿八日辛卯，曉霽，時有微雨，夜始見星。

廿九日壬辰，陰。

應敏齋寶時觀察、趙惠甫相訪。夜雨達曉。

三十日癸巳，曉大雨，食後乃止，地潤，悶熱，答看應敏齋、王葉唐錫桐州守。葉唐，麗江人，丁酉鄉解。敏齋言有犯法鬼官拘解來，至蘭溪，已水死，雖不免口舌，差易辦。敏齋能熟海夷性情，前在上海道任，善用柔，有條理。送徐季蘅樹釗行。遂過雷石卿，托其爲留季蘅所居屋子，乃前欲移往而彼至暫借住者也。過芋仙談，爲作册頁，甚倔恣。遇樊叔和毓桂同知，叔和乃仁和同年、子安員外之第三子，子安去年没，尚留滯於此，還遂見訪。張集甫肄孟州牧、姚允伯廣元州牧并見訪。

六月初一日甲午，小晴，悶熱，夜，大雨。

饒雲舫自皖南涇縣來，將往滁州新任，約明日來宿。

初二日乙未，曉雨。

食後乃止，出賀勒少仲方錡護江藩，因過方元徵談，元徵須七月尾方往臨淮，約爾時同行。還送徐季蘅行，且托西南局雷石卿爲料理季蘅所住屋子，擬將移往。

初三日丙申，晴熱。

雲舫過早飯，丁雨生觀察至，言其病未減，李宫保已許其暫卸三月調理，委應敏齋署理矣。

以彝兒字及湘鄉公前月十二在途復信來，方作書寄湘鄉公，更增作一紙。夜，作書寄黎蒓齋。夜，雷雨，將曉猶甚。

初四日丁酉，大雨，過午乃止。

走三條營答看禹生，縱談二時許，還訪禹汲三志漣、王鶴生，街巷間水深處没膝。夜，作字寄彝兒。

初五日戊戌。

辰過禹生談，遂早飯，薄午大風，急還，大雨隨之，從者幾不能支。晤李季荃，言其甘凉道已開缺，擬不復出而爲游計，謂杭州韜光甚佳，約秋間同往。又晤陳葆初□□，言昔在曾沅帥營宿時相識，已六年矣。還寓而住屋皆奇漏，床褥沾濕，蓋偏勢甚雨也。饒雲舫早相過，適已出。

初六日己亥，大雨竟日夜。

李芋仙見過辭行，昨日已冒雨登舟矣。王禹軒辭行，將往臨淮，以致蒓齋信屬之。

初七日庚子，曉猶少雨，遂霽。

李眉生相過，奪撫本《禮記》、趙注《孟子》去。午後路小不濘，過筱岑談，且答看尹和伯金陽，和伯三十不娶，好道善畫，曾見其白描紈扇，殊有韻，方擬將爲茅山之游。晚飯攜繩往坊口大街看屋子，將葺理移住。

初八日辛丑，晴。

初九日壬寅，晴。出答敖季和。送王禹軒。過洪琴西，遇朱子典。

初十日癸卯，晴。繩往看坊口葺屋，程亮齋見過。

十一日甲辰，晴。周緩雲相訪，魯生約過之，畏熱、腹疾不敢出。鄭玉軒藻如、馮吉雲瑞光自儀鳳門來訪。玉軒同在上海，先來，吉雲，竹如之弟也。

十二日乙巳，晴。以作書養疾消暑，完新舊債二十餘紙。子典相訪。

十三日丙午，晴。李少白相訪。

十四日丁未，晴。三日來皆甚熱，未申間陰小涼，疾風欲雨，先移書箱於新寓。

十五日戊申，陰涼。得蒓齋臨淮來信。

十六日己酉，立秋，陰。

得金眉信，索復書。

十七日庚戌，晴。

得向伯常來信，伯常與蒓齋俱以閏月廿九抵臨淮，同司筆札。

十八日辛亥，晴。

移寓於坊口大街，至暮乃畢。作字寄舍弟六合。

十九日壬子，晴，午後雨一時許。

二十日癸丑，悶熱，午大雨。

得小兒上海十四來信。

二十一日甲寅，半晴陰，悶熱。

筱岑、仙舫相看。

二十二日乙卯，晴。

謁李宫保，遂過涂朗軒。聞趙伯庸得其家凶問，看之。午後稍涼，遂過仙舫。

二十三日丙辰，半晴陰。

亮齋、朗軒相看。張魯生、沈佚儕、汪梅岑、李壬叔相看，佚儕乃□□□之子。

二十四日丁巳，晴。

得湘鄉臨淮來信，言當仍移駐徐州。

二十五日戊午，半陰晴，欲雨。

二十六日己未，半陰晴，時聞輕雷。

二十七日庚申，半陰晴，薄晚大雨。

二十八日辛酉，曉霽，午後大雨。

二十九日壬戌，曉霽，薄晚雨。

有往六合者，作字寄舍弟。

七月初一日癸亥，晴，午陰，時有數點雨。

晚過張守恩送行，言其將往清江料理爲入都計，其家有舊刻《周禮》鄭注、《爾雅》郭注，板猶存。

聞李宫保開局刻五經，欲售以爲資斧。

初二日申子，晴。

亮齋過談。書篋久不開，略檢理一二，陳之架上。

初三日乙丑，晴。

初四日丙寅，晴。

作挽聯贈趙彝亭。

初五日丁卯，晴。

趙伯庸開吊，吊之，略爲看客，午後乃還。

初六日戊辰，晴。丑初三刻，繩兒舉一男，命曰小農，取爲國供耘耔之意，亦以後鄭高密之生半日也。得舍弟六合信。鄭玉軒相看。

初七日己巳，晴。

張魯生將往上海還慈溪，來辭行。作字寄彝兒。又作字寄丁禹公，晚過倉巷看魯生行，托其將往。又看邵子進。

初八日庚午，晴。

張仙舫相賀。

初九日辛未，晴。

作字寄九弟，付來人持還。得彝兒上海初三來信，乃蒯□□攜來者。

初十日壬申，陰雨，夜涼。

十一日癸酉，晴。

答仙舫。又過劼剛，言中堂此月當移徐州，皖北之捻已走河南界中。洪魯軒、潘若泉、錢子佑相賀。

十二日甲戌，晴。

聞邵子進失母，遣繩看之。

十三日乙亥，陰。

過小岑、嘯山、壬叔。

十四日丙子，陰。

得李樹皆來信，爲馬雨農之子柄常執柯，俟往六合與舍弟商定。

十五日丁丑，雨。

十六日戊寅，雨，晚晴。

謁李宫保。過涂朗軒，朗軒言至六合，當爲舍弟言淫祠廢田，屬其留意，且言廬田已在部請得魚鱗黄册來，今皆太半爲稻田，如豐收，酌可捐濟鄰縣否。

十七日己卯，陰。

借仙舫差船往六合，辰正走倉巷吊邵子進，遂出漢西門登船，逆風而行，約三時許乃至下關泊，晚雨。

十八日庚辰，大北風，時有雨，仍泊。

登岸過李少白，還取《折獄龜鑑》句讀之。

十九日辛巳，北風小減，開行三時許，乃及燕子磯、避大雨，雨後又行二十許里，泊北岸華子口。宋（鄭）克《折獄》書句讀畢。

二十日壬午，陰。

入口行四十餘里瓜埠，西北風不能進，當午遂泊，遣僕王升先陸往六合知會善徵。泊處陸至縣廿五里，水路溯行四十餘里。夜夢李雨亭都轉來，先晤其倩蕭金甫及其從子義門，既而雨亭促膝長談，遂夜過吾家談於邃室，語雜不可記，妻孥亦不避之，甚可怪。

二十一日癸未，陰，大北風，數數雨，仍泊瓜埠。

昨夜作寄蒓齋書，今又作寄向伯常、賀幼村二書，讀習之、可之文以遣日。

二十二日甲申，晴。

行五十里許，申刻至六合城，科侄迎于城外。舍弟方小感冒似瘧，相見慰藉，遂率以祀先君，是日家忌也。

二十三日乙酉，晴。

看署中姜玉曾由軫、陳蘭坡、邵□□□□、徐□□宗陵、郭義方□□、楊樹堂諸友。

二十四日丙戌，晴。

作字答李恕皆廉訪，李恕皆信初旬内至，爲馬雨農學士之子柄常求結姻，自辛酉秋來東流，與雨農傾蓋如故，既同至皖，明年遂分屋居我者三年。今秋九月，雨農服除，將入都，欲爲其子畢姻乃行，知吾女方相攸，年十六，少於其子二歲，故托恕皆牽絲。又曾以信託張仙舫，皆初旬至。已商之妻孥，又來此與舍弟熟商，并以爲好，因復書許之也。署中人入秋多多病者，有醫者姚姓頗明白簡易，爲余視脈處方，謂宿昔寒疝，宜疏肝温腎兼散寒凝，宜服導氣湯三數劑。金鈴子二錢，碎；淡吴萸八分；蛀青皮一錢；青木香一錢；小茴香一錢；荔支核四枚，碎；上肉桂四分，去粗磨沖；台烏藥一錢五分，煎，臨卧時服。更以暖肝煎浸酒，日臨睡時飲一大杯，良效。當歸一兩五錢；茯苓一兩；上肉桂五錢；甘枸杞一兩；台烏五錢；貢沈香三錢咀片；青木香五錢；小茴香五錢；葫蘆巴五錢；荔支核連肉二肉；酒三斤，煮一炷香時，成固封，常常臨卧服。以此煎作丸服亦佳。

二十五日丁亥，晴。

二十六日戊子，晴。

二十七日己丑，晴。

符子南相訪，言揚州士家唯焦里堂先生家未經燹毁，其居在邵伯湖西黄珏橋鎮，遺書板并存，其孫芝叔守之。汪竹堂芳蘭、陳月枝慶桂、陳輅齋慶鑾、桂香穀之蕙别駕、吴瀛洲掄元諸君子相訪。

是夜大風，夜半大雨，未明止。

二十八日庚寅，半陰晴，大風。

晚自城西步至城北，中唯獨樹存耳。

二十九日辛卯，晴。

三十日壬辰，陰。

八月初一日癸巳，晴。

初二日甲午，陰，大北風，中夜雨。

丑正舍弟舉一侄，命之曰棠。汪竹堂、姜玉曾諸君招晚飲。

初三日乙未，雨，仍大風竟日。

初四日丙申，陰，風少息。

初五日丁酉，晴。

初六日戊戌，晨欲雨，食後晴。

發舟六合南門外，善徵登舟相別，屬待月尾渠入省城後，乃余北出也。行及申，經瓜埠，又行廿許里，泊黄泥河。

初七日己亥，晴。

渡江溯燕子磯上，巳及下關，登岸看仙舫，遂行，未正抵水西門，還寓。

初八日庚子，晴。

初九日辛丑，晴。

以舊門裁整爲大門瓦，午成。

初十日壬寅，陰，小雨，熱。

彝兒前月廿九及今初五兩信并至。又得戴禮堂信。作字寄彝。夜，善徵自六合晨間遣人信至。聞杭州閏月雪三四寸，六月四季諸花盡開，海潮不至二日，城嘯三日夜。

十一日癸卯，晴。

丁雨生相訪，言其來鎮江就醫，今月二日亦舉一孫也。梅岑、嘯山相訪。晚過劼剛，劼剛言中堂問邵亭有《劉文房詩集》單刻本，當索寄，即檢付之。夜，作字寄舍弟。

十二日甲辰，晴。

謁李宫保，問六合地方可官置釐卡否，可以畝捐辦地方善後否。六合舊有釐捐五所，皆縣官置以辦公，所入皆無稽核，舍弟至彼，即請裁撤。然縣當滁河下流水道，貨物資皖東北數州縣，若由督撫設卡委員，稽收以資善後，而酌提分數爲辦公之用，較爲有濟。其地方紳士□□條陳及之，而余所見如此。六合連歲查畝，每熟田畝派查費錢五十，去歲前任查者謂可十萬畝而皆無實落，今年舍弟更定查畝章程，先不取費，一切由官借項辦理，俟查定逐細入册，然後議費，紳董謂此法善而少弊。今年按實當可得熟田廿萬畝，俟畝册既定，然後議善後之捐亦有把握易行，宫保甚然之。訪涂朗軒，朗軒問地方水災深淺，亦及查畝事。六合山田甚荒，以北鄉爲戰場最久，人存者稀，圩田則耕熟者多而水釀不消，低圩仍無所收，高圩則二三四五六七成不等，唯較江浦之被蛟破圩者則勝耳。答看禹生於城南樓聚寶門城樓也。城中景物、城周遭群山歷歷在目，坐兩時許，攬結不盡，有約于此樓作中秋，真第一快事哉。還訪卓人、嘯山、壬叔，不值。晤劉泊山，荆鎮、揚兩《四庫》書被燹緣起，謂揚州經管者及謝□□，其弟□□方署江寧校官，可問之。鎮江經管者乃汪庸甫先生之孫□□，曾爲其畫策捐費移避，力不能而止。謝氏則曾具呈于運司劉良駒籌費移避，以須籌費置不理也。晚訪眉生，談至月上。

十三日乙巳，晴。

禹生約出漢西門，坐海生輪船往棉花地看機器鐵廠基止，欲其濱江，又高不患水，將移上海製造局於此。晨起先往，諸君未至，遇邵子安，言與彝同事者，一二日當行，即作字寄彝，聞其曾與主局竹儒公事有争論，即戒之。薄午，禹生乃以張又□□、桂香亭觀察至。二時許往返水路八十里。入城過仙舫寓，賀其新作大門，還寓未昏也。

十四日丙午，晴。

雨生忽欲行，往送之，則已登舟矣。答訪許仲弢鈐身太守，未得其寓，於普育堂小坐，晤甘雨亭、傅麗生談。

十五日丁未，晴。

夜月甚佳，攜縄兒登城南門樓聚寶門騁望，有傳李宫保來者，城兵方急尋張統領不至，則已微服攜鮑花潭源深學士、陳作梅鼒坐礮臺縱談，此公於此興復不淺，不減庾公武昌也。少選，倪豹岑文蔚至，又同散步半時許，乃散。

十六日戊申，半晴陰，卯正月食。

黄亮甫、李壬叔、程亮齋相訪。鮑花潭相訪。晚偕亮齋訪周霽樓。

十七日己酉，陰，午雨。

眉生、仙舫、霽樓、亮齋過飯。

十八日庚戌，半陰晴。

答訪鮑花潭、許仲弢。還過潘伊卿、趙伯容、曾劼剛。

十九日辛亥，晴，寒露。

二十日壬子，晴。

桂香亭嵩慶相訪。

廿一日癸丑，晴。

仲弢連相訪，已出。過伯蓉飯。

廿二日甲寅，晴。

答香亭。遂過劼剛。出南門登雨花臺，還過仲弢談，仲弢，滇生師少子，年才二十三，而殷殷向道，極以官廳同官聚談惟及缺豐儉、差美惡，而不問地方利弊治法所在，歎爲習氣之壞。欲常常近正士以閑習染，在叔世官場可謂矯矯者，良不愧家風矣。

廿三日乙卯，晴。

作書竟日，蕭廉泉煥唐見過，以二件去，還以藥物相報。

廿四日丙辰，晴。

晨走倉巷爲周縵雲太夫人壽。遂至儀鳳門看馮吉雲瑞光、鄭玉軒藻如，吉雲言有照像藥物，約他日更一往。還過張紹京開祁，經朝天宫登飛霞閣，閣東向，東南諸山皆可攬，新治未竣工。

晤葉雲巖、廖養泉，且訂作重九。識向子堅師□，伯常從弟也。又晤汪梅岑，言鄧季宇曾言近新見兩梁碑，當訪之，問確否。

廿五日丁巳，晴。

過季宇問梁碑，言孫澂之文川曾見之，俟他日同訪。

廿六日戊午，晴。

壬叔索書飛霞閣聯，并爲之牓。閣在治城朝天宮後，今宮改建府學，閣亦當改屬也。張紹京相訪，言三數日有人往慕庭許。

廿七日己未，晴，驟涼。

謁李宫保，賀其移居江寧新署。季宇、澂之相過，適已出，繩謂澂之言有五碑，皆梁物，《蕭景》在焉，其地近棲霞山，去城可三十里。按梁碑僅聞《蕭秀》、《蕭憺》、《蕭景》，不知何以有五，當遣繩偕二君確訪之。亮齋相過，陳虎臣亦過談。

《秣陵中秋攜繩兒登城南聚寶門樓，李少荃宫保微服以鮑花潭源深太常陳作梅鼒倪豹岑文蔚郎中李少石文杏皆至》：

秣陵今夕中秋月，比似平時劇可憐。尚無笙歌膩燈舫，得以清曠還山川。南樓迥出霄漢上，静境欲登黄昊前。行坐空明擬達旦，十載塵痕應洗煎。

禁寒獨立天欲風，淩虚激籟成笙鐘。幔亭潛柱定何似，此夜今時毋乃同。丁儀漫有清節約，焦先引逐江船東。謂禹生都轉。小兒那遽解此樂，孤興喜能偕老翁。

何來微服客三四，制軍乃以賓從至。指撝嘯歌倚陴隍，逸氣軒軒出天地。元規仁祖去我遥，武昌牛渚空蕭條。他年建康述勝事，直替庾謝傳今宵。

廿八日庚申，晴。

李蓉江相訪。遵義李雲卿維楂縣丞自蜀至。

廿九日辛酉，晴。

雲卿言其家鰲水寨自去臘爲黄號賊所破，即避之成都，其從兄桂舲維寅學博先以九月故，有孫寄外家朱氏，至今鰲水一道未通也。其子繼熙言自二月即往東鄉禹門寨，寨主于黎氏叔吉、椒園兄弟，屢被賊攻，尚無恙，而入城之路非彊伴數十人不敢行。筱亭則以二月十六卒於寨中，甚可惜。蒓齋此間遣人五月乃至，已不及見其家，殆驟不能來也。又言城南之道僅及半邊街，城西之道僅及馬坎關，皆二十里即不通。南東一道僅及望州凹，又才六里許耳。唯北道出桐梓尚可以結伴行，聞川兵已，從以上也。遵義之于省城，已隔絶歲餘，須繞蜀滇界宛轉以達，良不易易。今貴州奏報驛路已改由定番、獨山過廣西桂林以達湖南，其不能通可知。

故舊中李葆齋元誠亦以去年九月故，晉森林□□、張心齋朝輔猶健存，心齋管城防局碾運，惜其可用之才，未及出而一試也。蕭吉堂光遠在成都唐鄂生女兒碑寓授讀，且有信至。言已刻詩一卷、説部一種，差可喜。王子覲在城住，徐松階亦未出，劉石于還欲售書而無主，趙曉峰當就校官，地方官留之，不知已出未。諸子弟鍾憲章在城中，王懷玉歸辦團務，張其均、晉鴻章在京師，趙廷瑩在貴陽。蔡念皇則已結屋于鳳朝關舊址居矣。遵義二月失守之説乃傳誤，繼熙閏五月方自遵入川也。姜玉曾相訪。

三十日壬戌，曉晴，午陰，晚，小雨。

聞有言貴州省城失守，撫軍殉難，制軍議處，而起用田興恕者，俟訪之。作字寄慕庭、安福。

九月初一日癸亥，半陰晴。

舍弟遣人以索裹下河津貼文至。

初二日甲子，晴。

黄琴川涇祥，江西羅平舉人州守相訪，言方引見，自京師還，現在軍功班，印結費但減捐班之半，其留省升官已准。又奉駁者皆多送部費，仍更正可准。養泉、緩雲、亮甫、壬叔過談。晚過眉生，言湘鄉在徐，正當捻賊下竄之衝，且不能動。賊自周家口下，聲言北路趨濟南，南路且趨沭陽、海洲，中路亂趨□□，徐皆當其衝也。

《王葉唐錫桐州守琴書消憂圖》：

把書資仕優學，援琴寫愛入風〔八〕。良宰何知治法，割鷄笑與牛同。

書或不求甚解，琴亦豈在安弦。會得此中妙處，定推彭澤真傳〔九〕。

《王葉唐趙姬韞香生小影》〔一〇〕：

掌上輕盈夢裏緣，客舟星月雉皋煙。枝頭紅線寧非數，棼尾春光絶可憐。種玉即教成幾轂，留花曾記待三年〔二〕。當時一片梨雲影，付與王昌已惘然。

初三日乙丑，晴。

馮竹儒自上海至，相訪。言新設製造局，苦心求治，大不易。

初四日丙寅，陰，午有大雨。

舍弟自六合至，雲卿適來，共談至午夜。

初五日丁卯，陰，時小雨。

初六日戊辰。

嘯山將還南滙，看之，仍未行。

初七日己巳，晴寒。

眉生、省三、卓人相過。

初八日庚午，晴。

壬叔訂明日登飛霞閣。

初九日辛未，陰，晚雨。

午登飛霞閣，縵雲、嘯山、壬叔、琴川、亮甫諸君先在，養泉爲主人，余以明日將往徐州，當還束裝，不及同持螯而行。還過梅生，謁辭李宫保。

初十日壬申，晴。

舍弟曉出儀鳳門，還六合。余午出水西門，登舟行，及下關，遇仙舫亦登舟查鹽，遂同行至燕子磯泊。登岸步月，甚佳。舍弟屬經宿遷告興石，問雲濬人在六合事蹟，地方欲請名宦，聞其事實底稿在陳又良處，又良不知所在，請以緘速之，或有别稿，另寄一分亦可。

十一日癸酉，晴。

順風行二百里許，至揚州城東關外泊。

十二日甲戌。

入城訪李雨亭方伯及歐陽匏叟、何廉舫。又看劉詠如病。與趙惠甫、方仲舫同晚飯匏叟許。雨亭言見相國時，爲渾説鹽政有騾議更張數事，未便禀于中堂，而禀諍于宫保，皆止而未行矣。與匏叟言及宜請中堂引出韓南溪練北方兵將，極以爲然。同坐有童君，極言太湖廳山水之勝，頗神往其間，近翟讓溪已授廳事，足以送老矣。

十三日乙亥。

雨亭邀過早飯，以食物二苞屬攜致湘鄉公。且言李軍門謂其遣招降張捻，已禀過中堂，而招之不應，惟已有二捻來揚城，則不知所謂。復過匏叟談，聞仙舫已遽撤下關查鹽差委，而委吴某。

十四日丙子，晴。

開行三十里，出仙女鎮，訪王太素，則晨已入城矣。小坐遂行，溯二十里邵伯鎮泊。

十五日丁丑，晴。行六十六里，過高郵州城西，又六十里界首泊。

十六日戊寅，晴。行六十里過寶應縣城南，又二十三里柘家灣泊，寶應城地卑於運河可丈餘。

十七日己卯，未明，雨，曉止，陰。行□十里過淮安府城西門外泊。

十八日庚辰，晴。食後謁吴漕帥棠，問胡竹邨先生《儀禮義疏》，謂版在此，未印。俟尋出舊印者，當并新刊《小學》、《近思録》見惠。遂訪丁儉卿晏丈乞其著述，許還時檢其全相付。儉翁言初十日奉到廷寄，命少荃宫保往河南，仲仙漕帥督兩江，禹生都轉署蘇撫，雨亭方伯署漕帥，兩江局面又一大更動也。又訪高北平均儒，在坐識顔夏廷培瑚、章□□儀林兩觀察、陳慶雲國瑞軍門。聞錢子密將至，坐以待之，章君爲軍門具飲饌，遂同飯，子密果至，少談即同出。北平約會談於舟中。子密言徐州道路，清江過壩舟行，可遠去州三十里之周山頭，否則水至宿遷，登陸二日可達徐。至清江當問總司轉運之吴紫湄世熊觀察，得米船之便尤善也。徐州兵力漸厚，捻來可以無慮。薄晚北平相看，又同談於子密舟中，晤薛季懷世兄。還，檢途間所獲零星書卷蒲包之，作字寄繩兒，乞密公付之。

十九日辛巳，立冬，酉初三。晴。

行三十里至清河縣東門外泊，訪吴紫湄，托其爲尋便船，紫湄即以舟贈行。而漕帥已遣差官爲封雇一船往周山頭，不可却，遂却紫湄船。

二十日壬午，曉晴，午陰，風寒。

紫湄遣舁夫來起載，送過壩。遂過别。出城陸行廿里許，二壩登舟，行三十五里三場泊。

二十一日癸未，晴。

行三十五里過桃源縣北，又百一十里宿遷縣中渡口泊。口在縣東關外。作字謝吴漕帥。

二十二日甲申，晴。

食後登岸入城，訪包興石縣令家丞，托其驛寄漕帥書，且詢前六合令雲澹人先生事蹟，屬其寄舍弟，遂同中飯，乃還舟，行五十里皂河泊。

《立冬出清河城，度壩登舟，泝運河經桃源有懷杏農》：

北出清河城，觸目與南異。人情换輕飈，物態藴樸摯。揚徐共淮海，今古判氣味。徙河沙茫茫，漕潰光泌泌。立冬快晴朗，黄袴泝輕利。順風無峻溜，曲岸有幽邃。柳塍紆半青，蘆舍漫不次。軼塵送鷹隼，接柁狎鳧鷖。支離風塵間，漫誕滄洲意。桃源百里近，雉堞出煙際[一二]。故人邈商洛，暮色引遐思。

二十三日乙酉，晴，午後陰。

行四十里瑶灣，六十里灘上泊，東去邳州十八里，此東三里沙家口分小水，至邳三十里，陸去亦十八里。昨日聞捻及沛，今日聞捻及梁山。

《自皂河至邳州郭外沙口溯急溜百里甚速期明日停舟訪下邳諸古迹阻雨不果》：

輕篙迴曲港，飽帆争急流。波光瑩疊岸，林影遞危樓。長年酣白日，百里見邳州。冒進幾通達，窮深費稽鈎。縈心即有制，稱意乃無求。圯上逸子房，素書寧豫謀。下相勃項羽，霸氣剽難留。嚴憚法律伸，翼起經術修。鏗鏗彼二子，侹侹亦千秋。遺迹倘未湮，流風定存不。夜雨攪客思，古懷阻窮蒐。悠悠信行邁，書以待歸舟。

二十四日丙戌，雨。

行四十七里黄家莊，入山東嶧山縣界，三里上臺莊閘泊。

二十五日丁亥，半陰晴。

連上下八閘，行八十三里韓莊閘泊，仍嶧縣境。

《入嶧縣境，自臺莊以西至韓莊八十餘里曰下八閘皆淺峧難上，而諸峰起伏不斷》：

臺莊淩曉風，空翠來不斷。連山遞迎送，向客若近遠。最愛雲際峰，逌然意無限。我舟西北來，塵色復平衍。緣延下八閘，石瀨彌激淺。千艘疲轉漕，孤艇驀飛挽。嶧屬定幾重，清泗相媚婉。客心正紆鬱，蟂首勞繾綣。秦碑野火後，千載付退眄。焉知斯臣文，不共碧霞楗。持酒謝山光，勤當剔蒼蘚。

廿六日戊子，陰。

行三里許，入滕縣境，三十二里依赤山泊，山當微山湖東口，仍滕縣境。

《泊微山湖口望湖山》：

擕湖三百里，横絶徐兖交。百匯西北津，萬濟東南艘。恬風啟蓬壺，軒波鄣函肴。郡捻恣已屢[一三]，水不得驕。中原無廣藪，此浸亦足豪。湖山拔森爽，照眼如青瑶。百産在取擕，兹山能孕包。頻年避亂人，千室自逍遥。居然桃源去，一往不可招。飄泊懷隱處，南枝鮮安巢。安得二頃貲，山幽買林皋。煙波足雄長，理亂從昏朝[一四]。

廿七日己丑，北風，陰雨。

入湖西南行，轉而南經滕、嶧、銅山三縣界，可七十餘里，周家山頭泊，風厲雨寒，不得領略湖景。

廿八日庚寅，大北風甚寒。

畏行仍泊，遣人雇明往徐城驢夫。

廿九日辛卯，晴。

登陸騎驢南行，可五十里許，晡時入徐州城，謁湘鄉爵相，命與伯常、蒓齋同住試院之東廂。在幕者李申甫、程伯敷、屠晉卿、劉開生，皆舊交，唯薛叔芸[福成]始相識，尤長算學。城中小戒嚴，捻尚在豐沛間，亦逼銅境。

十月初一日壬辰，晴。

讀湘鄉前月十九折，謂李少荃往河洛無兵可帶，李雨亭署漕督太驟，丁禹生署巡撫物望未孚、資格太淺。因陳廟堂黜陟賞罰，閫外不宜干預；軍事進退緩急，朝廷不宜遥制，侃侃數百言，極剴切。奏入留中。聞方奉安山陵也。與申甫同往舊書肆，無所得。是日以攜來新獲善本書十二種呈湘鄉公。半農《易説》、半農《禮説》、金氏《禮箋》、閻氏《尚書疏證》、邵氏《爾雅正義》、阮氏《曾子注》、任氏《弁服釋例》、王氏《經傳釋詞》、《韓詩外傳注》、《法言》李注、李習之、皇甫持正、孫可之集、陶、謝詩集。

初二日癸巳，晴。

識宋偉度[祖駿]，玉庭先生侄也。

初三日甲午，晴。

聞捻竄蕭縣，欲西還。訪計芾村于城南賓館，得漕臺(得)書。

初四日乙未。看普欽堂。晚飲相公許，申甫薦庖人爲治具。聞捻在豐者，我兵擊勝，已竄魚臺。

初五日丙申，霜晴。

午飲芾村許。

初六日丁酉，陰，霧。

申甫示《游泰山記》，言下視雷雨最奇觀，山人能指雨所及何所與得之尺寸，惜我來遲，此游未得偕也。晚同申甫出，晡食烹狗，頗佳。

初七日戊戌，陰雨，夕乃止，見月。

初八日己亥，晴。

張臬司鼎新報言初四日復在豐縣與捻賊戰勝，捻北竄，張急還趨濟寧，捻走魚臺，恐當往曹、單一帶。宋偉度言歷城諸生金邦孚精於曆算，年未四十，著書三十餘種，貧苦無能振者，可念也。初四日廷寄至，亦不及此間前奏，但問軍事云何。又不令鮑超往河南，伯常屬還過揚州時問左衛街朱子點寓之吴芷生，索吴贊先所寄之嚴刻地圖。

初九日庚子，晴。

初十日辛丑，晴。

奏報數日來軍情，各路皆迎剿獲勝。

十一日壬寅，晴。

湘鄉公生日不受拜，而幕中諸人予午飲，亦創舉也。

十二日癸卯，晴。

晨拜張觀察樹聲，看方元徵及方翥□鴻□、方蘭槎德驥，又過李幼荃。食後偕伯常、蒓齋出南門，登雲龍山放亭，過范增墓，又登戲馬臺而還。羅懋堂先駐兵金陵南城樓，今又駐雲龍，皆占勝處。得舍弟信。

十三日甲辰，晴。

作字托賀雲舫寄幼村。

十四日乙巳，陰。

得張仙舫信，其鹽關仍舊也。

十五日丙午，晴。作字寄舍弟及繩兒。又得繩兒信，知平安，慕庭索書誌蓋及促爲碑文，先爲篆蓋，付繩寄之。幼村遣人致書蒓齋，問及，復作字寄幼村，言今歲不能往泗州，待明年矣。

十六日丁未，晴。

聞扶溝我軍獲大勝。

十七日戊申，晴。

十八日己酉，晴。

十九日庚戌，晴。

二十日辛亥，晴暖。

廿一日壬子，晴。

湘鄉公爲書先君《墓表》，友芝奉湘鄉命書手卷并畢功，托方元徵爲尋歸舟。伯常贈臯文《儀禮圖》。

廿二日癸丑，陰。

見廷寄，命兩湖、兩江、浙川爲貴州助餉。過申夫早飯，識李賓言。

廿三日甲寅，晴。

過申夫晚飯。乞李樾山錫光爲作《影山草堂圖》。署貴撫裕麟告病回旗。

廿四日乙卯，晴。

偉度爲題唐本《説文》長篇，甚縱横，作篆一紙報之。徐守郜萩洲招飲。

廿五日丙辰，晴。

幕下諸君子會餞于申夫所。袁子久舍人索唐本《説文》，以一册托偉度致之。

廿六日丁巳，陰霧，寒。

龍蟠雲偉言其解餉舟回空可坐，且爲召船户來，約以廿八登舟。

廿七日戊午，遍辭諸同好，陰寒欲雪。

過糧臺，蒙牛車，明日載行篋。

廿八日己未，陰寒，晨小雨旋上。

叩辭湘鄉公，公已付作就爲恕皆、仙舫諸君所乞書，且爲書「影山草堂」小横牓以引畫卷。

食後乘轎行十八里李家瓦房登舟，晚雨稍大。夜雨，欲訪李賓言，道濘不果。

按，曾國藩爲莫友芝《影山草堂圖卷》所作「影山草堂」横幅手稿一九六三年以前藏於貴州省獨山縣文化館，後移至貴州省博物館，今已不知去向。

廿九日庚申，甚寒，雨尋止，大北風作雪。

午後開頭行十五里，梁山下泊。

三十日辛酉，雪三寸許。

仍泊。

十一月初一日壬戌，小霽。

行三十里，周家山頭泊。

初二日癸亥，晴。

打冰行十里許，午乃張帆乘順風七十里渡微山湖，至赤山下泊。

初三日甲子，晴，午後陰。

循赤山入運河，行百三十里頓莊泊。

初四日乙丑，陰。

行百一十里灘上泊。

初五日丙寅，晴，冬至。

行百一十里瑶灣泊。

初六日丁卯，晴寒。

行七十里過宿遷縣，訪縣宰包興言，已公出未還，留字促其以雲澹人六合官迹事實寄六合。將晚，船人倦行，遂泊。

初七日戊辰，晴。

行百八十里楊莊興順河泊，即二壩上里許也。

初八日己巳，陰。

遣人往清江看船，泊以待之。

初九日庚午，晴。

乘轎過壩迂西觀三閘，其頭閘稍斗，二三閘則漸迤平，當水落時尚不及沅江中三等灘，而湖船極畏其艱險，蓋習于東南平水耳。唯夏秋水漲時斗落丈餘，乃不易上下。行可三十里許，入清縣西門，遂謁謝吴仲仙漕憲，爲致申甫所致書，仲翁以所著《讀詩一得》及制舉詩文、又以所刻《小學》、《近思録》屬致李雨亭。出候吴紫湄，乃登舟，仍過紫湄晚飲。

初十日辛未，晨起有雪寸許，遂霽，午後陰。

行三十里過淮安府，入城訪丁儉卿，索其所著已刻者十九種，其已定本未刻者尚二十餘種，以所校《曹子建集》相示，用明十卷本以諸總集、類書及張溥本爲之校讎，間附箋釋，于陳思忠漢隱衷，發明透功，可謂功臣，是七十後所新成者。又言其所著《學㝅》，自漢迄明，并引昔人論諸儒之語，或間附己意，申明一二，皆不自立説，蓋亦有用之書。高伯坪許爲之刻於浙中，伯坪前月已行，留贈余《吕氏童蒙訓》、《張楊園年譜》等六種，屬儉老相致。儉老不許余即行，留晚飯。適日照許印林瀚之子至，以沂州《伏羲授經畫象漢石》拓本致儉老，因乞得一紙，劇談至二更乃還舟。儉第第三子叔居壽恒即過舟相看，以仿唐本《説文》屬寄印林。叔居言南清河王獻南琛丁酉拔貢，酷嗜金石，年五十九，曾假其仿唐《説文》去，未即還，因并致一本，叔居仲兄仲山壽祺官部郎者，己酉舍弟同年也。

十一日壬申，細雨竟日。

行九十里，過寶應縣四十里樊水泊。

十二日癸酉，雨。

行八十里，高郵州泊。

十三日甲戌，陰。

行六十六里，邵伯鎮泊，以舟上帆叉筍鐵壞，舟人修理二時許，食後乃開行。在郵城中搜舊籍，了無所有。

十四日乙亥，晴。

行三十里，仙女廟泊，六閘子爲鹽船所占，我舟循月河下。

十五日丙子，晴。

將往興化，已行十五里馬橋，恐稽延，且不往，還指泰州道行九十里，泊北門外。

十六日丁丑，晴。

訪周子愉，子愉言今各省捐局唯皖局有部照，許三班指省。趨籌款爲繩兒捐鹽場一職，其鹽大使須引見，易補缺，折價僅銀四百六十二兩，引見部費、免保舉及資斧則别需六百兩，鹽知事折銀僅一百八十八兩八錢七分半，尚有免驗看未計。即可到省，然不能補缺。外照費各六錢。遂訪泰牧長雲衢長康，索此州應津貼舍弟六合四五閏八十日款百四十兩，總以爾時係前任捐幫，渠至八月始履任，不肯應，然則通、興化亦前任者，殆亦相同，此事殆難即行矣。

十七日戊寅，晴。

行七十里姜堰泊，薄晚欲雨。

十八日己卯，晴。

行六十里海安鎮，作字致東臺大令許靖甫頌宣、鹽城大令陳又橋蔭培，遣僕王升將往，行三十二里蔡灣泊。

十九日庚辰，晴。

行十三里如皋縣，泊東門外，食後入城候李羲琴振釁大令，訪張子綱少尉及周子迪世兄、翟葆臣，遂於子迪所晚飯。

二十日辛巳，晴。

行七十里白蒲鎮，三十里三十里鋪泊。

二十一日壬午，陰寒。

行三十里通州，泊西門外，入城候梁小曙悦馨刺史，遂過布捐局看梁磐溪資桓知事。

二十二日癸未，曉雨，午雪至暮。

二十三日甲申，雪止，陰，午霽。

過梁磐溪中飯，識其局中同事俞雅平麟年司馬，又與雅平同赴小曙晚飲。

二十四日乙酉，晴。

雅平相過，邀過其局晚飯，謂寒疝宜常食茘支，連核煎湯亦佳，背汗蒸濕宜健脾，或用黑豆皮煎湯常飲亦佳。又言孫敬亭觀光大令寓仙鎮之米捐局間壁，曾在上海收宋本書數十種，甚精好，過彼有暇，不妨一訪觀之。問捐局委員祝韻樓，知其住處。

二十五日丙戌，晴，午陰。

廿六日丁亥。

行六十里，白蒲鎮泊，曉晴，霜寒，有冰，午後陰。

廿七日戊子，晴。

行七十里，如皋城外泊。

廿八日己丑，晴。

入城訪李羲琴、張子剛燧、翟葆臣、周子迪。作字寄繩。遂過羲琴晚飯，諸君即相過看。

廿九日庚寅，晴。

過子迪晚飯。

三十日辛卯，晴。

入城辭義琴，催六合津貼。

十二月初一日壬辰，晴。

義琴遣以四、五(月)四十日津貼至，致字復之，更催其籌一月，待得乃行。

初二日癸巳，晴。

午後義琴乃遣以閏月津貼至，且饋十元，不許却，遂以開散包布書本諸欠。移舟泊西門外。

初三日甲午，陰。

行八十里鵲塘泊。

初四日乙未，晴。

行七十五里唐灣泊。

初五日丙申。

行二十里泰州北門外泊，家人王升昨夜先至，以鹽城、東台回文、津項繳入，鹽津五十三兩三錢，東台四十兩尚欠閏月，又少平二兩，遂共攜百五十兩詣子愉捐局，爲繩捐鹽知事，指省兩淮并免驗看。捐知事六百四十八兩，加三班三百五十一兩，并一二五扣，共銀一百廿四兩八錢七分半。加指發三百二十兩，免驗看三百四十七兩，并依舊一七扣，共一百十三兩三錢九分，除兑曹平一百四十七兩六錢四分因□平故外，尚欠九十兩零六錢二分半，又加平五兩九錢六分，捐呈二千，院咨費八兩。訪長雲衢，已出。

初六日丁酉，晴。

更訪雲衢，以團扇及唐本《説文》致之，則以昨夜宜學使過渡，覆舟落水且失却。使者已救出，又撈印連日夜，歸而困睡，仍不得見，以欲問六合津貼有無耳。晚，雲衢遣人送食物□費□至，并却之。

初七日戊戌，陰，午後雪。

作字辭雲衢□□，明日決行。至夕，雲衢炳燭冒雪過舟中，言六合公事已驛復去，實不能爲前任墊，墊必不還也。君肯留更一日，有緩急當爲别籌，因爲言子愉勸捐事，尚短百餘金，許假西數而七十爲票，付子愉，亦盛意也。

初八日己亥，雪將午乃止。午後雲衢遣以假項及票來，遂以票致子愉，買得歸。回文晚當更之，因雪未行。子愉言清江有淮北鹽局曰……差可。

初九日庚子，霽。

行八十三里大函子泊。

初十日辛丑，晴。

行十里，仙女鎮泊，遣僕買箱匣氈毯諸物。

十一日壬寅，晴。

行五十里灣頭泊。

十二日癸卯，晴，午陰。

行十許里揚州，泊闕口門外，入城訪筱岑、朱次典守謨、何廉舫栻。謁丁禹生都轉。還過筱岑晚飯。夜雨。聞向伯常于前月中在徐州溘游，驚惋累日，此君文章政事在少年場中當爲甲觀，而孜孜好學，氣力足以舉之，可哀可惜。

十三日甲辰，大雨。

丁都轉考諸委員，邀往看，遂晚飯乃還。次典贈舟資，受之。

十四日乙巳，大雨。

筱岑招晚飲。曾劼剛、尹和伯并自金陵來，劼剛言金陵内軍械局所造火輪小船已試行，且以帶長龍而下，此物中國人乃能自爲，不藉一毫鬼力，則群鬼奪氣矣，可慶之至。

十五日丙午，大雨。

與劼剛同過筱岑早飯，帶小輪船之徐雪邨壽、龔春海[之棠]亦至，此船即雪邨主造，而爲候火表者春海也。晚同劼剛飲禹生許。

十六日丁未，陰，小雨。

禹生亦有贈，不許却。

十七日戊申，曉霽，午陰，薄晚雪。入城添買應用衣物。

十八日己酉，雪止。食後開行四十里，瓜洲泊。

十九日庚戌，立春，晴。阻風，仍泊，晚飛雪數點。

廿日辛亥，晴，阻風。仍泊。

廿一日壬子，晴。行七十里東溝泊，作字寄舍弟。

廿二日癸丑，晴。行七十里燕子磯泊。及划子口，遣王升往六合。

廿三日甲寅，晴。行三十餘里，登岸入漢西門，還坊口寓宅，經下關時晤李少白，言張仙舫病亟，晚飯後欲訪之，則聞其比終矣。仙舫在徽勸捐，經手百數十萬金，獎勵加額，首尾分明。扶植諸弟，皆以科第顯。在下關稽鹽綱，不寬不苛，實心實力，年才五十二，極可惜。有馮卓凡三世兄來訪，言舍七弟在漢鎮同行，當即至。卓凡方補浙藩庫大使。

廿四日乙卯，晴。

辰吊仙舫，晤馬雨農，尚寓其家，爲料理諸身後事。還過雨農租寓，看其三弟及郎君柄常。食後謁李宮保，訪陳作梅，遂同中飯，宮保謂機器廠所急在槍炮，而輪船爲緩著，與湘鄉意見小不同。又謂湘鄉必欲即補祥芝一缺，頗費手。遂訪李雨亭、龐省三、涂朗軒，皆不直。訪李眉生、滕副戎嗣林、普欽堂。蒓齋家遣人來言，遵義僅存城及禹門砦耳。

廿五日丙辰。

雨亭、眉生、朗軒諸君見過。

廿六日丁巳，晴。

周霽樓、趙伯庸見過。食後以聯饌奠仙舫，其弟芝圃庶常端卿已自京至。馬雨農見過，謂明日當移寓。

廿七日戊午，晴。

王葉唐見過，言雨農請以明正二日行問名禮，聘小女維爲其子柄常，二日嫌太促，爲商定以十日。得舍六弟庭芝信，乃五月自安順托寄者，渠署安順郡校官，粗足糊口。有孫先甲已三歲，惟與遵義路不通，不知遵事云何，又言内侄孫夏增榮在雲南已升知縣。

廿八日己未，晴。

程亮齋見過，陳小江兆麟相訪。午後賀雨農移寓，還訪勒少仲，尚出差未歸。晚過嘯山、壬叔談。何小宋信至，索作數紙書。

廿九日庚申，半晴陰。

嘯山、壬叔相過，壬叔言應敏齋在上海收得胡鼻山遺物，多古碑拓，來歲至彼，當一問之。

【校勘記】

〔一〕長林天屋：原爲「所至喬木」，後在旁側改爲「長林天屋」。《郘亭遺詩》卷八亦爲「長林天屋」。

〔二〕徒憂忡：原爲「心忡忡」，後在旁側改爲「徒憂忡」。《郘亭遺詩》卷八亦爲「徒憂忡」。

〔三〕《郘亭遺詩》卷八題爲：「《如皋舟中遇雨》」。

〔四〕送：原爲「護」字，後在旁側改爲「送」字。《郘亭遺詩》卷八亦爲「送」字。

〔五〕何似：《郘亭遺詩》卷八作「何以」。

〔六〕此二句原爲「舟人早作煎茶計，滿甕淞波更瓦盆」，後在旁側改爲此二句。《郘亭遺詩》卷八亦爲「舟人滿貯吴茶在，好恣蒙芽解眊昏」。

〔七〕此日日記之後，原附有「甲子十一月金陵鄉試市中收書目」。今按：「甲子十一月」，即同治三年十一月三十日。今已將該書目前移，參前。

〔八〕國家圖書館所藏莫友芝《郘亭詩文稿跋》手稿第一册亦有此詩，首二句作「書以資仕優學，琴足寄愛人風」。

〔九〕後二句作「會得此中妙諦，即通彭澤真傳」。

〔一〇〕國家圖書館所藏莫友芝《郘亭詩文稿書跋》手稿第一册亦寫有此詩，詩題爲「《爲王葉唐題趙韞〈香生夢緣圖〉》」。

〔一一〕國家圖書館所藏莫友芝《郘亭詩文稿書跋》手稿第一册此聯詩又作：「種玉教看成幾縠，留花曾與侍三年」。

〔一二〕出煙際：原誤作「煙際出」，「出」字不押韻。《郘亭遺詩》卷八作「出煙際」，故據改。

〔一三〕郡捻：《郘亭遺詩》卷八作「群捻」。

〔一四〕此二句原爲：「署作此湖長，煙波送昏朝」，後在旁側改爲：「煙波足雄長，理亂從昏朝」。《郘亭遺詩》卷八同此。

同治五年

同治五年丙寅歲次庚寅月。

正月初一日辛酉，晴。

出賀歲一日，惟見馬雨農、曾栗誠、陳虎臣三人。晨占得鼎卦，爲舍祥弟占得巽卦，皆大吉。登飛霞閣。

初二日壬戌，晴。

王葉唐見過，汪梅岑亦相過。

初三日癸亥，晴。

訪陳亮齋于東北局。

舍祥弟自六合至。

初四日甲子，晴。

舍七弟瑶芝自家至。從去歲秋杪出門，蓋百日外矣，其鬚髮皆皓然，我亦豐腴非昔，皆爲貧病，乃易衰如此。然自戊午春及今九年，僅得兄弟相聚開歲時，良大慶也。唐子訪同來，亦老象，言張倩其烈、劉石于、王子盡皆已亡，其餘親舊蓋死徙者十七八，地方積亂，又無人爲料理，可歎可傷。王子孚相過，因付徐州所攜文及行篋。

初五日乙丑，晴。

丁雨生相訪。夜訪倪豹岑文蔚談。

初六日丙寅，晴。

答雨生拜。遂過周縵雲、直伯庸、周霽樓。普欽堂見過，欲以蒓齋家來人屬之從行，遂答看之。夜，小雨。

初七日丁卯，雨。

王少崖自安慶來見過。

初八日戊辰，雨。

程尚齋自江西來見過。

初九日己巳，雨。

劉伯山相過。

初十日庚午，雪，唯午間少霽。

馬雨農以張芝圃端卿庶常、王葉唐錫桐刺史爲冰人，爲其子柄常聘小女緌，納幣問庚。余招倪豹岑文蔚郎中、周霽樓際霖大令候之，且爲答禮。

十一日辛未。

答看少崖及豹岑、霽樓諸君。賀李眉生署徐海道，遂同午飯。

十二日壬申，陰。

雨農晨來拜親，約今日午攜兩弟會飲于其寓。夜，作字寄湘鄉相公。

十三日癸酉，陰。小雨。

舍九弟還六合，李雲卿以午後自六合至。

十四日甲戌，陰。

謁李宫保，晤章萩田儀林觀察、李羲琴、李恕皆。恕皆七日自蕪湖來，昨夜乃至，三君皆約即相過。夜訪恕皆于雨農寓，方醉未醒。

十五日乙亥，陰。

夜訪恕皆談，遂同晚飲，識其兄雨皆文澤學博，恕皆明日即行，雨皆尚有數日往，約數往還。

十六日丙子，陰雨。

阮蘭江、梁小曙相訪。答看張芝圃、李少白，觀二子詩卷，芝圃詩清圓近唐，少白古體能自樹意，近宋人，皆滇中之秀也。

十七日丁丑，陰雨。

晨過涂朗軒招早飯，遂答蘭江、小曙。訪陳卓人、劉伯山，不直。就李壬叔、張嘯山談。眉生相過，言將以廿五六往徐州，促爲作書。

十八日戊寅，雨。

眉生遣致奩貲，受之。

十九日己卯，晴。

黄琴川涇祥相訪，言方自江北還，即當與眉生往徐州，索爲題畫。琴川，詩人，有清氣，惜匆匆未得少聚，又將别矣。且言邇歲寓邵伯鎮，鎮有甘泉諸生丁鳩樓，收書頗富，可以分售，再至彼當訪之。

二十日庚辰，晴，午後陰。

招雨農、雨皆、芝圃、少白過飲。

二十一日辛巳，陰。

雨皆餉奩具八事。黄晉高□□主薄相訪，晚大雨。

二十二日壬午，陰。

韋守齋招飲，龐省三相過。

廿三日癸未，晴。

廖養泉過談，彭宫保相訪，爲眉生、雨亭爲書竟日。夜作字寄九弟。

廿四日甲申。

七弟往六合。答拜彭宫保。送眉生行，則謂捻方下竄，中堂且未即移幕，已改期二月初五矣。答省三、琴川，皆不直，還過梅岑，談少時。是日始識趙敬甫熙文，惠甫之兄也。雨農言彭恬舫爲諏吉在二月廿二日。

廿五日乙酉，晴。招雨農、雨皆小飲。方存之自皖來見訪，賀幼村泗州遣人將助奩物事至，又致《説文釋例》及唐碑二種。

廿六日丙戌，晴。芝圃、亮齋見過。壬叔、黄亮甫光國亦至，黄昌祺軍門翼升、王小雲德均知州并相訪。小雲方自滬至，言待一二日鐵皮船至，攜同往。

廿七日丁亥，晴。遣泗州人還，作字寄幼村。又作字寄舍弟，言馬氏吉期在來月廿二，不能往六合衡文。雨皆方留此游覽，令其遣人來迎之。韓賡揚殿甲鎮軍相訪，賡揚留意製造於開花炮、洋槍，皆精心求得機括，去年管鐵廠，與馮竹儒意見相左，遂請急，不欲即往。

廿八日戊子，晴。李勉林自祁門至，將往徐州，其遣撤諸軍皆竣事，當總辦八年來，報銷其未經手者，殊大不易。姚訪源靖戎參戎相訪，少年頗英鋭。唐鄂生去年九月綏定書來，并寄所刊《夢研齋遺集》及其記平黑窩盜與《雜感詩》，言其已請交卸，當入覲，如西道不通，或當由東，可相見。搜子尹著述，僅《儀禮私箋》喪服、公食、大夫禮、士昏禮數篇、《鄭學録》康成傳注、年譜、弟子目，書目四種，未有名，黄子壽論題之，并詩、古文成本而已。記予昔勘過者，尚有《汗簡箋》十餘萬言，乃未數及。豈知同未舉以致鄂生耶？鄂生欲刊子尹遺著，且言拙編《黔詩紀略》亦當附刊，曾致書庭弟索本未得，復有言本在吾家中者僅少龍友，當遣索取鈔副寄來。蓋不知庭弟處是後録全本，而在家者乃初稿也。然果得初稿來，亦易爲力也。鄧伯昭十一月廿九信同至，言今春當暫還家，即東來。舊僕孔福亦有信，且寄蜀方伯新刊《牧令書》、《保甲書》，當偕伯昭來。

廿九日己丑，晴。

答看張紹京、陳畹生、姚訪源。遂過儀鳳門答韓賡揚、王小雲、馮吉雲。就訪李雅荃。還過勉林，談少時。李宫保招同諸山長晚飲，示京師售書單子，中唯《史記》、《文選》兩宋本當善耳。

三十日庚寅，晴，午陰，夜雨。

約勉林晚飲，急於北行而止。周霽樓、趙伯庸過談，遂留飲，伯庸明日將之句容，料理勸農。

二月初一日辛卯，雨。

雨農請期於是月廿二，豹岑、芝圃來將禮。方子聽自蘇來相過。

初二日壬辰，與虎臣以帳燭壽李太夫人。

初三日癸巳，陰，時有狂風，走制府拜李太夫人壽，遂留飲。

出答桂實之。過桂香亭。舍弟遣人來迎李雨皆。

初四日甲午，陰。

送眉生行，倪鏡帆以蒓齋信及所致書來，看之。李仙根光節自蜀至，以鄧伯昭信并所寄陳文恭手札、《庸吏庸言》等書及孔福寄稟來，仙根，上元諸生，能文善畫，游食於蜀若干年，今始歸。夜，作字寄舍弟。

初五日乙未，陰。

以舟送雨皆之六合。

初六日丙申，雷雨竟日。

仙舫家以是日開吊成主，爲致賻視客。午間，雷擊斃擔柴者于南門内，其同行二人不知也。又擊燒署皖南鎮總兵官張治邦舟於緜花地，治邦及從行同舟二十餘人俱斃，鄰舟亦斃者二人，蓋舟中火藥然波及也，異哉。

初七日丁酉，陰。

彝兒附鐵皮輪船之滬。

初八日戊戌，晴。

王雨軒自徐來相過。鏡帆亦來。雨農晚過，言其家且當留住金陵一年，僅一人入京，可三月中行，當謀得善屋，兩院者同住乃佳。

初九日己亥，晴。

蕭廉泉招同許仲弢、曾栗諴諸君午飲。

初十日庚子，晴。

十一日辛丑，晴。

雨亭方伯招午飲，舍弟遣人來言蒓齋已決計接眷，即遣張貴等走鎮江坐輪船至漢口。夜，作字寄黎叔吉、椒園昆弟。

十二日壬寅，晴，晚陰。

晨作字寄舍弟。

十三日癸卯，晴，晚陰欲雨。

王太素來，相攜過書肆，得明本《通鑑紀事本末》，尚可。

十四日甲辰，晴陰半。

仲弢相過，索《庸吏庸言》去。

十五日乙巳，晴。

過書肆，遇商城楊石卿鐸剌史，譚久之。

十六日丙午，晴。

朗軒招晚飲。

十七日丁未，晴。

答拜仲弢，已行之鎮江。

十八日戊申，晴。

過琴西、石卿，石卿有桂未谷刻《婁壽》鈎本，借攜以還。又過李石芝□根譚。周子迪自如皋至，來訪。

十九日己酉，陰，午雨，薄晚大雨。

得彝兒上海來字，言八日開頭，九日已至滬。曾頡剛自徐還，以蒓齋信至，言接眷之舉，相公問，已告之，其費三百，贈其二，留其一，待眉生籌之。夜，大雨徹曉。

二十日庚戌，大雨。

作壽聯寄壽雨皆太夫人。

二十一日辛亥，陰，巳後少霽。

馬氏諸媒妁以迓女物事來，諸朋好皆見賀，留午飲者四席。罷飲，遣送奩具于馬氏。雨皆自六合來，將午始至，七弟亦至，皆在爪步阻大雨一日也。晚薦于祖考，率女叩辭，戒命之。

二十二日壬子，晴。

巳刻，馬氏來迎親，遣繩兒夫婦送女。申初，馬氏婿贄食饌來見。薄晚，雨皆來辭行，將以明日登舟還蕪湖，其太夫人廿九壽日也。

廿三日癸丑，雨。

淩晨遣人送食饌果茶於女家，爲見舅及家屬之贄。周子迪、唐新泉、蕭廉泉、黃晉高過午飲。

廿四日甲寅，陰，晨有微雨。

謁謝李宫保、李方伯。答城東南諸朋好拜，遂應雨農招飲。

廿五日乙卯，晴。

答拜城西北諸朋好。過劼剛、筱岑談。

廿六日丙辰，晴。

偕雨農飲張芝圃家。

廿七日丁巳，陰。

廿八日戊午，小雨竟日。

廿九日己未，晴。

雨農、芝圃見過，走劼剛許，壽相公夫人。

三月初一日庚申，晴。

初二日辛酉，晴。

過開生、壬叔。開生新自徐歸，改糈臺差遣。

初三日壬戌，晴。

李小石文杏相訪。筱岑、劼剛、慄誠、壬叔、伯山、開生諸君過飯。

初四日癸亥。

唐端甫仁壽、錢恒甫鎣相訪，端甫，海寧人，警石先生弟子最少者，長目録之學，他亦有家法。

初五日甲子，晴。

雨農邀過妙相庵，梅林成陰，僅梨花、繡球各一樹耳。

初六日乙丑，陰。

陳小江、郝小峰[植松]大令相過，石卿亦來談。作字寄子愉，子愉前月半後有字，并以皖撫軍給繩赴鹽院投到咨文來，至今日乃復之，月來之瑣雜可知矣。

初七日丙寅，雨。

初八日丁卯，霽。

初九日戊辰，晴。

初十日己巳，陰，夜雨。

金逸亭相過。

十一日庚午，晴。

走黄軍門許答逸亭，遂過看子密，并答端甫、恒甫。

十二日辛未，晴。

向子堅自安慶來，言讓溪、湘汀皆已歸。

十三日壬申。

十四日癸酉，晴。

李勉林自濟寧還，見過，謂至徐即偕湘鄉相公出鄒、滕，至兖州，謁孔林，乃至濟寧。捻賊方東趨，聞初二日山東兵小挫，三日淮軍乃獲勝，相公在濟寧，當有時月之駐，驟未往周家口也。

十五日甲戌，晴。

霽樓、葉唐招偕雨農飲妙相庵，還看勉林。

十六日乙亥。

十七日丙子。

雨農議定典綾莊巷屋，邀偕往。奉李宫保委查蘇省各屬官書。

十八日丁丑。

偕琴西諸君看雨農典屋界畔，遂同過陳虎臣晚飲。

十九日戊寅，陰。

二十日己卯，晴。

鄧守之傳密自安慶來，相過。自去歲三月尾在焦山、揚州小聚，匝一年矣。以所藏《石交圖》相示，索題。圖中戴笠像即其太翁完白先生，其科頭倚杖者梅石居先生。石居長於完白二十許歲，交最篤，完白來金陵，即主石居之寄圃在明瓦廊，此畫中景即寄園也，乃乾隆末所作。湘鄉相公以完白翁本字石如，以字行，爲題曰「石交圖」。圖後石居之孫曾亮有題句云：「先生寄圃數徜徉，童稚追隨阿祖旁。世事雲煙人老大，披圖猶記古唐裝。」圖中二鶴，即完白物，寄養圃中數年。後完伯妻没，而雌鶴死。又以雄鶴寄養懷寧城北之清涼庵，爲安慶守持去，完白游歸，乃作書索歸，世所傳《寄鶴書》是也。比完白没，而此鶴亦死。守之見壁間懸李申耆先生爲天香老人書四紙，謂是嘉慶己卯爲之乞得者，驗末署年，果然。天香，其表兄也，因爲記緣起於紙尾。

二十一日庚辰，晴。

守之相過，同訪琴西，見案頭《吕晚邨家訓》手迹刻本一册，其行書亦大佳，是上海道應敏齋寶時物，其珍惜之。徐述之紹祖自揚來相過。

二十二日辛巳，立夏，晴。

守之以孫雪居、李復堂兩大幀來爲題檢。

二十三日壬午，晴。

答守之、述之，遇薛慰農太守，遂同過雨農早飯。日入有數點雨，慰農來訪。

二十四日癸未，晴。

答慰農，過伯庸。午熱甚，雲起欲雨。晚過雨農，言其新典寓宅，張又堂約來分住，我可免移家之勞矣。

廿五日甲申，陰，有數點雨。

龐省三將往瓜埠，促作字與舍弟，即答之。還過石芝、太素。

廿六日乙酉，陰，時有數點雨。

謁李宫保，遂過陳少舫、李少石、蔣蒓卿、江待園。雨農晚過，言已定期初二行。繆祐孫自蜀至，繩婦弟也。

廿七日丙戌，晴。

陶鶴汀相過。

廿八日丁亥，晴。

亮齋來言，子愉有女，年與科侄相當，屬與舍弟商，倩人執柯。

廿九日戊子，晴。

招雨農、子密、芝圃飲，錢述、繆稚祐孫、徐述之并至。豹岑來看雨農，遂同飲。作字寄丁都轉，且爲壽母聯寄之。

四月初一日己丑，陰。

視雨農行。

初二日庚寅，小雨。

送雨農登舟，繩兒從之，往揚州投到。還答陶鶴汀，看琴西、海晴、亮齋。晚，雨農下關字至。

《送馬雨農讀學還朝三十韻》〔一〕：

翰林據清華，超然紫霄籍。聲光照寰宇，擩染重竹帛。異等無定途，兼材必精覈。深源從挹注，肆應靡持擇。覆載所不周，彌縫了無迹，胡然玉堂選〔二〕，別有金壺格。濫如齊門竽，秘倚兔園册。剪羅門花鳥，釃桂咀砂礫。實事聽冥茫，虛聞且烜赫。因循成詬病〔三〕，漸漬匪旦夕。軍興數公起，此蔽乃稍革。頗牧復禁中，英邁薄古昔。識君提皖學，百廢勤手辟〔四〕。并江漫旃壘，毛盜尚充斥〔五〕。名城棄雖還，禮教莽猶隔。滿持時雨化，滌若凍塗釋。翩鴞好音换，猗蘭總芳溢。惜哉條理始，替以苫塊迫。豈不來者師，那究無窮澤。時事猶艱虞，邊防待討畫。顧盼惜斧柯，羈危練疆場。及今還使傳，清問得前席。安危曷終始，披陳罄肝膈，鄉關邈坤維，兵氣漫井絡。江安絆姻舊，出處等寄客。看君經世手，亟了濟時責。何當薄四海，一日返安宅。金坡恢壯猷〔六〕，太常耿名績。眄叟老不降〔七〕，雅頌猶能作。

初三日辛卯，晴。

鑲藍滿州赫舍里凱臣隆山駐防理事同知相訪，謂其兄豐山樂亭乃辛卯同歲。賀笏臣、□□□、孫海晴、洪琴西并相過。

初四日壬辰，曉晴，午陰雨，夜大雨。

初五日癸巳，雨止，午霽。

答凱臣、笏臣。送子密行。遂過琴西，見上月廿一兩奏，剿捻諸軍果在曹、鄆間小失利。

初六日甲午，晴。

初七日乙未，晴。

繩自揚州至，言初四抵揚州，即投到注册。雨農六日開行，禹生令其同來金陵。陳尚齋觀察相訪，自江西來署兩淮運司也，以慕庭信件并新刻石甫先生誌來，蓋尚未刻，索寄。蓋自徐寄一紙，未至也。楊□□相訪，麗江人。

初八日丙申，晴。

晨答尚齋，還，禹生相過，遂走答之，并答……

初九日丁酉，陰，晚雨。

開捻已竄及宿遷、桃源境。

初十日戊戌，雨。

尚齋受都轉印，賀之。送禹生，則已行矣。鄧守之自毘陵還，持《寄鶴書》拓本相視，其所寄乃僅孤鶴矣。本得之京口袁氏，寄集賢關時，字曰佛奴。倪豹存見過。

十一日己亥，晴熱。

十二日庚子，晴熱。

遣繩從尚齋往揚州。午雨，晚風雨，夜大雨。

十三日辛丑，陰涼，晚雨。

十四日壬寅。

十五日癸卯。

十六日甲辰。

十七日乙巳，陰。

十八日丙午，晴。

作字寄慕庭，晚風，有數點雨。

十九日丁未，晴。

舍九弟自六合來，乞交卸。

二十日戊申，晴。

廿一日己酉，晴。

得繩揚州十七信。

廿二日庚戌，晴。

得彝上海十七信，以元刻《通鑑》一函來，乃明修板嘉靖時印，殊不快目也。舍弟午後登舟還六合。夜，作字寄彝。

廿三日辛亥，晴熱，入夜大雨。

得繩十五、廿一揚州兩信。又得易雲畡四月初二信，中有石襄臣方伯二月廿九信，雲畡謂李次青出任兵事援黔，此君治兵非所長，襄臣謂年已六十二，亟請開缺不得，刻下兆寶巖廉訪升貴州布政，奉命帶勇剿黔匪，李次青廉訪亦帶勇援黔，一切轉饋皆取給于楚，不能不勉彊支持，以冀鄉里之平。王太素、李焕亭宗炳、劉開生見過。

廿四日壬子。

廿五日癸丑。

廿六日甲寅，晴。

廿七日乙卯，晴。

廿八日丙辰，晴。

廿九日丁巳，晴熱。

三十日戊午，雨。

五月初一日己未，雨。

得舍弟信。又得景劍泉讀學來信，言雲貴軍務無人辦理，京中議請簡鄉紳望重者爲團練大臣，專司其事。雲南則太僕寺卿劉崑藴齋，貴州則劍泉。擬有奏稿致曾湘鄉料理，竊意二君久於京官，恐鄉里間事亦大難措手也。

初二日庚申，陰，小雨。

李麓喬興鉅、黄□□□□、程仲翔德相訪。

初三日辛酉，晴。晨過清涼山，登翠微亭騁望，山足僧結屋三間，猶收得純廟御筆翠微亭匾。還過飛霞閣，廖養泉已出，案頭有舊磚文曰倉湊，又一磚曰紹定四年，皆在城北新得者。食後，答李、黄、程三君，皆不直。童際庭埏觀察見訪，去年十一月上旬在清江吴紫湄坐中識之，即至此主辦報銷局。

初四日壬戌，晴，午陰，悶熱欲雨。李麓喬相過，以勉林信來，言何小宋方伯四月中已往湖北，此番坐海馬，兩日半自鎮江抵皖固速，然亦恍然於捷徑之不必由也。得繩初一來信，言其前月廿八已考過，方擬請假，適奉解金陵餉之委，節前後可到也。

初五日癸亥，半陰晴。申刻，繩兒至，言此來已請少假，且可不往維陽。

初六日甲子，晴。過書局看嘯山新至。左仲敏楨相訪，嘯山亦過談，且以雲間尹冰叔鋆德《徵刻名山文選啟》來索，老輩，或相識，未傳文詩。胡□□□□以蒓齋信來。夜，作字寄舍弟。

初七日乙丑，晴。答際庭、麓橋、仲敏，與其兄孟星樞談少時。勒少仲署蘇臬，辭行，送之。

初八日丙寅，晴熱。

李恕皆遣人以書致少仲，言皖撫奉旨，廬鳳潁道李文森仍由該撫查看具奏，不知何事必先得有下考字樣，又不知云何自省，寔無過舉云云。聞恕皆所歷皆有賢聲，而計吏者乃爾，宦場之無黑白，大概可見矣。

初九日丁卯，晴，午陰悶熱。

左孟星相過。夜作字寄恕皆。夜大雨徹曉。

初十日戊辰，夏至，大雨，午後乃止。

王太素、李煥亭、趙敬甫、左孟星、仲敏過飯。

十一日己巳，晴。

十二日庚午，半陰晴。

聞恕皆送部引見。

十三日辛未，半陰晴。

舍弟遣信至，夜作字寄之。

十四日壬申，半雨半晴。

十五日癸酉，晴雨半。

十六甲戌，晴。

十七乙亥，晴。

十八日丙子，晴雨半；夜雨，大風。

十九日丁丑，風雨。

二十日戊寅。

二十一日己卯，晴。

黄少崑相訪。

二十二日庚辰，晴熱欲雨。

孫海晴招飲曾靖毅祠中，與少崑還過其寓談，少崑謂其鄉人馮此山處士學書數十年，選刻所書若干卷，乞爲作跋。

二十三日辛巳，晴熱欲雨。

倪鏡帆相過，言欲還中堂營。

二十四日壬午，半晴陰，熱，午後時小雨。

韓蓋之相訪，言方坐鐵皮輪船來，以彝兒信，且請余坐此船往滬。少崑、海晴、亮齋、□□相過。夜，作字寄蒓齋。

廿五日癸未，大雨，至午乃止。

視鏡帆行，作字寄湘鄉公，兼言劍泉、恕皆事。

廿六日甲申，晴。

謁宫保辭行，并辭諸相識，熱甚。

廿七日乙酉，半晴雨。

束裝，諸同好相看。

廿八日丙戌。

擬午間上鐵皮輪船之滬，主者來請暫止，待明日。晚許楊石卿，石卿索《説文統系圖》題詠，其在系者江式、顔之推，接踵者李陽冰、二徐、張有、吾邱衍也。

同治五年五月將爲江南諸郡游，續完採訪兩閣《全書》公幹，兼查核各儒學各書院官書兵後有無存留。適鐵皮輪船至，彝兒請附乘先至滬。

廿九日丁亥，晴。

黄少崑方伯索爲馮此山《知白齋墨刻》作題跋，爲書一紙。張嘯山學博以校刊《史記》與周縵雲侍御争所據本，屬爲書申疏之。大率明之王、柯、淩三本皆可據，唯當主其一，爲之附校乃善耳。龐省三觀察以其差船令乘，至下關泊，訪陳松儒刺史，談一時許。

六月初一日戊子，晴。

食後登鐵皮輪船，午正開行三百六十里泊在江陰口上四十里，帶船者張雲溪國英總兵，同舟者海防同守嚴伯雅錫康，上海大令王蓮塘宗濂、縣丞黄子慎及李幼墀郎中福厚、曾仰皆大令廣照、邵子安瀾□。子安則雲溪戚友，韓蓋之參戎晉昌則解新製槍還者也。仰皆、伯雅頗論詩，仰皆專心于杜，伯雅誦一二章，亦清圓。

初二日己丑，晴。行百四十里至上海縣城外虹口登岸，至機器製造總局，與彝兒同宿。食于馮竹儒焌光、鄭玉軒藻如許，識沈品蓮孝廉。訪王小雲刺史，馮沛興主簿，皆舊識也。令彝作字寄家。天平輪船四日當行。

初三日庚寅，半晴陰。晨，索玉軒早飯，觀鐵廠製造二時許，遂入城訪王蓮塘，已出。遂訪蒯蔗農德標、應敏齋寶時兩觀察及敏公之友蔣劍人敦復、戴禮庭丙榮，禮庭已出。遂至也是園住，園中爲龍門書院，其鄰曰蕊珠書院，主講者萬清軒斛泉國博，遂訪之，談半時許，興國州之講學者也。寓定，清軒即過談。

初四日辛卯，晴，午後大雨。彝晨來。雨過乃出，孫子掄錫齡、張雲溪、戴子安、王蓮塘諸君并相看。蒯蔗農、戴禮庭亦見過。

初五日壬辰，半晴雨。嚴伯雅、曾仰皆、龔智軒黼休司馬相看，蔣劍人亦見過。

初六日癸巳，晨雨，雨止。出訪伯雅、仰皆、雲溪及舊識賈芸樵都轉、劉芝田廉訪瑞芬、張西園銘堅觀察、丁敬齋州牧

□□、心齋、鄭薇仙興業。問秦澹如緗業，則方官浙江都轉，沈雒宜寶禾則館道署中，未及訪。周濂河滙清相訪，芝田、西園亦見過。而西園不入。午後又雨，雨後過清軒談。

初七日甲午，半晴雨。

雲樵相訪。

初八日乙未，半晴。

應敏齋、鄭薇仙見過。

初九日丙申，晴。

濂珂以《黃氏譜序》七紙來看，皆宋人迹也。

初十日丁酉，晴。

禮庭贈《空同集》及《品外》文。伯雅治具來，且約清軒、仰皆、鍾子勤文蒸孝廉、賴慧生□□大令同飲。子勤，嘉善人，主講敬業，長經學，專治《穀梁》。慧生，漳州人，需次浙江，能詩，皆初識也。

十一日戊戌，晴。

晨往肆中，見《曹全》剪裱本有碑陰者，尚可收。蒯虎臣光華相看。李幼墀偕彝兒來同早飯。薄晚，清軒來縱談至月上。

十二日己亥，晴，甚熱。

蔣海珊堂郎中遣其子子振□錕來候，且求書，致其家刻《元遺山集注》，謂方病衄，愈當自來。曹海林樹珊學博相候，年六十七矣，是院中董事舉首也。申初出吊郁氏，見泰峰之孫務生本培及其猶子正卿熙繩，皆秀雅。遂過伯雅、子勤、雲溪、濂珂、海林諸君，皆不直。因訪沈雒宜於道署，直子勤、禮庭，談少時乃還，彝兒來晚飯，遂出城。

十三日庚子，晴熱，晚，輕雷小雨。

雒宜、雲溪相過。

十四日辛丑，曉陰，午晴熱。

李紫峰自金陵來，言通州草場事尚無消息。

十五日壬寅，晴熱。

賈雲階履上，上海明經、馮伯紳光勳，陽湖庶常相訪，郁正卿、何秋士瑾，婁、蔣于石介，婁相次過談。尹冰叔鋆德，婁以書來，致其《徵刻名山文選序例》及舊著《正人心說》、《讀書約》，屬爲之徵文。

十六日癸卯，晴。

出閱城中及北門外書肆十許家，舊籍頗少，僅得元吳師道《國策注補正》，是罕見者，又有明吳（嚴）氏衍《通鑑補》數册寫本，其補正之功甚精核，惜未得其全也。尹冰叔以唐本《說文》題詩來。清軒過談，彝兒以鮮荔來同啖。

十七日甲辰，晴。

幼節蔣生節相訪，以何子貞手札屬題，亦滬上俊秀好古者。

十八日乙巳，晴。

十九日丙午，晴。

晚過清軒，因看秋士、冰叔。

二十日丁未，晴。

廿一日戊申，晴。

沈韻初樹鏞舍人相訪，言方自京出，曾在伯寅、子重許見《説文》殘帙箋，索一本去，即還川沙。金眉生相過，言即行還嘉善，尚須學范少伯，乃能爲顧阿瑛也。又謂惠甫、筱岑俱在此。薄晚筱岑相過，彝亦自廠至，筱公方尋之買照像藥。

廿二日己酉，晴。

出城看筱岑、惠甫，皆已出。遂過蔣海珊父子談，識汪謝城曰楨孝廉，雲與嘯山最舊，海珊有宋拓《北海葉有道碑》，借觀數日。

廿三日庚戌，半陰晴，連日皆甚熱。

胡治卿教諭景星，太倉相看，幼節來贄所刻「郘亭」一印，亦可用。

廿四日辛亥，晴熱，午後雷雨。

廿五壬子，晴陰半，薄晚大雨，即止。

徐石史豫與幼節同來，以其家藏顔書《李元静碑》南宋拓本來審定，是碑明中葉玉晨觀火，裂碎成二十餘塊，此本僅少二十許字，即甚完者矣。徐生又言沈韻初新獲唐《王洪範碑》，亦石久斷亡者，僅有吴荷屋先生翻本耳。潘□□崇福中書相訪，謂明當以書數種來看。

廿六日癸丑，晴陰半，午大雨。瞿生敦禮以其家舊本書百餘册相視，佳本固不少，而絶無要書。

廿七日甲寅，晴陰半，晚轉輕雷，欲雨。

廿八日乙卯，晴。售得北監本前、後《漢》，尚可。清軒招午飯，同者龔智軒、曾仰齋。智軒又過談一時許，謂直督劉映渠奏請調出韓南溪超練北兵，亦美舉也。

廿九日丙辰，晴。出城至虹口製造局，看竹儒、玉軒諸君，還過畫錦里二、三馬路搜書肆，劍光閣尚有舊本一二。

七月初一日丁巳，晴。應觀察招過晚飯，見郭筠仙與左高叟書，甚忿罵。

初二日戊午，晴。開志局于南園，官紳來會議，與清軒皆辭不與飲，就清作半日談。馮价庵觀察禮藩相訪，即在清軒許見之。价公，菽雲舊好，持正有爲者也。

初三日己未，汪重光開第縣丞相訪，蒯虎臣亦見過。彝兒來言，當請假還金陵省母，今日酉初下船，明日辰開，往還不過十日耳。張旭之煊、徐爾康定邦來候。

初四日庚申，出伏。晴，熱甚。

彝兒謂今日巳刻方開行。

初五日辛酉，晴，熱甚。

得舍弟前月廿六信并李恕皆信，恕皆修復蕪湖中江書院成，院創自黔西李尚書，恭勤公爲觀察時，問其官謚，已爲記，待填入刊石，即當北上也。作字寄舍弟及恕皆。

初六日壬戌，晴，晚陰，夜，大風，稍涼，蓋近處有雨也。

董味青念芬，秀水同冰叔、秋士來訪，且以所畫梅紈扇并二幅相贈，畫品頗清逸。

初七日癸亥，曉陰，午晴，暮輕雷小雨，始有秋意。

黄子慎安謹、鍾子勤、周濂珂、曾仰皆相過談。應觀察屬書顔黄門《隳括世務》六則，乘涼爲之。晚過清軒談。

初八日甲子，晴。

作隸書二紙，留龍門講舍，一寫張子《克齋銘》，一寫朱子《敬義齋銘》。

初九日乙丑，曉晴，午後陰，輕雷欲雨。

海珊遺以《南潯志》相惠，附《漣漪文鈔》，汪謝城所編也。應觀察相過，屬作禮樂器款識字。

初十日丙寅，曉晴，午雨，晚復晴。

晨訪丁□□順、張西園、劉芝田，皆不直，答子慎、子勤，子慎有小圃，甚野意，子勤言其《穀梁説經》三十年已脱稿，尚欲自寫删一通，遂同過曾仰皆中飯。訪禮庭於道署，問其未入而止，比還，禮庭乃適見訪，相左。

十一日丁卯，晴。

汪謝城曰楨，壬子，浙孝廉見訪，問其所著《史志日月考》，云已成，可五十餘册，猶有遼金元未編出，然《長曆》十二册各用當時曆法推驗，大綱舉矣。宜先以《長曆》付刻也。芝田以黄石齋先生所書直幅相示。清軒過夜談。

十二日戊辰，晴。

録芝田藏黄石齋先生書草隸直幅於《經眼》卷中，即歸之。張西園見訪。

十三日己巳，晴熱。鄭薇仙相過。

十四日庚午，晴熱。

十五日辛未，晴。

彝兒昨夜已自金陵還，曉入城來同食。張西園邀午飲，坐定，大雨，逾二時，雨少止，乃還。坐中識吴廉甫太守蕪湖，己酉選，慶子柔庶常（錫棨）。彝阻雨不能出城，遂留宿。謂初八始入城，十二即仍還舟，家中老小都無恙也。幼節爲刻名印，亦可用。

十六日壬申，晴，午雨，夜涼。

吳廉甫相看。蔣子振來訂十九過之。

十七日癸酉，曉晴，午雨，尋止。

劉芝田招午飯。遂答廉甫。彝今晨當入城，過午不至，何也？彝尋來，乃阻雨。

十八日甲戌，晴，午雨，即止，夜驟涼。

作字寄崇明尹王翹初，馮介安見訪。

十九日乙亥，半晴陰。

蔣海珊招午飲，觀所藏《紅蘭聯詠圖》，乃□□□鈕非石、袁壽，皆吳谷人……諸老迹也。又觀汪謝城所撰諸史長曆。海珊案頭有《黄山谷外集注》十七卷，是明修宋淳熙本，史季温刻於閩憲之本，惜少内、别兩集。飲罷，同戴禮庭過所寓談。又答介安，不直。

二十日丙子，半晴陰。

董味青來訪。劍光閣書肆華春江來，言此間有官書初印桃花紙者十六部，《廿四史》、《九通》、《類函》、《韻府》、《駢字》、《全唐詩》之等。皆來自海淀者。英夷庚申秋所得，今在龔孝恭家。又有元本《通鑑》、汪本兩《漢》，在蘇州可訪求。

二十一日丁丑，半晴陰。

黄子慎招飲，辭之。張雲溪相過，言辦捻若用杜小舫、金眉生招撫，而用李世忠剿辦，而以丁禹生消息其間，必有善法，亦可存一説也。禮庭以吴平齋信相示，問鄙人近在滬否。殷拳之甚，屬至閶門必專訪之。平齋寓吴署東金太史場，新居甚佳。肆中以十二子來看，乃萬曆四五年間所刻之《子滙》，儒家有《鬻子》、《晏子》、《孔叢》、《新語》、《賈子》、《申鑒》、皮日休《隱書》等七種；道家僅有《譚子化書》而題云第九；名家有《鄧析子》、《尹文子》、《公孫龍子》題云名家二三，法家有《慎子》；縱横家有《鬼谷子》各題云一，不知此外更有若干種也道家即少八種。

二十二日戊寅，半陰晴。

二十三日己卯。

雲溪招午飲。

廿四日庚辰，晴。

彝兒來。晤蔣子振。

廿五日辛巳，晴。

馮介安招午飯，遂過肆中看舊書，有元本《中州集》，小字甚佳。

廿六日壬午，自昨夜丑寅雨，天明乃止。晚又雨。

王蓮塘、蔣劍人相過。

廿七日癸未，晴。

廿八日甲申，晴。

賀應觀察加臬銜。遂與禮庭、劍人談久之，出而腹痛甚，不能晚飯，彝兒來飯，即出城，揉腹熨温熨，至三更乃睡去，一時許起而便，旋乃痛已。

廿九日乙酉，風雨。

宗湘文源瀚太守相訪，以前日在介公處晤且索書也，憶在安慶時金眉生曾劇稱其才。

三十日（丙戌），陰，時有小雨。

王蓮塘招飲，因先過趙氏觀書，殊乏精本。

八月初一日丁亥，晴。

幼節、子振、虎臣、仰蘧、藎之并相看，彝亦晨來。

初二日戊子〔八〕，晴。

華亭諸生蔣確摯所畫梅并題詩來見，請爲門弟子，蔣幼節爲之介。確本名介，字于石，新更名字叔堅。夜，清軒過談。

初三日己丑，大雨。

禮庭持建初《大吉地券》來觀，是其鄉人寄售者，留之，酧鏹以一元。龔智軒自浙歸，相過，言孫琴西相問，其所主紫陽講有高臺，一面望錢唐江，一面望西湖，皆盡其勝，惜驟未能往也。

初四日庚寅，霽。

禮庭致蘭雪吴先師《香蘇山館詩鈔》。彝兒來視，本約今日出城至外虹口，以未有僕從行也。薄晚，禮庭薦其舊僕方永來。

初五日辛卯，半陰晴。

幼節、叔堅、子振及其弟詞仙先後至，子振以其六叔舊收《泰山秦刻》廿九字本來審定，是孫白淵贈嚴鐵橋物，有「橋」、「鐵」篆書題記。署水利廳許子若檢身大令乞書，言其堂兄立身有譜誼。

初六日壬辰，晴。風。

晨出城，至虹口訪竹儒、品蓮、玉軒諸君，適有日本來觀吾廠者四人，以筆談，極推吾廠已能製洋槍，蓋其國猶未能也。斗室之中有東極西極島民與中土人對語，亦僅有之事。爲竹儒篆書淵明「虚室絶塵想，良晨入奇懷」，曰上句作求志觀，下句作達道觀，乃壯闊矣。還辭謝應觀察出。訪濂珂，不直。

初七日（癸巳），晴。

應觀察來送行，周蓮珂相過且贈食物，鄭玉軒過談久之。

初八日（甲午），晴。

遍走諸相識辭行，唯見戴禮庭、蔣海珊、汪謝城、嚴伯雅、劉芝田、胡恭壽、張雲溪、鍾子勤、曾仰皆、餘皆不直。托芝田爲雇無錫快，芝田尋相過，言快船當限以三日得。馮竹儒來相看。

初九日乙未，晴。

諸同好來相看，金眉生自嘉興來，言將往江北。馮禮翁饋食物、茶、紙。鄭薇仙、蔣叔堅亦饋食物。雇小船一，每日八百文，濂珂爲買得《黄氏譜跋》數紙，中有蔡西山、張南軒、汪澈、文信國四家，濂珂分西山一紙及西山答授……敕鈔一紙去。

初十日丙申，晴。

沈品蓮相過。竹儒、品連、玉軒遣以酒食相餉，招清軒、雲階同飲。

十一日丁酉，晴。

將登舟，適郁氏遣以書樣廿餘册來看，中有桃花紙十七史絶佳，他可選經籍尚十餘種，且留議價，爲舍弟買之。雲階、海林就園中置酒同飲。

十二日戊戌，晴。

新買定諸經史，借資于蒯蔗農觀察餅之，視小兒檢理入箱，至二更乃畢。

十三日己亥，晴。

朝食後出大東門，登舟，小兒以剥船載新購五大箱書存製造局，待寄金陵，復來舟中别，竹儒致洋紙三十五丁。

十四日庚子，陰。

食後[東]乘東北風入泖河口，行九十里松江府西門外泊。

十五日辛丑，晴，午有小雨，復霽。

松人以是日爲東嶽會，舁神巡街，甚喧闐。作字寄李宫保及李雨亭方伯，又作字寄繩兒。

十六日壬寅，晴。

午候李薇生銘皖，乙未，庚子太守運司銜，河南夏邑人，言宫保早有行知，已知當來。又訪華亭大令厲慕韓學潮，寧波、婁縣大令張古虞澤仁，豐潤人，皆不直。古虞尋登舟見答，談久之，在近日官場中，頗務實際，矯矯自異者。

十七日癸卯，晴。

薇生太守、慕韓大令相次見答，各談久之，乃去。太守自刑部出，言曾湘鄉爲侍郎時，凡以公事接見司官，必究其人實際所在，當爾時留心人才如此，在京朝大（臣）中所未見也。慕韓言補官書之舉，當用官紳各捐書一二部之法，即用何人捐置何書著册，此間勸捐大難也。且捐書又無經手侵蝕之弊。

十八日甲辰，晴。

薇生太守招午飲，因走府縣辭行，明日可至青浦，遂赴薇公飲，月上乃還舟。

十九日乙巳，晴。

食後棹舟西北行，五十里青浦縣南門外泊，未至廿里許，有數山横亘……山也。

二十日丙午，晴。

食後訪青浦大令唐蕉庵翰題，適已入省，城中荒涼無闠市，無可尋求，午後遂開船，北行三十六里泊。夜作字寄應、馮兩觀察及戴禮庭，將以明日至太倉寄。

廿一日丁未，晴陰半，北風。

逆行五十四里，薄晚乃抵太倉州南門外泊。

廿二日戊申，晴。

泊。午後訪方麟軒傳書州牧，適已入省。訪李一山蕚馨，潁州大令鎮洋。出搜書攤，有《平播全書》五厚册，售以歸，惜僅奏疏一至五，五卷，至露布、叙功而止，猶未及善後事。此書十五卷見《四庫全書存目》，此後尚缺十卷，其第六卷蓋猶是奏疏，其叙用兵節目自較史傳爲詳，惜道光中撰遵郡志未得見也。作字寄嚴伯雅、王蓮塘、萬清軒，將以明日寄。夜，作字留致方麟軒。

廿三日己酉，晴。

行四十里崑山縣西門外泊，入城訪新陽大令錢介甫以鑾，仁和，方料理漕務，今歲當豐收也，謂昨減賦之議，蘇、松、太減三之一，常郡減十之一，減之中亦就其科則重輕參差，以爲多寡。即如崑、新科則有畝三升幾合以至畝一斗幾升者，凡四十幾等之不齊，亂後陸續墾荒，人力不濟，今年頗遠券善農爲助，荒者猶十三也。城中合兩縣才四百餘户，乃無一書攤，甚可怪。又訪崑山大令張方壺滔，四川，辛亥，適晨間已下鄉，不直。晚，作字致方壺。

廿四日庚戌，晴。

待方壺午後不至，遂移泊城西北。介甫招飲，亦辭之。

廿五日辛亥，晴。

行七十五里，常熟縣小西門外泊，已二更矣。

廿六日壬子，陰。

食後訪常熟大令汪漢青祖綬，丙辰庶常，盱眙、昭文大令沈羲民偉田，錢唐，丙午、乙。又過城西彭家塘吳園訪趙惠甫，惠甫方病瘧，余亦下轎驟腹痛，相對愁坐，亦縱談一時許，乃行。遂過席文林及諸小肆搜舊籍，獲《禮記音義》四卷，其字體即張古愚刊撫本，所附末亦有「撫州公使庫新刊注禮記」云云，與諸校正官銜一紙，而每紙有通志堂字，則何也。

廿七日癸丑，晴。

南行九十里，至蘇州府婁門外泊。

廿八日甲寅，晴。

晨，移舟入城泊北街舊撫署側。午後訪元和大令陶肖農守廉，己酉拔，乙卯乙、馮敬亭中允。敬亭言段氏《說文注》校記尚有十四卷待檢核過，乃付刊，有宋本《五音韻譜》，其所用陸韻部次序一如《古文四聲韻》，無鉉增十九文及新付字，當是楚金之舊，已仿而刊之矣。

廿九日乙卯，晴。

晨過元妙觀搜諸書坊，唯綠潤堂尚多舊本，餘皆無可觀。食後謁勒少仲方錡廉訪，王□□大經方伯及首府汪黼卿有勳，都轉銜、長洲大令蒯子範德模、吴縣大令張紉蓀己酉、庚戌、方子聽濬益。蒯、張、方皆不直，遂訪吴平齋雲廉訪，直黼卿先在，共談久之。出所攜唐寫本《説文》木部卷同觀，即留平齋許，托其爲覓善手裝池。

三十日丙辰，晴。

晨謁郭遠潭柏蔭中丞，言林勿邨在此，訪之，各談久之。又訪同鄉黄桐軒繼憲，桐軒言洪倚雲樹瑚主簿在此當差，訪之，驟尋不得寓處。勒廉訪過小舟談，翟世兄敷曾相過。

九月初一日丁巳，晴。

王方伯相看。馮敬翁過小舟，談久之。子聽、倚雲、桐軒以次過談。……倚雲行四，言其三兄藻雲號小洲、其五弟樹珊號鐵生俱在此，其母七十餘矣。

初二日戊午，晴。

釋虚谷見訪，是能詩畫不俗者，聞丁竹杳道及也，竹杳托問其所借子書數册，云尚在韋守齋處。

初三日己未，陰晴半。

答看虚谷於齋門。午後過吴平齋，觀所藏魏鶴山先生手札長篇，乃與……頗及時事，元明人題十餘，與其所藏朱子《易義》殘稿卷，皆無上神品也。又觀《嵩山》、《三闕》數銘舊拓，雖不盡完備，而古香盎然，猶宋元間拓也。又觀石鼓文舊拓，其無字一鼓尚存微字，後有翁覃溪先生長篇題詠，尤僅見。

初四日庚申，晴陰半。

雇無錫快稍寬者，以午正過載移住。

初五日辛酉，晴。

過首府、三縣辭行，唯吴(令)張竟不可見，遂過平齋觀其所藏《李玄靖碑》宋拓，略校於家本上。又觀張從申所書《玄靖碑》，亦舊拓完善者，其壁間懸漢《李昭碑》篆書，是雍正間褚千峰在寶鷄田間所拓十餘紙之一。明日千峰又往思多拓以傳，則已爲其土人鑿爛矣。蓋秦中每有舊碑新出，上游必索本於州縣，州縣又以役擾其民，故民間必鑿壞以避役，古石之遭此劫者蓋不知凡幾。此拓著録者鮮，世亦罕傳，因縮臨一紙，攜還著録之。

初六日壬戌，晴暖。

托吴平公爲李雨公購就《一統志》，價百元，約以明日至。

初七日癸亥，勒廉訪來送行，崑山張方壺寄到八元，夜，作字復之。倚雲相看，聞甚窘，贈之四元。

初八日甲子，晴。

朝食後過師子林游一時許，即開舟南行，五十里吴江縣東門外泊，吴江大令沈問梅錫華未還，震澤大令葉與端滋森方已入省。

初九日乙丑，晴。

登吴江城樓，還循城東南觀新建文廟。

初十日丙寅，晴。

泊。至薄晚，沈問梅還，即登舟走省送劉護撫，互相過談，片刻乃行。

十一日丁卯，晴。

作字留與端。飯後還北行五十里，及蘇城西門外，值與端方開船，小停，互過談片刻，遂入閶門水關泊。遣僕爲購前未就之岳本《左傳》、宋本《國語補音》、影宋鈔《黄詩内集注》及近人之《駢雅訓纂》。

十二日戊辰，晴。

行七十五里新安鎮泊，小感冒，以《韻纂》册子檢其新附字，印朱圈以上識之，以消日。

十三日己巳，晴。

行二十五里無錫縣北門外泊，縣令方勘災，未還。泛舟西出七八里，惠山下泊，登岸訪惠山寺，飲惠泉，見李少温篆書聽松石床在寺中道右老槐下，有亭覆之，摩挲久之，使僕方永脱一紙，其右之宋張回仲題字……行，墨浸不可識，然兩篆字六七寸許者固分明也，篆與小字題名并在床之一端，床之面亦有題字大書，近涪翁體，已剥數字，云：「嘉熙己亥歲□□□，趙希衮攜家過此，與譁侍行。」當檢史《宗室表》考之，仍還泊北門晚飯〔九〕。

十四日庚午，晴。

食後訪無錫大令吴春舫政祥，固始，戊午乙。

十五日辛未，陰，晚雨。

食後復行五十里，泊。

十六日壬申，陰。

凌曉行四十里，常州府西門外泊，守令皆趨候送劉護撫，當明日乃訪之。

十七日癸酉，陰，午小雨，晚晴。

入城候常州太守傅察仁山扎克丹，道銜，言湯果卿同年方主講于此龍城書院，欲即訪之，以雨未果。城中絶無書肆，僅一二小攤，不耐搜索也。仁山太守過舟相答，且訂明日過飯。

十八日甲戌，晴。

入城訪武進大令王小霞其淦，廬陵人、陽湖大令温鳳樓世京，嘉應州，鳳樓病，不見客，其表侄陳□□燾接談。小霞則癸亥冬同檢發來者，問至共幾人，則唯小霞及張訒庵耳。遂過湯果卿，果卿適訪余舟不直而還，叙別來契闊久之，其昔從至安慶少子已物故，唯長者……以己未進士爲部曹，去年方之京當差。居室十不存一，草草整結出數間以爲居，最惋惜者書樓書七萬餘卷，竟無存也。以其昔令縉雲所撰縣志及舊刻《淮清詞》贈別，并經亂攜出者，且約明年浙游，當結伴以行。又訪署督糧通判樊子實鍾秀，漢軍、廣東駐防，癸卯舉，乃還舟。小霞相過。薄晚應仁山太守招飲，在坐果卿、子實及吴曉芙大令棐彝、順天己酉拔貢，鄉舉，以檢發來蘇候補，奉委來核武陽荒熟。小霞遺贈其太翁九霞先生晉芳《祀名宦鄉賢録》。果卿著有《季漢書》，亦蕭郝之意而多表志，未能細讀，約以他日。

十九日乙亥，陰，小雨。

行五十里吕城泊。

二十日丙子，陰。

行四十里丹陽縣南門外泊，入城訪大令金蘭生鴻保，遂留晚飯，蘭生，休寧總憲檜門先生德瑛之元孫行四，其父岱峰衍宗學博乃著籍秀水，其家藏書最富，亂後存十三四，舊本猶多，其三兄蓮生鴻佺學博能詩，促膝共談，甚暢，贈《尊經閣祀典録》、《甌隱芻言》，皆其太翁所著，又以詩稿一册屬攜歸勘定。蘭生屬勘其雲陽社學及社倉兩規條，言其四鄉共設義學十七所，社倉各鄉圖已勸建得半，亦留意善政者。其藏書中胡刻《通鑑》及王本《史記》、《楝亭五種》，皆善本，許以《通鑑》呈李宫保，以《史記》假余致書局爲對樣，《五種》亦當他日借觀，緣皆存上洋，不在官篋中也。還舟後，蘭生即過談一時許。

二十一日丁丑，陰晴半，夜雨。

行四十里凡徒鎮泊。

二十二日戊寅，陰。

行二十里鎮江府西門外泊。入城候太守李春生仲良，廣東崇化、丹徒大令唐和齋守道，廣西靈川。

二十三日己卯，陰，小雨。

換雇江船，至晚始過載，仍泊。

二十四日庚辰，陰。

辰，渡江入瓜洲口，風雨急，小泊。復行二十二里，九洞橋泊。

二十五日辛巳，陰。

行十八里揚州鈔關門外泊。泊定，疾風寒雨，不能登岸。

廿六日壬午，清。

食後候程尚齋都轉，言江北之災，興化最甚，高郵、寶應次之，泰州又次之，現委丁禹生督堤工，程敬之副之。宫保此時當始至徐，徐且無事。中堂在周家口請病假，其家栗誠已生子，老翁始抱孫矣。又候禹生都轉，方請假三月，未滿，又請一月續假，有病容。觀一月所服方，大半清涼理氣之劑，謂病加才一月以來，曾二日不能食，甚委頓。有致中堂書，當及之。又謂淮水宜導之入舊黄，以還昔道，乃能減高、寶間之潰。尚齋言繩兒前日方自揚還金陵。

廿七日癸未，晴。

程都轉招晚飲，辭之，而過其早飯。許仙屏編修振禕適自奉新至，共談久之。遂遍搜城中書肆，乃一無所獲，甚不可解。仙屏過小舟暢談，又拉過其舟晚飯，炳燭以歸。譚瑞生慶餘，合肥大令相訪，且餉舊墨四小塊，是舍(弟)在祁門舊同事也，今將還家。先在尚齋許又晤汪筠石鍳，同飯，別將兩年，館如皋，適至。與仙屏別遂踰三年，促坐無所不談，筠石謂二年來無此樂也。瑞生謂方過六合來，聞舍弟婦及黎氏舍妹與其姑皆已至六合。其經金陵時，蓋繩兒適在揚州未還也。

廿八日甲申，晴。

行二十里三叉河，又二十里東石人頭。

廿九日乙酉，晴。

行四十里四鹽溝泊。

十月初一日丙戌，晴。

泝江行三十里東溝口，溯上三十里瓜埠，識吴廣庵承潞，又溯行五十里六合縣南門外泊。入城視七、九兩弟，遂晚飯。看八弟婦及黎氏妹，仍還船宿。

初二日丁亥，陰，北風漸寒。

登岸看縣署諸友，陳蘭坡有香、邵書伯棣、徐錦川宗陵、姜玉曾由軫、鍾黼臣熙南、劉雲軒鴻書、羅葆臣光楚、朱柳臣惟和及同鄉張梓塢仁毅、黄漁珊寶書、李伯書品蘭諸君。

初三日戊子，昨夜雨，及晨未止。

仍登岸就兩弟早飯，雨止小霽，開舟行五十里瓜埠，八里紅山窑泊。

初四日己丑，晴。

行十二里出划子口，溯江三十許里渡燕子磯，溯二十里下關，入秦灘十五里水西門，登岸入城還寓。

初五日庚寅，晴。遣致《一統志》于李雨亭方伯。

初六日辛卯，晴。候雨亭方伯，且賀張又堂紹棠軍門續弦，陳亮齋兩郎來相看。

初七日壬辰，晴。亮齋、陳小江相看。李方伯招晚飲，在坐者黃昌期、潘伊卿、曹霞屏編修。周霽樓相看，不直。

初八日癸巳，晴。出，遍候諸相識，遂晚飯周霽樓許。識漢陽劉唯庭傳曾，壬辰知府，年六十七而鬚髮未變，椒雲之族兄也。

初九日甲午，晴。伯山相過，爲劉慈民[庠]中書索唐本《説文》。

初十日乙未，晴暖。走飛閣小憩，瞻新建文廟，就廖養泉茶話，還過陳卓人，少談。遂過玉葉唐晚飯。

十一日丙申，晴。

十二日丁酉，晴。

十三日戊戌，晴。

作字寄馬雨農親家。

十四日己亥，晴。

十五日庚子，晴。

縵雲、養泉、開生、棣選，劉唯庭、吴小慶邦榮先後相訪。小慶，都匀諸生，保舉訓導，亂後避居贛州，今將往山東，言得信，獨山、荔波近失守，旋復。去年遵義校官吴邦椿不知何故走至廣西懷遠，未還而没。壽椿乃小慶族，殆畏罪不出，爲之辭也。此人在賊陷都匀時已被污染，後逃至省中，諸憲特寬未究耳。養泉言有《通鑑》殘胡本數十册，當可補書局新購樣本。得姚慕庭濬昌八月廿九自江西安福來信，謂湖口交代尚未得總結，驟未能即引見，在安福與士民頗相洽。

十六日辛丑，晴。

小江招午飲，遂過劉唯庭、陳作梅、江待園、韓賡揚。

十七日壬寅，晴。

作字寄彝兒。又答應敏齋、戴禮庭、馮竹儒三信。張芝圃相過，言薛慰農所典之屋當轉典，即作字寄舍弟商之。

十八日癸卯，晴。

李静山世兄永鎮來候。

十九日甲辰，晴。

北風漸寒。嘯山、端甫過談，且借中統本《史記》。

二十日乙巳，晴。

以新收南宋本《河嶽英靈集》校毛刻本，補正甚多，畢功凡三日。徐琴舫翰林昌緒，都轉。相訪。蒓齋信至，言十六已至六合。舍弟亦有信至。

廿一日丙午，晴。

出城答琴舫，遇鄭薇仙自滬至來相看，遂過看之，兼答芝圃及静山。

廿二日丁未，晴。

琴舫索書甚亟，遂并償滬上舊債數紙，夜作字寄滬上蔗農、西園、芝田、雲溪、海珊、仰皆及彝兒。蒓齋言即當趨歸奔其嫡喪，俟少籌款即行，故速其來也。

廿三日戊申，晴，晚陰。

遣以諸信件屬薇仙，聞其即登舟也。聞倪豹岑游九華歸，往看之。

廿四日己酉，晴。

廿五日庚戌，晴。

廿六日辛亥，晴。

廿七日壬子，晴。

午陰，夜小雨。

廿八日癸丑，晴。

廿九日甲寅，晴。

倪鏡帆自周口至，相過。

三十日乙卯，晴。

十一月初一日丙辰，晴。

午陰欲雪。降凱臣相過。

初二日丁巳，晴。

初三日戊午，晴。

饒雲舫自涇來相看。

初四日己未，晴。

成振雲周口至，相過。舍七弟自六合來，以蒓齋書言其決計月半後搭輪船行。

初五日庚申，晴。

出訪雲舫諸君子。彝兒信來，言其初旬有便船，當乘以來，先寄書箱五隻。

初六日辛酉，晴。

初七日壬戌，晴。

初八日癸亥，晴。

初九日甲子，晴。

初十日乙丑，晴。

作字寄吴平齋。又作字寄復吴江沈問梅、震澤葉與端。蒯蔗農信至，言《通鑑》方付彝也。張西園亦有信至。

十一日丙寅，晴。

十二日丁卯，晴。

十三日戊辰，晴。

招張芝圃午飲。

十四日己巳，晴。

李壬叔新自浙還，偕戴子高望相訪，子高，德清諸生，專功小學，著《管子補注》若干卷，尚寓南門外舟中，舊在蘇州製造局中，局移來此。

十五日庚午，楊新之、程亮齋招晚飯。

十六日辛未，冬至。

作字寄黎叔吉、菽園兄弟及鄭子行。五日來晴暖無霜雪意，聞方伯將以十八日祈雪。

十七日壬申，晴暖。

食後攜七弟出水西門，登舟往六合，才及漢西門外，舟觸舊橋石港壞，亟起載登岸，待別雇舟，薄晚乃得，裝成，遂泊。

十八日癸酉，晴暖。

舟人將曉乘月下，至下關天明。午後過江入划子口，溯至瓜步泊。作書答平齋，平齋十一書至，言戴禮庭、蔣劍人相繼下世，甚可惜也。

十九日甲戌，陰，漸風寒。

正午泝行至六合城外泊，登岸視舍弟，即出吊黎蒓齋、視七妹，蒓齋待批稟，尚未至，至乃行也。又過吴廣庵寓，以書屬寄其尊人，前寓此之李白香已病没。

廿日乙亥，晴。

署中諸友皆見過。

廿一日丙子，晴。

遍答看署中諸友，祁侄漸熟，問其所識字，已數百，亦易教也。晚飲蒓齋許。

廿二日丁丑，晴。

食莜粉引子，是故鄉村味，不嘗此將十年矣。廣庵招午飲。

廿三日戊寅，晴。

七弟本約蒓齋伴行，然必欲得昔典田百六十金於此番贈賮之外，與九弟商之，若無此即不行也。蒓齋謂先以十二月朔爲行期，不拘批稟之至不至，恐余省寓有事，促爲雇船。

廿四日己卯，晴。

早飯于蒓齋許，屬其至吾家必檢書卷、石刻之精要，不易得者來，遂登舟。二更許乃至瓜步，泊。

廿五日庚辰，晴。

以划子口水淺不能出，遂下出東溝，巳正即至口，大西南風不可上行，遂泊。遇徐錦川自揚州來之六合，停舟往還一時許。

廿六日辛巳，陰，漸寒，東北風。

泝上渡江，申初及漢西門，登岸入城，還寓，彝尚至也。

廿七日壬午，晴。

芝圃來辭行，將以廿七登舟也。馬志亭相看，方自京來。

廿八日癸未，晴。

答馬志亭并送芝圃行。雨農有信，言奏請明年順天鄉試，以雪貴兩省恩加各十名，先行補取，約以五名取中一名，奉旨交禮部議。芝圃謂已得京師信，部議准先補取，但須入場有十名乃取中一名。又過韓賡颺、陶鶴汀、周霽樓。

廿九日甲申，晴。

壬叔、子高相過，壬叔言當以明年春入京，于總理衙門當差。

三十日乙酉，半陰晴。

劉開生相過，言前議其所居魏氏屋必欲亟典得，吾輩人但有現者四百番，而懸百金，數月可也。即過孫海晴籌之，謂可得者僅二百番，亮齋相過，即更托其爲一籌畫，看三日内何如耳。

小寒，十二月初一日丙戌，晴。

初二日丁亥，晴。

魏氏屋典成，海晴、開生、魏鳳芝、丁玉珊、陳亮齋、孫白亭相過晚飯，書契其價，則海晴二百元外，繩以還書價暫挪七十兩，洪琴西爲挪百元，合爲貳百八十之數，先兑而欠其百兩，約以三月尾付開生。

初三日戊子，晴。

初四日己丑，晴。

初五日庚寅，晴。

初六日辛卯，陰寒。

初七日壬辰，陰雨，晚有小簷溜。

初八日癸巳，晴暖如初春開。

滌相先奉還兩江之命，又力辭，請仍在營辦捻，但不爲欽差大臣。俟四五個月無效，更議重處。蓋堅欲退也。又奉温旨慰勞，趣其還兩江督任。戴子高、李壬叔過談。子高言會稽章實齋先生學誠著有《文史通義》、《校讎通義》，僅三册，《雕龍》、《史通》之後僅見此書，真當世絶作也。杭州詁經精舍監院譚仲修獻有其書，如至杭可問之借鈔，尚未有刻本。丹徒柳賓叔興宗專精《谷梁春秋》及《孟氏易》，家揚州，其《穀梁》學非鍾子勤諸君所能望見也。南海桂皓亭□□孝廉專宗高郵王氏學，著書數十卷，甲子歲挾以游京師，人無知者。長樂謝枚如章鋌，乙丑舉人，閩中學人第一。江西新城楊卧雲希閔小學頗有門徑，又好選詩，撰《詩軌》八十卷。績溪胡荄甫舍人澍以小學治《素問》，甚精於醫，竹邨先生侄也。又有胡子廉鋭治《周禮》，程蒲孫釗善駢體文，亦好學，汪梅生皆習之。同安楊貞甫元善，廣東知縣，有文武才，精天象、算法及太乙壬遁之術，自造三光儀，謂在西人鐘錶之上。會稽趙撝叔之謙，已未舉人，小學、算學皆通，金石篆刻皆善，書字專力六朝碑版，畫尤精，已成家矣。黄巖王子莊棻、王子裳詠霓皆專治《説文》。德清俞蔭甫樾著《群經平議》，頗有心得，已刻，又有《諸子平議》，未刻。長洲管洵美慶祺、丁泳之士涵、潘鬯侯錫爵則皆望寓蘇，素友可談者也。

初九日甲午，晴。

得舍弟來信，言蒓齋初一行，七弟未行。

初十日乙未，陰，北風漸寒。

十一日丙申，雪，午後止，積三寸許，寒甚。

十二日丁酉，霽，甚寒。

十三日戊戌，晴。

十四日己亥，晴。

過霽樓晚飯，乃其生日。夜，作字寄雨農。

十五日庚子，晴。

十六日辛丑，晴暖。

朗軒相過，言滌相尚未有還信。

十七日壬寅，陰，風寒。

琴西過談，以《舊唐》聞刻殘帙去，言當爲求汪刻《漢書》殘帙相易。

十八日癸卯，陰，小雨，夜稍大。

梓塢十一信至，言蒓齋已同初八至漢鎮，十三日登舟西行。

十九日甲辰，雨。

過書局，見戴子高校《管子》甚詳，蓋以王懷祖、陳碩甫舊校爲根，而推廣增益之。又有碩甫以宋本校《管子》，可借録。午後雨爲雪，至夜彝兒乃自滬上至，乘天平來，午間乃至下關也。

二十日乙巳，晨起，雪積寸餘，仍爲雨，午後乃止。

二十一日丙午，晴。

二十二日丁未，晴。

二十三日戊申，晴。

李方伯過訪，問彝所攜書。嘯山、壬叔、子高相過，開生來辭行，將還常州度歲。舍弟信來，寄四十元至，夜，作字復之。

二十四日己酉，陰，午後雨。

送開生行。

廿五日庚戌，晴。

廿六日辛亥，晴。

廿七日壬子，晴，午陰，風寒。

廿八日癸丑。

廿九日甲寅。

三十日乙卯。

【校勘記】

〔一〕《郘亭遺詩》卷八收此詩，題爲：「送馬雨農恩溥學士還朝」。

〔二〕胡然：《郘亭遺詩》卷八依莫氏手稿作「胡爲」。

〔三〕「因循成」：《郘亭遺詩》卷八作「相循徒」。

〔四〕勸：《郘亭遺詩》卷八作「見」。

〔五〕「并江」二句：《郘亭遺詩》卷八無。

〔六〕金坡：《郘亭遺詩》卷八依莫氏手稿修改前文字作「鑾坡」。

〔七〕《郘亭遺詩》卷八此句作「老眲老不降」。

〔八〕此日當爲「戊子」，莫氏日記手稿脱寫，今據補。由于此「戊子」日脱寫，導致初三日「己丑」誤寫爲「戊子」，初四日「庚寅」誤寫爲「己丑」，初五日「辛卯」誤寫爲「庚寅」，初六日「壬辰」誤寫爲「辛卯」。以下仿此徑改，不再出注。

〔九〕莫友芝本月爲此撰《皕禊室觀鈎刻聽松石床題字跋記》；又在十一月十一日致吴雲信函中論及此事，可參《郘亭信函》。

同治六年

同治六年丁卯歲。

正月初一日丙辰，晴。

點歲事，得師之井，爲九弟占得萃之隨，彝占得賁之大有，爲繩占得小過之豫，皆大吉。

初二日丁巳，出賀歲於各相識。陰。

初三日戊午，晴。

九弟自六合至。

初四日己未，陰，小雨。

陳松儒、吴廣庵相過，數日皆避客，以二君遠來，特一見之耳。

初五日庚申，陰雨。

初六日辛酉，雨。

作字寄禹生、尚齋，付繩明日持往揚州。楊仲乾、左夢星相過。

初七日壬戌，陰寒，薄晚雪可寸許。

梅岑、子高見過。

初八日癸亥，霽，雪消。

初九日甲子，晴風。

入夜飛雪數點，遂風雨徹曉。

初十日乙丑，陰雨，風寒。

十一日丙寅，陰。

仲乾、虎臣、琴西過飯。伯敷、伯蓉相過。

十二日丁卯，晴陰半，薄暮飛雪數片。

舍弟午登舟還六合，彝兒偕往。

十三日戊辰，晴。

繩初九揚州信至，即復之。

十四日己巳，晴，時小陰，風寒，時有雪片。

十五日庚午，陰。

作書上曾湘鄉、李宫保。又作致李眉生。繩十一信至，與前信皆謂彝捐貢不如至京爲當，揚州同好之言也。程尚公十六往，須送乃還。

十六日辛未，晴。

平齋五日信至，且以所摹刻《泰山》廿九字來，頗去真迹不遠，孫、阮諸摹本皆不及也。

十七日壬申，晴。

以《歐陽集》小本致李方伯，即假其《藝文類聚》補闕頁闕字。

十八日癸酉，晴，午後陰。

日入後有似彗者見於西四，皆東掃，見於東一，南北亦見，數見其色皆赤，有於空曠處數謂四方凡十六條，不知何祥也。

十九日甲戌，晴。

敏齋信至，言畢氏《續通鑑》板已載至滬，問昔初議購價云何，即走筆答之。觀昨夕所見似彗光氣若干起，皆不見。是夜天清朗，衆星撒沙甚明。黄子慎滬來相看。

二十日乙亥，晴。

答看諸朋好于廖養泉許，見其所收黄石齋先生兩和《江南春詞》行書真迹，是本朝定鼎後作，并其夫人崇禎末所畫山水扇面合爲一卷。養泉屬爲作跋，稍俟他日細審爲之。其寓所紅梅三株已爛漫矣。子慎以斌□……出使外國日記相示，其所至越南、暹羅、印度、麥西、法蘭西、英吉利、荷蘭、丹尼、漢伯爾、布魯斯、俄羅斯、畢國、比立時、瑞典、芬蘭、韓歐耳，凡十六國，但記其宮室器具之奇麗，輪車之神速，劇戲之幻變，鳥獸之怪異，醫法之□細〔一〕，亦資劇談，未能扼要精備也。薄晚，彝兒自六合還。

二十一日丙子，陰，晚雨。

王少崖相過，方自安慶來。伊卿以墨來，爲作書。

二十二日丁丑，陰雨。

繩自揚州至。

二十三日戊寅，陰。

二十四日己卯，陰，小雨。

二十五日庚辰，小雨。

王葉唐、趙伯蓉諸君過飯。

二十六日辛巳，晴。

作字寄雨農。

二十七日壬午，陰。

作字復平齋。

二十八日癸未，晴。

二十九日甲申，陰。

王策丞賡颺孝廉、李幼持郎中諸君過飯。

二月初一日乙酉。

初二日丙戌。

初三日丁亥。

作字寄六合。

初四日戊子。

初五日己丑。

初六日庚寅，晴。

書局嘯山、壬叔、端甫、伯山諸君及梅岑、子高過飲，劉叔頫恭冕亦至。江環溪渭相訪，何丹臣自湖口至，約明來小住。壬叔謂都中内城大宅皆爲鬼子所買，蓋環禁城而居者皆海夷矣，可痛哉！又謂夷人請自上海開火輪車道至蘇州，又自蘇開車道入京，總理衙門已允之矣。其道遇江河即伏通其底以行，正不知當壞民間田園廬墓幾何也。

初七日辛卯，晴。

初八日壬辰，晴風。

與丹臣同過妙相庵，梅僅餘緑萼數株尚開，庵僧日潭新植牡丹二百本。

初九日癸巳，晴。

九弟字來，即復之。丹臣出候李方伯，聞湘鄉公將以此月十六自徐南來，計不過月尾可至。

初十日甲午，晴。

朱蓮生逢甲相訪，蓮生才多，在貴州時曾爲貴筑諸生，棄去，以江蘇監入北闈，無所遇，計都中別九年矣。午出水西門，附丹臣船爲揚淮之游，是日泊……

十一日乙未，晴。

行出江，沿流渡至划子口泊，丹臣言經裕溪口時，有廣東瓊州舉人陳逸珊喬生謁彭宫保，其父官千總，幼失學，年十七八始立志向學，抱負甚偉。

十二日丙申，晴。

阻風，遂進口，至六合縣將二更，乃泊，舍弟已往紅山窑查廠。

十三日丁酉，晴。

晨登岸，待舍弟不至，夜仍宿舟中。

十四日戊戌，晴，泊。

待舍弟，午後乃至，同登岸宿。

十五日己亥，晴，夜月食。

蔡霽山世兄自安慶來。

十六日庚子，晴，熱。

王安瀾濟川州判自蕪湖至，言恕皆正初出京，尚未至。夜，仍與丹臣宿於舟中。天將曉，雨。

十七日辛丑，雨時止時作，食後開舟至瓜埠泊。入夜大風雨。

十八日壬寅，晴。

西北風。未正入瓜洲口，薄晚至揚州，泊鈔關門外。

十九日癸卯，晴。

食後候丁禹生方伯，謂聞鮑花潭學使言余游焦山，即遣舟往迎，未知六合有數日勾留也。示尹杏農來信，頗牢騷。候尚齋都轉，出觀名山堂書肆，亦有一二可收。

二十日甲辰，曉雨，午晴，夜雷雨。

爲丁方伯篆書六紙。

二十一日乙巳，曉雨，食後晴。

過丁方伯觀諸宋本書，其《韓文》、《毛詩要義》以紙墨、以僅存各第一外，其《通鑑綱目》、《東都事略》皆上駟也。架上有《稼軒詞》十二卷本，假校家本。遂過程都轉晚飲。

二十二日丙午，晴。

食後偕丹臣過湖南會館，館乃洪殿撰舊物，道光間歸包氏，亂後爲李世忠所有。湖南諸君醵金購之，其中室宇、山石、花木猶爲揚州之冠，訪寓主人張笛帆錦瑞大令、徐叔鴻樹鈞孝廉，留晚飯。

二十三日丁未，陰。

陳茂之彭年大使招午飲。周子愉觀察方自泰州至，寓其家，留談久之。禹生方伯又招晚飯，以同鄉黄印山鳴科太守之子蔡叔安入都過此，亟欲一見也。蔡頗善琴。

二十四日戊申，晴。

静致……

廿五日己酉，晴。

子愉相看。

廿六日庚戌，晴熱。

廿七日辛亥，半晴。

廿八日壬子，陰，大東南風，涼。

馮竹儒過舟談，傍晚爲作篆聯乃去，言滁相在高郵湖阻風，此風尚未得渡也。夜，雷雨。

廿九日癸丑，陰雨，少寒。

三十日甲寅，陰雨。

曾相公至，丁方伯約先至其寓候相公來，觀所藏書。李申甫廉訪亦以引見北至，傍晚乃各還舟，遇吴至甫、王子雲，又過周子愉、陳茂之。

三月初一日乙卯，清明。大雨。

晨謁曾相公，以《臨川集》呈之，遂與申甫、尚齋同過禹生，候相公晚飯，還，辭丹臣，移別舟。

初二日丙辰，陰。

申甫過小舟談，且示入覲日記，頗簡潔，渠即開舟走瓜洲。辭相公往湖北，即登舟送之。買侍兒曰王文蘭，以酉刻至，甘泉人。

初三日丁巳，晴。送丹臣行。

初四日戊午，晴。過禹生送行，尚齋辭行，禹生亦將以明日行也。

初五日己未，晴。申刻開船，薄晚至瓜洲泊。

初六日庚申，晴，大南風。食後開循峽港中行，至儀徵泊。

初七日辛酉，晴，大東南風。舟人勉出江牽行，及沙漫洲不能上，港滿不能泊，仍還泊儀徵之四元溝。

初八日壬戌，晴，仍東南風，稍小。晨，牽行至沙漫洲，風長且泊。

初九日癸亥，晴。行及東溝，繞入裏河，至划子口泊。以大東北風，小舟仍畏江行也。

初十日甲子，晴陰半，東北順風。

午後至水西門，登岸入城，還寓時有數點雨，道未乾。

十一日乙丑，晴。桂香亭相過，且惠所印《棠陰比事》。

十二日丙寅，晴。

虎臣太夫人九十壽，往慶之，識吴竹儒侍郎廷棟，是老輩講宋學有得者，年七十五，猶健。庚申正月入京時，竹老方陳臬直隸，方存之館其署，持拙草去，竹老閲過，猶憶之，爾時未及謁候也。虎臣留同候滌相，早麵乃行，遂候李方伯、王孝鳳觀察，與竹翁往還，并答吴□□。晚雨。

十三日丁卯。

嘯山、壬叔、孟虞、子高先後相看。

十四日戊辰，晴。

謁滌相，遂過幕中晉卿、子雲、孫宇農育均、薛叔瑩諸君，還，訪陳作梅、程亮齋、陳小荘、汪梅岑，而書局諸君子已他出。

十五日己巳，晴。

十六日庚午，晴。

十七日辛未，晴。

十八日壬申，晴。

十九日癸酉，晴。

王鼎臣定安、吴至甫汝綸見訪，薛叔壁亦來。

二十日甲戌，晴。

作梅見過。

二十一日乙亥。出城答應敏齋，不直。遂看吴廣庵，遇吴清卿［大］澂，談少時。

二十二日丙子，晴。

謁相公，問次公患痘，謂能起漿飲食，可無慮矣，遂過子密、至甫談少時。

二十三日丁丑，晴。

李勉林自安慶來，乃昨夜乘洋船，五更時即及下關，换小划，晨至水西門也。

二十四日戊寅，晴熱，午後雲，欲雨。

二十五日己卯，風。

二十六日庚辰，晴。

餞馬倩及阿叔志高。

廿七日辛巳，晴。

趙元卿樹吉相訪，方自京以雲南迤西道出也。

廿八日壬午，陰，時有小雨。

送彝兒、馬倩及女子登舟，還入漢西門，訪子聽、壬叔、嘯山，孟虞。

廿九日癸未。

李方伯招飲。黄觀伯家駒、劉彤陔世墀相過。

四月初一日甲申。

初二日乙酉。

招觀伯、彤陔、茂之、勉林諸君飲，王安瀾自六合至，亦留飲。

初三日丙戌，晴。

送元卿行，元卿爲書送少鶴四詩，大有味，以篆書《繫辭》四紙報之。觀伯、彤陔來同勉林早飯，勉林遂行。

初四日丁亥，晴。

觀伯贈胡撰《地圖》及譚古愚先生《讀經史鈔》。

初五日戊子，晴。

鄧守之相過，將往閶門，作字寄平齋。

初六日己丑，晴。

初七日庚寅，晴。

初八日辛卯，晴。

購經姓屋二間并基地七間，四十元。

初九日壬辰，陰，三日頗風涼，今日尤甚，堪重緜也。

初十日癸巳。

十一日甲午。

小感冒，開生主以桂枝湯。

十二日乙未。

十三日丙申。

十四日丁酉。

十五日戊戌。

爲李恕皆撰其先公《益齋中憲墓表》脱稿，久不作文，荒澀無精采，以渠即以道員往雲南差遣，不可不償此逋也。張西園、劉芝田相訪。

十六日己亥。

十七日戊子。

謁湘鄉公。即答芝田、西園。

十八日辛丑。

十九日壬寅。

廿日癸卯。

作字寄平齋。

廿一日甲辰。

書《益齋中憲表》成。

廿二日乙巳。

作字寄恕皆并隸書《表》。蕭廉泉相過。

廿三日丙午。

候李方伯。答蕭廉泉。王曉蓮大經觀察相過。

廿四日丁未，雨。

蓋四十餘日晴乾，中間密雲欲雨者三四，皆爲風散，地方官祈禱者數易壇矣。前日爵相乃出步禱，遂有此應，然猶嫌未滂沱也。

廿五日戊申，晴。

廿六日己酉，晴。

得李勉林安徽來信，極言元濟之壞法亂紀。

廿七日庚戌，晴。

馮魯川相訪，傍晚答看之。

廿八日辛亥，晴陰半，有數點雨。

作字答勉林。

廿九日壬子。

趙惠甫相看。

五月初一日癸丑，晴。

初二日，晴。

答看惠甫，遂謁湘鄉相公。出過豹岑、魯川。魯川病初愈，亟欲還蕪湖，索篆書四紙去。

初三日乙卯，晴陰半，薄晚雨，涼。

初四日丙辰，晴。

初五日丁巳，晴。

初六日戊午，晴。

作字復嚴伯雅。

初七日己未，晴。

初八日庚申，晴。

吴廣庵相過，方自六合來，言舍弟即當來也。

初九日辛酉，陰，小雨。

廉泉相訪，索《春秋繁露·求雨篇》。

初十日壬戌，陰，小雨。

得平齋信，言唐寫《說文》已裝就。

十一日癸亥，晴。

薄晚舍弟自六合至，是日訪潘伊卿、王孝鳳、趙惠甫。

十二日甲子，晴陰半。

十三日乙丑，晴。

端甫、子高見過，端甫言有影宋鈔《隸釋》殘帙，當借勘。

十四日丙寅，曉陰，巳後晴，湘鄉公過觀所收善本書，且惠新刊五經四子、五七言古近體詩，以明本《杜詩千家注》報之。

十五日丁卯，晴。

惠甫相過，午後謁謝湘鄉公，觀其新製書匣，縱衡四小方柱，六面之板與柱內平，前後板各三塊，橫抽上下如倉板，去前後板排列之，若大書架然。

十六日戊辰，晴。

十七日己巳。

十八日庚午。

徐華嚴河清觀察相過。乃去冬自貴州出往廣東提餉，而行至此，極可怪。

十九日辛未，風，欲雨。

二十日壬申，雨竟日，可潤尺許，足慰三農之望，歲當不至大饑也。

二十一日癸酉，晴。

答看徐華嚴，遂過亮齋、雲舫，談久之。亮齋言貴州請加舉額一名，乃張石卿就其巡撫後，捐穀核算，可三十餘萬兩銀，特爲陳言。以貴州軍興以來，即如獨山、貴定團練最著者，各費何止廿萬兩，合通省計之，將不止三百萬兩，皆在石卿以前，患以無籍可稽，抹殺之。山省之無人，可歎也。

二十二日甲戌，半晴陰，晚風。

開生、子高、雲巖、亮齋相過，子高言廣東《學海堂集》二編中多成件著作，如晤丁方伯，當屬致之。

二十三日乙亥，雨。

作字寄尚齋，以繩查醬園公件已歷數月，至是園户乃認定消斤數，猶不肯認綱，將之維揚禀復也。

二十四日丙子，陰。

舍弟曉出城還六合。繩兒午後登舟之維揚。俞蔭甫樾相看，嚴伯雅亦見過，并自滬來。

二十五日丁丑，雨竟日。

答伯雅、蔭甫，遂赴湘鄉公午飲之招，以蔭甫來，大集諸名士也。

二十六日戊寅，雨竟日。

二十七日己卯，雨竟日。

二十八日庚辰，晴，復陰，有數點雨。

湘鄉公入閣，走謁賀，皆不見。

廿九日辛巳，曉雨，尋止，午晴熱。

張仁卿訓導瑛相訪，言所居在常熟東湖南新涇石氏宅，距毛子晉舊居才里許至縣城當問南門内西涇岸龐崑圃。常熟今舊藏書家皆散失盡矣，唯昭文罟里村之瞿敬之秉淵家收藏尚富，經亂後所存宋元舊帙尚多，昨瑛曾攜其書目一册謁曾相公，相公留之，當爲問能選傳一二否。亮齋邀晚飯。

三十日壬午，陰，熱，尋大雨。

得舍弟昨日來信，屬爲留意寓舍，明日來僕行，作字復之。新委六合之許敬甫□□，將以來月初四履任矣。

六月初一日癸未，曉大雨，少霽，又再三雨。

假得沈學博欽韓《漢書疏證》十二册，中闕一册，自武五子後谷永、杜鄴前，凡□卷，可百餘頁，是書以馮敬亭爲言及留意訪求獲之，計敬亭當收其全本，至蘇宜訪之。沈氏掊擊小顔，詞氣未免過當，然補正處繁多，十九皆精確，即起小顔於今日，幾無以自解也。其《地理》自謂未就，不知後來補完否，并當詢之敬亭。

初二日甲申，陰。

仁卿相過，屬一問瞿氏書目。

初三日乙酉，霽。

韋守齋言其蔣至儀徵守備任，屬至蘇時爲一詢其藩庫養廉。

初四日丙戌，晴，悶熱。

謁湘鄉公，借觀瞿敬之家《恬裕齋書目》，宋元舊本甚夥，亂後東南文籍散亡，當爲藏家甲乙也。答仁卿。

初五日丁亥。

細閱瞿氏書目中，有《北堂書鈔》、《乾象通鑑》，極罕見。

初六日戊子，數雨。

初七日己丑。

舍弟六合信至，言初四已交卸。

初八日庚寅，曉霽，食後雨。

汪柳門鳴鑾相訪錢唐，庶常，去年在蘇曾一面。繩信言揚有舊本《玉篇》，字近游明本《史記》，計當是元本。記瞿氏舊本書於《經眼録》。凡宋本百有五，元本八十，其影宋、影元、校宋、校元若干，尚不在此數。富矣哉。

初九日辛卯，晴。

動工收拾銅作坊典宅，待舍弟。

初十日壬辰，晴陰半。

十一日癸巳，晴陰半。

大兒婦自初一見痘點，繇密爲麻，十日來皆大補氣血以催托之，大恐收功不易。昨夕又小產，殆不可爲矣。經醫者二三人，猶作寬吉語，聊相慰耳。

十二日甲午，天將明，大雨至巳初乃少止。

卯刻，兒婦方氏竟溘逝不可救矣。年才廿有四，惜哉。雨止後，急買棺治斂具，諏以申時小斂，酉時大斂。霽樓、亮齋來相看。陽湖吴子高唐林郎中兵部相訪，謂在劉子重許見拙著《唐本説文箋》得一册，其同鄉蔣侑石曰豫大令直隸，候補索去，且爲補證二十餘條，欲相見不可得也，惜匆亂中不能盡懷。

十三日乙未，半陰晴。

出南門，看王甲所言殯地，不可用，晚過海晴，言南門外有張生熟於此，當爲招來，屬之。

十四日丙申，陰。

霽樓、亮齋言有魯秀章謂城南五里許能仁寺後傍山地，其僧常租賣人殯厝，即邀霽樓、秀章同往看，果可用。秀章約僧明晨入城商之，其地宜用壬丙向，還，即過亮齋，屬擇日。夜，作字寄桐城方竹如，以明日乘便船行有往桐者，以舟資遣之往還。

十五日丁酉，陰，午後雨。

霽、秀兩君與僧商地，待來日往定中椿，復約以廣狹，給價書契。亮齋來言，選日以二十爲上。舍九弟遣信至，言其今日方下船。七弟薄晚至。馬雨農初四信至，言五月廿二即出京，六月初四次鄒縣，其子柄常及彝兒猶在濟寧候水走往會談，適大雨，渠輩即可暢行抵京也。彝兒信初五自濟寧，言渠輩四月廿四即至濟寧，待水已四十日，今捻竄東三府，運河路尚可行，當即前進，李宫保已駐寧，謁過，問家中事甚悉。雨農又言貴州廣額十名，以開科仍歸本省。

十六日戊戌，晴。

偕霽樓、七弟往能仁寺定所視地，地壬山丙向，約以縱横各三丈，附價洋八元。

十七日己亥。

僧以地契來，舍九弟自六合至。

十八日庚子，午雨。

十九日辛丑，陰晴半，繩自揚州至。

二十日壬寅，晴。

辰時出兒婦柩，以未時權葬。使繩送視之。

二十一日癸卯，晴。

舍弟接江寧縣印。

二十二日甲辰。

二十三日乙巳。

二十四日丙午。

方存之自安慶至，相看。王太素亦來。

二十五日丁未，日暈。

程尚齋相訪，即答之。并答滕茂亭、方存之，過王孝鳳。

二十六日戊申。

二十七日己酉。

謁湘鄉公，即就惠甫談。

二十八日庚戌，晴，以上八日皆晴熱。眉生徐州信至，言八月當交卸，至金陵少住一二月，乃之蘇臬。

二十九日辛亥，晴熱。

七月初一日壬子，晴熱。

朱久香學使蘭過訪。贈其太翁《繞竹山房詩》正續二稿。

初二日癸丑，晴熱。

答侯久香先生并答廖錦春□□刺史、雷□□鉞、李□□世禄，還，過饒雲舫，談久之。鄭玉軒自滬至。

初三日甲寅，晴熱。

游子岱□□州牧見訪，新化人，知和州，有愷悌而無官氣。

初四日乙卯，晴。

有同鄉姚□□人鶴、楊南耜鹽經栻相訪。

初五日丙辰，晴。

午後陰，雷，風，欲雨，暑氣頓收。

作字答李眉生。

初六日丁巳，晴。

答游、楊諸君。

初七日戊午，晴。

作字寄黄少崑。

初八日己未。

立秋初九日庚申。

繆世兄祐孫自江西來。

初十日辛酉。

得方傳尹復書，極謾罵無禮。

十一日壬戌。

十二日癸亥。

十三日甲子。

十四日乙丑，并晴，熱不可當。

十五日丙寅，晴。

午後小陰而風，聞雷，得雨一灑。

十六日丁卯，晴，午陰而風，亦少涼。

許明經丙椿相訪。

十七日戊辰，晴，午後小陰。

十八日己巳，晴。

十九日庚午，晴，午後陰雲而雷，旋于烈日中大雨二刻許。

城中自前月入伏，雨至今日始再見，直熱盡三伏也。

《朱久香蘭閣學花間補讀圖二首》[二]：

手栽桃李人間滿，著作勳名爛一時。更博群書資反約，此中真意幾人知？
姚江一代良知學，流蔽盡從清獻明。向我殷勤問遺著，松陽卷裏見平生。
二十日辛未。
廿一日壬申。
廿二日癸酉。
廿三日甲戌。
廿四日乙亥，五日皆晴，午後或雲或微雷，含雨意。
自開月身首驟生瘍癤，至今日始著衫一謁湘鄉公。
廿五日丙子，陰雨，夜雨尤長，暑氣頓爾收盡。
廿六日丁丑，陰，午雨。
始過東排樓閱趁考書肆，皆白草黄茅，不見佳勝，有蜀本《陳伯玉集》，尚可。
廿七日戊寅，陰晴半。
答朱子典。過潘伊卿。
廿八日己卯，半陰晴。
訪徐華野，觀所藏諸碑帖書畫，有貫休《羅漢》趙子昂跋者佳，其帖則《星鳳樓》尚可，小銅鼓面有十二辰字，外有「世代富貴」字，乃得之黔中者，據字迹當出隋唐後，非漢鑄也。

廿九日庚辰，陰，時小雨。

謁辭湘鄉相公，將以來月初二登舟往浙江。相公謂凡他子史、名集、舊本、初印得其一足矣。唯《説文》、《通鑑》、《史記》、《漢書》、《莊子》、《韓文》、《文選》，有善刻善印，不妨多收異本，此七書直與十三經比重也。

八月初一日辛巳，晴。

束裝，桂香亭相看，且言爲派船板送。又言嘉興南之烏鎮有舊書肆。

初二日壬午，晴。

鄒子雲鎮軍龍陞相過，問船泊何所，即行未。帶船板者，借補千總。食後，過飛霞閣，晤嘯山、壬叔，談一時許，遂登舟。北風，遂泊漢西門外。

初三日癸未，仍北風。

開行至下關，遂泊，不能出江。作字寄香亭，屬買嚴氏《通鑑補》。

初四日甲申，晴，微順風。

行百八十里，過鎮江府二十里，入月河口十五里月河泊。

初五日乙酉，晴，順風。

行七十里過丹陽縣，七十里奔牛鎮泊。自鎮以南，水蓋南流。

初六日丙戌，晴。

牽行三十里常州府，入城訪湯果卿、史賢希懌悠，即行，又三十里黄林鎮。賢希贈《宋文鑑》，是明南監本，言江南鹽政廢弛年餘，皆以緝私無法也。

初七日丁亥，晴。

縴行六十里無錫縣泊。

初八日戊子，晴。

縴行九十里蘇州府閶門外泊。作字寄香亭，又作家信託鄒總戎寄。

初九日己丑，晴熱，午後欲雨不雨。

食後入城候丁方伯，又過吴平齋觀其兩齊侯罍，腹痛不能坐，遂還。遣致湘鄉屬寄船山書于丁方伯。又有寄郭中丞及俞蔭甫者。腹疾不能親往，并托方伯轉致之。换雇吴江快船，以二更過載。

初十日庚寅，半晴陰。

船人有料理未完者，爲更留一日。

十一日辛卯，午正白露。晴。

行四十里，過吴江縣，五十里平望泊。

十二日壬辰，晴。

行八十七里，未正抵嘉興府，入城訪秀水大令張遜侯致高，留晚飯，遂泊。遜侯示唐《陀羅尼經幢》及元《銅壺漏篆銘》，皆上虞拓者，可存録。

十三日癸巳，晴。

行九十里石門縣泊。

十四日甲午，晴。

行百廿里，過二壩十里杭州府把子門外泊。

十五日乙未，晴。

入水門，至萬年橋側，問東城講舍高北坪山長均儒，甚近，訪之，自淮安乙丑九月，別逾二年矣。遂過青雲街觀書肆，唯留青閣尚有數種，還就北坪晚飲，商明日泛湖爲日夜之游，北坪遣先定船。

十六日丙申，晴。

食後出湧金門登舟，遍歷湖中勝處。遇楊利叔象濟于孤山林處士祠下，同過吾舟叙契闊，薄晚湖心亭下飯，月上，遍泛湖中空曠處，三更即泊湖心，真如坐水晶宫中也。

十七日丁酉，晴。

昨未及表忠觀，晨起補之。觀前池荷映初日獻妍者，尚百許枝，觀中桂才開十一。入湧金門早飯，搜鼓樓及清河坊肆，唯亦西齋中多有可檢者。訪孫劭聞衣言于紫陽書院，適其生日。孫子佩紱訂治具來餉，遂同過子佩談，還飲院中池上，連日頗熱，今日尤甚。還踐北坪約，移行裝於講舍中許、鄭二公祠後。

十八日戊戌，陰，時有小雨。

晨搜書肆，午後出清波門觀潮，自海塘不修，潮勢已減昔壯，今日當大來時，天際數銀山猶可觀，但一瞬成練耳。

十九日己亥，雨。

過書肆。晚訪丁竹舟申主事、松生丙，觀所藏宋本《四書集注》，每半頁七行，行十五字，其與今本異處，與吳刻校記悉同，注中提要鈎元處皆長抹其句，則僅見者。松生言餘姚新出漢建武時《三老碑》，又在《大吉地券》之先，會索拓本，爲歸裝快事。

二十日庚子，雨。

過書肆。竹舟相看。袁爽秋振蟾，本名昶，桐廬人以施□□相看，索小著二種去。

二十一日辛丑，雨。

過書肆，遂過琴西談。還，松生相看。松生弟兄當城陷時，收得文瀾閣《四庫》書數千册，運避滬上，亂定又於村鎮間搜求散落出者，已合萬册有奇，於全書幾得三之一。其好義見大，可尚也。

二十二日壬寅，雨。上四夜皆雨，亦可已矣。

松生以《三老碑》拓相餉，讀之一日。三老通，通子忽，忽九子二女，此碑忽子邯記其祖父諱忌以示後人者。咸豐壬子，餘姚周世熊清泉得之客星山下，爲亭覆之，經亂未損。三老不載其姓，世熊以忽字子儀，引《後漢書·任延傳》延爲會稽郡尉時，避亂江南者皆未還中土，會稽頗稱多士，如董子儀、嚴子陵，延皆以師禮待之有董子儀與嚴子陵并稱，殆即其人，核其時地，當或然也。

二十三日癸卯，霽。

出訪高辛平學治學博、曹葛民籀文學，惟遇葛民，談半時許，專漢學，於三家《詩》、《穀梁》有述作，他綴述尚多，惜逸去，所居鹽橋之屋未盡毁，坐池亭間，甚蕭爽。又訪萬篦軒、許益齋增大令、花仲和詡春，皆不直，還而益齋即相過，宗湘文源翰太守亦見訪，同縱談久之。

廿四日甲辰。

出清河坊，還，辛平、葛民來相看，談至薄晚乃去。

廿五日乙巳。

走佑聖觀巷同善堂尋醫，即偕辛平談，且觀其所藏《張長史郎官廳壁記》舊拓本，甚佳。住局醫士姜春舫至，爲處方，主清濕熱利小便。蓋自七月熱瘧愈後，皆未服藥，至一二日來頗昏眩也。松生見過，索書范氏《心箴》及《書庫抱殘圖》引首。

廿六日丙午，陰，小雨時作時止。

北平以湘文所藏宋本《玉篇》殘帙[來]。

廿七日丁未，雨。

廿八日戊申，雨。

廿九日己酉，晴。

湘文招午飲，觀其所藏《北齊蘭陵王（高）肅碑》舊拓本，金石家皆未著録，字意在《隴東王》、《西門君》兩碑間，而隸意稍多。假歸，當細臨録一過。識積溪胡荄甫澍中書。

三十日庚戌，晴。

出錢塘門，歷靈隱、韜光諸勝，憩冷泉亭久之，薄晚過上天竺宿。

九月初一日辛亥，晴。

食後復過冷泉亭，觀宋人經幢，待曹葛民。尋至，又坐談一時許，同過靈隱僧寮，釋東洲留午飯，別葛民，先入城，遇徐介亭皋司馬大定人，言昨日曾相訪，未直，此來自紹興奉調以外簾，差畢未歸。

初二日壬子，晴。

早食，出鳳山門，將游雲棲、虎跑，行二三里許，感風而歐，遂還，召醫主方，服一劑，卧一時許，乃差。

初三日癸丑，雨。

秦澹如緗業都轉邀觀所藏書畫，遂早飯。薄晚遂應馬中丞招飲。

初四日甲寅，雨。

晨過益齋觀所藏書畫，未能粗及十一，最佳者鮮于伯幾行書橫卷、吴匏庵草稿册。

初五日乙卯，雨，竟日夜。

已雇船，令泊菜市橋，不能下。曹葛民相看，以《石屋著書圖》索題。

初六日丙辰，雨止而熱，晚復小雨。

胡荄甫相訪，善篆，講樸學者。校《素問》、《韓非》。馮曉蕖鹽經旭，行四、楊正甫國努巡檢相訪。曉蕖，卓帆之子，卓帆没於浙，未歸，先已指浙鹽官；正甫，曉東方伯之孫，亦指浙從九，去年至，小東有宅在杭城橫河橋下，約再來時寓其別院。晚始以書篋下船，夜爲葛民題圖。

《游冷泉歸曹葛民籀明經示石屋著書圖漫題二絶句》〔三〕：

三年契闊西湖夢，百首詩成竟有靈。君避亂時有夢西湖詞一百首。石屋洞天無恙在，幾回開口對巖扃。

君言石屋是君屋，我指冷泉爲我泉。住屋飲泉且適意，著書辛苦向誰傳。

初七日丁巳，陰，時小雨。

清晨登舟，薄晚至塘西泊。

初八日戊午，陰。

行過石門縣，至石門鎮泊。

初九日己未，晴。

行過嘉興府，問秀水明府張遜侯，已入省，留信及所索書，又行十里許塘彎泊。

初十日庚申，晴。

行二十七里，入嘉善縣城，泊仁濟橋下。訪金眉生，已出游近村，謂薄晚方歸，且少待之。

十一日辛酉。

眉生昨夜已歸，先招早飯，淩晨訪之，縱談二時許，飯罷乃行。行三十六里，蘆稊鎮泊，眉生自春來連抱恙，故未得其消息，近則誦佛養心，相視皆頽然有老意。

十二日壬戌，晴。

順風行百四五十里，至蘇州閶門内泊，即候丁方伯，晚小雨。

十三日癸亥，晴。

丁方伯命移我舟轉入盤門，移載於其坐船，在胥門内，遂以船爲寓，且不必登岸宿。遇陳作梅來，謂明日當登舟還金陵。已而方存之至，則場後泛舟攬勝，將往浙江也。

十四日甲子，晴熱，午後大雨。

薛慰農自金陵至，當還浙，方伯招同早飯。反舟撿新收書差善者廿種爲一箱，作字寄湘鄉公，托作梅攜往。唐鷦安翰題相訪，適未還，留贈所翻刻漢碑四種。

十五日乙丑，晴熱。

候郭遠堂中丞、勒少仲廉訪、李薇生都轉、吴平齋、俞蔭甫。答唐鷦安。少仲言景劍泉參黔撫張石卿諸劣迹，奉諭革職。嚴渭春方抵黔，即請來京請訓，奉諭以爲取巧，亦革職，交雲貴總督差遣。劍泉適又奏地方死事人，請飭巡撫查核，石卿即力言其非死事，乃轉從死，劍泉爲誣，得嚴議。蓋死事寔真，而石卿支詞報復，何内廷之不察也。自是以貴臬署巡撫，以學政黎培敬署布政，貴之鄉試在必行，貴之局面則大更張矣。蔭甫、存之并相過談，存之明日定南行，郭中丞招明日同飲，并辭之。

十六日丙寅，雨，徹夜。

十七日丁卯，陰晴半。

平齋招飲，會者馮敬亭、潘季玉曾瑋、吴介臣台壽及蔭甫，縱觀弆藏，目不暇給。其《隋人塔盤》六七寸許隸書，及《梁始興忠武王碑》舊拓，皆未見者。《始興碑》聞尚存，去棲霞山麓不遠，還金陵，當拓出證之。薄晚，訪季玉，適已出。

十八日戊辰，陰，午後雨。

細讀《蘭陵王碑》一過，爲之作跋。方伯招晚飲，識晏□□端書先生，在坐有上海令□□，則舊識也。

十九日己巳，雨，過午乃止。

書《蘭陵王碑跋》於卷，并作字寄宗湘文。

二十日庚午，陰，小雨。

平齋以唐寫《説文》裱本來，兼以所藏《隋大業塔盤》隸書及《梁始興忠武王碑》舊拓相視，碑久無拓本，塔在上方山寺，盤圍一丈八尺，字大六寸，乾隆癸卯毁于火，尤不易得也。楊潤□逢澤同守相訪，曉東先生之仲子，新指省來。

廿一日辛未，雨，午晴。

朱□□之榛同守相看。

廿二日壬申，晴。

丁方伯遣移入署中住。

廿三日癸酉，晴暖。

潘季玉招午飲，晤沈韻初，言其在京收穫劉燕庭所藏碑板二千稿，甚巨觀，可羡也。

廿四日甲戌，雨。

始檢方伯藏書，過三匣。

廿五日乙亥，陰。

檢書單本者，才過一匣。

廿六日丙子，陰。

檢書一匣。

廿七日丁丑，陰，夜小雨，檢書匣。

孫敬亭觀光相訪，言有宋本書，俟其差還持來看。

廿八日戊寅，陰，薄晚雨。

食後，尋元妙觀肆中，竟乏可取之本。

廿九日己卯，陰。

檢書過一匣。晚，曾相公廿五書至，謂所寄書已至，尚欲得《皇朝通典》、《通志》及《欽定續三通》。又得丁儉卿書，言其爲人所搆陷，唯相公能直之，不知其何事也。假得陳良齋驤德所藏《曹子建集》詳本，謂其師金陵朱述之緒曾所校，採唐以上書引子建文句補正明刊十卷本。述之已作古人，亂後元本亦散失，僅此副本，當爲之更録副以存，備有力者梓之。丁儉卿亦頗校曹，新有成書，不知其曾見朱校否。儉卿舊撰有《子建年譜》，述之曾引及之。

十月初一庚辰，晴。

檢書過二匣。潘季玉過談良久。

初二日辛巳，陰。

檢書過三匣。

初三日壬午，晴。

檢書過一匣。尋石芾南診脈，言心肝兩部皆弦數，虚火上炎，當少清之。出太監衖口尋鮑書客，言有鈔本《北堂書鈔》及他舊本書，明送來看。

初四日癸未，晴。

過書三匣。

初五日甲申，陰。

過書一匣。昨字答金眉生，以《莊子》、《淮南》寄之。

初六日乙酉，雨。

已束裝，將從方伯往上海，適方存之自浙至，言典試張香濤與約會于金陵，聞以初三出杭城，則先傳兩使者由嚴州行之，説不足憑也。且待之二三日。晚吊平齋，其少子年才廿一，甚聰惠，遽夭，可惜也。又過俞蔭甫，托其尋寫人，爲録朱述之所校《曹子建集》。

初七日丙戌，晴。

郭中丞招偕存之午飲，存之約明日往滬。

初八日丁亥，晴。

午後同存之發船，東北行三十里外庫塘泊。

初九日戊子，晴。

行六十里，過崑山縣，又五十里陸家浜泊。

初十日己丑，晴。

東南行百二十里，至上海西門外泊。

十一日庚寅，晴。

乘潮出黄浦六里許，移泊大東門外。食後入城，候應敏齋觀察、劉庸齋熙載山長、劉芝田、廖養泉。龍門以吾園地新建，頗軒爽，與庸齋辛酉五月鄂城相别，遂七年矣。庸公客秦中，又起司業，提廣東學，不樂，引疾已一年。談次欲留小住，以此來僅能五七日即行，辭之。期明歲來，當更踐此約也。

十二日辛卯，晴。

訪蒯蔗農、張西園，遂過敏公午飲，在坐孫誠之言梁諸碑當問普育堂王亮才。王君，棲霞人也。庸齋、養泉并相過，談久之。

十三日壬辰，晴。

訪鍾子勤，即過庸齋早飯。出城至二馬路尋書肆。作字寄雨農，又作寄彝兒，以孫誠之即坐輪船之京，托之也。

十四日癸巳，晴。

以《墓表》廿册、《説文》木部廿册、《郘亭詩》十册并托誠之寄彝兒。訪馮介安，遂吊戴禮庭家，慰其世兄，介安即過舟中暢談。

十五日甲午，晴。

芝田相過。

十六乙未，晴。

偕存之泛舟至城南校場廟觀新建製造局，已於八月自外虹口移機器來，方修製輪船各一。訪局廠諸君，沈品蓮歸，王小雲病，馮竹儒買舟材北往，唯遇鄭玉軒、華若汀、徐雪邨。還，爲胡鑺菊鄰、蔣節各書一聯。鑺，石門(人)，少俊，善雙鈎刻木，新刻何子貞臨《石門頌》頗佳，他日有刻石件，當以命之。

十七日丙申，晴。

鄭玉軒見過，適已出應芝田招飲，存之申刻即行。

十八日丁酉，晴。

馮竹儒相過。

十九日戊戌，晴。

郁正卿相過，薄晚丁方伯行。竹儒、玉軒遣致一品肴來。

二十日己亥，晴。

竹儒遣致彝所留《尚書今注》及《左傳》來，《尚書》闕卷二、三一册，謂彝取出寫《禹貢》後即尋不見，此子之疏謬可知矣。留青閣及他書賈并來歸書價，閣中有明刊《五音類聚篇》，是四庫未及者，金人韓道昭所著，又有《篇海》、《集韻》外自爲一書，明當遣假舟中觀之。晨將入城，適應觀察出，將乘舟過鐵廠，就舟中辭行，且索新印出畢《續通鑑》。遇元和朱修伯鴻少在舟，言其太翁是辛卯同歲，且索唐本《說文》。食後過融齋別。

廿一日庚子，曉晴，巳後陰。

開舟行三十六里，泊。

廿二日辛丑，晴。

西北行□□里。

廿三日壬寅，晴。

行□□里崑山縣泊。

廿四日癸卯，晴。

行□□里至蘇省，泊胥門外。遣訪浙試使兩張君行未，霽亭光少澐卿午間始發舟，香濤編修之洞猶相待未發，亟移舟，過閶門同泊，計庚申京華分手八年矣，縱談至四更，乃就寢。

廿五日甲辰，晴。

送香濤，偕行至無錫，四更許，乃泊北門外，竟日之談，別來無此樂也。

廿六日乙巳，晴。

晨訪霽亭，謂在蘇已相待三日，當爲留一日，遂拉香濤同過惠山品第二泉，觀李少温聽松題字及宋人兩題名，無金吴傳，兩明府招陪兩使者飲于小金山，香濤以病倦不至，還復過其舟，談至午夜，遂與二君别。以舊書課各數紙贈二君，二君亦有筆墨食物之報。香濤又分贈廿金，以

《續通鑑》新印本答之。

廿七日丙午，晴。

行九十里，還泊胥門外。

廿八日丁未，晴。

食後，移入方伯署，即出訪李眉生廉訪，適已出飲。

廿九日戊申，晴。

大風，甚寒，始用小火爐，畢檢書三篋。

三十日己酉，晴。

眉生招晚飲。

十一月初一日庚戌，晴。

初二日辛亥，晴。

初三日壬子，晴。

作字寄高北平。

初四日癸丑，晴。

作字寄許益齋。

初五日甲寅，晴。

作字寄孫琴西并越中諸友，明日并付信局去。

初六日乙卯，晴。

初七日丙辰，晴。

初八日丁巳，晴。

初九日戊午，晴。

初十日己未，晴。

十一日庚申，晴。

十二日辛酉。

得蒓齋及兩兒信。彝信謂薦而不售，聞明年當有恩科，不知確否，索寄歸資。繩信謂已告籌資，假在寓。蒓齋信謂故鄉滿目蕭條，鄰匪時時騷動，影山文籍大部盡亡，存者十之一二而已，攜得《孫文恭詩集》及宋本《吕氏讀詩記》來。夜，作字寄繩。

十三日壬戌，晴。

方伯邀游木瀆，坐輪船往，偕者眉生、李軍門□□、潘季玉、陳□□。巳正至，訪馮敬亭。尋錢氏端園，登樓看山，約乘兜過范墳。諸君恐晚，僅及靈巖而還。同過金氏小園主人淑芷，就偪窄中步置極精雅，一花一石，并新奇可喜，爲樓以納遠岫之奇，寸地中經綸不小。薄晚還城，夜，作字寄蒓齋，明日并付信局去。

十四日癸亥，陰。午晴。

十五日甲子，晴。

十六日乙丑，晴。

季玉招午飲。

十七日丙寅，晴。

繩兒信至。

十八日丁卯，晴。

十九日戊辰，晴。

廿日己巳，晴。

廿一日庚午，晴。

作字寄雨農及彝兒，彝信言明年恐有恩科鄉試，則不即歸爲便，無則當寄資。以眉生贈金五十封留禹生處，俟開春妥便，此信則先告之也。

廿二日辛未，晴。

廿三日壬申，晴。

廿四日癸酉，晴。

廿五日甲戌，晴。

戴子高相看，將還德清。

廿六日乙亥，晴。

作字寄應敏齋、馮竹如、金眉生。

冬至廿七日丙子，晴。

眉生招午飯爲别，作字寄張遜候。

廿八日丁丑，晴。

平齋、季玉、眉生爲消寒會，先于平齋所爲第一集，許緣仲、顧子山、汪炳齋俱至，予與冠英亦在坐。時予已買舟，將還金陵，諸君訂早來，及六七集也。還辭禹生，談至四更許。

廿九日戊寅，霜晴。

晨出胥門登舟，即開，泊閶門，入城候李質堂軍門朝斌，以禹生借其舢板護行也。還買一二瑣細。

三十日己卯，霜晴。

晨料理小未完。食後開行，四十里南望亭泊。

十二月初一日庚辰，晴。

順風行五十里過無錫縣，又百里常州府，泊西門外。

初二日辛巳，陰，風寒。

船人視其家未還，仍泊。食後入城訪史賢希，賢希招果卿同飲。薄晚乃還舟，夜，有微雪。

初三日壬午，風少息，食後霽，行□□里，丹陽縣泊。

初四日癸未，半陰晴。

曉出四五里許，道爲泊舟木椑所塞，甚艱難。

初五日甲申，晴。

行二十里，出江順風，炮船帶行，五十里瓜洲，又七十里東溝口泊。

初六日乙酉，晴。

阻風，泊。爲楊詠春作楷書四紙，節馬第伯《封禪儀記》。

初七日丙戌，半陰晴。

順風行百里，至石頭城下泊。晚雨，獨乘轎入水西，還坊口小寓，明日及起載。

丙寅六月至滬以來所收（書目）：

按：國家圖書館所藏莫友芝《郘亭日記》稿本同治六年十二月初七日丙戌之後空白兩頁，其後載有兩則附録：（一）「丙寅六月至滬以來所收（書目）」；（二）「治寒疝方」。書目之下所寫數字是指莫氏收購該書的册數；册數之下的數字，是指莫氏收購該書的價格。有的書目之下没有册數數字，只有購書價格；有的書目之下另寫他人借送之註語，或他人托購，或已托人代購等註語。

《周禮鄭注》，明本，善，十二，乙元二。《公羊注疏》，七，八角。吴校《戰國策》，元刻，乙元。《歐陽文粹》，四，四角。嚴衍《補通鑑》，八，殘寫，五角。《鹽鐵論》張注，八，八角。《歷代帝王宅京記》，六，五角。《方輿類纂》，三十，三元。《班馬字類》，一，三角。《朱子年譜》，八，一元。北監《前》《後漢》，五十六，十五元。《甘泉鄉人稿》，五，三角。《金陵梵刹志》，八，四角。《晏子》，四，五角。《商子》，一，二角。《家語疏證》，二，二角。《東萊詩律武庫》，六，宋殘本，六角。《古文關鍵》，二，三角。《唐四家集》、《聯珠》、《唐風》等，二，三角。《古文苑》，二，三角。［以上］廿七元六。

《五禮通考并讀》，百本，三十元。《江文通集》，宋本，五，二元。《王臨川集》，廿二部，八元。《敬業堂集》，十，二元五。《金石文字辨異》，八，元二。《湖南志·金石》，六，元六。《馬石田集》，四，元六。《元名臣事略》，四，二元半。《二南訓女解》，二，六角。《苕溪漁隱叢話》，十；《羅兩峰夫婦合卷》［上兩種］沈伯川贈。《文章軌範》，二，二角，彝留。《楊升庵草書詩稿》一，二角。《花間集》，一，明翻宋本，二角。《何大復集》，八，乙元。《李空同集》，五；《江文通集》，四；《何水部集》，一；《古文品外録》；《娵隅集》［上］五［種］戴禮庭贈。《元遺山詩注》，蔣海珊贈。《説文篆韻》，一元。《新序》，二，一元二。《茗柯遺文》，二角。《柳河東集》，元半。《包忠肅集》，一元，金眉公借。［以上］四十六元六。

《曹全碑》，舊本，乙元五。《管子》，趙刻，十二，乙元。《穆天子傳注疏》，三，四角。《莊子郭注》，十，乙元。《易緯八種》，一，三角。《東萊易説》，一角。《韓非》，四，六角。《淮南天文訓補注》，二，四角。《論衡》，五，八角。《鶡冠子》，一，二角。《南潯鎮志》十附《漣漪文鈔》二，海珊贈。《陸士衡集》，二，一角。《河嶽英靈集》，二，二角。《壹齋集》，十，黄子慎贈。《史通訓故補》，八，一元。《水龍經》，四，賈雲階贈。《干禄字書》，一元。《長吉詩陶庵評》，一，二角，彝留。《石墨鐫華》，四，三角。《妥先類纂》，六，三角。[以上]九元四。

《大清通禮》，十二，七角。《昏禮通考》，六，三角。《初學記》，十，六百。《龍龕手鑒》，六，六百。《類篇》，十四，三元。《説文繫傳》，嚴校本，六，五元。南監馮本《史記》，二十，三元。洋板《七經孟子考文》，二十二，八元。《明詩綜》，廿，二元四。閩《舊唐》、《宋文鑒》，殘，一元。《禽蟲述》，一，一角。《絶句辨體》，一，一角。《石柱記》，一，一角。東雅《韓文》，十二，一元六。游刻《韓文》，六，未來。《伊洛淵源録》，六，八角。《朱門授受録》，二，寫，八角。《萬國圖》，六，三元。《黄氏日鈔》，廿四，王太素要，三元。《甌甎洞集》，廿，元半。[以上]三十五元六。

□子史記，廿四，送蔣節，二元四角。陳氏《禮書》，二元。《三長物齋》六種，二元。《藝文類聚》，十，三元二。《藝文類聚》，十八，二元四。東雅《韓文》，十，李雨公要，四元。《左傳》，一元。《賈子新書》，醇雅贈，《唐廿六家詩》，一元。《列子》，一，四角。《綱鑑正史約》，十六，二元，彝留。《韓詩外傳》，一，二角。《宋遼金元藝文補》，二，二角。《□□國□》，《日本輿圖》，□□贈。《絳雲樓書目》，借。《明刻小説》，二，一角。《讀韓記疑》，三，四角。《金石三例》，二，二元，沈校。《六家文選》，十六，廿四元。［以上］四十六元九。

《元章志林》，一，二角。《元秘書志》，四，一元。《儀禮疏》，十二，二元半。《端溪硯史》、《盤録》、《文章緣起》，三角。《石秀齋集》，四，二角。《緯略》，三，三百。《博物志》，一，黄刻，二百。《金石苑》，八，四元。《天下圖》，一，五角，彝留。《萬國圖》，元半。《史記集解》，明本，四十；《前》《後漢》，汪校汲古本；《太玄經》，明翻宋本，六；《説文訂新附考》，四；《兩漢疏證》，廿三，中《前漢》少一本；《左傳》、《水經注考證》；《王半山集考證》，此數種借郁氏；《黄山谷授官敕》及《黄氏譜序》四紙，五元。《香蘇山館詩》，四，禮庭贈。《大吉券》，一元。《元白集》，三元。《飛卿詩注》，二，三角。《舊五代史》，廿四，四元。撫本《禮記》，六，少考證、音義，三元，彝留。《五音集韻》，八，元半。［以上］廿七元五。

右滬買，共壹百九十三元六角。

《平津館叢書》，四十八，五元。《古文辭類纂》，十二，三元。《御纂五經》，廿套，廿元。桃花紙《十七史》，二百四十，七十元。《遼史拾遺》，八，四元。《聖武記》，八，一元。《唐文粹》，廿，五元。《明詩綜》，卅二，四元。《宋詩鈔》，廿，三元。書業前後《漢》，廿四，八元。

右在滬臨行爲舍弟購，此十種，共壹百二十三元。

下松江：

《宏明集》，三，三百。《御案五經》，廿四，一元四。《晉書》，明本，卅，三元。《天中記》，卅，三元。《淳化帖考異》，二，一元。《真誥》，四，六角。《吴淵穎集》，四，四角。《六朝詩》，十二，一元。《二張詩》，四，二角。《唐宋婦人詩》，一，二角。《話雨樓碑帖目》，二，二角。《墨子》，六，六角。《楚詞補注》，二，五角。《湯子遺書》，八，五角。《農爾雅》，二，一角。《竹垞詩江注》，六，三角半。《謝茂秦詩》，六，三角半。《邵青閣集》，八，六角。《群書治要》，廿五，十二元。《皇元風雅》，六，寫，一元。《建文朝野會編》，六，六角。《龍龕手鑒》，五，三角。《孔叢子》，二，二角。《陸子餘集》，四，五角。《吴越備史》，一，二角。《事物紀原》，十，寫，一元二角。《懷麓堂集》，二十，二元。

上廿七種松江所收，共三十三元三[角]。

《陳書》，北監本，四，七角。《説文古語考》，一，一角。《平播全書》，卷一之五，尚少後十卷，六，四角。《大唐創業起居注》，一，一角。《焦氏經籍志》一二卷，一，一角。《十家古文》，四十，二元六角。

上在太倉收者，共四元。

《儀禮詳校》，二，六角。《莊子》，中都本，四，八角。《禮記釋文》，撫本，四，八角。《管》、《韓》，趙刻，八，一元三角。《姜白石集》，二，四角。《袖海樓雜著》，二，《歲實考補》、《日知録刊誤》等，四角。明本《柳文音訓》，八，一元二角。《劉静修集》，殘本，三。

上在常熟收，共五元半。

《崇古文訣》，十二，元半，殘聞本《舊唐》，廿六半，二元。明修元本《韓文考異》，八，二元半。汪刻《漢書》，十五，少五本，二元。岳本《左傳》，十五，一元六。仿宋《四書》，八角。《通鑑地理通釋》，四，五角。《回溪史韻》五，元二。《古今書目》，十八，二元。《名臣碑琬琰集》，十，八角。《李義山文》，六，《通鑑》，一，元。《崇文總目》，五，六角。《直齋書録》，六，一元二。冷枚《仿西園雅集圖》，元。《茶經》等，四，五百。《史記評林》，廿四，三元三。《元事文類聚翰墨全書》，十二，元。《明史藝文志》，四，尚少集部大半。《墨法集要》，一。岳本《左傳》，十五，二元八。《國語補音》，三，元刻，元二。《駢雅訓纂》，八，二元。《山谷内集注》，影宋，四，三元。《一統志》，一百元，托平齋爲雨亭買。

上在蘇州收者，共三十二元半。

《通雅》，十二，元二。《性理精義》，六，六角。《李杜詩注》，十，元二。［上三種］鎮。《紀效新書》，六，一元。《韓文考異》，十二，［二］元。［上二種］常。

上在常、鎮收，共五元。

以上共三百九十七元。

辛稼軒初自北方還朝，忽得癩疝之疾，重墜大如杯，有道人教以服葉珠，即薏苡仁也。法用東方壁土炒黄色，然後入水煮爛，放沙鍋内研成膏，每日用無灰酒調服二錢，即消。沙隨先生亦患此證，辛以此方授之，亦一服而愈，近人用之有效。

治寒疝方李幼持開來，謂神效，湯速於丸。

附片四錢；焦白術四錢；雲苓二錢；製蒼術二錢；真沈香七分；潞黨參五錢；上肉桂八分；車前仁一錢五分；小茴香一錢；柸香八分；黄連三分研拌炒；浄吴萸八分；川楝子二錢；荔文核一錢，焙研；生姜五片同煎。

【校勘記】

〔一〕「之」下一字草書似「慘」形，然意不協，待考。

〔二〕北京大學所藏鈔本《郘亭詩鈔》收録此詩，文字有五處相異：詩題無「蘭」字；詩中「一時」作「此時」，「此中」作「個中」，「盡從」作「都從」，「殷勤」作「殷殷」。

〔三〕莫氏此題畫詩二首，《郘亭遺詩》等詩集未見收録。

同治七年

同治七年正月。

初一日庚戌，晴。

謁賀使相曾公并城中官紳寓友相識者。

初二日辛亥，晴。

檢校《四庫簡明目録》子部，箋其刊本，畢儒家。

初三日壬子，晴。

出賀元日未至諸處，唯晤陳小江。黎蒓園庶蕃自家至，言貴州鄉試以八月廿八日爲行第一場，故鄉親友大半不存，唯鄭子行在，已衰老。

初四日癸丑，晴。

蒓園言自樂安入城，竟數十里無人煙，鄉中田無耕人，荒者過半。戴子高過談，言杭州塘西老諸生杭權〔二〕平甫家舊藏宋元舊本書甚多，亂後存者猶不少。彭宫保見過。

初五日甲寅，陰。

程亮齋自溧水至，李勉林自安慶至，并相看。

初六日乙卯，晴暖。

答拜彭宫保，遂過書局，觀張仁卿所攜麗氏所藏南宋刊《管子》，極精善，是書未有佳本，當仿刊之。遂還訪劼剛，爲吴平齋乞湘鄉公書。就陳小江晚飯。

初七日丙辰，晴暖。

仁卿、孟虞相過，莜園以舍六弟庭芝丙寅九月、十一月托蔡念皇所寄信至，言以安順守城功保升教授，光禄寺署正銜，只須向部著册即可選。又丁卯四月寄莼齋信，言已卸安順校官事，仍主講，人口日增而脩米不給。又言大猷侄及蘇甥金林聞已物故。莜園言趙曉峰旭補荔波校官，以城失守，殉難數年矣。

初八日丁巳，陰，晚小雨，夜大風。

周養恬璪相看，績溪諸生，言金石與繩往還者。李勉林、王策臣先後相看。湘鄉公索家中太白、山谷兩家詩注本，以所讀兩本并聞刻《舊唐書》送往。

初九日戊子，陰，大風，微雨。

爲湘鄉公題識所藏袁漱六贈舊本《漢書》，袁以爲景祐本，細核之，特金元間翻紹興本耳。然亦不易得也。

初十日己未，陰寒。

張雲溪鐵皮船至，與邵子安來訪。書局諸君子招早飯，適馮竹儒至，同坐飛霞閣，譚一時許。還看李勉林、麓橋兄弟。

十一日庚申，戌初立春。陰，寒。

應敏齋相訪，言畢氏《續通鑑跋》已刊就，二月乃開印，更寄本來。夜雪。

十二日辛酉，昨夜二更後雪。

晨起，庭中積深處可二寸許，日中漸消。阮蘭江恩溥相訪。黄昌岐招午飲。方小東朔太守相訪，致其所著《枕經堂詩集》及《駢體文》、《金石跋》諸刻本。夜，三更後雨徹曉。

十三日壬戌，雨竟日。

十四日癸亥，陰。

答小東，不直。以湘鄉公所示舊本《漢書》謁歸之。周孟虞過，謂明日當先還常熟。

十五日甲子，陰。

小東相訪，言其著有《海務書》八册，因所聞見徵實而言，已呈中堂閲。錢塘吴小耘兆麟司馬相訪，北榜同歲耘石若準之嗣君也。去歲方至蘇投到。是日《簡明目録》子部始箋記畢。

十六日乙丑，晴。

朱竹石司馬之榛相訪，是北榜同歲建卿善旂助教之從子也。去歲在蘇未叙及，竹石此來乃言之，以其叔祖莪堂先生爲弼《吉金古文釋》手稿四册屬題識，是先生未第時，在紀文達幕中爲編《積古齋鐘鼎款識》殘稿也。中有文達乙改處。湘鄉公遣假《白氏長慶集》、《歐陽文忠集》兩明本，且屬爲購致善者，并太白、山谷兩家集佳本及錢箋《杜詩》，一隅草堂刊《香山詩》初印者。

十七日丙寅。

吴廣庵字至，屬覓善刻手若干輩偕往。

十八日丁卯，陰。

爲科侄聘周子愉世兄之女。程亮齋、趙伯庸先後至，同候兩家冰人飲。夜，雨。

十九日戊辰。

姚慕庭自江西解京餉經過，相看，遂留宿，其尊人《石甫先生集》已垂刊成矣，將陸續刊其曾薑塢先生以上旁及惜抱諸種。楊石卿以所著《中州碑目》及《備忘録》相示。

二十日己巳，晴。

吴至甫及蒓齋來看慕庭，同早飯，慕庭午後還登舟。邵亭亦買舟，明日發往蘇州，同謁辭湘鄉公。公言李小湖藏《孟法師》舊拓之妙，索借觀家中河南書《伊闕佛龕碑》印證之。

二十一日庚午，晴。

介亭、菽園、蒓齋來送行，以《伊闕碑》屬其轉呈，并以新裝唐寫本《説文》木部卷，屬代乞湘鄉公題首并寫昔著七言長篇於卷中。午正登舟，申正乃開，乃下關泊。

廿二日辛未，陰，寒。

開行三十里，燕子磯泊，阻風不能前也。慕庭亦同泊，食後得暢談三時許。

廿三日壬申，晴，東北風。

仍泊。作二聯，一寄蕭潤宇，一寄王德輿，托慕庭至京師致之。

廿四日癸酉，晴，大東南風不息。

仍泊。慕庭時時過談。

廿五日甲戌，晴。

風稍小，搶行至東溝、遂泊，日未午也。慕庭舟大，猶未開。

廿六日乙亥，陰，仍風，有小雨。

彊創行及沙漫洲，不得泊處，還溯上泊於東溝。

廿七日丙子，半陰晴。風息。

行過瓜洲鎮江府，下至月河口刺入，泊。蓋行百餘里，泊亦酉正矣。

廿八日丁丑，逆風行，狹港淺水，一更後始泊丹陽。

廿九日戊寅，晴，熱甚。

逆風行至奔牛，已晚，遂泊。

二月初一日己卯，陰。

順風行過常州、無錫，至許墅關泊。夜，大風，微雨，寒甚。

初二日庚辰，逆風，陰雨。

巳正始行，及閶門外泊，驟風密雲似薄暮者，細雹沙沙然攪雨而下，聞雷者三，不能登岸，點燈箋《簡明目録》，畢末卷，乃薄暮。忽暴風起，在泊諸舟增維墜錨，猶擊撞擺簸一時許。問岸頭人，則丁禹生中丞正月廿四已接印，郭制軍初四登舟矣。

初三日辛巳，風雨。

彊登岸，入城謁丁中丞、郭制軍。候吴平齋、李眉生，仍不能起載，還舟宿。《簡明目録》集部四册，自舟中阻風，始箋校，昨日今夕竟畢功矣。

初四日壬午，大風雨。

食後乃雇兩小舟，冒雨載行篋入盤門水關，繞胥門内，還上經四橋至申衙前，雨止，登岸，入新開書局。局屋新賃之畢氏，即秋帆尚書靈巖山館也。園亭水石絶佳，待葺理耳。午後狂風徹夜不止，屋主人畢孫帆中書長慶、局司事周……汪夢萱及局委員方……并相見，局提調吴廣庵州守方送制軍於無錫。

初五日癸未，陰。

候俞蔭甫、潘季玉、杜方伯、勒廉訪、李軍門。趙惠甫相訪，不直，遂還虞山。

初六日甲申，晴。

申理問保齡相訪，廣庵至，言方閲甄别卷未畢。

初七日乙酉，雨。

潘芝岑樹辰，歸安、王竹生鏞，蓬溪兩大令相訪，亦局中提調。偕廣庵閱中丞甄別卷子。方畢，周夢虞至。方伯、廉訪先後相過，方伯索假《魏廓園尺牘》過録。王都司金魁，貴陽相訪。

初八日丙戌，晴。

移入南屋，屋主人今日始讓出也。李軍門相過，吴立三正綱，大定相訪。

初九日丁亥，食後大雨。

平齋相過。晚覺傷風頭眩，招沈羲民，一視，未至。

初十日戊子，陰。

羲民至，謂肝肺兩熱，又冒風也，爲處方，連服二劑。

十一日己丑，晴。

感冒已減，猶忌風不可出，數日無事，以阮文達所進呈《四庫》未收書百七十三種，依部類節録於《簡明目録》卷端，昏眩作輟，今晨乃畢功。

十二日庚寅，陰，時小雨。

出謁中丞，還訪顧子山文彬廉訪，遂過眉生縱談。

十三日辛卯，陰，風。

十四日壬辰，半陰晴。

子山相過，張仁卿以金陵至，將繩兒所寄信物來。

十五日癸巳，陰，甚寒。

二更後飛雪片，雨徹夜不止。

十六日甲午，寒雨竟日，夜大風。

是日仁卿往常熟募刻工。

十七日乙未，陰，寒風。

十八日丙申，陰。

過平齋，晤金梅生、許緣仲。遂過李眉生。

十九日丁酉，雨。

聞中丞將以廿一往金陵，謁問局中事宜。

二十日戊戌，陰，大風。

二十一日己亥，半陰晴，大風。

是日諸刻工開手。

二十二日庚子，陰雨，大風。

同鄉王君言洪雲洲之夫人貧窘甚，適其鄉人吳立三至，屬以四洋元致之〔二〕。

廿三日辛丑，半陰晴，大風。

金梅生相過，以其歲暮懷人詩册屬題，用其見懷韻作一首。

廿四日壬寅，半晴陰，風。

廿五日癸卯，晴，風。

廿六日甲辰，晴，復陰，大風，夜雨。

廿七日乙巳，午見日，旋風雨，晚，大雷雨，暖。

廿八日丙午，半晴陰。

仁卿自常熟至，彼間刻工未之至也。

廿九日丁未，半晴陰。

過元妙觀尋書肆，遂過藥局尋程筠泉爲處牙痛方。將夕，繩兒自金陵至，前高伯足亦偕來。

卅日戊申，陰。

招伯足來同住，食後同訪眉生。

三月己酉，朔，陰寒，午後小雨。

初二日庚戌，晴陰半。

初三日辛亥，晴。

初四日壬子，晴。

攜伯足及繩兒泛舟過虎丘，丘端塔傳隋仁壽時建，無憑證，塔上舊磚剥落出者有「武丘寺」字，又有「己未年建」，蓋唐顯德四年也。

《虎丘和高伯足》：

海湧咄小山，寺境拓市闤。荒荒餘瓦礫，落落乃蒼蔚。野花微徑引，磐石疊茵大。削壁俯深沈，危標上煙靄。連嶂赴遠色，佳禽泊虚籟。誰言城郭近，意與滄洲會。漫游起亭諍〔三〕，禊事聊學廢。同心不金玉，逌爾喧寂外。

《元作高心夔》：

衆下易爲高，禊游展晴旭。眈眈金紺敷，艶艶滿荼蔌。春心共野色，爛漫江海曲。雖殊洞庭榜，眉生適游具區。美憩一磐足。地荒見清脩，人勝非我獨。泉池喜無洩，得養巖中緑〔四〕。

《五人墓》：

殘碑阺映雜花開，果傍要離冢畔埋〔五〕。歲歲山塘寒食路，看花都是吊君來。

初五日癸丑，晴。

初六日甲寅，晴。

初七日乙卯，晴。

與伯足商爲鄧尉之游。眉生適自具區還，招伯足移寓，游興頓沮。伯足言道光末召戴醇士畫於對鷗舫，上命出朝鮮仿宣巨幅紙，觀其解衣盤薄，遂以巾蘸墨，頃刻成怪石，畫紙甚蒙賞異，賜錢舜舉畫卷，他賜予復優厚，醇士亦自謂此畫生平所不能到也。

初八日丙辰。

偕伯足過眉生，縱談竟日。伯足遂移寓。曉陰，午雨，至晚未止。

初九日丁巳，陰。

金逸亭相訪，戴步瀛秀才兆登來言，昨日新奉委入書局分校，醇士之孫也。伯足爲湖口石鍾山集句，榜其船廳之楹云：「復有樓臺含暮景，欲迴天地入扁舟。」屬爲書之，又書聯榜十餘事。

初十日戊午。

過伯足談，伯足言曹鏡初耀湘，長沙人，曾就駱中丞百廿金館，而黄蘭坡以三百金聘之，遂兩辭焉。而自處鄉館以食，其品可知矣。陳少海景滄，龍陽人，易笏山之戚，其人亦有骨力，笏山今需次貴州知府，曾爲通籌全局之議，當事莫能用。陳槐庭鍾英，湖南衡山人，原籍蘇州，今居無錫城，有《李陵詩》最佳。官浙烏程知縣，與惠甫、壬秋、鏡海諸君至好。

十一日己未，晴。

過伯足談。

十二日庚申，晴。

十三日辛酉。

伯足過談。金梅生、吴平齋亦至。梅生將往李肅毅營，聞肅毅幕府人及諸將皆恨其往，則此君殆未是可出時也。

十四日壬戌，晴。

視梅生行。還至眉生所，與伯足談，梅生亦至，同晚飯。

十五日癸亥，陰。

十六日甲子，陰，午有數點雨。

伯足來約繩以明日同行，繩遂往閶門看船。眉生亦來縱談，遂同晚飯。

十七日乙丑，半陰晴，午小雨。

視伯足行于眉生許，遂同早飯。送之至閶門，登舟而别。伯足此來，其歷練校昔爲著實。

十八日丙寅，晴，夜半大雷雨。

十九日丁卯，陰，午後雷大雨，雨雹如蠶荳。

二十日戊辰，晴，少寒。

廿一日己巳，陰。

廿二日庚午。

廿三日辛未，晴。

廿四日壬申，晴。

過平齋、眉生。

廿五日癸酉，晴。

廿六日甲戌。

眉生招早飯，得晤王子蕃、郭慕徐。與子蕃别遂三年矣，言蜀中兵政大壞，駱宫保至，未加整頓，且惟右楚勇，此後將有大不相安者。慕徐論書有見到行墨之外者。薄晚，得舍弟金陵信，并附到二月彝兒及雨農父子京師寄信各二件，尚問彝定留京一二年，抑即遣出，當以信速之，女子及外孫俱平安也。作字寄馮竹儒并所書《考工記》於滬。

廿七日乙亥，晴。

午後金眉生過談，遂偕往安徽會館，觀其園亭。園舊名洽隱，韓慕廬尚書舊居也。其中屋舍太密，唯假山石洞之上有古藤怪石平臺，可眺遠佳城，人皆盛稱之。半夜雷雨。

廿八日丙子，寅初穀雨。雨，午止。

校《國語補音》三卷，至二更乃畢。

廿九日丁丑，陰。

借眉生謝刻黄詩《外集》，補鈔宋本遺頁五紙。

三十日戊寅，陰。

四月初一日己卯。

初二日庚辰，晴。

眉生明日將登舟往金陵，看之，謂其還必在閏月半，堅屬待同往滬尋舊籍，爾時不必亟亟議過江也。熱如中夏，柱礎如汗。

初三日辛巳，晴熱。

初四日壬午，晴熱。

以宋淳祐刊本《黄詩史注外集》校嘉靖刊本外集詩，得是正若干字，朝食畢，凡費四日。薄暮雨數點，時有雨。

初五日癸未，晨陰，已涼。

賀丁中丞太夫人壽還，遂雨，時止時作，晚得繩高郵寄信，言廿四到高郵北三十里之馬棚灣，即現在督修運河之潘、葉兩觀察駐處，即與伯足别而登岸。廿八已奉委查看新舊石料，即租屋以住，大約閏四月内完此段。水漸長，當歇以待秋。

初六日甲申，陰，時小雨。

中丞來答。

初七日乙酉，晴。

初八日丙戌，晴。

黄翰唐爾祉，桐城司馬，方小東朔先後相過。

初九日丁亥，晴。

過孫帆，觀其所植薔薇，兩壁盛開。遂同過對門汪氏祠園，觀假山池沼，絶玲瓏幽曲。午後風，半夜雨。

初十日戊子，陰雨。

王翹初雲鶴相看，自乙丑夏滬上一别，今四年矣，皆各少衰於昔，相對增歎。孫帆招午飲，還，讀寫本影弘治刻《元遺山詩》，前人所舉華刻集本之誤，此本皆不誤，大是佳本。以《左傳》讀本二册付寫，以《通鑑》胡刻二册付雕。夜雨。

十一日己丑，陰雨。

曉起水瀉，仍小睡。聞七弟自金陵來，出視之，則内子芙衣已在局庭，且挾縦女、慶孫，方爲料理住屋，豁然而醒，始知夢也。午後霽。

十二日庚寅，晴。

過廣庵夷務局，遂謁中丞，商書局諸事。

十三日辛卯，未正立夏。晴。

作字寄雨農京師。

十四日壬辰，晴。

作字寄彝兒，即并以付信局。

十五日癸巳，晴，大風。

作字寄繩兒高郵，付驛去。

十六日甲午，晴。

洪雨樓相訪。汝霖改汝濂。

十七日乙未，晴。

《讀漁洋評點定宋荔裳〈入蜀詩卷〉有懷》：

瞿塘雙闕與雲齊，巴字江迴更向西。北宋清詩餘蜀道，南明歸夢引蝯啼〔六〕。游蹤前後誰勍敵，古誼譏彈認舊題。使我飄蓬憶彊伴，望山風雨草萋萋。

此卷面題蠶尾山房鈔本，卷中評陟利病分明，於《三閭大夫廟》、《北帝城》兩篇，輒舉已作律詩，謂足爲勍敵否，以俟後之攬者。卷端識略云：康熙壬子，余與荔裳先後入蜀，不及相見。明年荔裳入覲，卒于京師。甲寅、乙卯家居，嘗得其《入蜀詩》一卷，寫留笥中，久之，失其本。庚辰秋，予官刑部尚書，荔裳之子思勃自萊陽至，投一卷，正《入蜀詩》也，亟録存之。先是辛亥歲，荔裳在京師，屬余選定其集，次爲二十卷，攜以入蜀，今此本不可復睹矣，惜哉！庚辰十一月十九日。

按庚辰爲康熙三十九年。漁洋辛卯年卒，年七十八，則是年六十七矣。此卷虞山瞿秉淵藏。

十八日丙申，陰，午晴。

洪雨樓來檢《北堂書鈔》，餉紙索書，劉泖生履芬司馬相訪，衢州江山。新委局中提調。

十九日丁酉，陰晴半。

二十日戊戌，晴，甚熱，礎潤。

秀水陳念東孝廉元驥，戊午相訪，以張遜侯書至。遜侯已卸秀水調省，將行矣。又得繩十五高郵信。潘季玉二子入學，賀之。即答看黄翰堂。夜，大雨。

廿一日己亥，雨，驟涼。

廿二日庚子，晴。

廿三日辛丑，晴。

往火神廟觀焚淫詞小説，中丞所嚴禁也，以書局主之。唐蕉庵相訪。楊見山相訪，别三年矣，集《管子》「員其中辰其外」、「祥於鬼義於人」爲聯，索書甚亟。

廿四日壬寅，陰，晚雨，寒如晚秋。

陳卓人相訪。

廿五日癸卯，寒雨。

昨於肆中得《道園類稿》殘本，其詩尚全，以其目較《學古録》，增出者一百三十四首。又校其文中之碑一類，亦增多廿六首。其侄孫堪所編《道園遺稿》，蓋即以此增出者爲柢，而别蒐以益之，合得詩七百餘首。

廿六日甲辰，陰。

廿七日乙巳，晴。

仁卿以明王損仲惟儉《宋史記》凡例相示，謂其本砉上潘昭度所録，今輾轉藏太倉聞氏，世間蓋無第二本。漁洋《蠶尾集跋》謂損仲删正《宋史》爲《宋史記》二百五十卷，目録、列傳删併塗乙甚多，云是湯義仍手筆者也。馮敬亭相訪，言其校刊小徐《韻譜》已成矣。

廿八日丙午，晴，始暖。

金眉生過談二時許，聞滌相以廿四出金陵，先至揚州，即來蘇閲兵，閏月初可至。連日校《曹子建集》寫本，今午始畢，得更□□核之。

廿九日丁未，晴。

辰巳間雨數點。

閏四月初一日戊申，晴熱。

初二日己酉，晴熱，午後復陰，時有小雨。

管洵美慶祺委入書局，陳碩甫高弟，年六十三矣。蘇郡學人之最也，久欲一訪之，今乃識面。

初三日庚戌，陰雨。

曾中堂自金陵至，傍晚乃入城。得陳蘭浦澧廣州來書。

初四日辛亥，晴。

晨謁中堂，晤劼剛公子、黎蒓齋、趙惠甫，識吴南坪敏樹學博、劉南雲[南捷]。南坪長詩古文，爲經説不株守，務發新義，曾爲瀏陽校官，亦自罷去，教子課耕，極林泉之樂，謝絶榮利，楚文人之甲乙人品絶高者。南雲則剋復金陵功第一者也。遂訪俞蔭甫、馮林一、唐蕉庵。

初五日壬子，晴。

蒓齋、惠甫相過。

初六日癸丑，晴。

晨起，南屏、蒓齋相過，縱談甚樂。遂偕應李質堂軍門招午飲。

初七日甲寅，晴。

從中堂至木瀆，因尋登靈巖山下，憩無隱庵，腹痛甚，睡片時許，過范墳，同人皆登天平，余獨未能往，遂還舟。

初八日乙卯，曉小雨。

中堂往胥口，停以待許緣仲潘季玉招午飲于許氏園，遂同還，泊盤門外。夜，南屏以箳韻同人和章及新游詩相示。

初九日丙辰，晴陰半。

偕行過崑山縣，至三江口泊。

初十日丁巳，半陰晴。

偕至上海縣西北周太爺廟外泊。

十一日戊午，晴。

出吴淞江，溯黄浦，泊城南八里機器廠下，登岸視局中馮竹儒、沈品蓮諸友。

十二日己未，晴。

復登岸與南屏諸君談，午後還舟，城中及局中諸友皆相過，至晚乃罷。晤周方伯開錫。

十三日庚申，晴。

應觀察及主局兩君招爲涇浜之游，還飲於一勺園，以和中堂贈南屏詩韻紀前日之游待脱稿，辭不能偕。

十四日辛酉，晴。

中堂登輪船還金陵，蒓齋、南雲偕焉。南屏遂取南匯道往浙江，晨起送之。遂移泊大東門外。入城答看觀察諸君。訪劉融齋，談久之。張欣木玉熙、袁爽秋振蟾兩孝廉自京師還，何秋士亦在館中，又會談半時許。爲希聞訪郁氏書，則云所開價減單及書目一册，并丁中丞持去矣。

十五日壬戌，晴。

移船入吴淞江二擺渡泊。

十六日癸亥，晴。

晨看金眉生談。龔孝公來訪之，共議金石若干事。食後行至新北門閲書肆，了無所得。還過希聞舟談，希聞猶有數日留，不待之也。

十七日甲子，晴熱，午後雨。

發舟溯行，至横渡泊。

十八日乙丑，大風雨。

少避，得順風，微雨，遂行百八十里，一更至胥門外泊。是日頗涼爽，作書盡十二紙，杜雙按之，能伸縮適意。

十九日丙寅，陰雨。

雨少止，即登岸入書局，局中尚未有人起。

二十日丁卯，陰雨，涼。

二十一日戊辰，陰。

雨稍大，入夜乃暖。得彝兒及雨農京師四月十七信，彝三月廿八巳出京，行至河間，有阻不能進，偕周子迪仍還京，待可行乃出。又得蔡念篁信，言其二月出門，是月初六巳至金陵。

二十二日己巳，晴暖。

作字寄九弟及念篁，又書《續通鑑》書面，寄上海。

廿三日庚午，晴。

聞中丞借得郁氏宋本《通鑑目録》，往觀之，并觀《九朝編年》宋本。其目録一種，當以影寫付雕。夜雨。

廿四日辛未，晴。

爲養閑主人作八尺紙篆書四幅，紙生而粗薄，甚不稱意。午後彝兒自京至，與張梓塢、周子迪偕來，蓋渠輩四月還京後，是月四日出京，十三日自天津乘輪船來，十七即已至滬。適我舟已開，尋不著，又在滬静停數日，昨日乃開舟，今日即至也。薄晚小雨，夜雷雨，熱。彝持至雨農兩信，王德輿一信，德輿已選伏羌知縣。

廿五日壬申，陰雨。

梓塢、子迪及同舟朱大使彝相過晚飯。

廿六日癸酉，陰。

爲彝兒買舟，偕梓塢以明日發之金陵，薄晚送之登舟。

廿七日，半陰晴，夜半大雨徹曉。

廿八日乙亥，雨。

得王少鶴去年九月桂林寄信，并所刊《歸方評點史記合筆》四本丙寅在廣州刊，此信寄董研秋太史于京師，又轉寄浙江高伯平，乃爲寄至，蓋閲九月矣。云有嗣子□中八齡，友人推宅以居，藉榕湖一席以資饘粥。

廿九日丙子，晴。

五月初一日丁丑，晴。

爲朱竹石跋其叔祖右甫先生爲弼《吉金古文釋》手稿，蓋其在阮文達幕中時爲編《積古齋鐘鼎款識》之初稿也。

初二日戊寅，寅正夏至。晴。局中分校王樸臣炳，甲子孝廉，彭復齋福保、王曼生楨中書三君自京歸，始入局。

初三日己卯，晴，悶熱。

初四日庚辰，悶熱，午後雨，夜大雨。

初五日辛巳，陰。

初六日壬午，陰。

初七日癸未，陰。

初八日甲申，雨。

吳平齋太夫人壽，往祝。食後小霽，謁中丞，言影宋本《通鑑目録》事宜，以明日與局中諸友安排，定十日即登舟暫還金陵。

初九日乙酉，陰雨。中丞遣以書三箱便致劼剛。

初十日丙戌，雨，午乃漸止。遂登舟，自胥門開至閶泊。

十一日丁亥，霽。

昨夜船中被盜僕人衣物，泊，遣報長洲大令厲慕韓學潮查緝之。屬爲留三日。

十二日戊子，晴。

泊。

十三日己丑，晴。

泊。厲君遣來告急輯尚無影響，當按限爲比緝，遂定以明日開行。張仁卿相過。

十四日庚寅，晴。

開行過無錫，至常州南三十里丁堰泊。

十五日辛卯，晴。

開行過常郡。作字致周孟虞。行至丹陽泊。

十六日壬辰，雨。

行至鎮江府西門外泊。夜，大雨。

十七日癸巳。

繞鎮江城至北門出口，過金山南，入新開河口行六十里，下市街泊。竟日小雨，中夜大雨徹曉。

十八日甲午，雨。

行六十里出棲霞口，雇船帶渡江，及龍袍洲，雨止，沿北岸行四十許里通江集，渡南岸及燕子磯，循而上，入下關，泊儀鳳門外。是日江行雖順風，而渡北岸時，激浪頗險。

十九日乙未。

食時至水西門外，入城，還坊口之寓，時小雨方祈晴也。午後謁湘鄉相公，遂過舍弟晚飯。晤趙伯庸、蔡念篁。

二十日丙申，雨。

以《周禮纂訓》、《史記》柯本、《北堂書鈔》明寫本、《開元占經》舊鈔、《元遺山詩》明刊等凡八種呈湘鄉公，并致丁中丞所寄書三箱。吊潘伊卿。訪梅岑。

二十一日丁酉，半晴雨。

謁雨亭、省三、香亭諸君。遂過琴西、縵雲及書局諸君子，唯虎臣不直，謂其病也。又過作梅談。

廿二日戊戌，半陰晴，夜雨。

廿三日己亥。

廿四日庚子，晴。入伏。

廿五日辛丑，晴。

廿六日壬寅，晴。

出訪華野、竹儒、小湖、仲乾諸君。

廿七日癸卯，晴。

廿八日甲辰，晴。

廿九日乙巳，夜雨。

三十日丙午，半晴雨。

以《四庫全書提要》督裝過，并《唐六典》、《臨川集》，又以何元子《詩世本》依《三百篇》「風」、「雅」、「頌」之次重裝之。

六月初一日丁未，晴。

答朱子點。訪陳心泉濬。薛撫屏福辰員外相訪，叔瑩之兄也。

初二日戊申，晴。

初三日己酉，晴。

遣繩往揚州銷假。

初四日庚戌，晴。

方子聽、何蓮舫相過，皆言胡氏《通鑑》殘板可購。

初五日辛亥，晴。

虎臣相過。

初六日壬子，晴。

謁湘鄉公，以張稷若《儀禮鄭注句讀》呈之，欲以付刊也，并以彭文勤《石經考文提要》呈請附刊。適洪琴西同謁，談二時許。彭雪琴宫保至，又少談，乃出，宫保即見訪，以新寫三體書各四紙呈之，報夏初所寄書畫。

初七日癸丑，晴。

作字寄丁中丞，言胡氏《通鑑》板子宜購買，且以高青書丈《游宦紀略》致之，或有資於新定《牧令書》也。

初八日甲寅，晴。

初九日乙卯，晴。

初十丙辰，晴。夜大雨。

十一日丁巳。

十二日戊午。

十三日己未。

十四日庚申。

十五日辛酉。

十六日壬戌。

十七日癸亥。

十八日甲子。

十九日乙丑，申初二刻立秋。

楊百川瑶光相訪，性農之子也。

二十日丙寅。

廿一日丁卯。

吴廣庵十三信至，屬更訪《通鑑》胡板斷爛多少。

廿二日戊辰。

訪桂香亭問胡板，言爛者決少，五日内與蓮舫商定，當以炮船往買。

廿三日己巳。

廿四日庚午。

廿五日辛未。

攜彝兒同趙伯庸晨起出太平門，泛舟後湖，即於湖中人家早飯，午後乃歸。遂過何蓮舫，問《通鑑》板，則謂僅失去三百餘板，亦決其斷爛之少，且言尚有《文選》板在其中，未知確否？惟買法當以中丞以手書屬王霞軒爲第一策，其板若僅失在五百塊以内者，直予千金可也。是日風涼，廉泉相過。

廿六日壬申，陰，時小雨。

夜作字復吴廣庵，即依桂、何二君語詳言之。

廿七日癸酉，時陰時小雨，數夜皆甚涼。

廿八日甲戌，陰晴半。又雨數點。

廿九日乙亥，陰，小熱。

過劼剛、栗誠兩公子譚，遂謁湘鄉公，許以《北堂書鈔》原本付雕矣。琴西爲計字，僅六十餘萬，頁可千二百。又過惠甫、蒓齋。答尹□□、陳小江。還檢陳氏《禮》、《樂》兩書，及《杜詩紀評》、《瀛奎律髓》，湘鄉公遺索觀也。

七月初一日丙子，午正日食，一分三十□杪未復。晴。

初二日丁丑。

初三日戊寅。

初四日己卯。

初五日庚辰。

邛州伍嵩生肇齡，丁未編修相訪。

初六日辛巳。

答嵩生。

初七日，晴，熱甚。

趙伯庸招嵩生同午飲，皆袒衣對酌。

初八日癸未。

初九日甲申。

初十日乙酉。

十一日丙戌。

李方伯招飲，諧嵩生。

十二日丁亥。

十三日戊子。

十四日己丑。

薄晚，得馬雨農來信，言其仲郎柄常五月三十夭亡，余止此女婿，渠止此子，可傷之甚。內子尤痛傷委頓。

十五日庚寅，晴。

中堂命公子劼剛爲主人招偕幕中諸友錢子密、陳小圃、任棣香、趙惠甫、王子雲、薛叔耘、黎蒓齋、吴至甫與新至客鄧守之、吴南軒及伍嵩生、汪梅岑同泛後湖，還憩妙相庵，飲招忠祠下。又同泛青溪，入秦淮，至武定橋乃歸。余意興惡極，欲藉游覽排解，徒然也。

十六日辛卯。

十七日壬辰。

十八日癸巳。

惠甫招，偕守之、南屏飲於通濟門。

十九日甲午，晴。

聞南屏將明日行，送之，南屏爲題《影山草堂圖》卷，以書就《歸去來辭》六紙及二聯二幅報之，其所索作，皆未之應也。

二十日乙未。

廿一日丙申。

作字寄慰雨農，付明日摺弁往。

廿二日丁酉。

廿三日戊戌。

廿四日己亥。

廿五日庚子，晴。

海夷在揚州生事，來請中堂求直，中堂以談笑善諭遣之，皆服而退。方存之自安慶來相看。

廿六日辛丑，晴。

定明日游棲霞，藉訪梁碑。

廿七日壬寅，半陰晴。

出太平門折東行二里許，經徐中山王達、李（武靖）王文忠兩墓，又十三里出姚坊門，經花林村上下六里許，得梁吴平忠侯蕭景石柱，卓立村道左田中。柱高可丈餘，上覆方石蓋，蓋上伏小石獸，蓋下柱二尺許，即刻反文方石，高可二尺，廣可三尺，題云「梁故侍中中撫將軍開府儀同三司吴平忠侯蕭公之神道」八行，行三字，若别石横置柱上將盡之前半者，其實方石與上下圓柱同一石鑿成，惟蓋爲别石耳。柱爲二十四柧，柧縫皆仰瓦形，其趺當别方石，大如蓋，没土中不見。柱之前二丈許石獸左右相對，右獸已缺其半，柱之後當有碑，不可尋矣。又東二里許黄城村土人呼城村，其知爲黄城者，惟有年人耳得蕭憺墓碑，高丈三四尺許，有穿，龜趺亦在道左田中，西向額題「梁故侍中司徒驃騎將軍始興忠武王之碑」，徐勉撰，貝義淵書，其文損失者三之一，其西四丈許亦有龜趺與此趺相對，蓋當必有兩碑，自宋人記載已不之及，則其亡久矣。直兩碑之南，兩石獸東西對立，其東又有二石獸，不與此碑相應，蓋别一墓物，今不可考。《六朝事蹟》直謂此墓有石麒麟四者，未核也。又東三里許甘家巷得蕭秀墓二碑一石柱，碑東西對立，龜趺額上有穿，相距四丈許。東碑額略可識，題云「梁贈侍中司空安成康王之碑」，兩面具漫漶，嚴觀《江寧金石記》所謂碑文剥落已盡，其中隱約有「孝綽」數字可辨，蓋即《復齋碑録》所載故州民前廷尉彭城劉孝綽撰，吴興貝義淵正書之碑，碑陰正書分六列〔七〕，紀故吏人名，今止三十九人姓氏可辨者也。西碑額及正面皆模糊，若拓出，亦可識百餘字。而碑陰小楷書，載立碑人二十一列，可識者殆百餘人，即王昶《金石粹編》所録録誤爲蕭憺碑陰，謂二千列，幾千四百人者也。西碑之側之南有石柱嵌承方額，若蕭景石柱之制，唯柱作二十柧，小異，其蓋已失，其方趺露出，可見其額，仰視略見「梁故」字，似亦反文。《六朝事蹟》云蕭秀墓石柱一題云「梁故散騎常侍司空安成康王之神道」，謂此柱也。直此柱之東、東碑側之南猶有方石柱趺，當時必駢立兩柱，兩柱之南各存一龜趺，爲上二碑東西對向，又南乃二石獸東西對向。史稱秀天監十七年薨，於竟陵歸喪，京師故吏夏侯亶表請立碑，詔許之。於是名士游王門者王僧儒、陸倕、劉孝綽、裴子野各製其文，欲擇用之，而咸稱實録，遂四碑并建，從古所未有也。今兩碑之外復有兩趺，則四碑之迹猶隱然具存也。又東五里至攝山棲霞寺，寺經燹毁，爾時殿宇參錯千數間，又行宫間之，今無一間存者，山僧結茅才有三間小屋，又汛官分據之，僧出求食未還也。入山即見明徵君碑矗於草中，唐高宗御製文，高正臣奉敕行書者，唯末行「上元三年四月」數字已剥，餘皆完好。少憩，觀寺旁石塔，《六朝事蹟》所謂寺有舍利塔，乃隋文帝葬舍利處，南唐高越、林仁肇建塔，徐鉉書額曰妙音寺者也。今額不存，唯第二級八柱各刻字一行或二行曰「佛翹一足贊」，曰「《稜嚴經》贊佛四句偈」，曰「《金剛經》四句偈」，餘五柱皆雜引佛經數語，嚴觀乃謂是《陀羅尼經》殘字，隋時刊，一何誣也。且隋時尚未有《陀羅尼經》也。塔左即千佛嶺，其大佛三，猶自明僧紹子仲璋創造，齊文惠太子同僧琢，梁臨川靖惠王采飾者。《六朝事蹟》載寺側有碑額云「齊故侍中尚書令丞相巴東獻公之墓」。又云「齊侍中尚書令巴東獻武公碑」，在黄城村，梁普通三年造。前人久無及之者。又聞陳江總《棲霞寺碑》有宋重刻者，今并尋不得。薄晚就寺下田家宿。

廿八日癸卯，半陰晴。

晨起登寺右高處，略憑眺，道茀，脚力又弱，遂還，重尋蕭氏三人五石。又記《六朝事蹟》載《梁永陽昭王墓誌銘》徐勉造，在清風鄉居民井側，今在上元縣；及《梁永陽敬太妃墓誌銘》，徐勉造，在清風鄉路傍者，并訪之，不得。遂取西北道至觀音門外燕子磯上宿。

廿九日甲辰，半陰晴。

行十二里許，入神策門，因訪隆凱臣、葉雲巖、張嘯山、唐端甫、周曼雲，始聞出門後有移曾相督直隸，移馬穀山督三江，以殷……督浙閩之信，相公此行頗不快，士林諸君子皆如失依歸者然。還寓即往見，爲述三日游蹤及尋諸梁碑始末，許資拓若干紙，以拓之不易，世上傳本甚稀也。與存之同登署後之東山。

八月初一日乙巳，晴。

張嘯山、方朗軒傳□相訪，李少白亦過談。

初二日丙午，晴。

作字寄丁中丞，言中秋前尚不能趨局。

初三日丁未，晴。

初四日戊申，晴。

謁相公，命告舍弟輩料理揭粱碑，舍弟方喉病甚急，因致聲張紹京先料理。

初五日己酉，晴。

初六日庚戌，晴。

初七日辛亥，晴。

游子代相訪，所刻《定夫先生集》已成，所屬書二聯亦方就。

初八日壬子，晴，風。

答游子代，遂過何蓮舫、楊子穆談。

初九日癸丑，陰，欲雨。

初十日甲寅，陰雨。

曾相公示新刊《漢書》樣本，以「方粗清勻」四字爲考工法式，校諸刻爲醒目。

十一日乙卯，雨。

攜拓工往花林東北，酌拓諸粱刻，行至甘家巷前，上元遣役爲棚者尚未至也。作字寄城中，索更遣人來。

十二日丙辰，晴。

食後試拓蕭秀二碑一石柱，東碑惟額存，西碑亦漫若無字，惟額略可識，其陰千四百許人，則三之一猶在。

十三日丁巳，晴。

兩漫碑各全拓一紙。陰字存者拓二紙，石柱額拓二紙，審視柱額，僅存「故散」兩半字，兩碑實僅兩額一陰有字耳。夜雨。

十四日戊午。

雨自晨及未，冒雨南出十二里許北城鄉之張庫村，尋梁靖惠王蕭宏石柱，獲之。其石柱二，較秀、景兩柱尤高大，額題「梁故假黄鉞侍中大將軍揚州牧臨川靖惠王之神道」二十一字，正書，五行，行五字，東柱順讀，西柱逆讀，有碑一在東柱北西向，蓋其東碑。遣僕人往視，云兩面俱無字，其額高視不明，不知有字否。其西猶有龜趺，而碑亡矣。雨不能少留，還西行五里宣化門，腹痛嘔水，尋茶肆少卧，服薑糖飲，半時差可，乃行八里許草路口，合前日來路，又十二里入太平門至寓，將點燈矣。李勉林來談，言其將告假半年，因脱督銷皖鹽差事。

十五日己未，晴。

十六日庚申。

聞眉生已至，訪之，不直。

十七日辛酉，晴。

方元徵相訪，孫海晴辭行，將以廿二往揚州，即之京，索寄信。劉述臣自安徽往泗洲差遣，經此相過，言貴州思石間自楚軍一撤一敗後，賊之仇善人愈甚，道仍不通，川軍亦孤立思退，貴州事又不可問矣。

十八日壬戌，晴。

答方元徵，不直，遂往龍蟠里觀去年出土之真武像，其左袖有「元狩甲子年造」六字，正書，似唐以後人，疑五代或宋初鑄者，漫用漢武元號以惑人耳。又登清涼山翠微亭騁望，還謁卞忠貞墓，觀舊石二行，俗傳顔魯公書者，殊不似，蓋宋人題刻耳。又過嘯山少談，又尋王少崖於報銷局，問宋人所記梁蕭正立二石柱在淳化鎮西宋野石柱塘，又云在淳化鎮西鳳城鄉者，當去所居不遠，則以爲未之見，惟鳳臺門外石柱村有一石柱，未知是否，然去淳化鎮遠矣。

十九日癸亥，晴。

二十日甲子，陰晴半。

晨出鳳臺門石柱村，觀石柱，則非舊物，意興索然。還尋民間花田視其種植，遂過雨花台瀹茗，歸路復尋報恩寺塔址，乃入城。俞蔭甫來訪，即往訪之，并不相直。

廿一日乙丑。晨起，有雨數點，半陰晴。

張嘯山相訪，即偕謁湘鄉相公，遇蔭甫，言即行矣，相公許留《北堂書鈔》於此謀刊。

廿二日丙寅，半陰晴。

陳右銘寶箴相訪，洪琴西來商集部書目，湘鄉公命揀擇者。劉桐陔相過，乃自廣德還。

廿三日丁卯，寒露。半陰晴。

張廉卿裕釗相訪，乃新自武昌書局來，持何小宋中丞信，屬爲買《史記》王本、《漢書》汪并他《史》、《漢》差善者一本。

廿四日戊辰，雨。

食後以新拓梁碑四種、唐碑一種呈樣於湘鄉公，遂答廉卿。又就存之談。出訪彤陔，不直。遂過少崖，問宋人記載梁建安侯蕭正立墓道石柱其所係地，曰淳化鎮西宋墅石柱塘又曰鳳城鄉者，少崖謂宋墅即其所居，正在鎮西，屬鳳城鄉，唯無石柱塘之名，而田中實有舊石柱，若有兩耳者，似當是，俟歸當洗刷觀之。

廿五日己巳，陰，小雨。

趙伯庸委代理揚州，送之。

廿六日庚午，陰，小雨。

晨過眉生，未起。又答看陳右銘。申初，繩婦又舉一孫。

廿七日辛未。

廿八日壬申。

名小孫曰鍾壽。

廿九日癸酉。

卅日甲戌。

九月初一日乙亥。

初二日丙子。

初三日丁丑。

初四日戊寅，晴陰半。

初五日己卯，晴陰半。

初六日庚辰，晴陰半。出太平門，往花林黄城督諸拓工，宿于甘家巷。入夜雨徹曉。

初七日，晴。過棲霞檢拓工，復還觀黄城拓手，爲指點事宜，仍宿甘家巷。

初八日，晴，風。食後過張庫，觀拓蕭宏石柱，其石皆麻剥無平處，未易施工，當别選善手拓之乃佳也。遂取仙鶴門，道出靈谷寺，行及孝陵衛宿。衛觀音庵有石屏高可丈六尺，廣丈八尺，厚一尺餘，背刻「洗心屏」三字，惜無佳文爲之大書深刻也。

初九日，陰，午後時有雨點。晨經下馬坊，觀崇禎十四年御定陵禁條約碑，又至碑亭觀永樂十九年嗣皇帝棣所建神功聖德碑。入朝陽門，憩於半山寺，觀謝公墩叢石，經明故内北出，食於北門橋，登北極閣騁望，可見棲霞，復登鼓樓小憩，樓東半里許有大鐘横卧，厚三寸許，高八九尺，銅質甚堅，蓋明時鐘樓物也，惜無刻字。還寓，賀幼村方自泗洲來，欲於此爲小住計。

初十日甲申，雨。

十一日乙酉，陰，小雨。

十二日丙戌，晴。

過琴西談，約明晨來定書目。又過方小東觀其所藏郭有道碑宋拓本，字體端謹，近石經，是直隸劉□□家舊物，真希世奇寶也。午後王少崖相過，以拓出宋墅石柱字相示，謹識一軍字，其字約有七八行，行五六字，則非建安侯柱也。俟更遣人精拓，乃可細辨，當亦梁時物。又謂其附近三四里間尚有三柱，分在三處，亦俟徐徐遣拓觀之。眉生相過，約爲印新刊《史記》。

十三日丁亥，晴。

琴西感冒，過午始來核定過唐以前集部。廉卿、存之先後至，共談半時許。

十四日戊子，晴。

謁湘鄉公，言其所缺集部，當隨宜爲之買補。作字唁程尚齋，其資政封翁七月逝。

十五日己丑，晴。

作字復雨農七八兩月所寄三書并字示維女。已刻城中地震，始東西，尋自西而東，問城北人，未知也。

十六日庚寅，晴。

十七日辛卯，晴。

訪少崖，不直，還過楊石卿談。得其新拓梁天監井字及吴《葛祚碑》額。成芙卿蓉鏡相訪，寶慶人，養母能順其志，其母不知其貧也。

十八日壬辰。

十九日癸巳。

丁中丞昨日至，候之，言《通鑑》胡刻板已買得，有前大半部，局中所刻乃尾之四十餘卷，適當其缺，今冬竟可完工，大可喜。

二十日甲午。

廿一日乙未。

馬制軍至。

廿二日丙申。

廿三日丁酉。

廿四日戊戌。

謁馬制軍，言繩在揚州曾見之。

廿五日己亥，雨。

廿六日庚子。

馬制軍接印，午後大雨。

廿七日辛丑，半陰晴。

王鶴生自安徽來，見訪。

廿八日壬寅，晴。

魏紹庭見訪。鄧守之亦見過。食後謁中堂，即過劼剛談，觀案頭《李伯時臨吴道子畫孔聖及七十二賢像絹本長卷》，一像之前先題名字、封爵，係以四言贊，孔聖贊十二句，諸賢贊各八句，卷尾有「一德格天閣印」，蓋經藏秦檜家，後有宋景濂、項子京、陸稼書諸跋，云是劉省三銘傳軍門得之常州，持索中堂題跋者。出答看鶴生，遇史賢希、謝雲卿，俱在其寓，談良久乃行。

同治七年九月廿八日日記之後收購圖書之書目：

按：北京圖書館所藏莫友芝《郘亭日記》稿本同治七年九月廿八日之後，附有莫氏該年所收購的部分書目。此書目莫氏稿本未寫名稱，直接寫書目。書目之下的數字是指册數，有的未寫册數。册數之下的數字是收購此書的價格。莫氏手稿有時用「○」代替「元」，有時用「△」代替「角」。今仍其舊。又，莫氏收購之書所缺卷頁，亦仍莫氏之舊整理點校於後。

《周易王注》，明味經堂本，四，五△。《尚書考辨》，二，四△。《尚書釋天》，二，二△。《禹貢分箋》，三，二△。《陸氏春秋三書》，四，一○。《周禮纂訓》，八，一○。《夏小正》黄刻，一，二△。

《書儀》，一，五△。《書經注疏》，二〇。《詩義》。《經籍考》，八，八△。《畜德録》，八△。《學詩津逮》，二，二△。《曉讀書齋雜録》，二，二△。《一切經音義》，三，一〇二△。《甘泉鄉人集》，五△。《愛日精廬書志》，一〇二△。《桐埜詩》，一；《蕉飲詩》，四，五△。《老子口義》，劉評，一百。《華嶽集》，四，四△。《金史》。《元史類編》。《二程遺書》。《輿地廣記》。《文選》，唐府本，廿，八。《大清一統志圖》，内板緜紙，四，二〇。《玉機微義》，十，二。《明詩選》，卧子，四，四△。寫本《遺山詩》，三，五△。《義山遺文注》，四。《葉夢得集》，二。《讀書脞録》，三。《駢體文鈔》，十，八△。《葉水心集》，一〇六△。

戊辰十一月，揚州：

《陳氏禮書》，二十四，二千。《徐節孝集》，二，四百。《蛾術堂集》，四，四百。《韓文類譜》，二百。《研六室文》，四，四百。《班馬字類》，二，四百。

邵伯：

修汪本《兩漢》，四十，十四元。《國語國策》，黄刊，八，六元。

泰州：

《詩緝》，八，乙元。《文選樓叢書》，廿四，三元。《人壽金鑒》，六，四百。《曾子注釋》，一，二百。元本《伊洛淵源》，六，四百。《畿輔安瀾志》，廿四，一元二百。《肇經室集》，廿本，二元。《杜詩錢箋評點本》，六，四元。《劉端臨遺書》，四百，揚。《歷代名賢圖》，六，乙元。

《閣本周禮》闕卷十四廿七、廿八二頁；卷十五廿六至卅五十頁；卷二十八第十五頁；卷四十一第三十三頁。

十行本《左傳》闕「隱」、「桓」、「莊」、「閔」四公。

閔本《禮記》闕卷卅九；《樂記》廿三至卅二頁。

又《國榷》崇禎二十卷本闕第九卷崇禎八年；第十卷崇禎十四年；第十九卷中間缺甲申五、六、七、八四月事。

《附表》首約缺八十頁。《部院甲科》、《朝貢》百五十六頁中缺二十五頁。

崇禎十六年至十七年四月中存四十頁，前後約缺百卅餘頁。

天啟五年缺。

萬曆元年至三年缺；又缺六年至九年；又缺三十九年至四十年。

隆慶元年七月至六年缺。又缺嘉靖三十、九年、四十一年至四十五年。

嘉靖九年至十三年缺；又缺十四年、十八年至十九年。

正德八年至九年缺；又十年至十六年缺。正德元年卷破一角。

宏治十五年至十六年爛角。天順元年上二十三年頁缺；又四年至八年缺。

景泰五年至七年缺；景泰元年上三十九頁缺。

正統三年至四年缺。洪武三十年至三十一年貳卷缺。

《國榷》闕至正十九年以下闕三十頁；洪武四年至七年中缺五年七月至六年十二月。

王本《史記》闕卷四十至卷五十；《世家》十至二十；卷百二十至百二十六；《列傳》五十二至六十六。

【校勘記】

〔一〕杭權：莫氏此筆誤，當爲「勞權」。

〔二〕在二十二日與二十三日日記之間，夾有莫氏手稿一頁，上有莫氏鈔録金眉生詩及莫氏跋語：「五湖煙水好，未合老斯人。彊項偏依佛，低心更學貧。名場元作劇，詩筆總如神。晨起占眉氣，匡時重此身。金眉生示歲暮懷人詩，用其見及一首韻，書其後。」

〔三〕起亭諍：《郘亭遺詩》卷八作「豈旁諍」。

〔四〕《郘亭遺詩》卷八未收此詩。

〔五〕莫氏此句原作「俠骨寧知掃地埋」，後在右側改前六字爲：「果傍要離冢畔」。《郘亭遺詩》卷八亦爲「果傍要離冢畔」，末字改爲「薶」。

〔六〕「北宋」，原作「一卷」；「南明」原作「五更」，此依莫氏右側所改爲「北宋」、「南明」。《郘亭遺詩》卷八作「一卷」和「五更」。

〔七〕此上書眉有莫氏注曰：「其所謂六列三十九人，蘭泉所録皆有之，次序略同，唯列數不合，恐覩誤，則是下碑，非此碑也。」

同治八年

同治八年歲次己巳正月，在江蘇書局。

初一日癸酉。

盡日爲賀節之行，往還皆不見。晡時，晤蒓齋于撫軍許，同晚飲，乃還。午後大雨。

初二日甲戌。

同局諸君偕來團拜。

初五日丁丑。

敖季和將之金陵，作書寄家中，以《文選》寄彜兒，令其課鈔諸賦，且令檢東雅堂《韓文》來。

初六日戊寅。

又作字寄彜，取王本《史記》，將寄鄂局。鄂中擬覆刊此書，署撫軍何小宋方伯屬爲購致，未得也。

十二日甲申。

吴清卿招午飲，即觀沈韻初所藏碑帖，有覃溪手跋者數種，絶佳。

十五日丁亥。

得家中初六信，言繩廿九方往揚州也。連日得晴，聞鄧尉梅花已盛開矣。唐鶊安留《汲古閣書目》相惠，屬爲題畫卷。

十九日辛卯。

張廉卿自杭州還，即訂以廿一日偕游鄧尉。

二十日壬辰。

韻初招晚飲，觀北周彊獨樂爲文王建立佛道二尊像碑。昨日晤馮竹儒，自上海來，亦有鄧尉之興，晚復看之。

二十一日癸巳，雨。不能出。

二十二日甲午，仍雨。

吴廣庵招偕廉卿、清卿晚飲。季和自金陵還，以《韓文》至。

二十三日乙未，小霽。

偕廉卿登舟，及閶門水關，王竹生亦自金陵還，言《史記》亦至，遂泛舟西南行，過石湖，登寺憑眺，仍西南行，經木瀆鎮又十餘里，泊空嶐山下。

二十四日丙申，晴。

行十里許至光福鎮，雇山筦過崦，經鄧尉山麓，有梅無幾。過司徒廟觀柏因社七老柏，守僧以爲晉時物也。其一破析卧數畝如散薪，然枝葉時自地湧起；其一特立，可兩人合抱，霜皮如繳繩旋旋至頂，枝亦隨之，高可十餘丈；其一清疏自然，高大略等；其一偃蹇似寄傲，略小於上二株；餘三株亦崛彊不群，各具生態。遂經香雪海，尋元墓、聖恩寺，鈎衣拂帽，冷香沁人。而山中人言香雪海，今皆爲桑田，梅僅十一，乃林文忠藩蘇時所教改，其實梅利桑利亦略均也。寺有天啟癸亥所鑄銅鐘，口徑三尺，厚幾四寸，僧慧□刻小楷書《法華經》一部，周于鐘身，口刻梵字□□咒。擊之聲中黄鐘，宛如鯨鳴。遂迂訪石樓，觀東西洞庭，望湖北諸山，極目可五百里，往還經菖蒲潭，梅花亘數里，又昔者香雪海之化身也。天將晚，欲更訪石壁，不果，舁夫促歸，比登舟，已點燈矣。潘椒約過其小園，竟不及。

二十五日丁酉，晴。

晨起回棹及木瀆，登岸訪端園。觀天平、靈巖諸山，園中亦有千葉梅數株，遂孱弱不足觀。食後雇山篼過范墳，憩高義園。廉卿挾一僕一舁夫登天平，出一二白雲，上絶頂盤石，恣其遠覽，余僅及下白雲，窺夾石間一隙路即還，坐白雲泉上瀹茗弄泉，又還憩高義園。一時許，廉卿乃下，誇其所得，謂東可望海，西可見天目諸山，大湖如村落汙池耳。僧静深餉蜜煎消梅，極鬆脆。遂過無隱庵，老僧鹿苑猶記昨夏至庵腹痛，少卧乃能行也。廉卿遂出太伯墓下，登靈巖，尋琴臺、響屧諸勝。余東循山麓，繞出靈巖西南，同會于韓蘄王墓下。墓有五，其妻妾白、梁、鄭、周，封秦、揚、楚、蘄四國夫人，皆祔碑，高約三丈餘。《靈巖志》云五丈。廣可七尺許，厚八九寸許，額居三之一，文居三之二，額題「中興佐命定國元勳之碑」，楷書二行，字徑八九寸許。宋孝宗御筆也。行間一行題「選德殿書」四字，字徑二寸餘方，小璽押「德殿」二字，文趙雄奉敕撰，周必大書。文一萬三千餘言，小楷書，大才六七分許，甚端嚴，剥蝕不多，若得善工拓之，必可玩，惜高露不易施功耳。《蘇州志》於近郊名碑乃不能詳，可怪也。還舟已昏黑，二更後大風雨徹曉。

二十六日戊戌，大風，小雨。

舟不能動。訪馮敬亭、許緣仲，皆已出，悶泊竟日。

二十七日己亥，風小減，陰，微雨。

行舟至午，始及胥門。廉卿欲登虎丘，泛出山塘觀花市，入山至千人石上，觀顯德陀羅尼石幢。過劍池，池上有李陽冰篆書「生公講臺」四大字。尋北徑登絶頂至塔下，塔上磚露出或墮地者，有「武丘寺」字。去年春來此，繩兒曾拾其一二以還，蓋是唐物，今則遍尋杳然。遂憩石觀音寺，觀宋人寫經八石，字大三寸許。亦健秀，而剥爛特甚，東南石質之不堅久，類如此。還舟入閶門水關，又上燈，乃至書局。

二十九日辛丑。

廉卿趨爲作溓亭榜，且索書去冬贈詩於册。勒少仲招晚飲。

二月初一日癸卯。

爲何方伯購《史記》，得柯本甚佳。是本嘉靖四年刊，而有十四年題字。購《漢書》汪文盛本，約以初四方至。伯足、眉生相次過談，訂以明日午飲。

初二日甲辰。

偕廉卿過眉生。

初四日丙午。

中丞招詣府學觀演禮樂佾舞，皆以學中新補生員充，彬彬有節，亂後見此，爲之神王。是日陰，微雨。

初五日丁未。

兩《漢書》始至，廉卿亟束裝，催余作寄小宋暨張香濤書，并各致新拓梁碑。又檢付廉卿新購王延喆刊《史記》兩殘本，合以白下所寄，除復重，尚闕列傳廿餘卷。廉卿謂即以此覆雕而影柯本足之，亦大佳也。

初六日戊申。

送廉卿登舟往上海。韻初以《周彊獨樂碑》相餉。

初八日庚戌，春分。

初九日辛亥。

翁次孺樂爲摹梁碑十五件成，將行，索還。其尊甫叔均大年所撰《舊館壇碑考》，方命僕過録未畢也。

初十日壬子，雨。

連日不能出，窗外玉蘭尚未大開，静對亦足遣。

十一日癸丑，晴。

純齋過談，言欲得齊豆，屬爲留意。沈品蓮自上海來，相過，言竹儒初五已至，廉卿有主人矣。

十二日甲寅，陰雨。

劉芝田相過，亦方自滬上來。

十三日乙卯，陰雨，午少止。

聞高北平自淮上至，感冒，不能登岸，出胥門看之，談逾時。以汪刻《公羊注》、張刻《周禮》、《爾雅》注，漁洋、惜抱選古近體詩印本并蕭宏、蕭景三闕致之。伯平之子行篤以鹽大使引見，即當需次兩淮，而伯平猶還浙就東城講席，不能於淮上謀一置硯所，心境甚不佳也。識吴仲英恒於舟中。

十四日丙辰，晴。

食後復出胥門訪北平，已移舟大倉口。又尋及大倉口，舟乃未至。謁中丞，繳其屬編《書目》，并議局中印書購紙諸事宜，則謂當令提調一一具公牘禀請，以便批定。又過蒓齋少談，出尋伯足，伯足言聞舍弟將以十六交卸，委陸長齡接署。

十五日丁巳，晴。

汪夢萱言用白皮松毛煎濃膏，有鴉片引者，先服二三錢許味頗澀，略和紅沙唐，然後吸大煙，其引自然漸漸減去，不過一月，雖極大之引無不斷者。且於人無損，不必參耆大補，引斷後飲食自加，精神自長，屢試屢效，真奇方也。

十九日辛酉。

得舍弟信，言其初九已交卸，且言李勉林奉調北行，屬其相待，本擬三月初十可啟行，待勉林則須稍緩也。繩信又言，丹臣、邵庭所言沈氏女當爲其兄聘者，已許可。作字寄舍弟，令其即審定之。

三月初一日癸酉。

得舍弟信，催余即歸，以局中事未就緒。當待中丞北上啟節，聞已定期初十，作字寄舍弟。

初八日庚辰，雨。連雨，至是將十日。

《静持齋藏書記要》二卷編成。作字寄馬雨農、潘伯寅，并持謁中丞，留晚飯，乃出。中丞入覲，准以十日啟節，謂今日即是送行，翼日不必更送也。蒓齋家信言桐孫侄已自貴州至。

十二日甲申，晴。

王翹初招早飯，行至唐鶴安許小憩，觀其宋本《古靈集》等若干種。因觸風，疝氣大作，嘔涎水，渾身冷汗，遂還，不能坐卧者二時許，僕輩摩熨少順，睡去，薄晚起，能晚飯矣。王樸臣爲處方，臨卧服之。

十六日戊子，晚雨。

十七日己丑，雨。

擬十九登舟還金陵，走辭當事，遂過鷗安晚飯。仍觀收藏宋元本十餘事。

十八日庚寅。

東裝，應方伯相看，以新收宋本《兩漢會要》來審定，并徐仲翔氏進書後初刊之板。東漢一種《四庫》著録者，據天一閣影宋鈔，尚闕三十七、三十八兩卷，其三十六、三十九兩卷又各佚其半，此本此四卷完備無闕，真希世奇珍也。乃武原馬玉堂所藏，有道光壬辰識語。南來時當借鈔以補聚珍板本之遺。

十九日辛卯。

登舟買少物事，作歸遺之用。又待蒓齋以新買備篷沈附舟先去，蒓齋尚須來月上旬乃得請假也，自胥門移泊閶門，晴暖。

二十日壬辰，晴。

順風行，及未正，過無錫縣，薄晚抵常州城外泊。

廿一日癸巳，曉雲翻墨。

行數里即大風暴至，逆風而行，盡一日之力，才及奔朱鎮，遂泊。有昨日之速宜有今日之遲，適相補也。半陰晴，午後熱。

廿二日甲午，晴。

雖仍逆風而差小，行及陵口鎮，遣僕登陸，訪梁文帝陵石，速拓一紙來，前待之於丹陽，丹陽與陵口各去此陵十八里，陵口去丹陽亦十八里。泊東門外一時許，將上燈，僕朱貴至。言問指皇業寺而行，未至三里許，見石麒麟，即尋得梁太祖陵。其南二石麒麟對向，騏麟北有二碑趺，二碑趺北爲二石柱，高大約如蕭宏二柱，然已前後分裂，後半尚卓立，前半斷散在地。其額字，東柱反書逆讀，西柱正書順讀，并四行，行二字，云「太祖文皇帝之神道」。西柱之右「太祖皇」三字一角已斷失不存，東柱八字皆完在，惟「皇神」二字小剥，各草草拓二紙來。字大八九寸許，格韻校鄭道昭《白駒谷》等大字尤勝。二柱之北又二龜趺相向，蓋亦四碑并立，如蕭秀墓之式。其碑石皆仆爛散失，附近地上有殘石片三四，審之無字，安得起其底覆一洗刷觀之。去此二柱四五畝許，又有二石騏麟，而無碑柱。

廿三日乙未，晴。

行至鎮江南門外泊。將至十許里許，甚淺，雇人助拖行，甚艱。

廿四日丙申，晴。

待午後潮起，始移泊西門外，又寸寸移以待出江。

廿五日丁酉，晴。

雇定帶江船，阻風不能出江，僅泊江口。

廿六日戊戌，晴。

仍不能過江，晚飯後移泊金山下新開港口。

廿七日己亥，晴。

東風，行過江，溯至沙漫洲泊。午後小雨，風，不利行也。夜夢王少鶴先生來江南，暢談如平生，談者大概著述之事、身世之感，尤憤憤於鬼物之充塞京師。疾風簸船，豁然而醒。

廿八日庚子，陰。

大東北風，舟太老，畏浪不敢出江。食後風勢稍損，乃行及東溝，遂無風，牽纜溯行，泊划子口。

廿九日辛丑，晴。

午後及水西門，還寓，家中人都無恙。夜，九弟過談，謂勉林尚未至，其行資都已有眉目，只待之，不急也。

卅日壬寅，晴。

賀幼村來晚談，其去歲所買宅，已葺理好，移居矣。趙伯庸過談。

四月初一日癸卯，晴。

馮蓮溪相看。九弟及伯庸言蓮溪有女二十矣，未有對，當爲彝聘之。以錢卜之吉，即倩又邨、伯庸先爲作伐。

初二日甲辰。

謁制府及藩、道，并諸同好。六弟先署安順教授，交卸數月，黎方伯又委之署訓導，桐已有一孫，橙尚未有，而婦甚悍戾。桐去冬由省城出，道遵義，達于重慶，遵義去省之道乃新通也。

初三日乙巳，晴。

汪梅岑相過，言二月中廉卿坐輪船經此，曾一入城。得何小宋方伯信，言湖北《通鑑》之刻已停工矣。食後出訪李小湖、陳虎臣、楊仲乾諸君子。

初四日丙午。

孫琴西相過。

初五日丁未。

初六日戊申，晴。

訪薛慰農，遂登翠微亭，復過書局訪韓叔起弼元，晤唐端甫、戴子高、劉叔俛，又過王少崖談。

初七日己酉，陰，晚小雨。

初八日庚戌，半陰晴。

李小湖相過，言其家廟堂石尚在，他弆藏皆爲其侄消散盡矣。凌曉南相過，言現刊五經無古注，所藏有武英殿仿宋相臺五經，安得有資以覆刊者，且有《詩》、《禮》、《左傳》復本可備校，此事當與洪琴西商之，琴西亦久欲刊此書也。邵步梅相訪。午睡，夢陳蘭浦澧自南海至蘇，訪我於書局，談笑如平生歡，未定寓所，命爲起載，住局中以待中丞，豁然而醒。偶檢架上書新至未閱者：龍翰臣《古韻通説》，則蘭浦序在焉。望後作字寄滌相及其公子。又作字寄雨農。

廿九日辛未。

九弟登舟北上，黎蒓齋亦同行，其同行者尚有陳作梅、李勉林。明日始登舟，遂走送陳、李二君。

五月十七日戊子，雨。

應敏齋相過，言中丞十三日已至蘇，廿外方接印，陛覲往返才六十三日，又謂東洋皮紙已買就八萬張，將來當購足，可印三十部。馬雨農信至，并有潘伯寅復書。

廿八日己亥。

彝兒與賀幼誠同往安慶，約以七月初方還。

六月初九日己酉。

孫琴西招過瞻園玩月，園在布政署西，李雨亭監葺之，成而奉召即行，琴西攝事。在坐有楊石泉□□方伯自京還浙，是夕新晴，涼月極可意，園中池上臺，登眺尤勝。

十二日壬子，晴熱。

李章甫招游後湖，晨往，月上乃入城，湖中長洲已新構湖神祠，故可竟日。作字寄舍弟及雨農。

十六日丙辰，晴。

出水西門，坐小划以行裝往燕子磯就舟，自揚往蘇，舟乃繩轉運來者，十三已至，繩登陸消差，其舟以連東南風，尚不能進一步。

十七日丁巳，晴。

順風行，及未正抵揚州。

十八日戊午，晴。

候方子箴都轉濬頤，欲留住一日，以酷熱辭，約秋涼來爲數日住。子箴詩才敏捷，已刻《二知軒詩鈔》十四卷，且收藏書畫甚富。維揚亦開書局，屬爲詳兩局所刻書，勿致重複。因爲言各局所刊五經無古注，凌曉南有相臺本可借以覆刊。是日欲過江，江水高急灌邗溝，又大南風，舟不能行，仍泊。作字留舟中示繩。

十九日己未，北風，微雨。

出邗溝渡江，薄晚乃得泊鎮江口。

二十日庚申，晴。

雇船，及午始過載，即開行四十里，新豐泊。

二十一日辛酉，晴。

行四十里，過丹陽縣，訪馮少蕖渭縣尹，托其爲尋梁三陵所在，其太祖之建陵、簡文之莊陵、春間已得大概，唯武帝之修陵當亦在縣東三城港比近也。其幕客楊古雲葆光，松江諸生，其子□□，皆好古喜搜羅者，必易求也。馮君留住一日，以太熱辭之。又行六十里奔牛鎮泊。

二十二日壬戌。

行三十里過常州府，午後大風雷雨，六十里六沙鎮泊。

二十三日癸亥，陰晴半。

行三十里過無錫縣，登惠山麓，觀少温聽松篆書石床，攜惠泉一壺還舟。行六十里，中值大雷雨，及南旺店，又大風雨將至，遂泊。是一夕差涼，是夜竟無雨。

二十四日甲子，晴。

行二十里許墅關，三十里入閶門，抵申衙前書局，薄晚有數點雨。

九月廿三日辛卯。

束裝買舟，將往維揚還金陵。晴。檢書爲二大箱五立箱，寄局中存。

廿四日。

辭諸當道，兼料理局中未完，期明晨一清。晴。

廿五日癸巳，晴。

食後登舟。

廿六日甲午，晴。

行及許墅關，遂泊。

廿七日乙未，晴。

行及無錫泊，過惠山觀聽松字，攜泉水而還。

廿八日丙申，晴。

順風行，及常州府泊，此道潦水未消，兩岸尚無縴路，非得風，舟行甚艱也。

廿九日丁酉。

行及丹陽縣泊，入城訪縣令馮少渠及其幕客楊古雲，古雲言梁陵兩神道曾往觀，尚未有拓工，其旁有覆石，大逾此神道一倍者，疑是陵碑。縣志載此有隸書碑，其龜趺尚存也。拓時當往監，以數人揭翻此石觀之，并索神道石之一角也。又言城中有唐中和三年銅鐘，高八尺許，口徑可五尺許，上刻助鑄人，有王十四娘字，在普寧寺，俗謂之大寺，即偕往觀，還於縣中晚飯。

三十日戊戌，晴。

順風行至鎮江西門外泊。

十月初一日己亥，陰，微雨，西北風。

不能渡江，泊。

初二日庚子，晴，仍西風。

食後登北顧山，至甘露寺旁亭上縱遠覽，江南群山疊出，虎踞龍蟠，江北則都無一山，依浮圖，認揚州，眼中數十里皆積水間之，夏秋雨多，至今猶未落也。遂改取北門道入，經鐘鼓樓，觀明正統四年銅鐘而還。

初三日辛丑，晴，仍西北風。

初四日壬寅，晴，仍西北風。

初五日癸卯，晴，仍西北風。

阻風已五日，自登舟來，早晚以張古愚述《通鑑刊本正誤》，循行録於所攜本之上端，及今晨竟畢事。

初六日。

渡江至揚州，泊鈔關門外。

初七日。

謁方都轉，以廣督與之爲難，摭前署藩小件，將往粤東一行，請假數日矣。因遠來，許以便衣入談一時許。

初九日丁未，晴。

方都轉昨約爲竟日之談，及二更後遣來止客，以薄晚又得粤東催促急文也。今晨遂攜繩爲平山之游，還經諸肆收舊書數種。

初十日戊申。

發舟，晚泊沙漫洲。

十一日己酉。

申刻抵金陵，彝兒昏期，以姻家嫌太促，酌改於明正十六日矣。

廿一日。

宿于下江考棚，以明日縣試也，留半月乃出，兩縣童子以前試補進太多，今未成就，所取案首周駢差可。

十二月初十日。

作書致江蘇丁中丞，辭明年書局總校之館。九月行時，本約臘月還蘇度歲，至十一月下旬，蘇中友人書至，言有昌言於撫廳事，謂中丞兩奏之家事，是區區造言于金陵，且有筆墨於制軍，故不從其架空之説，可怪也。其駕空兩奏，我寔未見，特道聽紛紛，莫能解止，而欲造言，彊洗可得乎？遜辭辭館，君子之絶交，不得出惡聲也。

同治九年

同治九年正月，在金陵。

三十日。

得合肥協相李公書，言鄂中新開文昌書院，郭遠堂中丞、張香濤提學會商，擬招郘亭主講其書院，仿浙之詁經、粤之學海，以造就經生古學之士。郘亭衰老飄泊，已視金陵爲故鄉，遠館既不易就，亦精力不能支，不敢應也。協相方督辦貴州軍務，待其兄小荃中丞來署鄂督，交替即行。其書中又言旦夕將往黔，得及其未發，諮詢機宜一二，此則不可不一行也。

二月初二日。

龐省三都轉書來，言揚州新開書局，未有章程，欲郘亭爲之總校。

初五日。

李小荃中丞自浙至，謁之，言當附其輪船暫爲鄂游，一送其令弟協相，遂定附鐵皮以行。雨農書至，言其會款已至，其女孫兆弟遽殤，甚難爲情。

初六日。

復龐都轉書，言已搭鐵皮即往鄂，須三月中還，乃得至維揚。

初八日。

申初，挈裝出江趁輪船，經漢西門，舊船滯於上下舟者，逾一時許，至一更後乃得登。

十一日。

開行。

十四日。

至安慶。

十五日。

以恬吉淺閣大通之上，放鐵皮下拉之。十六辰，將恬帶活。薄晚仍至安慶，以李中（丞）留半月，未即開，遂聞陝甘事急，李相復有援陝之命，而剿黔則且有待矣。徐懿甫方館于英撫軍許，再得晤談，六年之別，各益衰老，懿甫許以文相贈，待徐寄。此來同舟者數人，因遲留，皆搭他船先行，唯潘蓴笙□□觀察與余仍此舟耳。

三月初一日丁卯。

自皖開行，初六日淩晨始至鄂，泊於鯰魚套口，即起載，寓斗給營高升店。

初七日。

謁李相國，呈舟中所擬征黔事宜書，并賀李中丞署鄂督，又謁郭遠堂中丞，三公皆以此間新建文昌書院爲言，謂可當留主講席，并力辭之，而舉張廉卿自代。

初八日。

潘椒坡介繁、秋谷康保，己未孝廉昆仲先後相看。秋谷，順之之子；椒坡，順之侄也。秋谷極好金石，曾托吴清卿索余書，今始識之。椒坡則蘇城舊知也，言清卿已來。

初九日。

偕蓴笙同移寓於紅牆巷之集祥店。

十四日。

得繩初三來信，言彝兒已將馮氏婦前月廿九日至金陵寓。又言孫鍾以前月初九天失，此孫太弱，常竊慮其難長大。我初八出門尚無病，何失之速也。恩養三年，輸不壽矣。

十五日。

張廉卿、洪魯軒招午飲，與魯軒過横街頭尋舊書，得《淮海易譚》六錢，《説文字原》一兩，元刊，附《六書正譌》者，家《正譌》本缺此卷，《六書故》五兩六錢，明張萱刊，《史記題評》五兩，明楊升庵、李中溪加頂評本，《讀史方輿紀要》敷文閣初刊初印本，十六兩，《管子》四兩，趙用賢本，厚緜紙初印，五種合價三十二兩。其價較平時乃有倍者，有再倍者，特以補影山之闕耳。廉卿亦欲辭此書院，力勸其就，尚遲疑，索爲送行之序，已見許，當徐寄。乘月而歸，獨登黄鶴樓觀臨眺。憶歲辛酉春，在胡文忠公幕中，常常偕黎伯庸及其弟蒓齋來此磯上，縱覽豪談，忽忽如昨日。其夏末秋初，余之曾相國東流行營，文忠尋以八月辭世。伯庸越□年，以憂歸，尋卒。爾時樓尚未建，今則巍然復新，文忠之祠即在樓東，當與江山同永。余衰病飄泊無歸，蒓齋需次姑蘇兩年，尚未得權一篆，感念存没，殆難爲懷。

十八日。

答楊藝芳宗濂觀察、費芸舫延釐吉士于營務處，始晤吴清卿，知清卿來此若干日矣，互往還，皆不直，費君亦在書局者。聞周孟虞亦已至此，俞蔭甫又之閩，於是江蘇書局風流雲散矣。

廿二日。

聞恬吉輪船至，帶船者馮吉雲太守，其兄竹儒觀察偕來，因謁辭制軍、相國。遂訪吉雲昆仲，訂附載以還金陵。

廿三日。

聞相國定以廿四啟節援陝，先謁送之，又辭郭中丞。遂訪幕中周宅三。答馮介安都轉。是日驟熱，恐明朝大風雨，薄晚遂登恬吉舟宿，以待其行。《方輿紀要》所附《輿圖》八卷未至，扣其價九千文。洪魯軒爲買《説文字原》一册，留錢九千文，并付廉卿，待轉寄。

廿四日。

開舟泊漢陽城下，李相渡江泊漢口。晤帶操江輪船之馬莪園復震。

廿五日。

李相行，竹儒昆季送之。

廿七日。

訪程尚齋，不直，以送李相于蔡店，未還也。

廿八日。

開行，同舟者費芸舫、汪幹臣應森觀察。晚泊九江。

廿九日。

午後泊安慶。

三十日。

酉初，抵江南省城之下關。夜，作字寄黎蒓齋。

四月初一日丁酉。

晨起，入城抵寓，家人哭泣相對，彝兒已于三月十五逝矣，傷哉。兒自去年春在蘇寄紙令其寫書時，已久嗽，每不能終篇，余未之知也。初夏歸來差可，乃謀爲之納婦，秋間定聘馮蓮溪大令之女，今年正月十六就成禮于貴池，二月下旬已挈歸矣，未及一月奄然化去，天耶人耶。在鄂時得繩信言其病少加，即心驚不已，遂憶先三兄以廿七歲逝，是兒今年亦恰二十七也。兒于《三禮》頗熟，他文詞亦能留意，方急於科舉，未能專力，冀他日有成，以不墜先緒，今何望哉。

盡四月在寓，繩兒揚州往還，言都轉龎省翁亟待過維揚爲料理書局，遂於當事辭行，然以五月初有周甲、端節兩事，恐内子無以慰藉，月尾繩行，作字令持致省翁，需節後乃登舟也。得王个峰黔中寄書，是嚴伯雅寄來者，作書復之。并作字寄六弟，留致伯雅轉寄，个峰遠索篆書，署舊課附四紙。

五月初三日戊辰，晴。

避客于靈谷寺，午後乃還。朱貴往張庫驗蕭宏石柱，言其柱并二十八觚，高一丈六尺許，其頂石辟邪南向，其一失去。

初七日壬申，晴。

晨起繩解餉至，遂過舍弟托家事。弟自正月至四月半，督開淮河通大勝關入江一支四十里許，至四月半開壩，已可通舟于水西門，且以工代賑，可救沙洲圩災民，且免後災，可慶也，雖勞頓未復，然頗無恙。城中訛言拐子者月餘矣，然無確證，上游頗主訛言爲實，有送致者必欲鍛煉致死，弟意則主得確證乃可成獄，意見頗未洽。屬其且虛與委蛇，唯必致人死一關，在勿失我而已。食後登舟，行至燕子磯泊。

初八日癸酉。

薄晚，至揚州鈔關門外泊。

初九日甲戌，晴。

晨入城謁都轉，遂至三祝庵書局訪王治軒太守、薛介伯壽。治軒於庵中除屋四小間以爲居止，令起載來。晤唐又蘇大使，此小間屋文蘇所讓也。尋過都轉晚飯。因過訪桂履貞。

初十日。

介伯、又蘇諧商校《隋書》法，局刻諸史，并依毛本爲式，毛本外僅有殿本，南監萬曆本，適又攜北監本來，擬備此四本異同於每卷尾，各附一二紙，其毛誤今改者記云依某本改，其兩通者但記異同而已。桂履貞招晚飲，聞周子愉親家至，就看之。子愉方有朝雲之戚，而余抱痛西河，相對黯然，殆難爲懷也。在履貞許晤劉小松□□太守，自安慶别來七年矣。

十六日。

遍訪城中諸相識。

十八日。

趙松垡孝廉己亥自邵伯至，名煜。年六十二，局中有學者也。鮑少筠昌熙大使收藏金石甚多，言已消散去，尚存張叔未舊集者若干件，且有《耿勳碑》，當借觀。

廿三日，夏至。

廿五日庚寅。

晨起唐又蘇言其鄉浙城西留下之西，楊墳、安溪、王家橋之東有丁奉碑，未行於世。先是，道光末年其地多耕出含玉，含玉出處即是古人墓道，耕人遇如斧形之玉鏟，其下即古玉無數，因得此碑，而以覆砌其田角，今知之者甚希。其地又多出五鳳磚。

廿八日癸巳，晴熱。

楊石卿自金陵來將往吴淞口釐局，言金陵鬧拐子謡言大甚，以致拏送者擊斃一二人，不可究，尋究得情真者殺五人，乃重立拏送虚實章程，數日來乃稍静矣。又有剪鷄尾、剪人髮之白蓮教匪，尚未能得頭緒。邗城亦頗鬧拐子，有謂其拐者即下船將往常州，又謂數日前有數鬼物皆攜家以行。所謂剪鷄尾人，蓋夜放紙人紙團，以擾人家，擾時竟如人，其紙團大徑二三尺許，五色光明，以水澆之，即爲紙人，才五六寸長，其團二三寸紙耳。不知其與拐子是一是二。

三十日乙未，大雨，乃驟涼。

韓叔起來，以其《翠巖室詩鈔》相示，極狷厲，能暢所欲言，時人所無也。

六月初一日丙申。

飲都轉許，觀其新裝《紀泰山銘》，銘石太高，以「紀太山銘」四大字爲一幅，而以銘文裁條十九字，合三條爲一幅以稱之，合得廿四幅，乃可懸觀，尚須廣廳乃能容。

初二日。

繩自金陵至，知家中平安，以唐鄂生三月朔在重安軍次所寄信來，言待李相，蓋猶未知其改援陝也。又會寄刻《黔詩》款五百兩，留九弟許，現方整理此稿，頗怪六弟寄來之不早也。

初九日甲辰，小暑。陰。

在都轉許晤都司。君言前月下旬所鬧擾夜之紙人，自雨後皆斂迹，鬧時有以水澆獲送呈者，於其中有血迹處以數針釘之柱上，即唧唧作聲，如鷄雛鳴，屢作屢止。又教人家獲之者如法爲之，無不皆然。怯者猶以其鳴聲爲懼，其所擾皆隸優走卒之家，他則否。針釘數四之後，其獲者則皆無血迹之紙人，其作鬧亦無力，尋即止矣。爲喻慶勳跋趙書《戒自棄文》上石。夜，作字復鄂生。舍弟寄潘芝岑所寄蘇州來信，言中丞命以涇紙《通鑑》及春季薪水令其便寄，已至江寧矣。《通鑑》是當領者，春脩則受之無名，當仍寄蘇局，屬其婉辭，若猶不可，則留印數部書而已。又作字寄六弟，附鄂生信中。

初十日乙巳，大雨。

何蓮舫言天津亦鬧拐子，亦有挖眼割陰之事，其民憤擊天主堂，殺佛郎西領事官，又殺鬼子若干人，尚未見明文，不知如何處治。

十三日戊申。

作字寄潘芝岑，并寄還薪水，恐芝岑已行署荆溪，又作字寄彦清、伯足。十四。

十四日己酉。

繩領運渡江，即明日當上駛。是夜月食。

十五日庚戌，初伏，陰而不熱。

王益三相過，今年七十一。憶癸巳同計偕，三十八年；辛酉鄂城一晤，亦十年矣。局中試刻相臺本《孝經》，刻手殊不稱意。聞津鬼有決裂之説，又聞海輪貨船且停不行。

廿三日戊午，晴熱。

作字寄湘鄉爵相，當明日緘寄。

廿九日甲子，晴熱。

作字寄丁中丞，謝其寄書及乾俸，乾俸已寄遺書局作印費。

七月初二日。

沈均初書來，即揮汗答之，其言何蝯叟攜古拓甚富，如《圉令趙君碑》、《信禪師碑》、《羅池神廟碑》，皆希世奇珍，惜未能至蘇一索觀之也。

初九日癸日，夜大雨，幾徹曉。

初十日甲戌。

繩登舟行。是日丁中丞乘小輪船經此，至清江登陸，往天津調鬼務。聞爲彼事已將天津道府縣及將官陳國瑞收刑部監，可詫也。送桂履貞行，即候曹賡之。

十二日丙子，立秋，雨。

是後遂早晚有涼意，倪豹岑至，言其還安慶一行，八月半後來金陵，即辭館北上，勸我圖此館，且爲屬都轉先致江寧府言之。

十五日己卯。

視豹岑于都轉許，遂偕飲，在坐者有陳半樵、劉縵卿書雲閣讀，叔俛之弟也。言《穀梁傳》宋本在其弟□□許，場後當向寶應借出仿本。

廿三日丁亥，涼雨竟日。

午後復得繩信，言鳳池已有議陳虎臣之説，此則甚當也。又得王壬秋六月十六衡陽寄信，謂曾寄兩信，怪無答，豈李眉生爲洪喬耶？言其數年來治《公羊》及《尚書》，且畢廿四史，一過句讀，唯曆法不曉，即思學算。又言皞臣以外艱歸，宦囊粗足，彌之仍里居，與循、筠仙亦俱還鄉，酬唱往還，差爲盛集，且見寄一詩。

《寄子偲五丈王開運》：

山居易徂歲，索處難爲年。江東與君别，蝕月二七圓。久客便所寓，懷歸憚山川。雖耽琴歌適，豈勝昔所歡。華髮對藜床，緇衣感洛塵。旅遯既殊趣，風波誰與言。常謡影山句，枉勒鍾庭煙。儻有松桂興，暫來宅湘壖。

廿六日，晴，午後熱。

得馬雨農、潘伯寅、黄子壽信各一函。雨農信乃慰藉來者，七月初四發，言其已移寓沙土園，分劉子重之宅同居。而黄子壽寓興勝寺，止隔數武。又云曾相查辦津門夷釁，乃於月前廿五隨同畫諾，率行覆奏，都下譁然，聲望頓減。聞調合肥來津辦理，勳望之臣，不加愛惜，乃束縛而馳驟之，必竭蹙而後已，何爲也。中外通商，原無滯礙，惟傳教一節，屢構釁端，此事若不明定條約，縱使百方牽就，終歸决裂也。子壽信亦言津民譁動，當事震驚，湘鄉神智已離，乃致畏蜀如虎，措置之謬，辱我上邦，日來毛遂自薦，頗采鄙言，或當一障狂瀾，差彊人意。又云鄂生進剿，收復黄飄嶺，屢有捷音，而延陵信讒，督之益急，恐深入而餉不繼，則禍至矣。良驥困于鹽車，黄鍾不如瓦缶，古今同慨。

廿八日壬辰，晴。

夜夢有持帖似招飲函者，云是馬制軍，左旁注二行云「丁未年一百歲」，可怪也。是日已傳聞制軍廿六被刺於看操歸時，廿七午後死矣，刺者何人何事，誠非常之變也。

廿九日癸巳，晴。

晨詣都轉，則昨之傳聞果真，雖罪人已得，而堪督兩江任者甚難其人，且有一番大更變。安得即命湘鄉，雖卧治亦勝他賢十倍。

《挽聯馬制軍》：

生有自來，逝有所爲，古昔豪傑歸真，異數每傳兵劍解。

江波早恬，海波未静，連省蒼黔望治，大星驚向獮秋沈。

八月初三日丁酉，小雨。

登舟，移泊鈔關門。

初四日。

泊儀微。

初五日。

泊下關。

初六日。

入城還坊口寓，蒓齋適遣人迎其眷屬，以是日登舟，猶及送舍妹也。

十五日己酉。

聞仍以曾相督兩江，官士民皆相欣慶。

九月初一日甲子，乍晴乍風乍雨。

初六日己巳。

申刻登舟，泊水西門外。

初七日，風雨。

才行及漢西門外，又泊。

初八日辛未，晴。

未明出江，順風行過鎮江，入丹徒口，至新豐泊。

初九日。

過丹陽，泊奔牛。作字寄龐都轉、王治軒、薛介伯，由丹陽驛發。

初十日。

過常州，泊六閘。洛社。

十一日。

過無錫，泊新安，逆風牽纜甚艱。尚不及六十里。

十二日。

行六十三里至蘇州，泊閶門外，晚易舟改泊胥門。

十三日。

四十里至吴江，泊垂虹亭下。入城看蒓齋，方出催科於數十里外，其辦公假居書院，其眷屬則賃院後民房以居。作字寄之，約其三日内一來，作半日聚。

十四日。

泊。

十五日。

泊。更作字寄蒓齋，訂其明日必一來。

十六日己卯。

蒓齋巳初至，談至三更乃還舟，此間催科必官親至，其疲玩甚矣，其治法則非官所問，可笑也。

十七日庚辰，晴。

解纜還至蘇州，入盤門水關，泊小倉口。

十八日辛巳。

泊。撫軍昨日至，謁候之。言曾相十月内外亦當至，津事擬分别其起釁與誤傷，爲之辦理。過書局，訪芝岑、泖生，别遂十月矣，晚飯乃還。識沈敷山大令壬昌。

十九日壬午。

泊。訪眉生、平齋、季玉、清卿諸君，惜子貞已往浙游，均初已還川沙，未晤。仍過泖生談并晚飯。

廿日癸未。

泊。過元妙觀搜諸寺，無所得，惟一嘉靖監本《隋書》，漫收之。還就眉生晚飯。

廿一日甲申。

泊。過書局，議買諸書若干種，并招二拓手偕行，拓曲阿梁石。

廿二日乙酉。

食後，行及許墅關泊。

廿三日丙戌。

行及無錫泊。

廿四日丁亥。

行及常州泊。

行及丹陽泊，入城訪縣令趙夏峰秉鎔，屬其明晨遣役偕往三城岡，規拓梁石。

廿五日戊子。

廿六日己丑。

乘轎東行二十里，尋三城岡之建陵，陵之兩石柱乃東西相向，與蕭宏諸人石柱之南向者不同。兩柱傳經雷擊，其前半破裂散落草中，其柱額之四行八字，東則反刻左讀，西則正刻右讀，東額方石猶粗完，西額則已裂爲三。昨春末訪得時，僅「文帝之神道」五字，後屬楊古雲監拓，乃尋得「太祖皇」三字一角合之，然「皇之」兩字尚各有少半字不存。此來審視，則此兩半字尚連破柱之半，倒覆地上，須得石工裁取，乃可完也。兩柱之北爲兩龜趺，亦東西向，知有二碑，《丹陽志》載此陵有隸書碑，蓋指此，惜失録其文。兩柱南各有方石。徑二三尺許者四，若以承四方石柱然者，豈有兩石亭耶。其制蓋不可考矣。兩四方石之南爲兩石麒麟，亦東西向，西石柱之西又别有兩石麒麟，則他墓物，不在此陵中也。柱之趺下方，方之上爲兩獸相向形以承柱，高可三尺，徑亦三尺小弱耳。柱之身爲二十□觚，兩觚之間如仰瓦，柱自趺面約丈三四尺許乃爲額，額之上又三尺許乃承蓋，蓋圜徑亦可三尺，蓋之上他墓柱各有辟邪，此亦當爾，然已不可尋。薄晚，還就夏峰晚飯，楊古雲亦尚館於此。

廿七日庚寅。

行，申正及鎮江，泊江口。

廿八日辛卯。

雇紅船帶過江，大霧無風，巳正乃入瓜洲口。聞洲東六河口内以廿二日三更後，廬舍頽沉塘中者數十區，死者百餘人，皆不浮出。此間昔開鹽棧，有謂其不固者，今果然。行仍當移儀徵也。薄晚抵揚城，泊觀口門，入書局。

十月大，癸巳朔，十五丁未亥正三，立冬。

閏十月小，癸亥朔，十五丁丑，未正三，大雪。

十一月大，壬辰朔冬至，十六丁未丑初一，小寒。

十二月小，壬戌朔，十五丙子午正三，立春。

閏十月初九日。

方子箴都轉仍還本任。遣繩迎曾滌相於清江。

十六日。

曾公夜抵徐凝門。

十七日。

晨謁曾公，以所書《臯陶謨》八幅爲壽。龐省老徵詩，尚未能脱稿也。見《道園類稿》明本。少廿一至廿四凡四卷，須歸查舊鈔，有此四卷即收之。

十八日庚辰。

買婢拙奴陳氏付繩兒，先還金陵。曾相付潘伯寅書，以《麃孝禹碑》相寄，是西漢刻，今年六月出土者。先十日許，景鑒泉提安徽學政，經此相訪，又贈《漢無鹽太守劉曜碑》，亦今年新出，是宋洪氏曾著者，十日間獲兩未見漢刻，快不可言。麃氏一石，兩行二十許字，在分篆之間，尤可寶愛。

十一月初八日。

省三之太夫人自寧津至，此一月將舉九十之觴，遽無疾逝。先是，丁撫軍太夫人亦將以閏月五日舉壽筵，而四日逝，年八十九。兩夫人之康壽，亦世所罕有。

十八日。

朱修伯學勤之京，經此相訪，言近翁叔平收得宋《施注蘇詩》殘本，適於宋牧仲、翁覃谿收本所闕六卷皆有之，可以相補，惜翁本不知流轉何所，如合仿刊一部，豈非快事乎。

廿七日。

借廉舫銀三十兩，屬治軒領臘修時爲歸之。治軒屬晤曾劼剛時爲言其所著《説文編韻》，托張君議刊者，張又轉托治軒，俟其與兩都轉言，開正乃有回信也。

廿九日。

薄晚登舟。

三十日。

行出瓜州口，溯江二十餘里黄泥江泊。

十二月初一日。

順風行百餘里，薄晚入下關，二更許泊水西門外。

初二日癸亥。

晨興入城，還銅作坊之寓。

初三日甲子。

謁曾相公，以省三所屬家狀面呈之。張廉卿適已來，談最久。舍弟處以泖生所寄《梁建寧陵闕》七十分來。

初七日。

又偕廉卿謁曾公，就呈《建陵闕》新拓本。廉卿已允就此鳳池書院館，即告舍弟言之首府，酌下關訂。

同治十年

同治十年正月七日。

督相曾公招飲，言當刊《十三經注疏》，問通行者何本爲善。以阮本爲善，公嫌其字小，則又以殿本對。蓋乾隆四年所刊經史，其經部補正明監不少，且有句讀，足稱善本。其史部則唯前四五種差善耳。

二月十五日。

奉旨以張文祥凌遲處死，剜心祭馬制軍端敏公。臨刑神色不撓，絶不呻。馬氏僕從懷憤臠割，絶無呻息，真荆卿、聶政之流也。

三月初二日。

將之揚州，謁督相辭，謂前議之《十三經》，今付淮南局專辦，可留意購兩善印殿本。

初五日。

以連日雨，不能登舟，金眉生約諧行，訂以七日。

初六日。

謁督相，言刻經疏當依式重寫，乃能方大。友芝則以精印覆刊爲善，洪琴西亦主覆刊，督相皆不似爲然。乃請先試刊一卷，如不善則通寫也。督相遺假《周易集解》、《毛詩稽古編》。黄子壽托買局中書，即托琴西寄之于鄂城。孫琴西已委署鹽巡道，候之不直。過書局晤嘯山、端甫諸君談，端甫以《韻會》二卷贈我補闕，猶闕一卷，即托端甫爲雇鈔。高碧湄有信，言蘇局今年已停鄙人之俸，去年本已不取，何計今也。舍弟又言適有自蘇來者，言此俸至今年二月止，即聽補去年書價，亦不計問也。

初七日。

晨起大雨，食後乃登舟，與眉生同泊，不能行，稍移泊石頭城下。

初八日。

行至燕子磯，不能進，遂泊。午後偕眉生登磯上亭遠覽。

初九日。

過江，行至瓜洲泊。

初十日。

食後入闕口門，還書局。《隋書》版修整未畢，《全唐文》已得廿許卷，今爵督相欲停《唐文》刻《經疏》，而都轉意則兩工并興也。

四月廿一日庚辰。

日午，以《尚書疏》面付雕，以應良日。

廿二日。聚局中諸友，約議校經章程。金陵信至，言内子病，遣繩明日買舟先行。

廿四日。候都轉辭行。

廿五日。發揚城，晚泊儀徵口。

廿六日。大東南風，禁江，仍泊。

廿七日。行至下關，泊儀鳳門外。

廿八日。晨起，入城，抵銅作坊寓，内子病已痊，特飲食未復，自廿二夜至廿七，心常懸懸不能寐，至是乃慰釋也。

卅日。謁督相，言揚州刻經章程，定用殿本翻雕，惟經文必改寫放大，使與注文不混。訪李眉生，又過洪琴西。琴西言《十三經》殿本松江守楊卓庵言有一初印者，價頗貴，當決買之，即宜作字寄住，屬其塾辦。

五月初一日庚寅，晴熱，夜半大雨。

初二日辛卯，陰雨。

雨止，攜繩兒及孫小農、孫女慶，出水西門，泛舟至聚寶門，繩以兩孫還寓，遂溯流泊通濟門外，將以明日爲湖熟之游。

初三日，陰雨。

溯至上方橋，水溜風逆，不能進，遂還泛江東橋新河。晚飯後仍入城，溯淮之游更俟異日也。

六月十一日。

爲燈船之游，識曹鏡初[耀湘]□部。

十九日。

黄子壽及其子□生自鄂至，爲留三日。子壽之直隸，就志館也。

七月末。

王霞軒自江西來，始識之，其人開拓而安祥，有用才也，現官廉訪。

八月初八日。

相公招會于莫愁湖，山長、書局諸君皆與，其新識者桂皓庭文燦孝廉、陳鹿生觀察璚。皓亭，南海名士，陳蘭浦高弟，專意經學；鹿生談亦開爽，官浙被議。

八月十七日。

登舟之揚局，泊漢西門外。先是，與局中約處暑前後當至局，以何子貞議改刻經疏章程；有信致滌相，謂子偲且可不來，余遂遲遲其行。局中屢信相催，且聞子貞已行，又不能不一往也。

十八日。

折搶行至儀徵口泊，頗擺簸。

十九日。

又折搶行入瓜洲口，牽行，及晚始至鈔關門外，登岸入城。二日皆東北風，幸未甚大，故猶能行也。

庚午年（同治八年）至辛未年（同治十年）所收書目：

按：中國社會科學院文學研究所善本室所藏莫友芝《郘亭日記》稿本在辛未年之末，附録莫氏庚午年（同治八年）至辛未年（同治十年）收購的書目。書目之下的數字是指册數；册數之下的數字是指莫氏購書價格。莫氏另有「鄂翻黄本，三種鄂中投贈」、「以寄黄子壽」、「又付曾訂一元」、「寄直隸」等注語。

庚午年正月在金陵收：

《粤雅堂叢書》，二十七元。《五音集韻并四聲篇》。《班馬異同》，四，附《題評》刊本。《經典釋文》，鄂新刻；《文選李注》，鄂刻；《國語》、《國策》，鄂翻黄本，三種鄂中投贈。

庚午年二月在皖城收：

《爾雅圖》，三本，一元半。《劉海峰集》，十本，四元。《沈選八家文》，十，一元。《歐集》小本，廿，一元。《陳文恭案牘》，卅八，一元。

三月在鄂城收：

《淮海易譚》，四，銀六錢。《六書故》，五兩六錢。《史記題評》，五兩。《讀史方輿紀要》，十六兩。《管子》，四兩。周伯琦《説文字原》，一，一兩。共銀三十一兩六錢。庚午三月在鄂城買者，每兩作實大錢一千五百文。

六月在揚州所收：

撫本《禮記》，二元。《太平御覽》，八十，二十六元，又錢六百。《方輿勝覽》，十六，宋本明初印，六元。

八月在金陵所收：

《爾雅古義》，六本，七百；《子建》、《明遠》、《昭明》三集，三本，七百；《書家傳》，二本，二百；共合一元半。《藏密齋集》附《茅簷集》初印本，一元半。上汲綆，三元。

《廣韻》，一元。《爾雅注補正》，三百；《楚詞王注》，三百；《列女傳圖》，六百；共一元。

《律逮集·周髀》等，一元。《恩餘堂集》，廿二；《瘞鶴銘考》，一；共一元。上寶善四元。

《類篇》，十四，五元。《王文恪集》，十，二元半。上文粹，七元半。

《翻譯名義集》，二元半。上大酉，元半。

《明史》殘本，十九，一元。上二酉，一元。

嚴氏《通鑑補》，十本，八十，三十三元。《丹淵集》，十，元半。《勉齋集》，十，元半。《今體詩鈔注略》宋七律注，一，二百。上文會，三十六元又二百。

仿宋《四書》，二元。《通典》，四十，十六元。《兩漢文鑑》，八，二元半。《范忠宣集》，十，一元半。《精華録訓纂》，十二，三元。上聚經，二十五元。

《公羊注》，仿宋初印，四，一元二角。《四書釋地補》，六，一元二角。《國語補音》，一，三百；《水經注釋地》，一，三百；《四史疑年録》，二，六百；共一元。《莊子》大字注，四，二元。《詩話五總龜》，十，三元。《滄浪集》，二，六角。《通典》嶺南本，八十，二十元又錢六百。上懷德，二十九元又六百。

《雕菰樓易學》，十，二元。《學蔀通辨》，二，三百。二元又三百。

《後漢書補逸》，六，元半。《綏寇紀略》，六，元半。《國山碑考》，一，二百。《廣陵通典》，二，三百。上彙興，三元又五百。

《春秋辨疑》，一；《易學濫觴》，一；《書古文訓》，四；《猗覺寮雜記》，一；《澗泉日記》，一；共二元。《晚唐詩紀》，廿四，一元。《檇李詩繫》，廿四，一元半。《熙朝雅頌》，廿四，二元半。《相理衡真》，四百。上琳瑯，六元又四百。

《泰易天啟時事》，寫。《普濟方》影明，殘，借二元。舊取《天啟時事》及新取《普濟方》仿宋殘本，以前借二元，消之。

上金陵收者，約共弗一百一十九元。

九月過蘇所收：

《隋書》，四十，嘉靖南監修元版，六元。《元豐類稿》，十，一元。《具區志》，六百五；《論語異文考證》，二百；《格古要論》，四，六百五；《經史管窺》，二，二百。《叢書初編》，六，缺二編，三百；共二元。《説文韻譜》，六百，以寄黄子壽。

上九月過蘇收者，共費九元零六百。又還緑潤一元半。

《論語皇疏》，東洋本，五，一元二角。《唐鑑》，四，一元。《華陽國志》，廖本，四，一元。《蔡中郎集》，六，一元二角。《山谷詩三集》，汪，十二，三元。《雞肋集》，十二，稍小，一元六角。《范香溪集》，元至正刊，八，二元。《天下郡國利病書》，六十四，七元。崇德書院刊《鬼谷子》等，二元。《援鶉堂筆記》，十二，一元二角。《徐養齋讀書札記》，一，四百文。《張宛丘集》，寫本，足本，八，四元。《歲寒堂杜詩》，八，一元二角。《杜詩詳注》，十四，二元八角。宋本《韓昌黎集》，十二，二匣，九元。宋本《柳河東集》，十二，二匣，六元。《雞肋集》，八，三元。

自蘇至此約五十六元半。今歲約二百八十八元。